抗日战争时期中国人口伤亡和财产损失调研丛书

主　编　李忠杰
副主编　李　蓉　姚金果
　　　　霍海丹　蒋建农

内蒙古抗日战争时期人口伤亡和财产损失

内蒙古自治区委党史研究室　编

中共党史出版社

图书在版编目(CIP)数据

内蒙古抗日战争时期人口伤亡和财产损失/内蒙古自治区委党史研究室编 . —北京:中共党史出版社,2014.8

(抗日战争时期中国人口伤亡和财产损失调研丛书/李忠杰主编)

ISBN 978-7-5098-2686-7

Ⅰ.①内… Ⅱ.①内… Ⅲ.①抗日战争-损失-史料-内蒙古

Ⅳ.①K265.06

中国版本图书馆 CIP 数据核字(2014)第 115480 号

出版发行:**中共党史出版社**

责任编辑:姚建萍

复　　审:陈海平

终　　审:汪晓军

责任校对:龚秀华

责任印制:谷智宇

责任监制:贺冬英

社　　址:北京市海淀区芙蓉里南街6号院1号楼

邮　　编:100080

网　　址:www.dscbs.com

经　　销:新华书店

印　　刷:北京君升印刷有限公司

开　　本:170mm×240mm　1/16

字　　数:520 千字

印　　张:28　8 面插图

印　　数:1—3000 册

版　　次:2014 年 8 月第 1 版

印　　次:2014 年 8 月第 1 次印刷

ISBN 978-7-5098-2686-7

定　　价:58.00 元

此书如有印制质量问题,请与中共党史出版社出版业务部联系

电话:010-82517197

《抗日战争时期中国人口伤亡和
财产损失调研丛书》

本课题在中共中央党史研究室室委会领导下进行。先后三位时任主任孙英、李景田、欧阳淞对本课题给予了重要指导。

主　编　李忠杰
副主编　李　蓉　姚金果　霍海丹　蒋建农

参加审稿的领导和专家：

一、中共中央党史研究室领导和专家

曲青山　孙　英　龙新民　陈　威　石仲泉
谷安林　张树军　黄小同　黄如军　李向前
陈　夕　任贵祥　郑　谦　王　淇　黄修荣
刘益涛　韩泰华

二、有关部门和单位的专家

李景田（第十二届全国人大常委、民族委员会主任
委员；中共中央党史研究室原主任；中共
中央党校原常务副校长）

何　理（中国人民解放军国防大学少将、教授、中
国抗日战争史学会会长）

支绍曾（中国人民解放军军事科学院少将、原军事
历史研究部副部长、研究员）

罗焕章（中国人民解放军军事科学院研究员）

刘庭华（中国人民解放军军事科学院原军事历史研究部研究室主任、研究员、博士生导师、首席军史专家）

阮家新（中国人民革命军事博物馆原副馆长、研究员）

步　平（中国社会科学院近代史研究所原所长、研究员）

汤重南（中国社会科学院世界历史研究所研究员、中国日本史学会名誉会长）

姜　涛（中国社会科学院近代史研究所研究员）

荣维木（《抗日战争研究》原主编）

郭德宏（中共中央党校党史教研部原主任、教授、博士生导师）

肖一平（中共中央党校党史教研部教授）

杨圣清（中共中央党校党史教研部教授）

李东朗（中共中央党校党史教研部教授、博士生导师）

徐　勇（北京大学历史系教授、博士生导师）

李良志（中国人民大学中共党史系教授）

王桧林（北京师范大学教授、博士生导师）

谢忠厚（河北省社会科学院原现代史研究所所长、历史研究所顾问、研究员）

中共中央党史研究室课题组成员

李忠杰　霍海丹　李　蓉　姚金果　李　颖
王志刚　王树林　杨　凯

《抗日战争时期中国人口伤亡和
财产损失调研丛书》

总　　序

中共中央党史研究室副主任　李忠杰

　　发生在 20 世纪三四十年代的中国人民抗日战争，是中华民族抵抗日本帝国主义侵略的一场规模巨大的战争，是世界反法西斯战争的重要组成部分和东方主战场，是近代以来中国反对外敌入侵第一次取得完全胜利的民族解放战争。中国人民抗日战争的胜利，成为中华民族由衰败走向振兴的重大转折点，也对世界各国人民取得反法西斯战争的胜利、争取世界和平的伟大事业产生了巨大影响。

　　这场战争，作为世界反法西斯战争的一部分，从根本上来说，是反法西斯正义力量与法西斯侵略势力之间的一场大决战，是文明与野蛮的一场大搏斗。日本侵略者，站在法西斯阵营一边，不仅与中国人民为敌，而且与世界人民为敌，肆意践踏人类的公理和正义，企图以残暴杀戮的手段，将中华民族置于自己的铁蹄之下。日本侵略者先后占领了中国、东南亚、南亚、大洋洲许多国家的领土，杀害居民，掠夺物资，强征劳工，施放毒气，蹂躏妇女和儿童，毁坏和窃取文物，造成了大量人员和财产的损失，给中国人民和亚洲其他许多国家人民留下了巨大的创伤，给世界文明造成了空前的破坏。

　　中国是受战争摧残最为严重的国家。从 1931 年到 1945 年的 14 年间，日本侵略者先后占领了东北、华北、华中、华南等大片中国最重要的经济政治文化战略地区。在整个战争进程中，日军到处屠杀、焚烧、抢掠、奸淫，使中国人民的生命财产惨遭蹂躏；大量使用生化武器，进行残酷的细菌战和化学战；把大批中国平民和俘虏当作细菌和毒气的试验品；对无辜的中国平民施放毒气，或在河流、湖泊、水井中投毒；掠走大批中国劳工，强迫他们筑路、开矿、拓荒，从事大型军事工程，使其大批冻、饿、病、累而死；强征中国妇女作为"慰安妇"，严重残害妇女的身心健康；对抗日根据地实行"烧光、杀光、抢光"政策，企图摧毁抗战军民起码的生存条件；在许多地方还制造了一系列触目惊心的大惨案。直至今天，日本侵略所造成的后果还难以完全消除，日军遗留的毒气弹还不时地威胁着中国人民的生命安全。

日本侵略者的罪行，违背了起码的人类良知和国际公法，不仅是对人权和人道主义的践踏，而且是对人类文明的挑战。它决不是如某些日本右翼分子所说是解放亚洲和太平洋地区人民的行动，而是亚洲和太平洋地区历史上最黑暗的一幕，是人类文明史上的一场浩劫。第二次世界大战结束后，根据《波茨坦公告》的规定，远东国际军事法庭在东京对日本首要战犯进行了国际审判，确认侵略战争为国际法上的犯罪，策划、准备、发动或进行侵略战争者为甲级战犯。此外，盟军还在马尼拉、新加坡、仰光、西贡、伯力等地，对日本的乙、丙级战犯进行了审判。中国也先后对日本的有关战犯进行了审判。这些审判，与欧洲的纽伦堡审判一起，使发动侵略战争的罪犯受到了应有的惩处，代表了全世界一切爱好和平人民的共同愿望。这是正义的审判，历史的审判！这一审判的结果是不容挑战的！

策划和制造当年这场战争的，是一小撮日本军国主义和法西斯分子。而日本人民，从根本上来说，也是受害者。所以，日本人民也用不同方式对这场战争进行了抵制和反抗。不少参加侵华战争的士兵认识到战争的性质，幡然悔悟，积极参加了国际和日本国内的反战活动。战后，很多人勇敢面对历史事实，以见证人的身份揭露了日本军国主义的罪行。还有很多当年的士兵，真诚忏悔战争的罪行，以实际行动推动世界和平和中日友好，做了很多有益的工作。他们的良知和勇气，应该得到充分的肯定和赞赏。

相反，日本国内一些右翼势力，直到今天仍然否认侵略战争的性质和罪行，竭力推卸侵略战争的责任。对早已由当年远东国际军事法庭作出严正判决的南京大屠杀一案，始终企图翻案。历史不容改变，事实岂能抹杀！企图歪曲历史，掩盖罪行，这是中国人民绝对不能同意的！

中国人民在当年那场战争中的胜利，是正义战胜邪恶、光明战胜黑暗、进步战胜反动的伟大胜利！是正义的胜利、人民的胜利、和平的胜利！既是中华民族永远值得纪念的胜利，也是世界人民永远值得纪念的胜利！但是，在纪念胜利的同时，我们不要忘记，这一胜利是用极为惨重的代价换来的。在这一伟大胜利的背后，是中华民族遭受的巨大人员伤亡和财产损失！中华民族，既为这场战争的胜利作出了巨大的贡献，也在这场战争中付出了巨大的民族牺牲。

1995年，江泽民同志在首都各界纪念抗日战争暨世界反法西斯战争胜利50周年大会上，对当年日本侵略中国造成巨大人口伤亡和财产损失的基本数据作出了重要表述。2005年，胡锦涛同志在纪念中国人民抗日战争暨世界反法西斯战争胜利60周年大会的讲话中，再次郑重宣布，据不完全统计，在抗日战争期间，中国军民死伤3500多万人；按1937年的比值折算，中国直接经济损失1000多亿美元，间接经济损失5000多亿美元。中国领导人公开宣布的基本数据，从整体上揭示了中国人口伤亡和财产损失的规模，有力地揭露了日本军国主义侵略的罪行。

数据，是历史的抽象。数据的背后，是大量的事实、确凿的证据，是无数人们的惨痛记忆和血泪控诉。为了更直接、更具体、更全面、更系统、更立体地还原当年的历史，展示中国人民遭受的灾难和损失，揭露日本军国主义的罪行，驳斥日本右翼势力否认侵略罪行的种种言论，我们必须通过更多档案资料的展示、历史文书的挖掘、具体事实的考查、当事人的证词证言、各种各样的物证书证，等等，将侵略者的罪行昭告天下。因此，作为炎黄子孙，作为郑重的历史工作者，有必要、有责任、有义务、也有权利对战争期间中国的人口伤亡和财产损失进行更加系统、详尽、具体的调查研究，将当年中国人民的巨大牺牲和惨重损失永远地记载下来。

这项调查研究工作，本来在抗日战争结束之后，或者在新中国成立时，就应该进行。但由于种种历史原因，未能系统、全面地进行。由于年代久远，资料散失，在世的证人越来越少，现在进行这方面的调查和研究已经有很大困难。但是，无论早晚，这项工作总得有人来做。现在才做，已经晚了几十年。但如果现在再不做，将来就更晚，也更困难了。所以，无论再困难，做，都是必要的。做好这项调研，是对历史负责、对人民负责、对当年的牺牲殉难者负责、对我们的子孙后代负责。根本上，是对整个中华民族负责，也是对国际社会和人类文明负责。

因此，2004 年，中央党史研究室决定开展《抗日战争时期中国人口伤亡和财产损失》的课题调研。从 2005 年开始，组织全国党史部门围绕这一重大课题，开展了系统深入的调研工作。其基本任务，是按照实事求是的原则，调查更加详实、有力、具体、准确的档案、材料、事实，更加清楚准确地掌握日本军国主义的侵略罪行，更加清楚准确地掌握日本侵略在各个不同领域、地区和方面对中国造成的破坏和损失。其中包括：各个省、自治区、直辖市在抗战中的人口伤亡和财产损失情况；历次重大战役战斗中中国军队伤亡的情况；日本从中国掠走各种资源的情况；日本从中国掠走和破坏文物的情况；日军在中国制造的一系列重大惨案；中国劳工的损失情况；中国妇女遭受日军性侵犯的情况，包括"慰安妇"的情况；日军在中国使用细菌武器、化学武器及其造成伤害的情况；日本侵略在其他方面给中国造成破坏的情况；等等。

课题调研的整体布局，实行块块和条条的结合。每个省、自治区、直辖市党史研究室，主要负责把本区域内的情况调查清楚。也可根据实际情况，选择一些重点，进行专题性的调研，形成专题性的研究成果。一些重要专题，单靠某个省（自治区、直辖市）做不了，就采取条条的办法，组织专题性的调研。还有一些，则是条条与块块相结合。如毒气，日军在不同区域使用过，有关的省（自治区、直辖市）都调查。但作为一个专题，由相关的区域进行协调，配合开展调研工作，并形成专项的调研成果。如劳工、性侵犯等，就大致属于这种类型。

课题调研的方式方法，主要是查阅和搜集档案文献资料，包括不同历史时期的统计报表。同时查阅当时有关的报刊资料，查阅多年来涉及有关地方、有关课题的研究成果。对一些特殊的重大事件，特别是重大惨案等，也同时进行社会调查，对当事人、知情人、有关研究人员等进行走访，记录证词证言。对于特别重要的事件，有条件的，还进行必要的司法公证，如南京大屠杀、潘家峪惨案等，使这些调查都成为在法律上可以采信的证据。根据需要与可能，也到国外境外包括台湾地区查阅搜集档案资料。

中央党史研究室进行了大量组织和指导工作。在课题确定前，首先进行了必要的论证，得到了许多专家的支持。随后，制定了详细的工作方案，向各省、自治区、直辖市党史研究室发出正式通知和实施意见，明确了工作的指导思想、组织领导、调研项目、工作步骤、基本要求、注意事项等等。为了提高认识，振奋精神，交流经验，落实措施，专门召开了工作培训会议，就课题的总体规划、调研方法、需要把握的问题等，作了全面部署，特别是提出了把调研工作做成"基础工程、精品工程、警世工程、传世工程"的要求。多年来，一直分阶段、有步骤地把这项课题调研推向前进。有关领导和专家分别到各地参加会议，指导培训，提出要求，统一规格，解答疑难问题。在调研过程中，随时就有关问题进行具体指导。工作班子及时编发简报和简讯，交流情况和经验。

各级党委和政府高度重视。多数地方成立了由党史研究室领导负责的课题组。各地先后召开工作会议、电话会议等，培训人员，落实任务。许多地方形成了由党史研究室牵头，档案、民政、财政、司法、地方志、社科院以及高校等部门单位联合攻关的局面，保证了调研工作扎扎实实、有计划有步骤地向前推进。

《抗日战争时期中国人口伤亡和财产损失》课题调研先后经历了六个阶段。第一，酝酿启动。第二，全面调研。这是最重要的阶段。各地组织专门人员，查询档案，实地走访，搜集了大量资料。第三，起草报告。凡参加调研的县以上单位，都要在搜集整理、考证研究档案文献资料和进行实地调查的基础上，写出调研报告，全面、准确地反映调研成果。同时，将调研中搜集的档案文献资料进行分类整理，制作统计表、大事记和人员伤亡名录等。第四，分级验收。为保证调研成果的科学性、准确性、严肃性，各省、自治区、直辖市调研报告都要经过四级验收。首先由课题领导小组审查通过，然后聘请所在省份资深专家审读验收，合格后报送中央党史研究室课题组。中央党史研究室课题组审读各省、自治区、直辖市的调研报告及相关调研成果，认为合格后，再聘请有全国影响的专家审读，写出书面意见并亲笔署名。根据审读意见，各地都要反复认真进行修改，只有达到规定要求才能通过验收。第五，上报成果。完成调研工作的省、自治区、直辖市，都按统一要求，将调研中收集的档案文献资料等所有文件，精心整理，分类成册，向中央党史研究室提交调研成果。各市县也要逐级向省级报送。第六，反复审核。中央党史研究室召开审稿会，组织各省、自治区、直辖市按照标准自审，相互间互审，将各种材料进行比对，将有关数据核实，解决带有共性的问题，进一步统一标准、统一规范、统一格式。

这项课题调研，作为一项浩大的工程，到目前为止，进行了将近10年之久。前后共有60多万党史工作者、史学工作者和其他各类有关人员参加。将近10年来，各个地方都周密组织，采取有力措施推动工作开展，保证调研质量。如山东省，先在30个县（市、区）进行试点，然后在全省普遍推开，形成了纵向省市县乡村五级联动、步调一致，横向十几个部门优势互补、携手攻关的工作格局。课题调研期间，山东省参加工作的同志共查阅档案238742卷，复印档案资料406912页，查阅抗战期间及战后出版的书刊61301册（期），复制文献资料220177页。走访调查8万余个行政村、609万名70岁以上（即1937年全国性抗战爆发以前出生）老人中的507万余人，收集证言证词79万余份。拍摄照片资料7376幅、录像资料49678分钟，制作光盘2037张。全省1931个乡镇，每个乡镇都建立了包括证人证言证词、伤亡人员名录、财产损失清单、人员伤亡和财产损失数字统计、人员伤亡和财产损失大事记、重大惨案证据材料以及证人和知情人口述录音、录像、照片等内容的抗战时期人口伤亡和财产损失材料卷宗，共12892个。

这项课题调研，也得到了社会各界特别是档案图书部门、专家学者的普遍支持。许多档案馆、图书馆为这次调研提供各种方便。不少专家学者在教学科研任务繁重、经费困难的情况下，承担专题研究任务。有的外请专家利用学校假期全力以赴做课题，缺少交通工具，就以自行车代步或徒步，到档案馆和图书馆查阅文献资料。

为了扩大搜寻面，中央党史研究室还组织查档小组，分赴美国、俄罗斯、日本，搜集了许多抗战史料。很多地方的课题组都到台湾查档。在台北"国史馆"、中国国民党党史馆、"中央研究院"近代史研究所档案馆等，找到了数量巨大、整理比较细致的抗战档案。台北"国史馆"馆藏的国民党在大陆统治时期行政院赔偿委员会档案，涉及抗战时期中国人口伤亡和财产损失的有8924卷，内容十分翔实具体。既有中央机关、军队系统人口伤亡和财产损失情况，也有地方省、市、县、区和个人填报的资料，包括台湾地区和华侨的档案资料。新疆防空委员会也报送有财产损失材料，如修筑防空工事、疏散费等财产损失。重庆市报送有日机空袭慰恤重伤难胞姓名卡，上面有卡号、伤员姓名、性别、年龄、籍贯、受伤时间、受伤地点、犒金额、发犒金时期、所住医院名称、医院地址、入院时间等，受伤部位还配有图片加以说明。所有这些，为查明当时各方面的人口伤亡和财产损失，提供了重要证据。

　　这项重大课题调研的成果，均编成《抗日战争时期中国人口伤亡和财产损失调研丛书》公开出版，为国内外学者提供并为子孙后代留下一份关于抗战时期中国人口伤亡和财产损失的系统资料。经过验收、审核合格的调研报告和主要档案文献资料，都按统一体例，编辑成为丛书的A、B两个系列。A系列为各省、自治区、直辖市各一本调研成果，以及若干重要专题的调研成果，由中央党史研究室负责审核。B系列为各省、自治区、直辖市的其他大量调研成果，由各省、自治区、直辖市党史研究室负责审核。全部成果统一设计、统一规格、统一版式、统一编号，由中共党史出版社统一出版。全部出齐之后，将有300本左右。

　　为了集中反映日本侵略者在中国制造的各种重大惨案，我们专门编纂了一套《抗日战争时期全国重大惨案》，收录抗战时期死伤平民（或以平民为主）800人以上的重大惨案100多个，配以档案、文献、口述及照片等作为历史证据。日本一些右翼分子，常常攻击中国为什么不拿出伤亡人员名单。我们专门安排了一个省，即山东省，公布该省具体的伤亡人员名录（第一批先公布该省100个县＜市、区＞的死难人员名录），包括姓名、籍贯、年龄、性别、伤亡时间等多项要素。以此说明，中国的伤亡人员都是有根有据、铁证如山的。

历史的生命在于真实、客观、准确。《抗日战争时期中国人口伤亡和财产损失》这一课题调研的生命也在于真实、客观、准确。所以，在开展这一课题调研的过程中，我们始终把保证调研质量，保证所有材料、事实、成果的真实性、客观性和准确性放在第一位，并在五个重要环节上严格要求、严格把关。第一，严格要求。一开始就明确规定，课题调研工作坚持实事求是的原则和科学严谨的态度。整个调研工作必须尊重历史事实。档案怎么记录的，就怎么记载，不能随意改变。当事人、知情人怎么说的，就怎么记录，不能随意加工。所有的材料、事实都要经得起法律上和学术上的质证。在需要与可能的情况下，对当事人、知情人的证词证言要进行司法公证。各种数据，都要确有根据，不能随便编排、采信。不许追求任何高数字、高指标。第二，统一规范。对课题调研的项目、内容，都做了认真细致的研究，提出了统一要求和严格规范。对全部调研项目设计了统一的表格，对调研报告的内容和格式做了统一规定。每个数字的内涵外延，包括如何计算、如何换算等等，都有明确的规定。事前对调研人员进行了培训。调研过程中，对没有理解的问题、疑难的问题等，都由专家给予统一的解释、说明。第三，责任到人。对所有参与课题调研的人员，都实行责任制。查档的、笔录的、整理的、起草调研报告的、审读的……，每个环节的人员都要签名，以对这一环节自己的工作负责，对子孙后代负责。明确规定，今后凡遇到质疑，有关环节的调研人员都要能够站出来进行证明、解释和辩论。第四，客观撰写。在汇总情况、起草调研报告阶段，要求所有的数据统计都必须客观、真实、准确。一律用事实说话，材料要具体、实在。不允许像写文艺作品那样来写调研报告；不允许作任何想象、编造和煽情性的描写；不允许刻意追求语言的生动华美；不允许使用任何带有夸张性、主观推断性的文字；不允许用"不计其数"、"无恶不作"这类抽象的形容词来概括相关内容；经过调研，凡是能够说清的事实、数字都予采用，但仍然说不清的情况、数据，就客观地说明未查核清楚，在汇总和整理数据时充分考虑这些因素，绝对不得编造数字。第五，逐级验收。除了在调研过程中由特聘的专家随时给予指导外，对各地提交的调研报告和相关材料，都实行逐级验收制度。其中，对省级调研成果实行由地方到中央的四级验收，其他调研成果由有关省、自治区、直辖市党史研究室组织验收。每一验收环节都要有专家审读、签字。凡存在问题和不符合要求之处，都要退回重新核查和修改。

经过艰苦努力，到 2010 年底，我们在深入调研的基础上，初步编出了几十本成果，先行印制了少量样本作为内部工作用书，组织力量作进一步的研究、审读、复查、校核。从 2014 年初开始，我们又组织展开了新一轮较大规模的审核工作。第一，召开有关省、自治区、直辖市党史部门参加的审稿会，进一步提高认识，明确规范，听取相互评审以及从社会各方面听到的意见，对审核工作提出要求，进行部署。第二，开展自审、复核、修改，确保准确无误。同时在各省、自治区、直辖市党史部门之间交叉审读，相互间进行比较、核对、衔接。自审互审完成后，都要确认是否具备正式出版的质量水准，签署是否同意交付出版的意见。第三，由中央党史研究室组织专家，对所有拟第一批出版的成果（书稿）进行六个环节的审读、检查、修改、校对，不仅检查是否还有表述不够准确或不够清楚的地方，而且对各本书稿之间、每本书稿各个部分之间的内容、叙述、时间、数字等进行统筹检查，排除表述不一致的内容。第四，如实客观地说明我们工作尽最大努力后达到的程度。始终强调，凡是已经清楚的，就清楚表述。还没有搞清楚的，就如实说明还没有搞清楚。某些数据、结论与其他书籍资料不完全一致的，则说明我们是依据什么材料、从什么角度得出和叙述的，不强求一致。第五，组织各地党史部门继续参与审核。凡有疑问的，都与有关地方党史部门联系、查核。多数省、自治区、直辖市都派专人来京参与审核、修改、校对。审核完毕后，又组织各地党史部门对自己书稿的清样再次进行审核。然后再按出版流程交付印制。今年以来对这些成果再次进行如此繁密、细致的复核工作，都是为了进一步保证成果的质量，保证历史事实的真实性和准确性。

特别需要强调的是，开展这项调研，不是为了简单汇总、计算这样那样的数据，而是为了寻找、展示更多的档案、更多的材料、更多的人证物证、更多的历史事实，用具体的事实来反映当年中华民族遭受的巨大灾难，揭露日本侵略者反人类的罪行。时隔几十年，很多数据难以查清，很多数据可能不很吻合，而且数据的分类、统计、核算都极为复杂，远远不是简单做一做加法就能算出来的。所以，我们在数据上采取了十分谨慎的态度。能统计出来的就统计出来，难以统计的也不强求。统计的口径、结果相互有差别的，也注意说明。今后，我们将会对数据问题作进一步研究。因此，目前的研究还只是阶段性的，不能说已经包罗万象，更不是最终的结论。总体上，还是在为今后更加综合性的研究提供一个详尽、扎实的基础。

由于自始至终都高度重视和强调调研的质量，所以，对于这一项目的真实性、客观性、准确性，我们有充分的信心。当然，无论如何，历史已经过去了六七十年，很多当事人已经去世，很多档案资料已经散失。现在再对发生在六七十年前的灾难进行大规模的调查，其困难是可想而知的。所以，即使做了最大的努力，我们仍然充分预计在调研成果及有关材料中，还是会有不足和差错之处，出版之后，肯定会有不同意见。所以，我们真诚地欢迎所有看到这些调研成果的人们，对其中的内容、材料、数据等进行审查、讨论。如此，必将有更多的人们关心和参与对当年那场灾难的调查，必将会提供和发现更多的档案、更多的资料、更多的见证，必将对我们调研成果中的很多内容进行不断的推敲琢磨，从而使我们能够更加准确、系统地展示当年中国的人口伤亡和财产损失，使我们为子孙后代留下的资料更为完整、更为丰富。我们也欢迎日本和其他国家的人们对这些调研成果进行阅读、审查、讨论、质疑。如此，将会有更多的国家和人们关注中国当年所遭受的灾难，也将会有更多的存留于国外境外的档案资料出现在公众面前，也将会使对当年这段历史和灾难的记录、研究更加准确和科学。

《抗日战争时期中国人口伤亡和财产损失》课题调研，是一项学术性的工作。开展这项课题调研，是为了更加准确和详尽地记录这场战争和灾难的历史，更加充分和有力地揭露日本军国主义的侵略罪行、反击日本右翼势力否认侵略战争的言行，更加充分和有效地进行爱国主义教育，毋忘国耻、振兴中华，更加积极地促进两岸交流、推进祖国和平统一进程，同时，也是为了给全世界所有关注当年这场战争和灾难的国家、政府和人们一个更加负责任的交代，为子孙后代继续研究当年中国人民抗日战争和日本军国主义的侵略罪行留下一笔丰富翔实的历史遗产。因此，虽然是学术性调研，但具有重大的历史意义、现实意义、国际意义、政治意义。作为历史工作者，我们有责任、有义务，实事求是地把中华民族在那场战争中蒙受的巨大灾难和损失尽可能完整地记载下来。推动和开展这项课题调研，是良心所在，是责任所在！每每读到那些令人震颤的历史事实，每每想到那数千万死难者的冤魂亡灵，每每掂量我们今人特别是历史工作者的责任，我们都禁不住潸然泪下。将近10年来，所有调研人员本着对历史和民族负责的精神，殚精竭虑，无私奉献，千方百计寻找各种线索，逐字逐页翻阅档案资料。为了做好对当事人、知情人的调查取证工作，顶酷暑，冒严寒，深入村镇，一家一户进行走访。也许，随着时间的流逝，这样的调研工作，以后再也不可能如此全面深入大规模地进行了。所以，对于能够基本完成这一课题的调研，我们极为欣慰，对能够取得今天这样的成果，我们极为珍惜。将近10年来，调研工作遇到过重重困难，调研人员付出了巨大心血，但只要能够对国家、对民族、对人民有一个负责任的交代，我们所有的努力、辛劳甚至痛苦都是值得的！

现在，《抗日战争时期中国人口伤亡和财产损失调研丛书》A系列第一批成果就要正式出版了，随后我们还将根据工作进程陆续出版第二批、第三批……B系列丛书的编纂和出版工作也将同时推进。而且，这项课题调研工作远没有结束。截至目前课题调研取得的成果，都还是阶段性的、部分的、不完全的成果。很多专题性调研还要继续进行，对大量档案资料还要进行分析研究。所有这些，都还需要我们继续不懈地努力。我们将以对历史负责的精神，一如既往地将这项课题调研工作做好。

历史，是现实的基础，更是未来的起点。打开尘封的记忆，重温昔日的往事，我们可以得到很多的启示和教诲，增长很多的聪明和智慧。所以，研究历史，形式上是向后看，但根本目的是向前看。作为一种科学的研究，我们调查历史的真相，记录历史的灾难，不是为了延续旧时的仇恨，不是为了扩大中日之间的裂痕，不是为了煽动狭隘民族主义的情绪，而是为了以史为鉴，不让历史的悲剧重演；面向未来，书写更加友好合作的美好篇章。经历了太多的苦难和挫折之后，我们更加坚定地热爱和平，更加执着地追求正义，更加珍惜国家的主权与独立，也更加关注世界的文明发展和进步。我们真诚地希望，世界各国能够携手努力，平等协商，求同存异，友好相处，共同推进世界的发展，共享人类文明的成果；我们真诚地希望，中日两国人民能够更多地加强交流、理解和合作，共同开辟中日关系的新局面，使中日关系更加健康稳定地向前发展，使中日两国人民真正世世代代地友好下去；我们真诚地希望，中华民族能够始终以坚韧不拔的努力，坚定不移地走和平发展之路，在中国特色社会主义旗帜下全面建设小康社会，努力实现社会主义现代化，为推动建设一个和平发展、文明进步的世界作出自己的贡献！

2014 年 4 月 30 日

《抗日战争时期中国人口伤亡和财产损失》课题①调研工作规范和要求

2004 年，中共中央党史研究室决定开展《抗日战争时期中国人口伤亡和财产损失》课题调研。2005 年向全国各省、自治区、直辖市党史研究室发出开展此项工作的正式通知，进行相应部署，着重说明工作的指导思想、调查项目、实施步骤及规范和要求。以后又随着课题调研的深入开展，对规范和要求进行了补充和完善。

一、课题调研的基本任务

抗战损失课题调研的目的和任务是深化对抗日战争时期中国人口伤亡和财产损失的研究。1995 年，在首都各界纪念抗日战争暨世界反法西斯战争胜利 50 周年之际，江泽民同志曾经对 20 世纪三四十年代日本侵略中国造成巨大人口伤亡和财产损失的基本数据做出了重要表述。2005 年，在纪念中国人民抗日战争暨世界反法西斯战争胜利 60 周年大会的讲话中，胡锦涛同志再次郑重宣布，据不完全统计，在抗日战争期间，中国军民伤亡 3500 多万人；按 1937 年的比值折算，中国直接经济损失 1000 多亿美元、间接经济损失 5000 多亿美元。中共中央党史研究室组织开展的课题调研，旨在全面详尽调查有关抗日战争时期中国人口伤亡和财产损失的具体事实，为这组基本数据提供强有力的史实支撑，并不是简单地做数据统计。

---

① 本课题亦简称为抗战损失课题或抗损课题。因为抗日战争时期及抗战胜利后国民政府统计人口伤亡和财产损失多采用"抗战损失"等概括性提法，其中将人口伤亡也称作抗战损失之一种，与财产损失并提，故沿用这一表述。

课题调研的基本任务是：按照实事求是的原则，经过广泛、全面、深入细致的调查研究，包括查阅搜集档案资料、对统计数据进行分析等，获得更多的证据，以更加全面和准确地揭露日本帝国主义侵略中国的罪行及其对中国人民造成的伤害。

课题调研的主要内容包括：(1)各个省、自治区、直辖市在抗战中的人口伤亡和财产损失情况；(2)历次重大战役战斗中中国军队伤亡的情况；(3)日本从中国掠走各种资源的情况；(4)日本从中国掠走和破坏文物的情况；(5)日军在中国制造的一系列重大惨案；(6)中国劳工的损失情况；(7)中国妇女遭受日军性侵犯的情况，包括"慰安妇"的情况；(8)日军在中国使用细菌武器、化学武器及其造成伤害的情况；(9)日本侵略在其他方面给中国造成破坏的情况；等等。

二、课题调研的方式和方法

主要是组织有关人员查阅和搜集档案馆、图书馆和其他文博单位以及民间保存的有关中国抗战人口伤亡和财产损失的档案资料、报刊杂志、历年出版的专题资料集和发表的研究成果。对一些特殊、重大的事件如重大惨案，则走访当事人、知情人和有关研究人员，进行录音录像，整理和保存证人证言，有条件的还进行司法公证，努力使这些调查材料成为在法律上可以采信的证据。有些省份的课题组还到境外的有关机构查阅相关档案资料，作为对大陆保存的档案资料的丰富和补充。这次课题调研的整体布局，实行块块和条条相结合。每个省、自治区、直辖市党史研究室在负责开展地区性的广泛调研的同时，也从实际出发开展一些专题性调研。一些重要的、涉及多个地方的带有全局性的专题，则另组织专家进行调研。

三、对搜集档案资料的要求

1. 明确搜集档案资料的范围。搜集档案资料是本课题调研工作的基础，调研成果的质量也主要决定于档案资料是否翔实，是否尽可能完整和全面。所以，凡相关内容的档案资料，不论是直接反映人口伤亡和财产损失的，还是间接反映的（如关于人口状况、财产状况、生产能力、各类资源情况等资料），都尽量搜集，作为撰写调研报告的客观的历史依据。搜集的要件有：档案、报刊、史志、时人日记、专著专论、实地调查报告、图片、影像资料以及出版、发表的研究成果等。

2. 认真整理原始档案和资料。对于搜集到的档案资料，不论是来自原始的档案，还是来自报刊、史志、日记、图书、专题论文等，都认真整理，每份每件都注明保存的地点、单位、文件卷号、出版或发表处等，然后分类汇总，妥善保存。档案资料使用时一律保持原貌，必要时作注释说明，不允许对原件内容增改、涂抹。对搜集到的档案资料要在分门别类整理的基础上进行必要的考证、鉴别和研究。整理后的档案资料，不仅是有关课题承担者撰写课题调研报告的重要依据，其主要内容也作为附件收入有关的调研成果之中。

四、有关数据统计中的几个问题

1. 根据搜集、掌握资料的情况，抗日战争时期中国的人口伤亡分为直接伤亡和间接伤亡两大类。直接伤亡，一般是指日本侵略中国的战争直接导致的中国方面人员的死、伤、失踪等；间接伤亡，一般是指在日本侵略中国的战争包括特定战争环境中造成的中国方面被俘捕人员、灾民、难民、劳工等的伤亡。抗战期间，被俘捕人员、灾民、难民、劳工等伤亡很大，但由于其流动性大等复杂原因，很难形成具体数据资料，统计起来十分困难。因此，本课题调研中，将已确定属于死、伤或失踪的被俘捕人员、灾民、难民、劳工的数据归入有关地方间接伤亡统计数据；无法确定是否伤亡失踪的，可视情况单列相关数据并加以说明。需要补充说明的是，在战争中失踪者，按通常惯例归为死亡。

2. 抗日战争时期中国的财产损失分为直接损失和间接损失两大类。直接损失，一般是指在日军攻击、轰炸或掠夺中直接造成的社会财产损失。居民财产损失列为直接损失。间接损失，一般包括：(1)政府机关等因抗战需要而增加的费用，如迁移费、防空设备费、疏散费、救济费、抚恤费等；(2)各种营业活动可获利润额的减少及由于成本上升等增加的费用；(3)有关伤亡人员的医药、埋葬等费用；(4)为抗战捐献的物资和钱财；(5)有关人力资源的损失。总之，一切因战争造成的间接财产损失均包括在内。

3. 在财产损失中所列的人力资源类损失，包括了被俘捕人员、劳工等在财产方面的损失。中国各级政府所组织的劳役，例如为战争修筑公路、机场、军事工事等抽调民工，都算作人力资源损失。但中国方面征用民工和日本侵略军强征劳工有所区别。日军强征劳工的伤亡率很高，和中国方面征用民工民夫的情况区别很大，因此要分别统计和说明，不能混淆。

4. 中国军队在重大战役战斗中的人员伤亡，分别情况加以统计处理。此次课题调研以统计平民伤亡为主。有关省（自治区、直辖市）如发现有本地发生过军队人员伤亡的重要资料，可以搜集整理并在调研报告中说明，但不计入本地人口伤亡总数。若是本地籍军人的伤亡，则计入本地人口伤亡总数。

5. 海外华侨拥有中国国籍，因此在计算抗日战争时期中国人口伤亡和财产损失时，华侨人口伤亡和财产损失均计算在内。各有关地方在计算本地人口伤亡和财产损失时，视情况可以将本地籍华侨的伤亡、损失计入统计数据总数，亦可单列数据并加以说明。

6. 工厂、学校、机关团体等由于战争原因搬迁造成的损失，算作间接损失，原则上由工厂、学校、机关团体等原所在地方统计。如果原所在地方缺少相关资料，新迁移处具备资料条件，也可由后者统计。为避免交叉和重复，遇到这类情况须特别加以说明。

7. 政党、政府机构的财产损失，归入公用事业的社会团体类财产损失一并计算。

8. 被日军、日本占领当局无偿征用、占用的中国耕地，按农作物的产量及其价值计算财产损失。

9. 伪军、伪政府的人员伤亡和财产损失，一般计入中国人口伤亡和财产损失。

10. 由战争原因导致的如黄河花园口决堤一类重大事件所造成的人口伤亡和财产损失，计算在间接人口伤亡和财产损失中。

11. 重大的财产损失，均以相应数额的货币反映价值。反映财产损失的货币一般要注明币种。

12. 通常用于抗日战争时期财产损失统计的货币（主要是法币），币值问题非常复杂。本课题调研中，涉及财产损失统计的货币数据，有条件进行折算的，一般按 1937 年即全国抗战爆发当年通用货币法币的币值进行折算，并说明折算的方式方法。因条件不具备，保留原始数据未作折算的，则注明有关数据中用以反映财产损失的货币系何种货币、何年币值。

五、关于撰写课题调研报告的要求

本次课题调研，有关课题组和承担专门课题的专家均按要求撰写出调研报告。

1. 各省、自治区、直辖市课题组撰写调研报告，内容大致分为概述、主体、结论三部分。

概述部分主要包括：介绍课题调研工作的基本情况，如：投入多少力量，到过什么地方查阅搜集档案资料，搜集了多少档案资料等。反映本地的自然地理概况，抗战爆发前的经济社会发展和人口状况，以及在抗战时期是重灾区还是大后方，是沦陷区还是根据地等。叙述日本侵略者在本地的主要罪行。还可简略回顾以往相关课题的资料和研究情况。

主体部分主要包括：分析说明本地人口伤亡和财产损失情

况。根据现掌握资料,将本地抗战时期人口伤亡分为直接伤亡和间接伤亡,将本地财产损失分为直接损失和间接损失,并分别说明主要的史料依据和分析结果。

结论部分,汇总本地人口伤亡数据、财产损失数据。据实说明迄今所掌握资料的局限性、本地遭受人口伤亡和财产损失的特点、影响等。

撰写调研报告依据的主要资料以及调研中同步完成的专题研究报告等,作为调研报告的附件,纳入课题调研成果中。

2. 由一批专家承担的全局性专门课题,如抗日战争时期重大惨案、劳工问题、"慰安妇"问题、细菌战、化学战、文化损失、海外华侨人口伤亡和财产损失、中国军队伤亡、重要战役战斗伤亡等,其调研报告的撰写和附件的收录,参照以上要求进行。

六、对调研成果的验收

在各省、自治区、直辖市课题调研工作结束后,完成的包括课题调研报告在内的省级调研成果和市、县等调研成果,要装订成册,通过审阅和验收,逐级上报,送交各省、自治区、直辖市党史研究室和中共中央党史研究室分别保存。

为确保质量,在调研过程中形成的各省、自治区、直辖市 A、B 两个系列书稿(省级调研成果为 A 系列书稿,市、县等调研成果为 B 系列书稿),要分别通过验收。其中,省级调研成果要通过由地方到中央的四级验收,市、县等调研成果则在有关省、自治区、直辖市内验收。

省级调研成果上报验收前,课题组先认真进行自审,以保证内容的完整准确,特别是调研报告和有关专题研究报告、资料、大事记的内容和数据要互相补充、印证,不能互相矛盾。课题组完成自审后,省级调研成果首先报送省级抗战损失课题领导小组验收。省级课题领导小组审查通过后,送省级专家验收组验收。省级专家验收组参加验收的专家一般为 3—5 人,人选来自党史系统、社会科学院和社科联系统、档案史志部门、高等院校等方面，为较有影响力、权威性的专家。省级专家验收组在本省（自治区、直辖市）课题领导小组的指导下，按照学术规范的严格要求和有关规定审读、验收本省（自治区、直辖市）拟提交中共中央党史研究室的省级调研成果。验收的主要标准和目的是确保调研成果的准确性、可靠性。对于验收中指出的问题、提出的意见和建议，各省（自治区、直辖市）课题组须采取有效措施解决和落实。对一次验收不合格的，修改、完善之后进行第二次以至多次验收，直到合格为止。省级专家验收组验收合格后，填写《A系列书稿验收报告表》。填写的报告表和书稿同时报送中共中央党史研究室课题组。

中共中央党史研究室课题组收到经省级专家验收组验收合格的省级调研成果后，先进行验收。认为合格后，再聘请国内知名专家进行验收，并填写《A系列书稿验收报告表》。验收中所提修改意见，由有关省、自治区、直辖市课题组予以逐条落实，对调研成果做出相应修改或者说明相关情况。

由一批专家承担的全局性专题研究成果，最后形成的书稿也纳入A系列，其验收也参照上述程序和要求，由中共中央党史研究室课题组组织有关专家进行。对于验收中提出的意见，承担课题的专家要逐条落实，对调研成果进行修改完善直至合格为止。

最后，中共中央党史研究室课题组对经过反复修改形成的省级调研成果和全局性专门课题调研成果进行复核。完成各项程序并符合要求的调研成果，包括通过四级验收的A系列书稿和由有关省、自治区、直辖市党史研究室组织验收并合格的B系列书稿，分批次送交中共党史出版社付印出版。

中共中央党史研究室课题组

　　　　　　　　　　　张贺英　袁洪军　特木其乎

　　　　　　　　　　　浩毕勒其其格　斯　琴　张少文

　　　　　　　　　　　陈艳平　巴　图　乔俊林

　　　　　　　　　　　各盟市课题组成员

主要参编单位 中共内蒙古自治区委党史研究室

　　　　　　　　　　　呼和浩特市史志办公室

　　　　　　　　　　　中共包头市委党史办公室

　　　　　　　　　　　呼伦贝尔市档案史志局

　　　　　　　　　　　中共兴安盟委党史办公室

　　　　　　　　　　　通辽市史志办公室

　　　　　　　　　　　中共赤峰市委党史办公室

　　　　　　　　　　　锡林郭勒盟史志办公室

　　　　　　　　　　　中共乌兰察布市委党史办公室

　　　　　　　　　　　中共鄂尔多斯市委党史办公室

　　　　　　　　　　　中共巴彦淖尔市委党史办公室

日军飞机轰炸内蒙古西部地区。

1937年10月17日，日、伪军占领包头。

日军侵占扎兰屯。

日军炸毁赤峰民房。

日军在热河杀害
中国义勇军官兵。

日军炸毁开鲁的粮店。

日军在进攻热河途中杀害中国同胞。

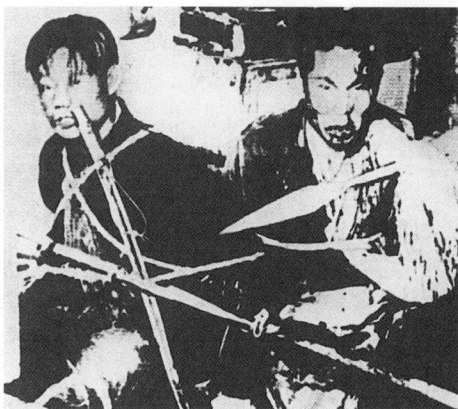

横遭毒打的抗日救国军战士。

关东军刺杀中国抗日爱国者。

日军割下抗联战士的头颅。

日军在热河用铡刀杀害中国老百姓。

通辽老百姓在日本侵略者统治下做苦力。

日军强迫劳工修筑军事设施，尔后以保密为由，将劳工集体屠杀。

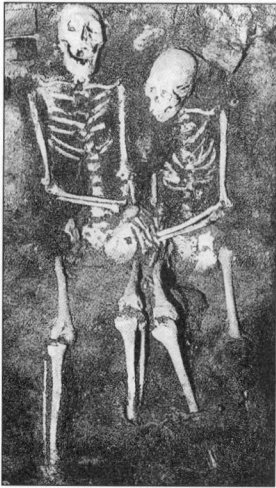

被铐在一起的一对
爱国志士的尸骨。

日军在满洲里屠杀群众的"万人坑"及部分遗骸。

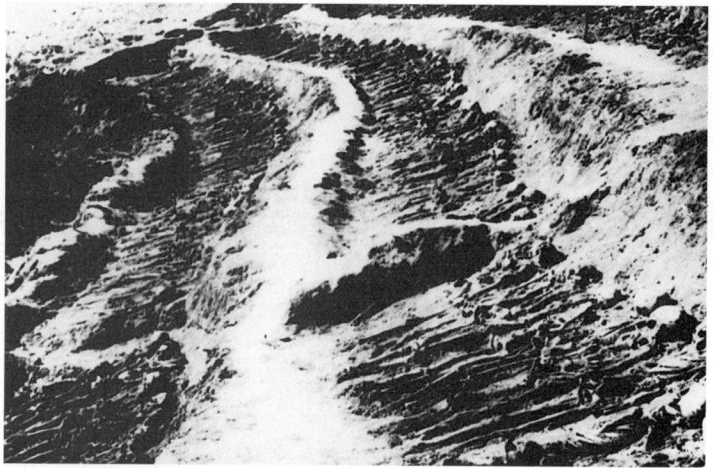

海拉尔死难
劳工遗骸。

日军在满洲里的"炼人炉"。

日军在海拉尔修筑的碉堡。

日军制造"集团部落，清乡并屯"，用铁丝网围囚村民。

日军在宁城地区修"人圈"的炮楼遗址。

日伪军警用刺刀和棍棒强迫群众修筑"人圈"——"集团部落"。

日军实行"三光"政策的恐怖景象。

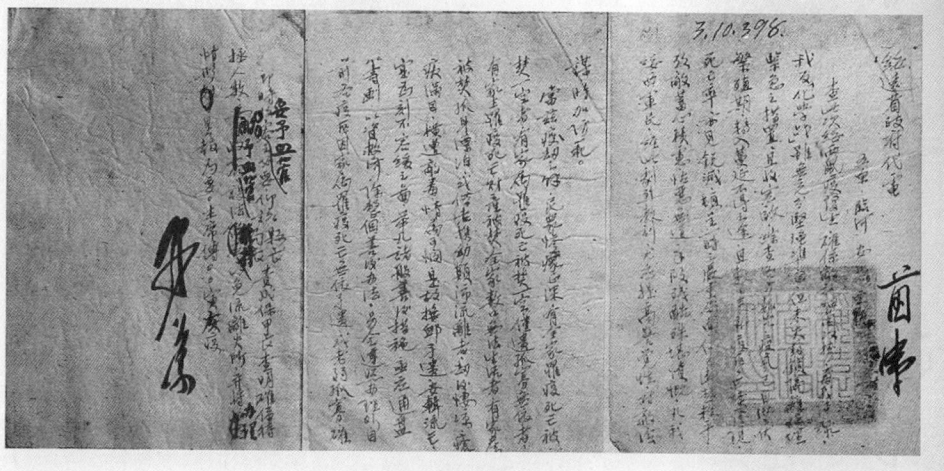

傅作义呈报绥西鼠疫的电文及资料。

绥远各县鼠疫死
亡人数统计册。

1933年6月28日，参加
长城抗战最后一役的中国
军队第59军返绥。随后，
傅作义将军将牺牲将士的
遗体用专列运回绥远。

第59军长城抗战阵亡将士纪念碑及碑文。

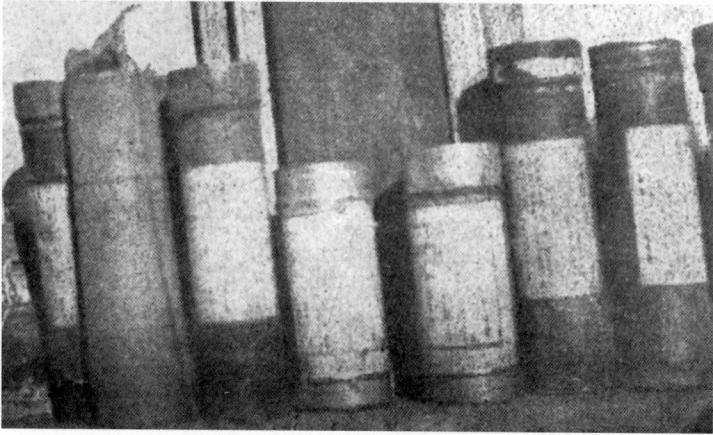

百灵庙一役中缴获的毒瓦斯弹。

北平辅仁大学
和科学生活社为绥
远抗日将士赶制防
毒面具。

日本侵略者掠夺内蒙古
牧民的羊毛。

目　　录

一、内蒙古抗日战争时期人口伤亡和财产损失调研报告

内蒙古自治区委党史研究室

（一）调研工作概述

2005 年以来，按中共中央党史研究室的部署，在内蒙古自治区党委领导的重视和支持下，内蒙古区委党史研究室成立了由室领导任组长的《抗战时期中国人口伤亡和财产损失》课题调研领导小组和工作机构，呼和浩特市、包头市、呼伦贝尔市、兴安盟、通辽市、赤峰市、锡林郭勒盟、乌兰察布市、鄂尔多斯市、巴彦淖尔市共 10 个盟市参与这项工作。2005 年，自治区课题组的同志赴内蒙古自治区档案馆、内蒙古政协文史委、内蒙古地方志、内蒙古计生委、南京中国第二历史档案馆、北京中央档案馆；石家庄、沈阳、大连、长春、太原、重庆、广州等地档案馆、图书馆查阅档案资料，共查阅历史档案 313 卷、查阅文献图书资料 108 册，复印 1100 余页。10 个盟市共计查阅历史档案 5787 案卷、查阅书籍 4568 种，复印档案资料 3510 页，同时走村入户、走访目击证人 160 人。自治区级参加调研工作的人员共 6 人，参加课题调研的同志共计 150 人。全体同志以高度的责任感和严谨求实的精神，克服了人员少、档案资料缺乏等困难，使这项工作较顺利地完成。

(二)内蒙古行政区划简况和抗战前内蒙古地区的社会经济状况

1. 地理位置

内蒙古自治区位于祖国的北部边疆,地跨东北、华北、西北三个地区,东、南、西三面分别与黑龙江、吉林、辽宁、河北、山西、陕西、宁夏、甘肃 8 省区毗邻,北部与俄罗斯、蒙古国交界,国境线长 4221 公里。全区东西走向狭长,相距 2500 多公里,南北直线距离 1700 多公里,现辖区总面积 118.3 万平方公里。自治区下辖 12 个盟市:呼和浩特市、包头市、呼伦贝尔市、兴安盟、通辽市、赤峰市、锡林郭勒盟、乌兰察布市、鄂尔多斯市、巴彦淖尔市、乌海市、阿拉善盟。呼和浩特市是内蒙古自治区首府所在地,也是全区政治、经济、文化的中心。至 2012 年底,全区有 49 个民族,其中主要有蒙古族、汉族、回族、朝鲜族、满族、藏族、壮族、苗族、达斡尔族、鄂伦春族、鄂温克族等民族,总人口 2489 万多。

2. 历史沿革

内蒙古地区自古以来就是中国北方游牧民族的生息之地。从春秋战国时期的赵国始,秦汉、魏晋、北朝、隋唐、辽金西夏、元、明等王朝都在内蒙古地区建立过各级地方政权。

清代以后,清王朝在内蒙古地区实行"旗县并存,蒙汉分治"的特殊地方行政制度,设立了旗县(厅)交叉重叠的地方政权。即在蒙汉杂居的特殊地区,统治体制是旗管蒙民,县(厅)管汉民。这种统治体制,直到 1954 年绥远省建制撤销,并入内蒙古自治区,才告结束。

1908 年,东北改为行省制,哲里木盟和呼伦贝尔、西布特哈地区分别划入奉天、吉林、黑龙江三省辖境。

中华民国政府时期,于 1914 年设立了热河、察哈尔、绥远 3 个特别行政区。1928 年 9 月,国民政府将这 3 个特别行政区改为热河、察哈尔、绥远三行省。10 月,阿拉善旗、额济纳旗划入新设宁夏省辖境。至此,内蒙古地区分属黑龙江、吉林、辽宁、热河、察哈尔、绥远、宁夏 7 省管辖,其中绥远省全部是内蒙古地区。

内蒙古自治区现行的行政建制是 1947 年 5 月 1 日内蒙古自治政府成立后逐步形成的。时辖呼伦贝尔、纳文慕仁、兴安、锡林郭勒、察哈尔 5 个盟。

1949 年 5 月，根据中共中央及东北局的决定，东北行政委员会发布命令，将当时属热河省的昭乌达盟和属辽北省的哲里木盟划归内蒙古自治区。

1950 年 9 月 22 日，将察哈尔省所辖多伦、宝昌、化德 3 县划归内蒙古自治区。

1952 年 9 月，撤销察哈尔省建制，其辖区并入河北省。

1954 年 3 月 6 日，撤销绥远省建制，绥远省辖区全部划归内蒙古自治区。4 月 25 日，归绥市改称呼和浩特市。

1956 年 1 月 1 日，撤销热河省建制，将原热河省所辖翁牛特、喀喇沁、乌丹、赤峰、宁城、敖汉 6 个旗县划归内蒙古自治区昭乌达盟。

1956 年 4 月 3 日，将甘肃省巴彦浩特蒙古族自治州和额济纳蒙古族自治旗划归内蒙古自治区；6 月，设立巴彦淖尔盟。

1958 年 10 月，将锡林郭勒盟和察哈尔盟合并为锡林郭勒盟。

1962 年 7 月，原属河北省之商都县划归内蒙古自治区乌兰察布盟管辖。

1975 年 8 月 30 日，设立乌海市。

1979 年 12 月，设立阿拉善盟。

1980 年 7 月，恢复兴安盟建制。

内蒙古自治区现辖 3 盟、9 地级市、2 准地级市、9 县级市、17 县、49 旗、3 自治旗、21 市辖区。

本次课题调研，即以内蒙古自治区现辖区域为调研范围。

3. 抗战前社会经济状况

（1）农业

清朝中叶以后，因自然灾害等原因，山西、河北、陕西、山东等地的灾民不断移民到内蒙古中西部和东部地区，农垦区日渐扩大。民国初年以来，由于北洋政府和国民政府大力推行移民放垦政策，汉族农民继续大量移入，开垦土地，使内蒙古地区的农业区扩大，农业经济快速发展起来，农作物品种和产量都有所增加。以绥远省为例，1926 年经由归绥运销北京、天津、张家口的粮食，每年都在 50 万石（当时一石粮为 300 斤，约为 15000 万斤）以上[1]。至 1931 年，绥远省耕地面积已达 188269 顷[2]。1933 年，绥远省部分县积存的粮食数量相当可观：归绥县积存谷子 413700 石，萨拉齐积存杂粮 230557 石，包头积存糜子 29062 石，清

---

① 内蒙古自治区农业厅修志编史委员会编：《内蒙古自治区志·农业志》，内蒙古人民出版社 2000 年版，第 144 页。

② 内蒙古自治区农业厅修志编史委员会编：《内蒙古自治区志·农业志》，内蒙古人民出版社 2000 年版，第 144 页。

（9）商业贸易

民国以来，归绥、包头、海拉尔、通辽、赤峰、多伦等城镇成为畜产品、粮食、日用百货、手工业品等物资交流中心。1912 年至 1921 年，归绥相继开设的粮店有 10 多家。1922 年以后，京津一带的粮商到归绥，建起了专为外省采购粮食，并承揽粮运的粮栈，如天享、公记、天成等。至 1925 年，包头的大小商户达 1000 余家，成交额突破 35000 万银元。1933 年，归绥中小型商号有 2000 多家。

（三）日本侵略者在内蒙古的主要罪行

日本侵略者发动九一八事变后，1932 年强占了内蒙古东部的呼伦贝尔、兴安、哲里木 3 个盟市的部分地区。1933 年 3 月 2 日，赤峰沦陷。4 月 29 日，侵华日军占领察哈尔重镇多伦。1935 年，又占领察哈尔北的宝昌、商都等 6 县。1937 年 9 月，日军占领丰镇、集宁。10 月，归绥（今呼和浩特市）、萨拉齐、包头沦陷。11 月，日军又侵占了准格尔旗黄河以北地区和达拉特旗部分地区。至此，除伊克昭盟大部、河套地区及阿拉善、额济纳旗以外，内蒙古西部地区的主要城镇和主要交通线平绥铁路相继沦陷。1940 年 2 月至 3 月，日军一度占领了河套地区的五原等地。日本侵略军侵占内蒙古地区后，扶植、建立殖民统治机构，从政治、经济、军事、文化等方面实行殖民统治，在内蒙古地区犯下了累累罪行。

1. 日伪政权的建立

（1）伪兴安分省、兴安总省的建立

1932 年 3 月 1 日，在日本关东军的操纵下，以东北行政委员会名义，发表"满洲国"成立宣言，建立"满洲国"。日本关东军将内蒙古东部的哲里木盟（今通辽市）、昭乌达盟（今赤峰市）、呼伦贝尔、西布哈特（呼伦贝尔岭东）等地区划为伪满洲国的组成部分。伪满洲国国务院，内设兴安局（8 月 3 日改为兴安总署，1934 年 12 月 1 日改称蒙政部，1937 年 7 月 1 日改为兴安局），伪满洲国在内蒙古东部废除盟（部）一级建制，改建为兴安东、兴安南、兴安北 3 个分省（1933 年 5 月又成立兴安西分省），隶属于兴安局。1934 年，兴安各分省取消"分"字，改为兴安东、兴安西、兴安南、兴安北 4 个省。兴安东省下辖布特哈旗、阿荣旗、喜扎嘎尔旗、莫力达瓦旗、巴彦旗，省公署驻扎兰屯。兴安南省先后下辖科尔沁左翼前、后、中 3 个旗，科尔沁右翼前、后、中 3 个旗，扎赉特旗，1934 年 10

月又划入库伦旗和通辽县，省公署初设在郑家屯，后移驻王爷庙街（今乌兰浩特市）。兴安北省下辖新巴尔虎左翼旗、新巴尔虎右翼旗、索伦旗、额尔古纳左翼旗、额尔古纳右翼旗、陈巴尔虎旗以及海拉尔市、满洲里市，省公署驻海拉尔。兴安西省下辖扎鲁特左旗、扎鲁特右旗、阿鲁科尔沁旗、巴林左旗、巴林右旗、克什克腾旗、奈曼旗、翁牛特旗、开鲁县、林西县，省公署驻开鲁。1943年，日伪政权又将兴安的东、西、南3个省撤销，建立兴安总省，仅保留了兴安北省建制。原兴安东、南、西3省改称为地区，并分别在3个地区建立地区行署，归总省公署管辖，总省公署驻王爷庙街（今乌兰浩特市）。各省和旗市及内设机构均设有日本人专任的"参事官"（亦称参与官，1939年后改为次长）掌握实权，成为省、旗的实际统治者。内蒙古东部地区除上述地区外，还有一部分地区属热河省管辖。

（2）伪蒙疆政府的建立

1936年5月12日，侵华日军扶持德王（德穆楚克栋鲁普）和李守信等在化德县成立了蒙古军政府。1937年七七事变后，日军侵占了察哈尔、晋北和绥远省大部地区。同时，组织傀儡政权：9月4日在张家口成立"察南自治政府"，10月15日在大同成立"晋北自治政府"，10月28日在归绥成立"蒙古联盟自治政府"。1939年9月，日军为便于殖民统治，又将伪蒙古、察南、晋北3个伪政权合并为蒙疆联合自治政府，政府驻地迁至张家口。1941年8月，又挂为蒙古自治邦牌子，一般通称伪蒙疆政府，其管辖区域为察南政厅、晋北政厅、乌兰察布盟、锡林郭勒盟、察哈尔盟、巴彦塔拉盟、伊克昭盟（河岸小部分）和张家口、厚和豪特（今呼和浩特市）、包头3市。伪蒙疆政府各部门和各盟旗或由日本人直接出任正职和副职，或设日本参事官和顾问，掌握实际行政权利。

（3）日伪军警宪特机构的建立与强化

1）侵华日军进驻与强化

伪满洲国成立后，日本关东军在内蒙古东部地区部署了大量兵力。

陆军第23师团 1938年7月，关东军组建第23师团，辖1.6万人，驻守兴安北省。

关东军第6军 1939年8月设立，军部设在海拉尔，辖第23师团、第8国境守备队等。其中大部分参加了诺门罕战争。1945年2月，第6军与参谋长率司令部及若干直属单位移驻浙江杭州。

日军第8国境守备队与关东军第119师团 1938年11月，组建日军第8国境守备队。1944 年 10 月，第 23 师团调走，第 8 国境守备队与第 23 师团部分留守人员组建了关东军第 119 师团，师团部驻海拉尔。1945 年 8 月，关东军第 119 师团除留小部队驻海拉尔筑垒地域外，主力驻守大兴安岭乌奴耳、新南沟等地。

关东军独立混成第 80 旅团　1945 年 2 月，以第 23 师团部分留守人员为骨干和驻海拉尔警、宪、特人员组成第 80 旅团，旅团司令部驻海拉尔。守备区域为海拉尔、满洲里和额尔克[古]纳左翼、右翼旗等地。

1945 年 7 月，从华北抽调第 63 师团和第 117 师团分别驻守白城、通辽、开鲁等地[1]。

日本军部为了加强内蒙古中西部地区的守备力量，作了一系列部署。

第 26 师团　1937 年 10 月，日本关东军组成第 26 师团，驻守晋北和集宁、归绥、包头、固阳等地。

驻蒙军　1938 年 1 月，日本军部决定成立直属于大本营的驻蒙兵团，兵团司令部设在张家口。7 月，驻蒙兵团改称驻蒙军，隶属日军华北方面军。驻蒙军由第 26 师团、独立混成第 2 旅团和 1939 年 1 月增调来的骑兵集团（1942 年 12 月改为坦克第 3 师团）主力组成，约 3 万人。莲沼蕃、杉山元、冈部直三郎、七田一郎、上月良夫、根本博等先后充任驻蒙军司令官。驻蒙军司令部和独立混成第 2 旅团占据张家口及周围地区，第 26 师团占据大同、归绥、集宁等地，骑兵集团占据包头、固阳、萨拉齐、安北等地[2]。1944 年以后，驻蒙军主力第 26 师团和坦克第 3 师团相继调到菲律宾及河南作战。

2）伪军的组建

“兴安军”　1932 年 5 月，“满洲国”政府以内蒙古自治军为基础在钱家店建立了兴安南警备军。同年底，分别成立兴安东警备军和兴安北警备军。1933 年 3 月，又成立兴安西警备军。4 个兴安警备军（统称为兴安军）属于“满洲国”正规军，受军政部（1937 年改为治安部）指挥，总兵力达 1 万人[3]。1940 年 3 月，撤销了兴安军管区及 4 个兴安警备司令部，分别设立第九军管区和第十军管区。第九军管区担负兴安南、西两省的警备，司令部驻通辽，辖第 2 师[4]、骑兵第 3、6 团、独立骑兵连、山炮兵连等，总兵力达 5500 人。第十军管区担负兴安东、北

---

[1] 金海编：《日本占领时期内蒙古历史研究》，内蒙古人民出版社 2005 年版，第 191 页。

[2] 郝维民主编：《内蒙古革命史》，内蒙古大学出版社 1997 年版，第 316—317 页。

[3] 赛航、金海编：《民国内蒙古史》，内蒙古大学出版社 2007 年版，第 135 页。

[4] 第 2 师于 1942 年划归“满洲国”治安部大臣直辖，1944 年重隶第九军管区。

两省的警备，司令部驻海拉尔，辖骑兵第 7、8 团、骑兵独立连、山炮兵连等，总兵力达 1900 人[①]。

"蒙古军" 1936 年 5 月 12 日，在日本关东军的扶植下，在化德建立了"蒙古军政府"，并组建了"蒙古军"。蒙古军总司令部初设在包头市，1937 年底迁至伪厚和豪特市。蒙古军下属 9 个师，起初有万余人。

"大汉义军" 1936 年 10 月，日本关东军又组成以王英为总司令的"大汉义军"等伪军。

伪警察特务机构 侵华日军为加强其殖民统治，在伪满洲国建立了警察机构。1932 年 12 月，在海拉尔、扎兰屯、郑家屯设立了兴安警察局。1933 年 8 月，又在兴安西分省开鲁设立兴安警察局。1935 年 9 月，撤销了各兴安警察局，在兴安南、北、西公署内设立了警务厅，均由日本人当厅长。1943 年开始，在离国境线较近的重要旗、县也成立了常设的警察警备队。

1941 年 3 月，蒙疆联合自治政府警察队总司令部成立。截至 1941 年 9 月，蒙疆地区共有警察官 18500 人（含日本人警察）、自卫团 6230 人（只限于发放薪水者）、灭共青年团 74000 人[②]。此外，日军在贝子庙、西苏尼特、百灵庙、多伦、德化、厚和、包头等地设立特务机关，特务机关又在各地设立分支机构。

2. 殖民统治与血腥镇压

日军在侵占内蒙古地区的过程中和统治期间，以极其凶残的手段，对内蒙古各族人民进行了野蛮残酷的屠杀和肆意残害，制造了三十余起惨案。

（1）残酷镇压

日军残酷镇压抗日力量，大肆抓捕、迫害中国共产党员和爱国群众。例如：

1）1940 年 6 月，陶林县（今察右中旗）抗日救国会遭日、伪军破坏，中国共产党员、陶林县抗日救国会负责人郭向山等 14 人被捕，其中郭向山等 10 人被日、伪军杀害。1941 年 12 月，日军对陶林县科布尔镇进行了第二次大搜捕，陶林县抗日救国会会员穆继昌、于宝铭、冀国桢等 42 人被捕，不久全部被杀害[③]。

2）1940 年 8 月至 1941 年 8 月，在厚和豪特市（今呼和浩特市）先后有 190 多名绥蒙各界抗日救国会会员被捕，日军使用吊打、灌煤油、灌辣椒水、压杆子、

---

① 赛航、金海编：《民国内蒙古史》，内蒙古大学出版社 2007 年版，第 136 页。

② 金海编：《日本占领时期内蒙古历史研究》，内蒙古人民出版社 2005 年版，第 88 页。

③ 中共乌兰察布盟委党史资料征集研究办公室编：《乌兰察布盟党史大事记》，1989 年印行，第 10、40 页。

烙铁烫、电刑、钉竹签、狼狗咬等几十种惨无人道的刑法，昼夜不停地刑讯逼供。一年中，先后有 100 多人惨遭杀害[①]。

3）日军对大青山抗日根据地进行大规模的、频繁的"扫荡"，实行烧、杀、抢"三光"政策，推行所谓"施政跃进运动"。仅 1941 年，绥西被日军烧毁的村庄达 370 余处，被杀害的群众达 260 多人；绥中被烧毁的村庄达 700 余处；绥南被烧毁的村庄达 700 多处[②]。

4）1942 年至 1945 年，日军为制造"无人区"疯狂推行"集家并村"政策。在"集家并村"4 年中，赤峰市的宁城县、喀喇沁旗、敖汉旗死亡人口 5000 余人[③]。

5）据日军战犯长岛玉次郎供述[④]，1942 年至 1944 年上半年，日本关东军在热河开设特别治安庭，审判中国共产党员和农民（包括内蒙古赤峰等地区）4000 余人，其中死刑 1000 余人，入狱者 3000 余人。在狱中因拷问、做试斩对象、病理试验、人体解剖或因营养不良等而被秘密杀害的有 800 余人。

（2）野蛮屠杀平民

日军野蛮屠杀手无寸铁的无辜平民，其惨无人道，令人发指。例如：

1）1937 年 9 月 21 日，日军在油葫芦湾（察右前旗三岔口境内）一带，用飞机炸死、机枪打死、打伤的逃亡难民有 300 余人[⑤]。

2）1937 年 9 月 23 日上午，日军占领凉城县田家镇后，不分老幼，见人就杀，从东街杀到南街，又杀到北街。在一个院内就杀了 20 多人，鲜血从院内流到了街头。仅 3 个多小时，就杀害了 299 人[⑥]。

3）1937 年 10 月 14 日，日军在归绥经过大黑河时，因河内有淤泥，坦克过不去，日军竟把百姓枪杀在河中，以人垫道，坦克过处，血肉横飞。16 日，日军侵占萨拉齐县城，便残杀居民 37 人[⑦]。

4）1937 年，驻三河日本特务机关以搜捕苏联特务为由，突然逮捕居住在三

---

① 中共呼和浩特市委党史资料征集办公室编：《呼和浩特革命史》，内蒙古大学出版社 1999 年版，第 222 页。

② 大青山抗日斗争史料编写组编：《大青山抗日斗争史》，内蒙古人民出版社 1985 年版，第 104 页。

③ 赤峰市阿鲁科尔沁旗抗战损失课题组：《赤峰市阿鲁科尔沁旗抗战时期人口伤亡和财产损失调研报告》，2010 年 6 月，资料存中共内蒙古自治区委党史研究室。

④ 中共河北省委党史研究室编：《长城线上千里无人区》第 4 卷，中央编译出版社 2005 年版，第 286 页。

⑤ 集宁市志编纂委员会办公室编、孟涛主编：《集宁市志》大事记，内蒙古文化出版社 2006 年版，第 15 页。

⑥ 内蒙古军区《大青山武装抗日斗争史略》编写组编：《大青山武装抗日斗争史略》，内蒙古人民出版社 1984 年版，第 4 页。

⑦ 内蒙古军区《大青山武装抗日斗争史略》编写组编：《大青山武装抗日斗争史略》，内蒙古人民出版社 1984 年版，第 4 页。

河一带的鄂温克牧民高·达喜、普·占布拉、皮·米特克、阿力克谢、车车、布利亚特旦巴等 6 人，关押在宪兵队监狱。在经过多次严刑拷打之后，车车被派往苏联境内搞特务活动，从此杳无音讯；高·达喜被注射细菌药液后，放回去惨死家中；其余 4 人被送到三河机场当劳工，后被日本士兵用汽油烧死在机场[①]。

5）1938 年 4 月 25 日，日军在安北大佘太城进行大屠杀，杀害百姓达 500 多人[②]。

6）1942 年，索伦旗（今鄂温克旗）辉河牧民马赛尔、鲁温泰、胡利等 3 人因反抗侵华日军统治被捕，马赛尔与鲁温泰被严刑拷打后死在狱中；胡利被注射菌液后放回家。此后，疫病蔓延，死亡牧民达 80 多人[③]。

7）1944 年 11 月，日军在乌兰察布市丰镇一、五两区，大肆屠杀抗烟抗粮的群众，死难者 300 余人，受害者 1000 余人[④]。

8）1945 年 9 月，日军在兴安盟扎赉特旗三家子屯屠杀当地居民 80 人[⑤]。

（3）细菌毒气试验

人体试验是侵华日军细菌部队在内蒙古地区犯下的又一桩罪行。例如：

1）1938 年 6 月中旬，日军在绥远省清水河县，用一名中国战俘作催嚏性毒气活体效力试验，然后将其杀死[⑥]。

2）1940 年 2 月 16 日，9 架日机飞经临河陕坝至扬村附近，投催泪性毒弹 40 余枚，伤害妇孺 20 余人，同时 6 架日机在临河附近投毒弹 20 余枚，受害民众 10 余人。17 日，9 架日机又在临河投毒弹 20 余枚，一老妇受轻毒[⑦]。

3）1941 年 1 月 31 日至 2 月 1 日，日本北支那方面军、驻蒙军等在锡林郭勒盟苏尼特右旗的西方盆地，抓获刘春、潘春、高付、下关、高百、郝贵、张义、陈

① 呼伦贝尔市档案史志局、政协鄂温克族自治旗委员会编：《呼伦贝尔市纪念抗日战争胜利 60 周年史料专辑》，内蒙古文化出版社 2005 年版，第 169 页。

② 中共内蒙古自治区委党史研究室编：《内蒙古党史通讯》，1995 年纪念抗日战争胜利 50 周年专辑，内部资料，第 46 页。

③ 徐占江、李茂杰编：《日本关东军要塞》（下），黑龙江人民出版社 2006 年版，第 884 页。

④ 丰镇县志编纂委员会办公室编：《丰镇史料》第 2 辑，1983 年印行，第 140 页。

⑤ 扎赉特旗史志局编：《扎赉特旗历史与文化》，内蒙古教育出版社 2007 年版，第 192—194 页。

⑥ 中央档案馆、中国第二历史档案馆、河北省社会科学院编：《日本侵略华北罪行档案·毒气战》，河北人民出版社 2005 年版，第 46—47 页。

⑦ 中央档案馆、中国第二历史档案馆、河北省社会科学院编：《日本侵略华北罪行档案·毒气战》，河北人民出版社 2005 年版，第 167 页。

远 8 名中国男子，对他们进行了人体冻伤实验和活杀解剖，后将其全部杀害[1]。

4）日军 731 部队海拉尔支队于 1942 年至 1944 年两次在索伦旗（今鄂温克自治旗）辉河地区进行细菌试验，共死亡鄂温克族牧民 320 多人，其中杜拉尔姓死亡 30 多人。1944 年，日军海拉尔支队又在索伦旗伊敏苏木进行细菌实验活动，使本来人口不多的蒙古族（额鲁特部）几乎濒临灭绝的边缘，仅萨格道布一个嘎查就死亡 20 余人[2]。

5）1940 年 5 月至 6 月上旬，日军在海拉尔军用机场附近以中国人为目标实施放毒，有 56 名居民受到伤害，其中 6 人因身体中毒腐蚀而死亡，其他受害者的手脚因瓦斯腐蚀而造成损伤[3]。1942 年 4 月，日军 731 部队与 516 化学部队又在海拉尔郊区进行人体实验，大约使用了 100 名俘虏，俘虏每二、三人一组放置在四个碉堡内，侵华日军将"茶瓶"投入碉堡里，或者用装了光气的钢瓶向碉堡内发射窒息性的光气，直至俘虏死亡。一次实验没有死亡的俘虏，在下一次实验时继续使用[4]。

6）日军 516 化学部队分别于 1942 年 5 月下旬至 6 月上旬、7 月下旬至 8 月上旬，次年 1 月中旬、7 月下旬至 8 月上旬和 9 月中旬，共 5 次，每次 2 个星期，在兴安东省扎兰屯附近山地进行瓦斯放毒实验，共造成 13 名当地居民死亡，190 人的手脚受到瓦斯腐蚀伤害[5]。

7）"特别输送"。所谓"特别输送"，是指被日伪特务机关逮捕的重犯，不须交法庭审判，直接由宪兵队"特别输送"给 731 部队，当作实验品而致其死亡[6]。据《日本帝国主义侵华档案资料选编——细菌与毒气战》记载：驻兴安北省的日本特务机关于 1939 年至 1945 年 7 月，先后将 53 人"特别输送"到石井部队当作实

---

① 中央档案馆、中国第二历史档案馆、河北省社会科学院编：《日本侵略华北罪行档案·毒气战》，河北人民出版社 2005 年版，第 112—113 页；中央档案馆、中国第二历史档案馆、河北省社会科学院编：《日本侵略华北罪行档案·细菌战》，河北人民出版社 2005 年版，第 53 页。

② 徐占江、李茂杰编：《日本关东军要塞》（下），黑龙江人民出版社 2006 年版，第 884、886 页。

③ 中央档案馆、中国第二历史档案馆、吉林省社会科学院编：《日本帝国主义侵华档案资料选编——细菌战与毒气战》，中华书局 1989 年版，第 442—443 页。

④ 徐占江、李茂杰编：《日本关东军要塞》（下），黑龙江人民出版社 2006 年版，第 903 页。"茶瓶"一般指氢氰酸瓶。

⑤ 中央档案馆、中国第二历史档案馆、吉林省社会科学院编：《日本帝国主义侵华档案资料选编——细菌战与毒气战》，中华书局 1989 年版，第 246—248、440—445 页。

⑥ 中央档案馆、中国第二历史档案馆、吉林省社会科学院编：《日本帝国主义侵华档案资料选编——细菌战与毒气战》，中华书局 1989 年版，第 246—248、440—445 页。

验品而杀害。其中最多的一次为40人。

8）1941年前后，日军为了对内蒙古西部地区实施细菌攻击作准备，日军的细菌部队在包头、萨县等大肆收捕鼠类，限民间每户捕交家鼠一只或野鼠3只，用于繁殖毒菌或鼠疫菌。1942年1月至3月，绥西地区鼠疫猖獗，仅巴彦淖尔就罹疫死亡200多人（还有两个疫区疫死人数字迹不清，无法统计）[①]。

9）1945年8月，侵华日军在中国战场上败局已定。驻扎在王爷庙街（今乌兰浩特市）的日军在仓皇撤退之时，受伪兴安省参与官白滨和警务厅长福地加久的指挥，将伪兴安医学院细菌库中实验用的带菌老鼠放出，造成了鼠疫大流行。仅兴安盟王爷庙地区3个月内因鼠疫死亡的人数就达3000余人[②]。

（4）奴役残杀劳工

日军入侵内蒙古地区后，欺骗或强抓内蒙古地区和其他省的劳工，为其修筑军事工程，修建兵营、工事、飞机场、下矿山、伐木材和做其他苦工等。由于条件恶劣和日军的虐待，致使劳工大量伤亡。例如：日本关东军出于反苏战争的需要，于1934年6月至1945年8月战败投降，在东北中苏边境地区修筑17处军事要塞，其中内蒙古有3处，即海拉尔、乌奴耳要塞和阿尔山要塞。在修筑这些要塞和附属军事设施中，日军役使了大量中国劳工。由于恶劣的施工条件、繁重的体力劳动、非人的待遇，致使劳工大量伤亡，其中，海拉尔要塞工程完工之时，日军将数万名中国劳工全部杀害。

（5）飞机轰炸

自1937年9月16日至1941年12月29日，日军用于轰炸绥远各地的飞机达584架次，投弹2854枚，造成死亡435人，致伤306人，毁房3593间，至于被炸死的牛马羊等家畜更是无法计算[③]。

3. 经济上的疯狂掠夺

日军占领内蒙古地区后，实行了一系列经济侵略和资源掠夺政策，疯狂侵占和掠夺内蒙古地区的各种经济资源。

（1）内蒙古东部地区

在内蒙古东部地区，日本占领当局为了扩大经济掠夺，设立所谓荒务局，以

---

① 西北卫生署专员办事处快邮代电，1942年2月27日，内蒙古自治区档案馆藏档案，档案号428—1—7。

② 中共兴安盟委党史办公室编：《侵华日军在兴安罪行录》，1995年印行，第22—23页。

③ 中共河北省委党史研究室等编：《华北抗战实录》，中共党史出版社2005年版，第309页。

垦荒"借地养民"为由,招来汉族农民和日本移民垦荒种地,由荒务局征收荒租。1938 年 9 月,强制实行"开放蒙地"、"蒙地奉上",日本占领当局夺得了蒙旗的土地所有权。1939 年制定了《满洲开拓政策基本纲要》,使更多的日本移民进入"满洲",兴安南省、兴安东省、兴安北省等区域成为"开拓"的第一线至第三线地带。

日本占领当局在内蒙古东部地区推行的经济"统制"政策,是对各族人民的一场空前浩劫。1933 年 3 月 1 日,公布了《满洲国经济建设纲要》。1937 年 5 月 1 日,公布了《重要产业统制法》。之后陆续颁布《贸易统治法》、《家畜交易市场法》、《食盐火柴专卖法》、《商业登记法》等各种统制法,对重要产业,面粉、米谷、棉布、羊毛、皮革等各类农牧业产品实行统购与管制。1941 年,日本侵略者强迫农牧民"出荷"农牧产品,即迫使生产者以官定价格和指定数量出售农牧产品,官定价格有时只抵市价的 10%。出荷的比例为:每 5 头牛出 1 头,每 20 头牛出 1 张皮,每 10 匹马出 3 匹,每 10 只羊出 3 只、2 张皮。沦陷时期,仅牲畜"出荷"一项,每年就从内蒙古东部地区掠去各类牲畜近 70 万头只[①]。在农村,加紧收购粮食,称为"粮食出荷"。许多农牧民因交不齐"出荷"而被抓捕,农牧业生产遭到严重破坏。

从 1931 年到 1945 年,日本占领当局在内蒙古东部设立 9 个材务分署,大量掠夺森林资源,把大兴安岭划为三满、嫩西、扎伦 3 个经营区,乱砍滥伐,共砍伐木材 5000 多万立方米。

日本占领当局在"满洲国"推行鸦片毒化政策。1932 年 11 月,公布了《鸦片法》。1933 年,成立专卖公署,将鸦片种、收、制、卖、运等全部控制起来,从中获取巨额利润。兴安西省及兴安南省的一部分是东北鸦片的重要产地之一。比如,兴安西省开鲁县有 6 个大烟"组合",种植罂粟 2000 余亩,年产鸦片达 2 万多两[②]。1936 年,从赤峰收缴、加工、出口到日本、朝鲜、土耳其等国家的烟砖 127720 斤,价值伪币 192.4 万元[③]。1937 年,强令赤峰、建平(含敖汉)、宁城、林西、克什克腾旗种罂粟 3300 顷,收缴"烟干" 6621370 两[④]。

1938 年,伪满各省实行地方税制改革,增加了名目繁多的新税和附加税,在

① 赛航、金海编:《民国内蒙古史》,内蒙古大学出版社 2007 年版,第 418 页。
② 金海编:《日本占领时期内蒙古历史研究》,内蒙古人民出版社 2005 年版,第 50 页。
③ 内蒙古自治区地方志编纂委员会办公室编:《内蒙古自治区志·政府志》,方志出版社 2001 年版,第 551 页。
④ 内蒙古自治区地方志编纂委员会办公室编:《内蒙古自治区志·政府志》,方志出版社 2001 年版,第 551 页。

兴安各省的地方税目多达五大类 38 种[①]。

（2）内蒙古西部地区

在内蒙古西部地区，普遍推行经济"统制"政策。对金融、交通、通信、矿产、粮食、鸦片、畜牧业、盐业、对外贸易及物价、劳动力等所有经济部门实行经济"统制"。1937 年 11 月，设立蒙疆银行，在各主要城镇设立分行，大量发行"蒙疆银行券"，从而控制了蒙疆地区的金融。1939 年 10 月公布了《贸易统制法》，1939 年 7 月 1 日实施了《盐法》，8 月 1 日公布了《矿业法》等。从 1938 年至 1941 年，在蒙疆地区设立的日资公司达 73 个。日本占领当局通过日资公司，即"蒙疆公司"、"蒙疆畜产股份有限公司"、"大蒙股份有限公司"、"蒙疆兴业股份有限公司"、"蒙疆不动产股份有限公司"、"蒙疆电业株式会社"、"蒙疆制革株式会社"、"北支那开发株式会社"、"大青山炭矿股份有限公司"、"日蒙制粉股份有限公司"、"满蒙皮革工业股份有限公司"等，垄断了内蒙古西部地区的工农牧商业和交通运输等，疯狂掠夺各种物产资源。仅 1938 年，从蒙疆地区输出的各种物资总额即达 10839 万元[②]。1939 年至 1941 年，日军从伪蒙疆地区掠走绒毛 800 多万公斤，占同期产量的 37%；掠去皮张 490 余万张，占同期产量的 60% 以上。1939 年前后，每年掠走牲畜 12 万头左右。沦陷 8 年间，日军从锡林郭勒盟掠走马 5.66 万匹、牛 5.23 万头、绵羊 26.67 万只、山羊 4.79 万只、骆驼 7.558 万峰；掠走察哈尔盟的马 3066 匹、牛 2.81 万头、羊 4.62 万只、骆驼 420 峰[③]。

日本占领当局为了用鸦片牟取暴利，1939 年 6 月成立"蒙疆土药股份有限公司"，在内蒙古西部地区有计划、有组织地扩大鸦片生产，强迫农民种植罂粟，使蒙疆地区成为战时最大的鸦片生产基地。是年，收纳鸦片 887019 两；1940 年，收纳鸦片增至 6717912 两；1941 年，将罂粟种植面积扩大到 91.1 万亩，收纳鸦片 11242953 两。在 1940 年伪蒙疆贸易输出总额中鸦片输出额竟占 52%[④]。鸦片被日本侵略者称作"黑色金子"，鸦片政策成为其"以战养战"的手段之一。同时用以毒害中国人民，以此削弱中国人民的反抗力。蒙疆地区生产的鸦片 90% 以上输入北京、上海等地。

此外，日本占领当局还通过名目繁多的税收进行经济掠夺。先后设有鸦片税、

---

① 郝维民主编：《内蒙古革命史》，内蒙古大学出版社 1997 年版，第 320 页。

② 郝维民主编：《内蒙古革命史》，内蒙古大学出版社 1997 年版，第 318 页。原资料未标明币种。

③ 内蒙古自治区畜牧业厅修志编史委员会编：《内蒙古自治区志·畜牧志》，内蒙古人民出版社 1999 年版，第 51 页。

④ 郝维民主编：《内蒙古革命史》，内蒙古大学出版社 1997 年版，第 318—319 页。

盐税、统税、关税、田赋、契税、烟酒税、印花税、牙税、营业税、牲畜税、屠宰税、斗税、茶叶税等等。1943 年，日本方面指使伪蒙疆政府主席德穆楚克栋鲁普（德王）提出"粮食就是子弹"、"羊毛就是火药"、"人力就是武力"的所谓"生产协力三大原则"，进一步加紧了对内蒙古西部地区的掠夺。

4. 野蛮摧毁名胜古迹

日本侵略者为了摧毁中华民族文化精神，到处毁灭中国名胜古迹。鄂尔多斯市最大的召庙——王爱召遭到日军最野蛮的摧毁。原寺庙宏大，其结构取藏、汉寺庙传统精华，占地 50 亩，有庙亭、正殿、钟楼等，十分壮观。1941 年 2 月 10 日，日军进行疯狂劫掠，将嵌有珠宝的银制佛像、成套的经卷、金马鞍、精制的壁毯等珍贵文物装车运走。3 天后，王爱召已空无一物[①]。13 日晨，日军在王爱召庙各建筑物上，浇上汽油，僧房里堆上干柴，放火燃烧，大火一直烧了半个多月，一座历时 300 多年雄伟壮丽的寺庙，变成了一片废墟[②]。

5. 进行思想、精神奴役

日本占领当局在内蒙古东部地区办起兴安学院、扎兰屯国民高等学校、海拉尔国民高等学校、喀喇沁旗王爷府国民高等学校等。1937 年开始推行"新学制"，以教授日语为主，把日语列为"国语"，在中小学开设"国民科"、"建国精神"等课程，向学生灌输"日满亲善"、"尊重日本天皇"的思想。各校都有校训，大意都是"日满不可分离"，要"一心一德"等。师生到校必须向日满国旗敬礼，高等学校要用日语授课，强迫学生进行军事训练。同时，广招蒙古族青年入学，向他们灌输亲日反共思想。

日本占领当局在内蒙古西部地区的中小学校同样实行奴化教育，大肆鼓吹"亲日防共"，学校的日本语课程占有很大比重，教员不少是日本人，或者在日本人监督下教学。在蒙疆各地普遍设立了民众教育馆、民众学校及宣抚班、"爱民班"、防共青年团、少女团、儿童团、妇女防共会等，大力宣传亲日防共反华。1941 年，增设了弘报局、放送局，出版发行了《蒙疆新闻》、《蒙疆新报》、《蒙疆通讯》、《蒙疆日报》、《蒙文新报》等报刊，宣传伪蒙疆政府的施政方针。

[①] 中央档案馆、中国第二历史档案馆、吉林省社会科学院编：《日本侵略华北罪行档案·文化侵略》，河北人民出版社 2005 年版，第 248 页。

[②] 袁志忠著：《黄河在咆哮——抗战中的鄂尔多斯》，内蒙古人民出版社 2005 年版，第 231—232 页。

（四）抗战时期内蒙古地区人口伤亡情况

关于抗战时期内蒙古地区的人口伤亡情况，分直接伤亡和间接伤亡两个部分报告。

1. 直接伤亡

（1）抗日军民伤亡情况（指抗日武装力量和直接参加抗日工作的民众伤亡情况）

1）1931年9月至1937年7月期间，抗日军民伤亡人数情况。

1931年10月，东北军爱国将领高文彬（东北军军事委员会步兵训练组少将组长、辽北蒙边宣抚专员行署专员）和蒙古族地方武装爱国将领李海山（哲里木盟科尔沁左翼中旗卓里克图亲王府统领、辽北蒙边骑兵第1路司令）、刘震玉（哲里木盟科尔沁左翼中旗巡防骑兵统领、辽北蒙边骑兵第2路司令）等组建了辽北蒙边抗日义勇军，在今通辽市一带抗击侵华日军，与敌作战约40次，有据可查的伤亡人数是766人（在康平突围战之前）。1932年11月，日军调集重兵，包围辽北蒙边抗日义勇军于辽宁省康平一带。义勇军与敌血战5昼夜后，分路向开鲁方向突围。高文彬所率部队在杜家窝棚再陷敌围，将士们战至弹尽粮绝，大部分牺牲，高文彬被俘。李海山、刘震玉等部突出重围，西进察哈尔，后参加了察哈尔民众抗日同盟军。康平突围战中辽北蒙边抗日义勇军牺牲惨重，但具体伤亡人数没能查到相关文字记载[1]。

据《呼伦贝尔市抗战时期人口伤亡和财产损失调研报告》记述，1932年9月，黑龙江省陆军步兵第2旅旅长、呼伦贝尔警备司令苏炳文与黑龙江省陆军步兵第1旅旅长张殿九，成立东北民众救国军，在海拉尔、满洲里一带抗击日伪，史称"海满抗战"。在"海满抗战"中，东北民众救国军有3600余人牺牲，2500余人负伤，共计伤亡6100余人。"海满抗战"失败后，东北民众救国军一部退入苏联境内，一部边战边退，于1933年到达张家口，参加了察哈尔民众抗日同盟军[2]。

据《赤峰市抗战时期人口伤亡和财产损失调研报告》记述，1933年3月，驻

---

[1] 中共内蒙古自治区委党史研究室编：《"九·一八"——"七·七"内蒙古抗日救亡运动》，内蒙古人民出版社1991年版，第9—16页。

[2] 文中牺牲人数为6100余人，统计时按6100人计算。本报告涉及此类问题，统计方法相同。

守赤峰的国民革命军第 41 军 117 旅和东北军石文华旅及冯占海部义勇军，抗击日军进犯，与敌激战两天一夜，第 117 旅有一支 200 余人的部队，坚守阵地，死战不退，直到全体殉国。各部其余伤亡亦有 200 余人，是役共伤亡官兵 400 余人。

1933 年 5 月，冯玉祥、吉鸿昌、方振武等爱国将领组建察哈尔抗日同盟军。6 月，察哈尔抗日同盟军誓师北征，攻克康保、宝昌、沽源、多伦 4 县，一举将日伪军逐出察哈尔省境。其中攻克察东重镇多伦一战，察哈尔民众抗日同盟军共伤亡 1600 余人。

1935 年 7 月，奈曼旗人周荣久组织奈曼旗抗日救国军，联络辽西北票的兰天林抗日救国军攻克奈曼旗八仙筒镇后，转战于奈曼旗与北票之间，抗击日伪。据有关资料记载："八仙筒事变后的三个月里，共有抗日救国军官兵、爱国人士和无辜百姓 150 多人惨遭杀害[1]。"另据日本战犯岛村三郎在抚顺战犯管理所所写的交代材料中记述，（1936 年）阿鲁科尔沁旗和奈曼旗的日伪军在西拉木伦河的拉麻拉打汗渡口，"打死打伤周荣久的官兵 200 余人"，并在同年的另一次"扫荡"中，杀害了两名周荣久部的侦察员[2]。1936 年 9 月，周荣久部被敌包围，官兵多数牺牲（具体伤亡数字没有查到记载），周荣久等 3 人拼完最后一颗子弹，自戕而死。据以上所列，周荣久部伤亡人员至少为 355 人。

1936 年 7 月，日、伪 2000 余人进犯绥东红格尔图和土木尔台，傅作义部驻集宁守军奋起反击，将敌击退，傅部伤亡官兵 100 余人。同年 11 月，日伪再次进犯红格尔图，傅作义令各部全线反击，于 14 日至 18 日，发动红格尔图战役，歼敌近千，余敌溃逃。是役，据傅作义将军 1937 年 4 月发表的《绥战经过详记》提到，傅军伤亡官兵有姓名、军职者 5 人，有伤亡地点者 8 人，另有各处被敌机轰炸伤亡"计五六十名"，故统计是役傅部伤亡官兵 70 人。11 月 23 日，傅作义部克复日、伪盘踞的百灵庙镇，是役歼敌过千，傅部伤亡 300 余人。12 月 10 日，伪军金宪章、石玉山两部反正，开至乌兰花镇整顿改编，遭敌机轰炸，炸伤两部官兵 50 余人。以上各项共计伤亡官兵 520 余人[3]。

另据李海山在 1935 年发表的《辽北蒙边骑兵第一路成立之经过及血战之概

---

[1] 中共内蒙古自治区委党史研究室编：《"九·一八"——"七·七"内蒙古抗日救亡运动》，内蒙古人民出版社 1991 年版，第 36—42 页。

[2] 中共内蒙古自治区委党史研究室编：《"九·一八"——"七·七"内蒙古抗日救亡运动》，内蒙古人民出版社 1991 年版，第 43—44 页。

[3] 中共内蒙古自治区委党史研究室编：《"九·一八"——"七·七"内蒙古抗日救亡运动》，内蒙古人民出版社 1991 年版，第 84—146 页。

略》中提及："我蒙古官兵被日本杀伤两千有余"，现统计辽北蒙边义勇军总伤亡数为 766 人，在多伦一役中李海山部伤亡据《内蒙古革命史》记载是 340 余人。据此，在 1931 年至 1935 年间，应再计李海山部伤亡 900 余人[1]。

1933 年 2 月，新加坡《星洲日报》记者陈子实为报道抗日义勇军抗战实况，深入前线，不幸落入敌手，被日军在宁城老局子河畔"挖去双眼，割下鼻子"后杀害[2]。

据《赤峰市抗战时期人口伤亡和财产损失大事记》记载，1933 年至 1935 年间，当地群众自发组织的白枪会、黄枪会、黑枪会等抗日组织，在抗日斗争中至少有 66 人牺牲。

综上所述，并汇总其他确凿的史料记载，从 1931 年九一八事变后至 1937 年七七事变前，内蒙古的各族抗日志士在自发奋起进行的抗日斗争中，至少有 10708 人流血牺牲。

但需要说明的是，当时各路抗日义勇军的作战区域，有时超出了现今内蒙古自治区的行政区划范围，按现行政区划分别统计他们的伤亡人数确有困难，故此没有刻意区分。

2）1937 年 7 月至 1945 年抗战胜利期间，抗日军民伤亡人数情况。

其一，大青山抗日游击根据地抗日军民伤亡情况。

抗日战争全面爆发后，1938 年 6 月至 7 月，八路军第 120 师奉党中央命令，组建了大青山支队，于 8 月挺进绥远敌后，开辟大青山抗日游击根据地。其后，在长达 7 年的敌后抗日游击战争中，大青山抗日游击根据地党政军系统和群众抗日团体，据不完全统计至少有 1374 人牺牲，555 人负伤。

在《大青山抗日斗争史》一书附录的《大青山抗日烈士英名录》中，载录了 1060 名烈士（内有日本籍八路军战士福冈留 1 名）。按本次调查的统计口径，应计入 1048 名[3]。本调研报告以此录为基础，凡有关文献记载和这次"抗损"调查中提到和发现的在大青山敌后抗日游击战争中牺牲的人员数字，均与此录核对，若此录未载，则另行统计。

经多方查证，未载入《大青山抗日烈士英名录》，但确属在大青山抗日游击战争中为抗日工作而牺牲的军民有 326 人，现将主要查证结果报告如下：

---

① 郝维民主编：《内蒙古革命史》，内蒙古大学出版社 1997 年版，第 233—241 页。
② 中共内蒙古自治区委党史研究室编：《草原丰碑》，2005 年印行，第 26—27 页。
③ 《大青山抗日斗争史》编写组编：《大青山抗日斗争史》，内蒙古人民出版社 1985 年版，第 365 页。

中共归绥工委和归绥工委组织领导的"绥蒙各界抗日救国会"，曾在1940年7月遭到敌伪破坏，190多名中共党员和群众被敌伪逮捕，其中100余人牺牲。史称"厚和惨案"。在"厚和惨案"中牺牲的100多名烈士中，除张克敏等数人牺牲在张家口之外，绝大多数都牺牲在绥远境内。但《大青山抗日烈士英名录》中，只有刘洪雄、贾恭、王棣、长茂、魏青山、郑化国等6名，故应另行统计90余人（此处按90人统计）。

1943年7月12日至1945年5月5日，日伪制造第二次"厚和惨案"。在第二次"厚和惨案"中，中共党员谢振业等30余人牺牲。现查《大青山抗日烈士英名录》，只录有绥蒙抗日救国会工作人员，于1944年牺牲于归绥城的李树基1人，其他牺牲人员未录入，故应另行统计29人。

1941年10月28日，在大火烧战斗中，与王聚德、高凤英同时遇难的烈士为12名。现查《大青山抗日烈士英名录》，只载有高凤英、王聚德、丁云、李陟等4人，故应另行统计8人。

《乌兰察布市抗战时期人口伤亡和财产损失大事记》中有两条记载与陶林县抗日救国会遭日伪破坏有关。一是1940年6月，陶林县抗日救国会负责人郭向山等14人被捕，其中郭向山等10人牺牲；二是1941年12月，日军对陶林县科布尔镇进行了第二次大搜捕，"陶林县抗日救国会"会员穆继昌、于宝铭、冀国桢等42名同志被捕，不久全部牺牲。据此两条记载，陶林县抗日救国会共有52人牺牲。现查《大青山抗日烈士英名录》中只载有郭向山、计维藩、冀维繁、刘玲、李秀芝、李阴坡等6人，故应另行统计46人。

《乌兰察布市抗战时期人口伤亡和财产损失大事记》中下列记载的牺牲人员在《大青山抗日烈士英名录》中也没有查到。

1939年2月16日，八路军警备第六团有29名战士在凉城县厂汗营战斗中牺牲。

1943年6月21日，八路军卓资山情报站的余清江、李九如、赵钟森、许鸿烈4人及相关群众36人遭日伪逮捕，后全部牺牲。

1943年9月，归凉县北四区游击队罗月孩、弓红小、陈三娃、石富锁等7人在保安乡六道沟战斗中牺牲。

1945年，陶林游击队队长罗振国及警卫员曹小娃在战斗中牺牲。

以上4条记载中，共有78人牺牲，应另行统计。

1939年5月，四支队（成成中学师生抗日游击队）在凉城县二龙宿太战斗中，有 50 多人牺牲。现查《大青山抗日烈士英名录》，只载有秦赞忠、樊景鸿、阎焕耀、石国干、赵宏才、张经纬等班长以上 6 人，故应另行统计 44 人①。

《内蒙古大事记》载，1942 年 5 月 23 日，八路军总政治部记者戈里，在大青山反"扫荡"战斗中牺牲。《大青山抗日烈士英名录》中未载入戈里姓名，应另行统计。

此外，还有一些事迹载入《内蒙古革命史》、《大青山抗日斗争史》等史册或其他相关历史文献，但姓名未录入《大青山抗日烈士英名录》的抗日烈士。如：八路军刚到大青山就参军参战，在一次战斗中英勇牺牲的年仅 15 岁的"小羊倌"；如：为掩护八路军干部和人民群众而英勇牺牲的陶林县后卜洞村游击小组组长宋成海和西沟子村联络员邸福元；如：四子王旗中共地下联络员白碧和茂明安旗（今属达茂联合旗）蒙古族爱国抗日志士齐木德仁庆豪日劳；如：在固阳县甘树沟为照顾八路军伤病员而牺牲的一位老大娘。除这 6 位之外，应当还有许多人是为抗日牺牲，姓名应录入《大青山抗日烈士英名录》的，只不过在这次调研中没能查到相关记载而无法统计。

再有，据《呼和浩特市抗日战争时期人口伤亡和财产损失的调研报告》记述，1940 年 4 月，日本特务机关发现伪"防共二师"有帮助八路军大青山支队的行为，遂将该师缴械，并逮捕了大批军官，后将 24 名连以上的军官集体杀害。

以上各项牺牲人数为 326 人，加上《大青山抗日烈士英名录》中录入的烈士 1048 人，共计 1374 人。

关于在大青山抗日游击战争中受伤的抗日军民人数，经查阅《大青山抗日游击根据地资料选编（历史档案部分）》和《内蒙古革命史》、《大青山抗日斗争史》，从 1938 年 8 月至 1942 年 10 月，4 年多的时间里，八路军大青山支队及其所直接指挥的地方游击队至少有 535 人在战斗中负伤。

其中，1939 年大青山骑兵支队负伤班长以下的战斗员有 122 人，干部 13 人，合计 135 人②。1940 年骑兵支队战斗负伤 184 人；1941 年骑兵支队战斗负伤 138 人③。《大青山抗日游击根据地资料选编（历史档案部分）》中《塞北军分区司令

---

① 中共内蒙古自治区委员会党史研究室编：《投笔从戎血沃青山——四支队（成成中学师生抗日游击队）史稿》，中共党史出版社 1992 年版，第 86—87 页。

② 中共内蒙古自治区委员会党史资料征集委员会、中国人民解放军档案馆、内蒙古自治区档案馆编：《大青山抗日游击根据地资料选编》（历史档案部分），内蒙古人民出版社 1986 年版，第 144—145 页。

③ 郝维民主编：《内蒙古革命史》，内蒙古大学出版社 1997 年版，第 370—371 页。

部一九四二年年终军事工作总结报告》的附表列出战斗负伤人员为 78 人[1]。

1942 年 7 月以后，大青山地区主力部队奉上级命令向晋西北一侧转移，原大青山地区在指挥系统上改称塞北区，并将大青山部队与山西雁北部队合并，成立塞北军分区。塞北区辖山西雁北地区 8 县，大青山地区 14 县。故 1943 年后塞北军分区关于战斗伤亡的统计数字是全塞北区的数字，且区分不开。这里将塞北军分区所属部队 1943 年伤 180 人，1944 年伤 175 人，1944 年 12 月至 1945 年 5 月伤 30 人，共计 385 人的战斗负伤数字列出供参考，不计入大青山抗日游击根据地抗日军民伤亡总数。

此外，据《乌兰察布市抗战时期人口伤亡和财产损失大事记》1943 年 1 月记载，在凉城县山神庙战斗中，绥察行署政卫连有 20 余人指战员负重伤。此数应计入大青山抗日游击根据地抗日军民受伤人数中。以上共计 555 人。

另，从《日本侵略华北罪行档案·毒气战》查到的两份文电记载，在大青山地区日军使用化学毒气武器，使八路军部队有 30 余人中毒伤亡，但为避免重复统计，此数未计入大青山抗日军民伤亡数中[2]。

其二，东北抗日联军在呼伦贝尔地区伤亡情况。

据《呼伦贝尔市抗日战争时期人口伤亡和财产损失调研报告》记述，1939 年 9 月至 1942 年 2 月，奉中共北满省委指示，东北抗日联军第 3 路军 3、9 支队在两年多的时间里 3 次进入呼伦贝尔地区。其间，3 支队、9 支队历经大小战斗近百次，消灭日、伪军 150 多人，但自身也付出了惨重代价。包括冯治钢（抗联 6 军参谋长、西北远征军指挥）、高禹民（北满省委委员、下江特委书记、3 支队政委）、郭铁坚（9 支队政委）等高级将领在内的 185 人指战员牺牲，另有 40 人负伤，伤亡总数为 225 人。

其三，赤峰地区抗日军民人口伤亡情况。

据《赤峰市抗战时期人口伤亡和财产损失调研报告》、《内蒙古革命史》及中共河北省委党史研究室编《长城线上千里无人区》等著述，抗战时期晋察冀边区多次派部队和干部深入热河省南部地区，开辟包括宁城县、赤峰县、喀喇沁旗在内的热南抗日游击区，其中承平宁抗日游击根据地斗争最为艰苦。《赤峰市抗战

① 中共内蒙古自治区委员会党史资料征集研究委员会、中国人民解放军档案馆、内蒙古自治区档案馆编：《大青山抗日游击根据地资料选编》（历史档案部分），内蒙古人民出版社 1986 年版，第 414 页。

② 中央档案馆、中国第二历史档案馆、河北省社会科学院编：《日本侵略华北罪行档案·毒气战》，河北人民出版社 2005 年版，第 142、144—145 页。

时期人口伤亡和财产损失调研报告》记述："仅在宁城县发生的大小战斗中，我八路军就有130多名干部战士壮烈牺牲"，"克什克腾旗经棚镇的共产党员肖生嘎、宁春发（德勒格尔）、陈震华等也相继被日军杀害"。

1943年2月3日，在承德、平泉、宁城交界处的光头山突围战中，严重冻伤的八路军干部战士30多人[①]。

《不可忘却的历史》一书中《对赤峰地区抗日战争几个问题的初探》一文记载："据不完全统计，抗日战争时期，今赤峰市地区……除牺牲干部、战士300余人外(包括宁城县牺牲的130名干部战士，编者注)，还有因参加抗日斗争的近千名群众也惨死敌手[②]。"

综合上述记载，赤峰地区抗日军民伤亡总数应在1330人以上。

将大青山地区、呼伦贝尔地区、赤峰地区共产党领导的抗日武装和抗日群众伤亡人数相加，共计3484人。

实际上，3484人这个数字远远少于坚持在内蒙古敌后地区开展抗日游击战争，共产党武装力量和群众抗日团体实际伤亡的人数。

据内蒙古自治区委党史研究室1992年编写的《投笔从戎血沃青山——4支队（成成中学师生抗日游击队）史稿》记载："1938年8月，4支队全体642人奉命随晋察绥工作委员会和八路军120师大青山支队挺进绥远，配合八路军开辟敌后战场，创建大青山抗日游击根据地。""他们为之付出了巨大的牺牲，先后有300余名指战员（含成中师生53人）献出了年轻的生命。"另据八路军老战士、原4支队成员张光仪同志发表在《蛮汉山抗日根据地回忆片断》中记述大青山抗日游击战争的残酷时说："仅以原4支队为例，最初有200多人（报告者按：4支队进入大青山后，部分人员根据上级安排转入党政系统从事地方或统一战线及地下工作，故比出发时人数减少），在坚持了8年之后，只剩下屈指可数的十几个人了。像阎焕景、阎焕耀、阎焕春三兄弟，全部牺牲在大青山[③]。"据上面第一个记述，4支队以出发时人数计，其牺牲的比例约为50%；据上面第二个记述，4支队以留在战斗部队的人数计，其牺牲的比例高达90%以上，真可谓九死一生。在一场场惨烈的战斗中，许多为国捐躯的烈士没有留下姓名，甚至没能留下一个统计的

[①] 中共河北省委党史研究室：《长城线上千里无人区》第3卷，中央编译出版社2005年版，第108—109页。

[②] 中共赤峰市委党史办公室编：《不可忘却的历史》，1996年印行，第49页。

[③] 中国人民政治协商会议内蒙古自治区委员会文史资料委员会编：《内蒙古文史资料》第11辑，1984年印行，第146页。

数字。这是无名烈士们的崇高，但也是全中华民族的遗憾。

其四，国民党军队及参战民工在抗战中伤亡情况。

关于抗日战争全面爆发之后，国民党军队在内蒙古境内的抗日作战伤亡情况，能够查找到的档案资料甚少，只能就已掌握的情况报告如下：

抗日战争全面爆发时，除绥远省和时属宁夏省的阿拉善地区外，内蒙古境内已无国民党军队。当时绥远省与山西省同属国民党军政当局划分的第二战区，阎锡山任第二战区司令长官。负责绥远防务的傅作义将军及其所统主力部队第 35 军奉阎锡山命令调入山西境内担负作战任务，故绥远境内兵力空虚。一些小规模的抗敌作战，均告失败。

《乌兰察布市抗战时期人口伤亡和财产损失大事记》记载，1937 年 8 月 14 日，国民革命军骑 1 师在商都县抗击日军，"前沿阵地的一个连几乎全部牺牲"（当时国民党正规部队的 1 个连约有 120 人，故应统计 100 人牺牲）；同年 9 月 16 日，丰镇县守城的国民兵训练团有 78 人牺牲；19 日至 23 日，晋绥军骑兵司令赵承绥部第 2 师在凉城县田家镇一带的阻击战中有 500 余人伤亡。以上三战，国民党军队伤亡总数为 678 人。

《包头市抗战时期人口伤亡和财产损失大事记》记载，1938 年 3 月 21 日，抗日将领马占山部刘桂五师在红油杆子战斗中包括刘桂五在内的 30 余人牺牲。1938 年初夏，在包头县附近的一次阻击战中，绥远游击军柴玉峰团和中滩民众自卫军有 20 余人牺牲。1939 年 4 月 10 日，门炳岳部骑 7 师在攻打固阳县公益民村日伪据点时有 100 多名官兵伤亡。以上三战，国民党军队伤亡总数为 150 人。

《鄂尔多斯市抗战时期人口伤亡和财产损失调研报告》附表中显示，国民党军队在鄂尔多斯地区抗敌作战伤亡人数为 3420 余人。

此外，据《内蒙古革命史》、《大青山抗日斗争史》等史书记载，1938 年 4 月，傅作义将军任第二战区北路军司令时，曾组织绥南战役，其部队一度攻克清水河、和林格尔，推进到归绥郊外一间房一带，但部队具体伤亡情况，尚未查到。1938 年 5 月下旬，傅部独立第 6 旅第 421 团第 1 营在清水河韭菜庄的战斗中，牺牲的官兵有连长贾士瑞、粟兴汉等约 50 人。

1938 年年底，傅作义将军被任为第八战区副司令长官，脱离了阎锡山体系，1939 年春率 35 军由山西进抵绥远五原后，设绥远省临时省会于陕坝，全力经营河套地区。1939 年冬至 1940 年 3 月 22 日，为配合湖南战场的战役行动，牵制华北日军，傅作义部发动包头、绥西、五原三战役。经 100 多天连续作战，三战役以"五原大捷"宣告胜利结束。这三个战役，不仅有效地牵制了华北日军，而且一举肃清了侵入河套的日伪势力，并使之无力再犯，巩固了大西北的抗战前沿。但傅作义部官兵也为之付出了重大牺牲。

《包头市抗战时期人口伤亡和财产损失大事记》记载，1939 年 12 月，傅作义部官兵在包头战役中，"战死军官 84 人、士兵 775 人，伤军官 141 人、士兵 1150 人，失踪 644 人"。合计战死 859 人，负伤 1291 人，失踪 644 人，共计为伤亡 2794 人。

《巴彦淖尔市抗战时期人口伤亡和财产损失大事记》记载，1940 年 1 月 31 日，在绥西战役中的乌不浪口阻击战，宁夏马鸿宾部第 35 师伤亡官兵 1000 余人。巴彦淖尔市五原县党史办公室《五原战役》一文记载，增援马鸿宾部第 35 师的董其武部第 101 师 303 团在乌拉山万和长一带继续阻敌，在战斗中，团长王赞成负伤，官兵战死 150 余人，伤 250 余人。据此计算，第 35 师和第 101 师两部共计伤亡官兵 1400 余人。

1940 年 3 月下旬，在五原战役中，傅作义部牺牲准尉以上官佐 54 人，士兵 625 人，官兵共计牺牲 679 人。此役规模较大，官兵负伤人数必然众多，但在现有的资料中没能查到具体数字。据蒋曙晨著《傅作义传略》提及，当时傅部新 32 师师长袁庆荣、新 31 师 93 团团长安春山等师、团主官均在攻城战阵中负伤。《五原战役》一文也有打援部队第 301 团团长王建业臂部负伤，第 303 团团长宋海潮身中 7 弹，伤重昏死，后被当地百姓救活的记载。故五原战役傅部官兵伤亡情况应统计为，官兵战死 679 人，伤师长 1 人、团长 3 人、团长以下负伤人数不详[①]。

1942 年 1 月至 4 月间，日军在包头附近和达拉特旗等地，连续 5 次使用化学毒气武器，进攻国民党军队，致使国民党军队有 165 人加"一个连之半数"，即约 210 人中毒伤亡[②]。

据《巴彦淖尔市抗战时期人口伤亡和财产损失调研报告》统计，国民党绥远省政府抗战期间在五原、晏江、安北、临河、陕坝等地征用民工 38404 人，其中死亡 198 人，受伤 544 人，共计伤亡 742 人。这 742 人理应统计入抗日军民伤亡人数中。

综上，可知在抗战全面爆发后，国民党军队及其所征用民工在内蒙古境内抗敌作战伤亡人员至少为 10127 人。

---

① 中共巴彦淖尔盟委党史办公室编：《巴彦淖尔盟党史资料》第 6 辑，1985 年印行，第 91 页。

② 中央档案馆、中国第二历史档案馆、河北省社会科学院编：《日本侵略华北罪行档案·毒气战》，河北人民出版社 2005 年版，第 329 页。

从 1931 年 9 月 18 日日军入侵东三省至 1945 年 9 月抗日战争取得胜利，内蒙古地区各抗日武装伤亡人数不完全统计数为 24319 人。

（2）平民直接伤亡情况

日本侵略军在内蒙古境内，有组织、有计划、用多种野蛮残暴、灭绝人性的方法，大规模屠杀和平居民的行径，本调研报告的上一部分已有叙述，这里主要报告各类平民直接伤亡的数量情况。

1）呼伦贝尔市人口伤亡情况

《呼伦贝尔市抗战时期人口伤亡和财产损失调研报告》列出，抗战时期呼伦贝尔地区平民直接伤亡的不完全统计数为 5960 余人。其中在日军进行的各类细菌武器试验中受到伤害的为 2240 余人，在日军进行的各类化学毒气武器试验中受到伤害的为 3350 余人，二项合计为 5590 余人，其中有 511 人受害直接死亡。此外约 370 余人，系被日伪军警宪特直接打死打伤。

关于日军在呼伦贝尔地区研究、试验及使用各类细菌、化学武器的情况，呼伦贝尔市的调研成果中有一篇《日军在呼伦贝尔进行的细菌毒气战专题调研报告》[①]，现将这个专题调研报告节录附后，这里不再详述。日军在呼伦贝尔草原进行的细菌传染试验，当时的索伦旗（今鄂温克族自治旗）里鄂温克族群众受害最深。据当地政府初步查明，当时受害死难者至少是 340 多人。《1942—1944 年辉河地区日军进行细菌实验死亡人员名录》和《1944 年伊敏苏木萨格道布嘎查日军进行细菌死亡人员名单》均列出了当时受害死难者中部分死难者的姓名，本报告作为附录附后[②]。

2）兴安盟人口伤亡情况

《兴安盟抗战时期人口伤亡和财产损失调研报告》列出抗战时期兴安盟地区各类平民直接伤亡不完全统计数为 3330 人，其中仅鼠疫一项就死亡 3000 余人。其具体情况是，1945 年 8 月，日本战败已成定局，日军驻兴安盟部队在逃跑时，由伪兴安总省参与官白滨和伪兴安总省警务厅长富地加久指挥，将日军存放在兴安医学院细菌库中的一批已培育成带鼠疫菌的老鼠放出，致使鼠疫迅速在王爷庙街（今乌兰浩特）地区蔓延，在 3 个月内，这座当时人口仅约 2.5 万的小城里，就死亡 3000 余人，成为一座"黑死病"笼罩的恐怖之城。王爷庙周围旗县，也

---

① 中央档案馆、中国第二历史档案馆、河北省社会科学院编：《日本侵略华北罪行档案·毒气战》，河北人民出版社 2005 年版，第 329 页。

② 徐占江、李茂杰编：《日本关东军要塞》（下），黑龙江人民出版社 2006 年版，第 884—887 页。

因之受到鼠疫侵袭。

此外，日本军人和非军人的日本"开拓团"人员，面对必然的失败命运时，更加灭绝人性，其行径令人发指。

1945 年 7 月，日本关东军兴安宪兵队在科右前旗将 60 余名中国人押往乌兰哈达附近全部杀害。同时，日伪警察也杀害了 80 名中国人。

1945 年 8 月 14 日—15 日，日本"开拓团"人员在庆远屯附近枪杀过往中国人 29 人。

1945 年 8 月 15 日，日本"开拓团"人员将关押在庆远屯里两间草房中的 41 名中国人放火烧死。

1945 年 9 月，日本宣布无条件投降之后，日军在扎赉特旗三家子屯，屠杀当地居民 80 人。

仅以上 4 例，日本军人和非军人的日本人就杀害当地和平居民 290 人，而且还有一例是发生在日本已宣布无条件投降之后。

3）通辽市人口伤亡情况

《通辽市抗战时期人口伤亡和财产损失调研报告》列出，抗战时期通辽地区各类平民直接伤亡不完全统计数为 7034 人。其中 159 人死于日军进行活体解剖试验，6489 人于 1933 年至 1945 死于鼠疫，53 人失踪，23 人受伤，310 人系被日军飞机炸死和被日伪军警宪特直接杀害。

通辽地区在抗战期间是鼠疫频发地区。但日伪不仅不采取必要的防疫措施，反而在疫情发生时，借隔离疫情为名，封锁疫区道路，调派日军细菌武器研究试验人员，把疫区当作试验场，任由疫情发展，以观察、测试获取有关数据，甚至在现场根据细菌武器需要，用活人进行人体解剖研究试验。仅开鲁县一地就有 159 人被日军进行活体解剖而惨死。

《科左中旗鼠疫流行情况统计表》由科尔沁左翼中旗档案馆整理，此处节录其 1933 年至 1959 年的部分作为资料附后[①]，以供参考。

4）赤峰市人口伤亡情况

《赤峰市抗战时期人口伤亡和财产损失调研报告》列出，抗战时期赤峰地区各类平民直接伤亡的不完全统计数是 6258 人。其中在"白音布统鼠疫"中死亡 608 人，因日军"集家并村"、制造"无人区"死亡 5554 人，被日伪军警宪特打

---

① 科尔沁左翼中旗档案馆整理，见本书资料人口伤亡部分之档案资料（1）。

死打伤 96 人。

1942 年 5 月 15 日至 10 月 23 日，当时隶属巴林右旗，现属阿鲁科尔沁旗的白音布统城发生的致使当地人死亡 608 人的鼠疫，史称"白音布统鼠疫"。这次鼠疫经翁牛特旗政协吴甲才等人考证，系由日军在白音布统街投放鼠疫细菌弹而引发。吴甲才撰写的《侵华日军在白音布统施放鼠疫菌始末》一文，作为附录附在本调研报告之后。

1942 年至 1945 年，日军在冀、热、辽地区长城沿线，实行"三光"政策，制造千里"无人区"的暴行，也祸及赤峰地区。赤峰地区的宁城县、喀喇沁、敖汉和巴林左旗深受其害。这 4 个旗县共有近 4 万人分别被驱入"人圈"（日伪称之为"集团部落"，实则犹如"集中营"），或迁往东北。其中宁城县因之死亡 4000余人[①]，喀喇沁旗因之死亡 450 余人，敖汉旗因之死亡 104 人，巴林左旗因之死亡约 1000 人。不到 4 年的时间里，不满 4 万人中就死亡了 5554 多人，死亡率将近达到 14%。本报告将这部分死亡人数，列入平民直接伤亡统计数中，并将《黑里河山区"集家并村"情况调查表》[②] 作为资料附后。

5）锡林郭勒盟人口伤亡情况

锡林郭勒盟的平民直接伤亡情况，因档案和文献资料极为缺乏，很难统计。现查到涉及锡林郭勒地区人员直接伤亡的资料仅有 2 份，49 人。

其一，中日学者金成民和鳟泽彰夫发现，1941 年 1 月 31 日至 2 月 11 日，侵华日军北支部防疫给水部（又称北支甲第一八五五部队）在锡林郭勒盟苏尼特右旗境内，用 8 名中国男性作冻伤活体解剖试验。本报告将《日本侵略华北罪行档案·细菌战》所载有关此事的资料作为附录附后[③]。

其二，日本战犯桥本岬供述，他曾于 1942 年 10 月，指挥佐佐木工作队，在多伦、宝源[④] 一带诱捕"抗日武装人员"60 人，并将其中 41 人押往宝源县，"在县政府枪杀"。经查证，共产党领导的武装力量没有 1942 年时在多伦、宝源一带活动的记载，而国民党武装自 1936 年前退出察哈尔后，在抗战胜利之前也没有再派人进入的记载。故此项伤亡当列入平民直接伤亡统计数中，其有关资料作为

① 中共河北省委党史研究室编：《长城线上千里无人区》第 3 卷，中央编译出版社 2005 年版，第 54—61 页。

② 中共河北省委党史研究室编：《长城线上千里无人区》第 3 卷，中央编译出版社 2005 年版，第 54—61 页。

③ 中央档案馆、中国第二历史档案馆、河北省社会科学院编：《日本侵略华北罪行档案·细菌战》，河北人民出版社 2005 年版，第 112—113 页。

④ 宝源，1937 年 7 月，日伪政权将宝昌县（现太仆寺旗）与时属察哈尔省、现属河北省的沽源县合并为伪宝源县，治所设在宝昌县的宝昌镇。

附录附后①。

6）呼和浩特市人口伤亡情况

《呼和浩特市抗战时期人口伤亡和财产损失调研报告》列出，抗战时期呼和浩特地区各类平民直接伤亡不完全统计数为 4018 人，其中死亡 2827 人，受伤 1191 人。

现呼和浩特市所辖区域，在抗战时期大都属大青山抗日游击根据地范围，这里的平民直接伤亡多系被日、伪军在对大青山抗日游击根据地反复进行"扫荡"、"清剿"时杀伤杀死。1938 年 5 月 3 日，日军在清水河县韭菜庄大小双墩等村"清乡"时，杀害村民宋玉福、冯国民等 63 人②。也有一部分是在敌机轰炸时伤亡，如 1939 年 3 月 8 日，6 架日军飞机轰炸托克托县河口镇，炸死当地百姓 67 人，炸伤 80 多人，使河口镇百姓伤亡共计 147 人以上。

呼和浩特市在这次调查中，查找到了一些绥远省国民党政府于抗战胜利后进行战时人口伤亡调查的原始档案资料。《呼和浩特市抗战时期人口伤亡和财产损失调研报告》中列出的平民直接伤亡不完全统计数字，有相当部分是采用了这些原始档案资料中记录的数字。如：托克托县平民直接伤亡 2181 人这项统计，就是依据了在托县档案馆查找的一份《人口伤亡汇报表》（1947 年 2 月 8 日填送）得出的。托县的这份《人口伤亡汇报表》列明民国二十六年（1937 年）十一月，日军攻陷托县（至抗战胜利），托县男性（成年人）死亡 560 人，重伤 128 人，轻伤 359 人；女性（成年人）死亡 280 人，重伤 79 人，轻伤 106 人；儿童死亡 320 人，重伤 134 人，轻伤 119 人；另有情况不明 96 人。关于这份《人口伤亡汇报表》的可靠程度，有 2 份《人口伤亡调查表》（表式 1）和 1 份《敌寇屠杀我同胞详细调查表》、1 份《托克托县抗敌伤亡人民调查表》及与这 4 份调查表（4 份调查表都是 1947 年 2 月 8 日填送）相关的 5 份文电，可以说明其统计依据和数据采集方式。故将其作为附录，一并附后③。

另外，归绥县忠诚乡一保（一间房村，现属和林格尔县）的一份《人口伤亡调查表》（表式 1），现查找到 16 张（这 16 张是不是这份《人口伤亡调查表》的全部，现无法查明。但从这 16 张表中只列死亡者名单看来，不是全部的可能性

---

① 中央档案馆、中国第二历史档案馆、河北省社会科学院编：《日本侵略华北罪行档案·战犯供述》，河北人民出版社 2005 年版，第 356 页。

② 清水河县政府代电民礼字第 4 号：《清水河县抗敌伤亡调查表》，1946 年 8 月 4 日，内蒙古自治区档案馆馆藏档案，档案号 401—1—743，第 35 件。

③ 内蒙古自治区档案馆馆藏档案，档案号 401—1—743，第 21 件。

更大）。这份可能不全的《人口伤亡调查表》，列有一间房村109人被日军飞机轰炸、炮击、枪杀、刺刀刺杀的老百姓的姓名、性别、年龄、职业。这109人的职业全都是农民。其中年龄最小的是两名只有3岁的女童武杏花和曹花女，都是被日军枪杀；年龄最大的是一位叫武冯氏的老妇人，被日军枪杀时76岁。这份调查表也作为附录附后①。

7）包头市人口伤亡情况

《包头市抗战时期人口伤亡和财产损失调研报告》列出，抗战时期包头地区各类平民直接伤亡不完全统计数是23803人，其中死亡4041人，受伤5762人，失踪14000人。

包头市在这次调查中，查找到的原始档案较多。这些档案资料中，既有抗战胜利后，绥远省国民党政府要求包头地区各县进行的人口伤亡和财产损失的调查汇总资料，也有一部分县、乡镇政府战时即时进行的调查汇总上报资料②。包头市依据这些资料进行的平民直接伤亡数统计，相对于内蒙古境内其他地区而言，是较为完全的。特别是平民直接伤亡中失踪人口一项，若无当时的档案或文献资料记载，现今重新再查，查明的可能性确实不大。故除包头地区外，内蒙古其他地区关于失踪人口这项内容，仅有通辽市列出53人，巴彦淖尔市列出6人，其余全部空白。

《绥远省固阳县抗战期间被灾损失情况表》（原表无填制时间）是现在查到的唯一一份较完整地反映出一个县在抗战期间人口伤亡和财产损失情况的表格③。在这份表中，有固阳县沦陷前原有人口为47500人，沦陷期间"被灾"死亡3400人，伤5700人，流亡人口14000人等内容。据此推算，固阳县在抗战胜利时人口为30100人左右，与沦陷前原人口数相比，下降了36.6%。从字面上看，流亡与失踪似乎有一些差别，但考虑到抗战期间固阳县的实际情况，将流亡人口视为失踪人口，并无实质意义上的不妥。固阳县地处大青山区边缘，是大青山抗日游击根据地的一部分。在抗战期间，日、伪频繁在这里"扫荡"，"清剿"，实行"三光"政策，一些受日、伪收买、纵容的土匪武装也经常在这里抢掠烧杀。因此固阳县的许多老百姓村庄房屋被毁，只好躲入深山，过居无定所的生活。而这正是固阳县"流亡"人口，实则是失踪人口众多的根本原因。固阳县如此，与固阳县

---

① 内蒙古自治区档案馆馆藏档案，档案号401—1—743，第44件。

② 内蒙古自治区档案馆馆藏档案，档案号401—1—738，第39件。

③ 固阳县档案馆馆藏档案，档案号9—72。

情况类似的呼和浩特、包头、乌兰察布等地区地处大青山山区的旗县，也大概如此。只因没能查到更多的档案文献记载，致使包头市固阳县一地的抗战期间失踪人口数，成为包头市乃至全内蒙古地区的抗战期间的失踪人口统计数。

另外，还有一点需要说明。在抗战期间属包头管辖的一些地域，现已因行政区划变更，不再属包头市范围，然而包头市依据原始档案资料统计的各项数字，却很难随之变更。所以为了保持原始统计的完整性，未改动包头的统计数据，但对与之相关地区的调研数据加以了特别注意，将可能造成重复统计的部分已进行了剔除。

8）乌兰察布市人口伤亡情况

据乌兰察布市抗战时期人口伤亡和财产损失调研统计，抗战期间乌兰察布地区平民直接伤亡不完全统计数为5028人。

1937年9月21日，4架日本飞机在察右前旗油葫芦湾一带轮番轰炸、扫射一列正在行驶的客运列车，杀害旅客和周围平民300余人。

1944年11月，日军在丰镇县第一、第五两区杀死"抗烟抗粮"（烟，系指日伪强征的鸦片）群众300余人，伤害群众1000余人。

《乌兰察布市抗战时期人口伤亡和财产损失大事记》还记载：1939年9月至1940年春，日军在卓资县一带沿公路两侧十五里，实施"三光"政策，制造"无人区"，连续烧毁了后坝子村、波儿沟、点卜太、三合店、四份子、红沙坝、兴胜隆、鸡儿登、官庄子、大西村、东耗、羊老公、骆驼湾、梅力图、白银吉力格、红格图、前营子、二营子、白银脑包、北沟、丁计沟、丁计梁、东沟子、勿兰哈达、五间房、沙漠地、六道沟、火烧沟、水泉沟、黄平卜子、大东河、小东河、徐家沟、马家沟、西沟子、南沟子、勿兰哈少、孔督沟、广昌隆、前蛮汗沟、后蛮汗沟、狐子洼、喇嘛沟、灰腾、正沟、丰沟、陶素图、瓦窑沟、石拉沟、潭家沟、其令沟、韩山窑子、庙沟、松树沟、大沿沟、苏三夭子、张兰夭子、青背沟、高煤夭子、李天四夭子、张义夭子、大沟、小西沟、元太兴、郭隆沟、永兴夭子、四合元、玻璃匆计、水泉村、康村、西村、朱付利跟底、牛扣哈达、账房沟、纳令沟等70多座村庄。在这些村庄里，日军见人就杀。1939年9月11日，日军第一次焚烧后坝子村时，村里的老百姓都躲藏出去了，日军只放火烧了村里的房屋。第二天，日军又偷偷包围了后坝子村，回村的31名群众有29人被日军杀死、烧死。一名叫杨宽宽的群众因躲藏及时，没被日军发现，幸免于难。一名叫韩白仁的群众则是身受13处伤而未死。这年秋季的一天，波儿沟村的60多口人，因没有防备，被日军包围在村里，赶到场面上，集体屠杀。全村仅有 4 人死里逃生。

9）巴彦淖尔市人口伤亡情况

《巴彦淖尔市抗战时期人口伤亡和财产损失调研报告》列出，抗战期间巴彦淖尔地区各类平民直接伤亡不完全统计数为 1488 人。其中，死亡 1133 人，受伤 349 人，失踪 6 人。

1938 年 9 月 25 日，日军进攻乌拉特前旗大佘太，在城外追杀逃难的百姓 200 余人；占领大佘太后，又将全城百姓都赶到西门外城墙边，杀死了其中的 300 余人，制造了"大佘太惨案"。

1939 年 8 月 10 日，日军飞机 28 架轰炸五原县城，城中居民 57 人死难，6 人受伤。

1940 年 7 月，日军出动轰炸机 288 架次，轰炸五原、临河、安北三县。三县居民 67 人死难，81 人受伤。

（据不完全统计，抗战期间，日军飞机轰炸巴彦淖尔地区五原、临河、陕坝等县达 50 多次。其中至少有 3 次以上使用了化学毒气炸弹，其数量据查有数百枚之多，炸死、炸伤、毒伤我军民 300 余人。）

1942 年 7 月 1 日至 2 日，日军在乌镇（今乌拉特中旗德岭山镇境内）先后杀死当地居民 76 人，烧毁房屋 500 多间。致使该镇居民大部迁移，昔日塞北名镇，因之消亡。

1942 年 1 月至 3 月，日军在绥西一带投放鼠疫菌，致使巴彦淖尔地区居民罹疫死难 287 人。

另外，巴彦淖尔地区统计的失踪人口 6 人，全系被日伪军掳去后下落不明的妇女。

10）鄂尔多斯市人口伤亡情况

《鄂尔多斯市抗战时期人口伤亡和财产损失调研报告》列出，抗战时期鄂尔多斯地区平民直接伤亡不完全统计数为 428 人，其中死难 371 人，受伤 57 人。

鄂尔多斯地区除靠南与陕西接壤的一侧外，其余三面都受黄河环绕。抗战时期，国共两党领导的抗日武装和鄂尔多斯人民，依托黄河天险，严阵以待，多次奋勇作战，挫败日、伪进攻，使鄂尔多斯高原的大片国土得以保全。但达拉特旗北端沿黄河一线的昭君坟、大树湾、新城等地沦入敌手。这些沦陷地带的平民，有 67 人以上惨遭日伪屠杀。虽然日、伪军对鄂尔多斯广大地区的地面进攻屡次受挫，但日军频繁出动飞机轰炸东胜等地，并且实施"细菌战"，也给鄂尔多斯人民造成了空袭死伤 150 余人，罹疫死难 174 人以上的重大伤亡。

综上所述,抗战期间内蒙古地区各类平民直接伤亡不完全统计数为 57396 人。其中:

因日军试验和使用细菌、化学武器及鼠疫造成的伤亡人数为 16315 人;

日军飞机轰炸和日、伪军及非军人的日本人屠杀和平居民造成的伤亡为 27022 人;

因战争原因和日伪掳掠妇女造成的失踪人口为 14059 人。

内蒙古地区在长达 14 年的抗日战争中,军民直接伤亡不完全统计数是 81715 人。

2. 间接伤亡

抗战时期内蒙古地区间接人口伤亡的问题比较复杂,不仅查明人数相当不易,甚至理清头绪、说明梗概也有一定困难。现将有关情况分被捕俘人数、劳工、灾民三个方面报告如下:

（1）被捕俘人员伤亡情况

关于抗战期间内蒙古地区被日、伪捕俘的人数,有 6 个盟市没有形成统计数字,其余 4 个盟市:通辽统计为 51 人,赤峰统计为 84 人,锡林郭勒盟统计为 20 人,包头统计为 85 人。这样的统计结果明显与实际情况相差甚远。造成这一状况的原因,主要是收集资料困难,其次在统计口径和辨别区分两个方面也有相当难度。

赤峰市抗战时期人口伤亡和财产损失调研统计,在赤峰地区被日伪捕俘的人数为 84 人。但经查阅《长城线上千里无人区》、《日本侵略华北罪行档案·战犯供述》等书籍中桥本岬、长岛玉次郎等日本战犯的口供和证言资料记录发现,仅 1942 年 8 月至 1944 年 1 月的 1 年零 6 个月的时间里,日伪军警宪特系统就在宁城县及周边地带,以"反满抗日"的罪名抓捕当地群众 1793 人。这 1793 人中有 625 人被日伪移送至伪检察机关（有关情况已整理了一份表格作为资料附后）[①]。据日本战犯供述资料,1942 年至 1944 年上半年,伪热河特别治安庭审判的"反满抗日"分子约有 4000 人。其中被判死刑的约 1000 人,被判入狱的约 3000 人。入狱的 3000 人中有约 800 人,被日伪用拷问、做试斩对象、病理试验、人体解剖等残忍手段秘密杀害。日本战犯长岛玉次郎供言,（被判入狱的）"这些人中,

---

① 见本书资料人口伤亡部分文献资料之（12）。

在狱中因拷问致死的在百分之五十以上，其他也有在秘密杀死或做人体解剖而死的，这是考虑到如对抗日爱国人员全部宣布死刑，会更加激起人民大众的反抗，无法压制，因此减少公开处死刑的数目，而在暗中秘密地不依据任何法令来处死"。赤峰地区如此，伪满洲国境内的呼伦贝尔、兴安、通辽等地区也大概如此。在这些地方日伪以"反满抗日"的罪名究竟逮捕了多少人、这些人的下落如何等等问题，因为日本在宣布无条件投降前后，有组织、有计划、有重点地销毁了大量档案文件资料，现在查起来困难很大。

在伪蒙疆政府统治的区域，日伪同样以"通共反日"类的罪名随意逮捕过许多群众。如在本报告前面提到过的"厚和惨案"中，日伪当时逮捕的怀疑对象有400多人，其中100多人被害死，90多人被长期关押，有200人左右被关押一段时间，经刑讯逼供排除怀疑后放出。在包头，有"董世昌（被日伪逮捕时为包头商务会会长）为傅作义提供情报案"。此案发生在1940年2月，日伪先后逮捕了85人。这85人中，有18人被日伪判处死刑或害死于狱中，60余人被逼疯或刑讯致残。锡林郭勒地区的"多伦案件"中，多伦、商都（今属乌兰察布市）等地被日伪逮捕的人数在100多名以上，其中2人死于日伪的刑讯逼供。

共产党领导的抗日武装和九一八事变后自发抗日的各类抗日义勇军及国民党军队，当然也会有一些被日伪俘捕的人员，但因缺乏这方面的档案及文献记载，现无法查明，故只得从略。

根据上述情况，除去赤峰原统计的84人（锡林郭勒原统计20人，与"多伦案件"无关，故保留），有资料可查的，抗战期间内蒙古地区被日伪捕俘人数为2449人。其中伤亡人数待进一步调查。

（2）劳工伤亡情况

抗战期间在内蒙古沦陷地区内，被迫给日伪当劳工的中国人总数在100万以上。这100万人中，约有60万人是来自内蒙古以外的地区，约有40万人是日伪在内蒙古沦陷地区强行征来的。

据《日本关东军要塞》一书计算，1934年至1945年间，日军在东北（报告者按：包括内蒙古东部地区）征用的劳工总数是790万人以上。1934年至1939年从华中输入到东北（报告者按：包括内蒙古东部地区）的劳工有323.5万。据《日本侵略华北罪行档案·奴役劳工》统计，"从华北输出到蒙疆的劳工约为32万"。这个总数量超过1100万的劳工中，据估算，被日伪使用在内蒙古沦陷区内修筑军事要塞、飞机场、铁路、公路等大型工程中的人数在100万人以上。

从 1933 年开始，日本关东军沿中苏、中蒙边境一线修筑了一系列以军事要塞为主体的军事工程。据《日本关东军要塞》分类，这些要塞共有 17 个，分在 11 处。至 1945 年 8 月 15 日，日本宣布投降，有些要塞还尚未完工。

这 11 处军事要塞中，海拉尔要塞（在已完工要塞中最大）、阿尔山要塞、乌奴耳要塞（在施工计划中最大，但未完工）等 3 处在内蒙古的呼伦贝尔市和兴安盟境内。据《日本关东军要塞》统计，日本关东军修筑中苏、中蒙边境一线军事工程共使用中国劳工 320 万人以上。以 11 处要塞平均计算，每处要用 29 万名劳工，内蒙古境内的 3 处要塞所用劳工应是 87 万人，按 87 万人劳工的 40%[1]计算，其中约 35 万人是来自内蒙古沦陷地区。在修筑这 3 处军事要塞的过程中，劳工的死亡率奇高。《呼伦贝尔市抗战时期人口伤亡和财产损失调研报告》中报告，在修筑海拉尔要塞时，"由于恶劣的施工条件、繁重的体力劳动、非人的待遇，致使劳工大量死亡。而在工程完工时，日军又将数万中国劳工全部杀害，制造了骇人听闻的海拉尔北山'万人坑'罪行。'文化大革命'前，'万人坑'中的累累白骨因风沙流动不时出现，现已无存。据劳工张玉甫回忆，一同到海拉尔当劳工的有 400 多人，他是侥幸逃出的一个。周茂胜回忆，一同到海拉尔修飞机场的有 15 人，只有 4 人生还"。在修筑乌奴耳军事要塞时，"同样造成了大量人员的死亡。据张树海回忆，所在中队 240 人，死亡 120 人；冯彼恩回忆，所在北区 4 个月内死亡 1000 人；穆景元回忆其父穆荣方与同村 11 人出劳工，仅 4 人生还；黄文喜邻近的一个小队 60 人有 59 人死亡；张朝清回忆，由海城、锦州到乌奴耳出劳工的 1800 人中，到 1945 年日本投降时，仅有 50 多人生还；侯春玉回忆，1943 年到乌奴耳出劳工有 700 多人，仅有 100 多人生还"。[2]据此估算，3 处要塞在施工过程中死亡和施工结束后被日军集体杀死的劳工总数可能在 10 万人以上。

另外，被日伪用于在大兴安岭伐运木材，在呼伦贝尔、赤峰等地开采各种矿藏及修筑铁路、公路的劳工总数有 10 万人左右，被日伪派到日本人霸占的各类工厂、农场、牧场及日本人的"开拓团"中当劳工的也约有 3 万人。

在伪蒙疆政府统治的区域，日伪在大青山周围地区开采煤、云母、萤石等各

① 《大同煤矿的战时重要性》，载［日］支那问题研究所：《支研经济旬报》，1943 年 10 月 11 日，第 224、225 号。转引自居之芬编著：《抗战时期中国劳工伤亡调查（1933.9—1945.8）》，中共党史出版社 2010 年版，第 18 页。

② 徐占江、李茂杰编：《日本关东军要塞》（下），黑龙江人民出版社 2006 年版，第 806—809、815—819 页。呼伦贝尔市抗战损失课题组：《日军在呼伦贝尔地区役使中国劳工情况专题调研报告·劳动记述》，2010 年 6 月，资料存中共内蒙古自治区委党史研究室。

类矿藏，修石拐铁路、包头机场，在集宁等地开办面粉厂等也使用了大量劳工，但具体数量不详。

日伪在内蒙古沦陷区内强征劳工，一般有 3 种方式：勤劳奉公、供出劳工、强制招募。

所谓"勤劳奉公"，是日伪通过《国民勤劳奉公法》等法令规定，凡年满十八岁、未过三十岁的男性青年，都必须参加兵役检测。兵役检测合格的服兵役，不合格的一律编入"勤劳奉公"队，每三年服一年劳役。而在实际上，年龄不满 18 岁的也有被编入"勤劳奉公"队出劳工的情况。至于随意加长"勤劳奉公"队人员服劳役期限的事情，越是日伪统治后期就越是经常。

所谓"供出劳工"，是指日伪把计划用劳工数量，强行摊派到各旗县、乡镇、保甲，由各旗县、乡镇、保甲保证派出的劳工。如《突泉县志》记载，"1942 年 4 月，伪县公署在各村征集 500 名劳工，去锦西县修筑战备工事。1943 年 5 月，县动员股强制征集 500 名劳工，去白狼山、阿尔山一带修筑战地工事。同年 6 月，县动员股征集 300 名青壮年，组成'勤劳奉公'队，在黑河一带修筑战备工事。1944 年 7 月，县动员股强抓 500 名劳工，征集 600 名'勤劳奉公'队，分别去海拉尔、白狼沟修筑战备工事。1945 年 6 月，县动员股征集'勤劳奉公'1020 人，去哈尔滨南部的拉林；强抓 500 名劳工去海拉尔修筑防务工事"。

所谓"强行招募"，其实就是强抓劳工。

在这 3 种方法的控制下，在内蒙古沦陷区里，凡年龄在 15 岁以上的男性青壮年，除任伪职、当伪军、警的人员外，基本上都当过劳工，甚至不只一次地当过劳工。如方德财就当过 3 次劳工，曹德贵的弟弟就当过两次。程恩英的丈夫摊上出劳工，一家大小 4 口人都被逼迫跟着去[1]。

在被强征当劳工的人中，据宝勒朝鲁记述、巴根那整理的《蒙汉劳工在日本》[2] 一文讲述，还有 3 万人被送到日本本土当劳工。

日伪在大青山、蛮汗山周围地区大量修筑据点、炮楼，挖"封锁沟"、垒"封锁墙"，也大量役使当地百姓。据国民党绥远省政府《抗战期间征用民工暨日人

---

① 徐占江、李茂杰编：《日本关东军要塞》（下），黑龙江人民出版社 2006 年版，第 810—812 页；中国人民政治协商会议内蒙古自治区委员会文史资料委员会编：《内蒙古文史资料》第 34 辑——《伪满兴安史料》，1989 年印行，第 183—188 页。

② 中国人民政治协商会议内蒙古自治区委员会文史资料委员会编：《内蒙古文史资料》第 34 辑——《伪满兴安史料》，1989 年印行，第 189—194 页。

强征民力伤亡数》统计表记载，清水河县"被日人强征民力"的强征数是 5 万。清水河县与山西省雁北地区接壤，在抗战时期，这里是大青山抗日游击根据地并入晋绥边区的纽带。日伪为割断这种联系，在清水河县建了许多据点，修了许多炮楼，并大挖"封锁沟"、垒"封锁墙"，所需劳力全部来自清水河，致使清水河县的男性劳力，每人每年都要出几次劳工。所以初看上去，"5 万"之数似乎超过了当地当时的人口总数，但细一分析，不难看出这只是一个统计口径问题。

为了避免类似问题的困惑，本报告将抗战期间内蒙古沦陷地区日伪强征劳工的数量，以底线标准统计为 40 万人。其中的伤亡人数待进一步调查。

（3）灾民伤亡情况

灾民问题是很难查明的问题。

抗战期间，日伪在赤峰地区"集家并村"，制造"无人区"，造成人为灾难，受灾人民近 4 万人，本报告已将其中死难的 5554 人统计入直接伤亡人口数中，余下的约 34000 人应统计为灾民。但日伪在大青山、蛮汗山地区制造"无人区"涉及的人口数，现在没有查清。仅知道在卓资县一地，日伪于 1939 年秋至 1940 年春，不到半年的时间里就焚毁村庄 70 多座，后坝子村、波儿沟两村的百姓几乎被日伪杀绝。

关于自然灾害造成的灾民问题，尚难查明。1940 年呼伦贝尔地区的大雪灾、1944 年冬锡林郭勒地区的大旱灾，都是很大的自然灾害，但受灾人数多少，日伪根本没有统计。1944 年赤峰地区的旱灾，据《中国共产党巴林左旗地方史》记载，"巴林左翼旗遭大旱，籽粒无收，民无以为食，冻饿而死者达 640 多人，尸陈郊野，沿途随处可见，令人目不忍睹，林东街西石桥竟出现了人吃人的悲惨景象，而日伪政权却置人民死活于不顾，强房民夫上百人，谓之'勤劳奉公'，修筑哈达英格、衙门庙等'战备'公路"。《阿鲁科尔沁旗志》中记载，"阿鲁科尔沁旗大旱，牧业歉收，农业颗粒未收。不少人逃荒要饭，卖儿卖女，饥饿而死。查布杆庙街西河岸一次就有 11 人冻死。罕庙区拉格采花艾里一户 3 口人，饿得无法，拾马粪里的谷草秸炒后碾成面充饥"。由以上两处记载，可见当时灾情之重，但总体受灾人数，现仍未查明。

综上所述，抗战期间内蒙古地区灾民人数一项，只能暂统计为不少于 34651 人。其中伤亡人数待进一步调查。

据不完全统计，抗战期间内蒙古地区被捕俘人数不少于 2449 人、劳工 40 万人、因战乱造成的难民和灾民不少于 34651 人，共计约为 437100 人以上。

（五）抗战期间内蒙古地区财产损失情况

根据这次调查的实际，关于内蒙古地区在抗战期间财产损失问题，分 3 个部分报告。

第一部分是位于内蒙古自治区西部，即在抗战期间属绥远省管辖的呼和浩特、包头、乌兰察布、鄂尔多斯、巴彦淖尔等 5 市在抗战期间的财产损失状况；第二部分是位于内蒙古自治区东部，在抗战全面爆发之前即已沦陷的锡林郭勒盟、赤峰市、通辽市、兴安盟、呼伦贝尔市等 5 盟市在抗战期间的财产损失状况；第三部分为抗战期间日伪的鸦片政策及其在内蒙古境内造成的危害。

1. 内蒙古西部地区抗战期间财产损失状况

位于内蒙古自治区西部的呼和浩特、包头、乌兰察布、鄂尔多斯、巴彦淖尔等 5 市，在抗战期间除乌兰察布市的商都、化德二县外，全归绥远省管辖。经这次调查发现，在 1945 年抗战即将胜利和抗战胜利后，绥远省国民党政府曾进行过一次历时近 3 年的抗战期间财产损失调查。这个调查从所查到的原始档案资料看，包含了纵横两个方面。纵的方面是由各保甲至各乡镇，再至各县，然后至省，层层把关汇总，以行政区划进行的调查。横的方面是由省政府机关、法院系统及中央派驻机构和直辖系统汇总本机关及所管辖机关、团体情况，以行政机构进行的调查。虽然这个调查中的一些重要档案资料有相当数量的缺失，但其保存下来并已经查找到的部分，大体上可以概括反映出绥远省当时的财产损失状况。现以这些档案资料为依据，从纵横两个方面报告内蒙古西部地区抗战期间的财产损失状况。

在所查到的档案文件中，有一份绥远省的《民国三十四年度第一次扩大复员委员会会议记录》①，这份会议记录文件，标明会议时间是 1945 年 5 月 23 日上午，会议的首项议案是"抗战以来公私财产损失究应如何加速查报案"。这说明绥远省抗战期间财产损失调查，在抗战胜利前夕，即已全面着手进行。另外，还有一份绥远省政府于 1948 年 3 月 25 日，转发给固阳县的民国政府行政院赔偿委员会颁布的《省、县（市）抗战期间被灾损失情况表》。在这份表格后所附"填

---

① 内蒙古自治区档案馆馆藏档案，档案号 419—1—151。

表举例说明"中，要求各县各项损失均应以法币^①标价，且"统应折合廿六年七月之价值"。据此判断，经绥远省政府汇总后的省内抗战期间财产损失各项数字，应是以1937年7月法币价值标价的数字。

绥远省以行政区划进行的战时公私财产损失调查，其具体方法是由各保甲将规定的调查表式，即财产损失报告单发放给本保甲各户，由具体的受损失人填写后，再由具体的见证人在表式上盖手印证明，最后由保长为填报人签名上报乡镇。各乡镇汇总本乡镇各保甲财产损失报告单后，统一制表报县。在所查到的《绥远省固阳县战时财产损失报告单（县城、民生、民义、民享、民益）汇统册》^②中，可见固阳县汇总各乡镇报告单的日期为民国三十五（1946年）年六月，向上补报的日期是民国三十六（1947年）年七月，并可见标明"汇统册"为补报留底的字样。在这本"汇统册"中，有固阳县《民营事业财产直接损失汇报表（表式 9）（商业部分）》、《民营事业财产直接损失汇总表（表式 5）》、《财产损失报告单（表式 2）》等7份，固阳县县城镇《民营事业财产直接损失汇报表（表式 5）（农业部分）》、《财产损失报告单》等14份，固阳县民生乡《民营事业财产直接损失汇报表（表式 5）（农业部分）》、《财产损失报告单》等37份，固阳县民义乡《财产损失报告单（表式 2）》18份，固阳县民享乡《民营事业财产直接损失汇报表（表式 5）（农业部分）》、《财产损失报告单》等15份，固阳县民益乡《民营事业财产直接损失汇报表（表式 5）（农业部分）》、《财产损失报告单》等67份。经认真核阅，"汇统册"中的各类财产损失报告单，均系受损失人亲自报告，损失时间、地点及经过均有详尽记述。如：固阳县民享乡巴克三分村，受损失人张寡妇的《财产损失报告单（表式 2）》由民享乡盖印，乡长康蒲洞具名填报，受损失时间是民国三十三（1944年）年10月18日，经过是被日军赶走牛5头、驴2头、羊5只。其中羊5只，购置时价值填为100元，损失时价值填为200元，此显然是填写的羊羔的价值和成羊时价值。再如：固阳县民益乡学田会受损失者王逸鹤的《财产损失报告单（表式 2）》。这份报告单有受损失者王逸鹤的手印，有证见人李文凯的手印，有填报者学田会保办公处保干事鲍巨兴的印章。在损失项目一栏，损失的3匹马填作红骒马、红骟马、青骟马。其中2匹马是购置两年后被日伪拉走，1匹马是购置仅1年就被日伪拉走。对于统计数字而言，红骒、红骟、青骟等字

---

① 法币，当时亦称为国币。
② 固阳县档案馆馆藏档案，档案号9—93。

样是明显多余的，但对具体受损失者而言，这多余的字眼却是一份记忆，内里包含着情感。据此两例，大体上可以推断当时的每份《财产损失报告单》都是相当牢靠的。而这些《财产损失报告单》正是《绥远省抗战时期各市县于民国二十六年至三十四年度损失统计表》的统计基础和依据。

本调研报告所查找到的绥远省1937年至1945年每年1份的《各县市各项损失明细表》[①]和《绥远省抗战时期各市县于民国二十六至三十四年度损失统计表》[②]，经核阅系属一套，其中各项统计数字都能相互吻合。

绥远省1937年至1945年的《各县市各项损失明细表》中列有财产损失、军队过往供应损失、各机关迁移损失、敌机袭击及其他损失等5个项目。其中，总计财产损失为24996151万元（法币，下同）；军队过往供应损失为19635321万元；机关迁移损失为3608403万元；敌机袭击损失为579758万元，其他损失为3861450万元，总合计为52681083万元[③]。

《绥远省抗战时期各市县于民国二十六至三十四年度损失统计表》列出绥远省25县市（不含蒙旗，其详下文再述）财产损失总数为法币52681083万元[④]。

据上述两表及在本调研报告后的资料部分《绥远省沦陷前后行政建制沿革》[⑤]，将当时绥远省的25县市，依现在的行政区划归属，分解列表，其情况是：

归绥市、归绥县、武川县、和林县、清水河县、托克托县这6个县市，现属呼和浩特市。这6县市，即呼和浩特市抗战期间的财产损失总数为16043601万元。

包头市、包头县、萨拉齐县、固阳县这4个县市，现属包头市。这4县市，即包头市抗战期间的财产损失总数为10257089万元。

兴和县、集宁县、凉城县、陶林县、丰镇县这5个县，现属乌兰察布市。这5县，即乌兰察布市在抗战期间财产损失总数为9941863万元。

五原县、安北县、晏江县、狼山县、临河县、米仓县、陕坝市政处这7个县（处），现属巴彦淖尔市。这7县（处），即巴彦淖尔市抗战期间财产损失总数为12314592万元。

---

① 内蒙古自治区档案馆馆藏档案，档案号405—1—3。
② 内蒙古自治区档案馆馆藏档案，档案号405—1—3。
③ 此处统计数据是否按1937年7月法币价值进行过折算，存在疑问，尚待进一步查证。
④ 此处统计数据是否按1937年7月法币价值进行过折算，存在疑问，尚待进一步查证。
⑤ 根据《绥远通志稿》（绥远通志馆编纂，内蒙古人民出版社2007年版）疆域沿革所记，内蒙古自治区抗战损失调研课题组综合编写。1923年包头成立设治局时，其南界、东南界、西南界均渡河南。

东胜县、桃力民办事处、达拉特组训处这 3 个县（处），现属鄂尔多斯市。这 3 县（处），即鄂尔多斯市抗战期间财产损失总数为 4123938 万元。

绥远省以行政机构进行的抗战期间公私财产损失调查，大体上也是以具体的《财产损失报告单》为统计基础，由各机关、团体汇总后，填写各类"汇报表"、"统计表"。在所查找到的原始档案材料中，绥远省高等法院、绥远省政府财政厅、绥远省教育厅、绥远省银行、绥远电灯面粉公司等填写的内容是较为完整的，能够看清具体情况的部分，下面详尽报告。而有关铁路、公路、民用航空、电话、邮政及海关、盐务等方面则只有零星数字，散在各处，已整理了一份资料①，附在本调研报告之后，报告中不再详述。

绥远省高等法院院长于存灝具名填报的财产损失汇报表，现查找到《绥远省高等法院财产损失汇报表》、《归绥地方法院看守所财产损失汇报表》、《绥远第一监狱财产损失汇报表》、《归绥地方法院财产直接损失汇报表》等 4 份（这 4 份表都为 1946 年 3 月 1 日填送）②，但这些汇报表后附的《财产损失报告单》有些缺失。

绥远省高等法院填报财产直接损失为 44476 元（此数字可能有误，将其汇报表中所列各项数字相加应为 46486 元，但因汇报表后应附的《财产损失报告单》缺失一张，故无法详加核对，现仍取 44476 元之数）。归绥地方法院填报财产直接损失为 22362 元，绥远第一监狱填报财产直接损失为 115565 元，绥远地方法院看守所填报财产直接损失为 16217 元，以上 4 处共计财产直接损失为 198620 元。

《绥远省教育厅及所属机关财产直接损失汇报表》（1945 年 7 月 11 日填送）③保存较为完整。

受损失者绥远省教育厅、绥远省立归绥民众教育馆、绥远省立归绥图书馆、绥远省立归绥体育场、绥远省图书馆、绥远省民众图书馆等 6 单位各自填报的《财产损失报告单（表式 2）》前有 1 份汇总统计，其项目共计为 226234 元，其中建筑物损失为 74080 元；器具损失为 46478 元；现款损失为 10000 元；图书损失为 73586 元；仪器损失为 15640 元；医药用品损失为 4500 元；文卷损失为 1950 宗。经核阅后发现，该汇总统计误将文卷损失 1950 宗，统计为 1950 元，其共计数实际上应为 224284 元，文卷 1950 宗当只列数字，不计入共计总数。

---

① 中国第二历史档案馆馆藏档案，档案号 6—2—7、237、246、247、553、446—826、825—145。见本书资料财产损失部分之档案资料（7）。

② 台北"国史馆"馆藏档案，档案号 305—095 卷。

③ 内蒙古自治区档案馆馆藏档案，档案号 419—1—151。

受损失者绥远省立归绥中学、省立包头中学、省立归绥师范学校、省立归绥女子师范学校、省立集宁师范学校、省立农科职业学校、省立归绥工科职业学校、省立归绥师范学校附属小学、省立第一小学、省立第二小学、省立第三小学、省立第四小学、省立第五小学、省立第一女子小学等 14 所学校的《财产损失报告单（表式 2）》共查找到 16 张，由绥远省教育厅厅长潘秀仁具名填报。表前有一份《绥远省立学校财产直接损失汇报表》，这份汇报表注明附《财产损失报告单》39 张，由此可知有 23 张《财产损失报告单》现在没有查找到。据《绥远省立学校财产损失汇报表》统计，绥远省立学校直接财产损失共计 1627613 元。其中建筑物损失 516500 元，器具损失 246176 元；现金损失 50500 元；图书损失 201797 元；仪器损失 567840 元；医药用品损失 16000 元；其他损失 28800 元。

受损失者绥远省私立正风中学的《财产损失报告单（表式 2）》和《绥远省私立中等学校财产损失汇报表》内容一致，均由绥远省教育厅厅长潘秀仁具名填报。私立正风中学直接财产损失共计 125095 元。

另外，绥远省教育厅机关职员个人的《财产损失报告单（表式 2）》现找到 19 份，但没能找到相应的汇总报表。而以上四项统计内容也应有一份总的汇总报表，但是没有查找到。现将绥远省教育厅及其所属机关、绥远省立学校、私立学校的直接财产损失数相加，得出绥远省教育系统抗战期间财产直接损失的数字为 1976992 元。

绥远省财政厅方面的原始档案材料，除财政厅机关自身损失外，还有绥远省财政的总体财政损失情况。

现查到绥远省财政厅 1945 年 7 月 24 日上报的《沦陷地区损失情形报告表》[①]，1937 年至 1944 年每年 1 份，共 8 份。这 8 份报告表所列查报损失项目计有田赋、契税、烟酒及牌照税、斗捐、屠宰税、营业税、车捐、驼捐、船筏捐、警捐等 10 种。民国二十六年（1937 年）7 月 1 日至 12 月，合计损失为 1257612 元；民国二十七年（1938 年），合计损失为 5030448 元；民国二十八年（1939 年），合计损失为 11318508 元；民国二十九年（1940 年），合计损失为 15091344 元；民国三十年（1941 年），合计损失为 18864180 元；民国三十一年（1942 年），合计损失为 23894628 元；民国三十二年（1943 年），合计损失为 28925076 元；民国三十三年（1944 年），合计损失为 35213136 元；8 年共计为 139594932 元（此项数

---

① 内蒙古自治区档案馆馆藏档案，档案号 6—1—57。

字似未折算为 1937 年 7 月的法币价值，故只列出供参考，不计入统计数字）。

绥远省财政厅机关的《财产直接损失汇报表》（1945 年 7 月 15 日填送）及所附《财产损失报告单》8 份，由财政厅厅长李某具名填报[①]。表中开列财政厅机关建筑物损失 15200 元，器具损失 26294 元，现款损失 180000 元，图书损失 15000 元，仪器损失 1500 元，其他损失 1414 元，共计 239408 元。另有文卷损失 7600 宗。绥远省财政厅机关的《财产间接损失报告表》中列有迁移费 166730 元，防空设备费 3000 元，疏散费 135600 元，救济费 6700 元，抚恤费 21000 元，共计为 333030 元。将其直接损失和间接损失相加，绥远省财政厅机关自身损失共计 572438 元。

绥远省银行方面的财产损失情况，现查到有民国三十一年（1942 年）绥远省银行董事长李某具名填报的《省营事业财产损失汇报表（表式 12）》2 份，及《省营事业财产间接损失报告表》（1943 年 4 月填送）1 份。另外，还有《绥远省银行间接损失报告总表》1 份，银行系统职工个人的《财产损失报告单》（1943 年 4 月填送）6 份[②]。

在《省营事业财产损失汇报表（表式 12）》之一中，开列了 1937 年 9 月归绥沦陷时，绥远省银行的前身绥远平市官钱局的房屋、器具、生金银、抵押品、有价证券、运输工具、其他等项损失共计 7223212.96 元。在《省营事业财产损失汇报表（表式 12）》之二中，开列了民国二十九年（1940 年）二月五原战役时，绥远省银行的五原、临河两分行的房屋、器具、保管品、其他等项直接财产损失共计 72200 元。《绥远省银行间接损失报告总表》中，列出"可获纯利额"即业务损失总数为 28357817.92 元。据此可知，抗战期间绥远省银行的直接财产损失总数为 7295412.96 元，间接财产损失总数为 28357817.92 元，合计为 3565.32 多万元。

绥远省工矿企业的抗战期间损失情况，现查到绥远电灯面粉公司经理孙梅坞具名填报给中国全国民营电业协会的《绥远电灯面粉公司整理委员会公函》（1947 年 1 月 16 日填送）1 份，附《收复区电厂财物损失调查表》1 份[③]。在《收复区电厂财物损失调查表》中列明，绥远电灯面粉公司在抗战期间直接财产损失和间接财产损失共计 456057 万元。但此数是否已折合成 1937 年 7 月的法币价值，表中未标明。

---

① 内蒙古自治区档案馆馆藏档案，档案号 6—1—57。
② 内蒙古自治区档案馆馆藏档案，档案号 404—1—196。
③ 中国第二历史档案馆馆藏档案，全宗号 825 卷宗号 145。

上述这些抗战期间公私财产损失调查中，以行政机构进行的与以行政区划进行的之间，当时国民党绥远省政府究竟是以何种方式衔接、汇总；《绥远省抗战时期各市县于民国二十六至三十四年度损失统计表》中的总数是否已包含了绥远省各行政机关及中央派驻机关等的损失数字；本报告中没能查到有关的档案文件材料或者其他线索。故只能各自列明，待以后继续查证。

另外，抗战胜利后，国民党政权进行的战时公私财产损失调查，内蒙古西部各蒙旗由各蒙旗自主进行。但各蒙旗报送到蒙藏委员会的档案文件资料，现很难查阅到。现在仅有呼和浩特市党史科在土默特左旗档案馆找到的 5 份零散资料。这 5 份资料经略加整理，全部作为附录附在本调研报告之后。

从这 5 份零散的档案资料中虽然不可能看出在蒙旗内进行的抗战期间财产损失调查的概貌，但一些细节还是可以看明白的。

《土默特旗右翼五、六甲自治督导处管内被伪政权烧焚房屋调查表》（成文时间不详）[1] 中列明现在包头市土右旗境内的打色令村、协力气村、美岱召村等 31 个村庄有受损失者姓名的被日伪烧焚的房屋共计 2314 间。

《土默特特别旗右三、四甲自治督导处抗战期间所受损失调查表》[2] 和《土默特特别旗右翼首、二甲自治督导处抗战期间所受损失调查表》（1946 年 7 月 15 日）[3] 的制表时间都是民国三十五年（1946 年），后者还具体标明是七月十五日。这两份调查表都是物资损失统计，分牲畜、房屋、食粮、布匹、什物、其他等 6 项，但前者只列具体物品的品种、数目，未填价值一栏，后者虽填有价值一栏内的数字，但显然是据 1945 年时的法币价值填写的。比较而言，前者更有价值。为反映出历史细节，现将原调查表整理抄录如下：

土右旗的三甲和四甲（这里的甲类似于乡）的蒙古族群众在抗战期间，

"被日军欺害良民死伤"：6 人（已由包头市统计在人口伤亡数中）；

"被匪军抢去"（指伪军）：马 91 匹、骡子 29 头、驴 26 头、牛 141 条、羊 255 只、猪 6 口（共计大小牲畜 548 头）；

"被日本军拆"：土房 145 间、砖房 24 间，拉走砖 25700 个（块）；

"被匪人抢"（指土匪）：白洋布 148 尺、兰黑机布 5 尺、大衣料 18 尺、黑市布 143 尺、黑褡裤 80 尺、衣料 30 尺（合计 424 尺）；

---

[1] 土默特左旗档案馆馆藏档案，档案号 959 件第 93—104 页。

[2] 土默特左旗档案馆馆藏档案，档案号 959 件第 73 页。

[3] 土默特左旗档案馆馆藏档案，档案号 959 件第 81 页。

"被匪人抢"：大车 3 辆、马鞍 6 坐、柜 1 只、大车皮套 2 副、套鞘 2 个、银首（手）镯 81 只、衣服 2248 件、鞋 2 对、衣服内有"洋"（纸币）1805000 元；

"被匪军抢"：大洋 90 元、"洋"（纸币）2152170 元、烟土板子（鸦片）2442 两、红花（一种药材）2 两、驼毛 50 斤；

"被日军拉走"：大树 1200 株、1.5 尺高铜佛 1 位（个）、1 尺高铜佛 2 位（个）、古经卷 2 卷。

这些账目数字初看上去，虽略显繁杂，且不符合统计规范。但细加分析，不难发现，其质朴翔实的一面更为可贵。日军从蒙古族群众手中强夺物品的重点是军用战略物资，通过砖 25700 块、大树 1200 株、铜佛 3 个这样的细节显露无遗。

召河、分收地（此两地现属包头市达茂旗）在伪政权时期损失物品表、册，系原始登记册，损失物品尚未分类整理，且系白文简表，故只列出供参考①。

2. 内蒙古东部地区抗战期间财产损失状况

内蒙古东部地区，即锡林郭勒盟、赤峰市、通辽市、兴安盟、呼伦贝尔市在抗战期间的财产损失状况，现能够查找到的原始档案资料甚少，只能根据相关文献资料和一些日伪当时的出版物，经认真研究判断后加以相应的逻辑推定，大致整理出一个概貌，分森林资源、矿产资源、畜牧业、农业、工商业、金融财税 6 个部分报告如下：

（1）森林资源

大兴安岭林区在呼伦贝尔市和兴安盟境内的部分，1931 年至 1945 年 14 年间，究竟有多少森林资源被日伪掠夺或破坏，现缺乏实际统计数字。曾任伪满洲国民生部大臣的于静远笔供，"伪满兴农部林野总局每年直接砍伐及许可砍伐'国有'林的木材共为七百万立方米"②。另据伪满齐齐哈尔铁路局总务科资料股日本股员前田武夫编辑的《兴安东省情况（秘）》第四部分《兴安东省的产业〈农业、林业、水产业、商工业、矿业〉》中附表八《兴安东省出材量（木材体积：立方米）》所列，兴安东省的落叶松元木的加工处理材，康德五年（1938 年）为 6048590 立方米，康德六年（1939 年）为 10028691 立方米。落叶松电柱、桦杨元木加工

---

① 《本召河所属各花户在为政府时期损失物品表》（节录），作者与成文时间不详，土默特左旗档案馆馆藏档案，档案号 959，第 117—162 页。

② 中央档案馆编：《伪满洲国的统治内幕——伪满官员供述》，中华书局 2000 年版，第 123 页。

处理材在康德六年（1939 年）分别是 1560889 立方米和 1918238 立方米①。将伪康德六年（1939 年）落叶松元木、落叶松电柱、桦杨元木 3 项加工处理材的数字相加，共计是 13507818 立方米，即约为 1351 万立方米。《牙克石文史资料》第一辑《日伪统治时期对大兴安岭森林资源的掠夺概况》一文也提到"伪满时期共掠夺本林区木材达 1000 余万立方米"。但其引用《满洲帝国年鉴》中有关呼盟林业摘要的资料标明，伪满兴安东省森林资源的"每年采伐标准量"为 16543645 立方米（即 1634 万立方米）②。虽然"年标准采伐量"不等同于"年实际采伐量"，也不能算作日伪的木材掠夺量，但日伪掠夺木材的计划和行动是据此展开的，这是不争的事实。再据《奋进的内蒙古》中《森林工业生产全面发展》一文提到的"帝国主义和旧中国官僚买办资产阶级、封建把头，狼狈为奸，相互勾结，任意乱砍滥伐，使宝贵的森林资源遭到了严重的破坏。特别是沙俄帝国主义和日本帝国主义侵略者对我区森林资源进行的掠夺性开采令人发指。他们所到之处，一片荒芜。先后近百年共掠夺木材近 2 亿立方米"③。考虑到沙俄掠夺内蒙古森林资源时，铁路向林区内部延伸较少，以年采伐量在 50 万立方米以下的情况，推断日伪在呼伦贝尔地区掠夺的木材总量肯定大大超过 1000 万立方米是有充分根据的。

兴安盟《兴安盟抗战时期人口伤亡和财产损失调研报告》中提到：伪喜札嘎尔旗（公）署编写的《喜札嘎尔旗事情》④ 记述，伪满康德五年（1938 年），在以白狼为中心的区域内，有大小采伐组 23 个，从事木材采伐的林业工人约 4500人。当年采伐量：军事用材 36260 立方米，枕木用材 31 万根，电线杆用材 10.5万根，坑木用材约 4 万根，其他用途用材 16.5 万根，共计 62 万根。而当时阿尔山等林区共有林业工人 6800 余人，其中绝大多数都在阿尔山地区从事采伐生产和运输。依据上述情况，结合阿尔山林业局对其成立初期（阿尔山林业局的前身"东蒙林业公司"，成立于 1945 年）采伐作业统计，仅 1936、1937 两年间，日本在阿尔山地区掠夺的木材就达 1600 万立方米以上。依据当时以阿尔山为中心的林区每年木材生产量平均 400 万立方米推算，侵华日军在统治兴安盟的 13 年间，掠夺的木材应在 5200 万立方米以上。

---

① 内蒙古地方志编纂委员会总编室编：《内蒙古史志资料选编》第 5 辑，1984 年印行，第 63—164 页。

② 牙克石市政协文史委编：《牙克石文史资料》第 1 辑，1988 年印行，第 102—108 页。

③ 内蒙古自治区统计局：《奋进的内蒙古》（1947—1989），中国统计出版社 1989 年版，第 63 页。

④ 伪喜札嘎尔旗（公）署编：《喜札嘎尔旗事情》，1938 年，辽宁省档案馆有原版藏书。

另外,《阿尔山市抗战时期人口伤亡和财产损失调研报告》中提到:"1936年,日军修通了阿尔山——洮安(今白城)的铁路,运输更为方便,每年掠夺的木材数量也迅速增加,采伐作业由铁路和公路两侧二三十公里范围,扩展到距离铁路数百公里的地方。且这些采伐全都是破坏性的,往往采用'剃光头'的方式进行掠夺,根本不考虑资源的再生及环境保护;为了方便作业,伐木者常常是在距地面 1—1.5 米处将树伐断,从而留下大量的'断头木',这样的'断头木'在阿尔山森林里至今还可见到。"再据《内蒙古自治区经济发展史》记述,"1931年日本帝国主义侵占我国东北后,又先后铺设了深入内蒙古林区的白阿线和博林铁路,并修建森林铁路延伸扩大采伐面积,强化对大兴安岭森林资源的掠夺……到解放时,大兴安岭铁路和一些河流两旁几十公里内的原始森林被砍伐殆尽,大片青山翠岭变成荒山秃岭,森林资源遭到严重破坏,生产日趋衰落"[①]。可见日本侵略者在大量掠夺木材的同时,对大兴安岭森林资源的破坏更是非常严重的。

综合以上情况,考虑到日伪关于森林采伐的总体统计数据包含今呼伦贝尔市和兴安盟两地的林区地带现状,以及 1936 年以前林区铁路修通不多,木材采伐量较之 1936 年后相对要小的实际情况,初步可以推定日伪在大兴安岭林区掠夺的木材应当超过了 5200 万立方米,由之造成对大兴安岭森林资源的严重破坏,应当在 1亿立方米以上(以木材的采伐量造成的对森林资源的破坏量约为 1:2 计算)。

(2)矿产资源

关于日伪在内蒙古东部地区掠夺各类矿产资源的状况,大体上也很难查明,现就可以查到有关线索的煤矿、金银矿、盐矿的情况分述如下:

煤矿被掠夺的简况

呼伦贝尔市的扎赉诺尔煤矿,1935 年 4 月,被日本南满铁路株式会社接管,至 1945 年 8 月,共生产煤炭 218.5 万吨[②]。

赤峰市元宝山一带的煤矿,1939 年被日伪强行没收,归由满洲炭业会社经营,但究竟掠走多少煤炭,查不到有关记载。据《元宝山区文史资料》第五辑《元宝山区煤矿史话》记述,元宝山区有一个名为"锦元窑"的煤矿,这个煤矿在被日伪强行没收之前,用镐刨人背,提升辘轳提煤出井的原始生产方法,用工人 700名,开斜井 2 眼、立井 1 眼,日产量可达 20 万至 30 万斤,即平均日产为 125 吨。

① 林蔚然、郑广智主编:《内蒙古自治区经济发展史》(1947—1988),内蒙古人民出版社 1990 年版,第 283 页。
② 呼伦贝尔市档案史志局、政协鄂温克族自治旗委员编:《呼伦贝尔市纪念抗日战争胜利 60 周年史料专辑》,内蒙古文化出版社 2005 年版,第 151—164 页。

日伪强占这个煤矿后，建起了发电厂，扩建新井，在新旧各井口都安装了蒸汽绞车，并由关内及东北押来劳工 2000 人服役，此外尚有数量不详的童工被逼迫下井劳动[1]。劳动力增加了 3 倍，提煤出井的能力也有成倍的增加，其日产量提高到 500 吨。据此知仅"锦元窑"一矿，年产煤炭就可达 17 万吨以上。据日本驻赤峰领事馆 1937 年编写的《赤峰事情》的附表《赤峰附近著名煤矿》[2] 中所列，元宝山、五家、宁城一带，1937 年尚在生产的包括锦元煤矿（锦元窑）在内的煤矿共有 10 个，另有虽已停产，但经日本满炭会社调查认为有前途的十大分煤矿 1 个。再据《元宝山区煤矿史话》提到的新中国成立之后 1959 年平庄矿务局成立之前，元宝山、五家两地的煤矿年均产量为 53 万吨等情况推算，1939 年至 1945 年 8 月，日伪在赤峰元宝山周围地区掠夺煤炭总量超过 100 万吨。

综上所述，呼伦贝尔市和赤峰市两地在沦陷期间，被日伪掠夺的煤炭应当是在 318 万吨以上。

金银矿被掠夺的简况

据呼伦贝尔市抗战课题调研报告，1932 年日本侵占呼伦贝尔地区后，即夺取了额尔古纳河沿岸金矿开采权，并由其设在海拉尔的满洲采金会社经营。开采的主要金矿和掠夺的砂金、黄金是：西口子金矿、有德聚金厂、巴戈卡沟矿区、阿利雅矿区等。1932 年至 1938 年，共有矿工 1000 多人，年产砂金 1 万两左右。1939 年后，矿工增至 2000 多人，年产砂金 1.5 万两左右。1943 年，西口子金矿等转由北满采金株式会社管辖，当年停产。以上按 10 年计，前 5 年共采砂金 5 万两；后 5 年共采砂金 7.5 万两，总计为 12.5 万两。

吉拉林金矿，1934 年由北满采金株式会社和海拉尔兴盛昌公司经营，有采金工 600 余人，最高年产黄金 15724.8 两，但产量不够稳定。1943 年停产。以 8 年计，约产金 12 万两。

乌玛、加疙瘩、余利雅金矿年产金千余两，分别于 1937 年、1938 年始开采，1943 年停产，产金约计 0.6 万两。

以上 3 项总计 25 万两，其中黄金、砂金约各占一半。

1933 年，日本占领赤峰地区后，于 1935 年开始采掘赤峰红花沟、鸡冠山一带的金矿，但具体产量不详。据《赤峰事情》记载，赤峰附近的金矿和银矿共有

① 赤峰市元宝山区政协文史资料委员会编：《元宝山区文史资料》第 5 辑，2003 年印行，第 84—89 页。

② 内蒙古地方志编纂委员会总编室编：《内蒙古史志资料选编》第 5 辑，《赤峰事情》，第八章第三节，附表 4，1984 年印行，第 434 页。

19 处，1937 年以前未开采的共有 10 处。为开采这些金银矿，伪满于 1935 年设立中央银行赤峰山金收买所，准备精炼赤峰附近所产的金银矿石，收买成品金。但该收买所的精炼工厂在 1936 年 7 月 1 日竣工投产后，于当年 11 月即停产。鸡冠山等金银矿继续开采，矿石用湿式法每日处理 3 吨[①]。但具体产量无法查到。

盐矿被掠夺情况

锡林郭勒盟是内蒙古境内最为重要的盐产地，盐湖众多。全国著名的额吉淖尔（又名达布苏淖尔）盐湖即位于该盟的东乌珠穆沁旗西部。据日军陆军主计中尉中村信于 1941 年编写的《蒙疆经济》第三十五章称，"达布苏淖尔是蒙疆地区最大的一座盐湖，产盐量占蒙疆全区产量的百分之五十，加之盐质优良，自古以来就很有名"[②]。据《锡林郭勒盟盐务史》记述，"1939 年伪蒙疆政府派出由日本小岛育男率领的盐源调查队，发现蒙盐年产量达 8000 万斤，于是投资 100 万银元，在张家口设立大蒙公司，用原盐加工精盐，以供应日本国内工业需要"。[③]由此可推断，额吉淖尔盐湖在日伪统治期间，年产盐约为 4000 万斤。

《锡林郭勒盟盐务史》还记载，1935 年，日军操纵伪满洲国和锡盟德王等人规定"将额吉淖尔所产大青盐全部由伪满洲国政府统一收购"。也就是说，从 1935 年起，日伪每年仅掠夺额吉淖尔盐湖产盐就达 4000 万斤。至 1945 年 8 月，共计 10 年多的时间，日伪掠夺锡林郭勒盟额吉淖尔盐湖产盐为 4 亿斤。

1936 年 12 月，伪满洲国公布了于 1937 年 1 月开始实施的《盐专卖法》。据卢元善笔供（曾任伪满洲国专卖总局局长），在 1938 年"食盐收买价格每百斤仅一分钱，专卖价格每百斤六元"[④]。1939 年继任伪满洲国专卖总局局长罗振邦的笔供中，也有"食盐每担（每百斤）的收价只为 1 分钱"的供述[⑤]。据此可知，至少在 1938 年和 1939 年两年，日伪从额吉淖尔盐湖掠夺的盐，凭专卖手段所获暴利高达 600 倍。

1938 年，伪蒙疆政府的盐税收入为 479000 元（银元，下同），1939 年为 853920 元[⑥]。据此推算，两年平均数为 666460 元。从 1940 年至 1945 年 8 月，这 5 年半

① 内蒙古地方志编纂委员会总编室编：《内蒙古史志资料选编》第 5 辑，《赤峰事情》，第八章第三节，1984 年印行，第 436—438 页。
② 内蒙古地方志编纂委员会总编室编：《内蒙古史志资料选编》第 9 辑，1985 年印行，第 141—142 页。
③ 牧人编著：《锡林郭勒盟盐务史》，内蒙古人民出版社 2006 年版，第 43 页。
④ 中央档案馆编：《伪满洲国的统治与内幕——伪满官员供述》，中华书局 2000 年版，第 302 页。
⑤ 中央档案馆编：《伪满洲国的统治与内幕——伪满官员供述》，中华书局 2000 年版，第 340—341 页。
⑥ 牧人编著：《锡林郭勒盟盐务史》，内蒙古人民出版社 2006 年版，第 44 页。

的时间，依平均数计算，伪蒙疆政府共可获盐税收入 3665530 元。加上 1938 年、1939 年两年的盐税收入数字，可算出伪蒙疆政府 1938 年至 1945 年 8 月，共征盐税为 4998450 元。但这部分盐税中有多少系出自除额吉淖尔盐湖外的锡林郭勒盟境内的其他盐湖产盐，无法计算。故此项数字仅供参考，不计入内蒙古东部地区财产损失总数。

（3）畜牧业

内蒙古东部地区畜牧业在沦陷期间损失巨大。据有关资料记载，"1936 年内蒙古地区牲畜总头数为 937 万头（只），到内蒙古自治区成立前夕的 1946 年减少到 751 头（只），10 年下降了 19.9%"。"主要牧区呼伦贝尔大草原，民国 8 年（1919年）有牛 40 万头、羊 120 万只，到民国 34 年（1945 年）抗日战争胜利时，只剩下牛 10 万头，羊 40 万只。26 年间，牛、羊减少了四分之三和三分之二。锡林郭勒大草原，1946 年和 1936 年相比，牲畜下降 48%，其中大畜牛、马分别下降 58% 和 60%"[①]。据《内蒙古革命史》记载，"呼伦贝尔新巴尔虎左旗在日军占领期间，牲畜头数下降了 73%"[②]。

日伪在伪满洲国和伪蒙疆政府境内，强迫农牧民"出荷"畜牧产品是主要掠夺方式。所谓"出荷"是强迫生产者以官定价格和指定数量出售产品，官定价格一般低于市场价格 50%，有时甚至不抵市价的 10%。其"出荷"量大体上是每 5 头牛出 1 头，每 10 匹马出 3 匹，每 20 头牛出 1 张皮，每 10 只羊出 3 只羊、2 张皮、10 斤毛。从这次调查发现，仅通辽市科左后旗在 1941 年 12 月以后的 3 年多时间里，就"出荷"牲畜 22 万多头（只）[③]。而科左中旗仅 1943 年 1 年就"出荷"牛、马等大畜 1 万多头（匹）[④]。

除强迫"出荷"外，日伪其他强征、强购、强抢畜牧产品的行为也所在多有。据曾任伪蒙疆畜产股份公司庶务课、牲畜课的职员战犯中井勖供述：其 1941 年 8 月至 10 月，在多伦地区掠夺收购了 800 头牛，强购干草 100 万斤；1943 年 9 月，在东阿巴嘎旗命令合作社协助收买牛 200 头；1943 年 1 月，在上都旗强制收购了 200 头马；1943 年 3、4 月，在西浩济特旗强制购买 200 头牛；1943 年 7 月，委

① 林蔚然、郑广智主编：《内蒙古自治区经济发展史》（1947—1988），内蒙古人民出版社 1990 年版，第 7—8、187 页。

② 郝维民主编：《内蒙古革命史》，内蒙古大学出版社 1997 年版，第 320 页。

③ 通辽市科尔沁左翼后旗抗战损失课题组：《科左后旗抗战时期人口伤亡和财产损失调研报告》，2010 年 6 月，资料存科尔沁左翼后旗档案馆。

④ 政协科左中旗文史资料委员会编：《苦难的岁月》，1991 年印行，第 27 页。

托东阿巴嘎旗强制收购约 500 头牛，同时又强制使用中国商人在东阿巴嘎旗和西乌济穆沁旗购牛约 500 头；1943 年 7 月至 9 月，强制使用中国商人收购西乌济穆沁旗等地羊约 8300 只、牛约 500 头；1943 年 10 月，使东苏呢特旗公署协助强制收购马 180 匹、牛 500 头，月末又强制该旗收购牛约 100 头；1944 年 1 月，在西阿巴嘎旗强制收购马 3 匹、骆驼 2 头。此外，该战犯还供述曾建议日军藤田少佐用军队的力量在锡林郭勒马匹交易季节强买马匹[①]。但具体数量不详。也就是说，仅中井勖一人，就在锡、察草原一带强购大小牲畜达 12000 头（只）。再据赤峰市调研报告，日、伪军在赤峰市宁城县一地，就抢夺或杀死当地群众的牲畜 1 万多头（只）。日军参事官岛村三郎动用警察、特务抓劳工，在阿鲁科尔沁旗建农场，抢夺当地群众牲畜 2 万多只[②]。至于日伪军、警、宪、特人员随意抢夺杀吃百姓的牛、羊、猪、鸡之事，更是人所共知，不必举例。日伪无论是强迫"出荷"，还是强征、强购、强抢，甚至是杀吃，都是百姓最好的成年牲畜，甚而是基础母畜，这种长期的去强剩弱，对畜牧业生产造成了非常严重的破坏。

在内蒙古东部沦陷期间，日伪直接掠夺的牲畜数量，现虽然难以统计，但《内蒙古自治区志·畜牧志》《1947 年自治区成立时牲畜数量表》所列呼伦贝尔盟、兴安盟、哲里木盟、昭乌达盟、锡林郭勒盟、察哈尔盟，基本上即今呼伦贝尔市、兴安盟、通辽市、赤峰市、锡林郭勒盟。当时 6 盟，现今 3 市 2 盟。牲畜总头数在 1947 年是 414.12 万头（只）[③]。前文中已提到锡林郭勒草原 1946 年与 1936 年相比，牲畜数下降了 48%，而呼伦贝尔、兴安、哲里木、昭乌达草原沦陷时间更长，牲畜下降比率即使等同于锡林郭勒盟的 48%，其损失总数也应在 400 万头（只）左右，所以可以说内蒙古东部在沦陷期间，牲畜直接损失加间接损失约是 400 万头（只）。

关于其他牲畜产品的损失情况，据《内蒙古自治区志·畜牧志》记载："民国 23 年（1934 年），日本关东军命令伪满洲国当局，按照经济统制的原则，颁布有关统制法令。民国 28 年（1939 年）12 月 18 日，颁布《家畜调整法》，主要规

---

① 中央档案馆、中国第二历史档案馆、河北省社会科学院编：《日本侵略华北罪行档案·战犯供述》，河北人民出版社 1995 年版，第 152—153 页。

② 阿鲁科尔沁旗志编纂委员会办公室编：《阿鲁科尔沁旗志》，内蒙古人民出版社 1994 年版，第 11 页。

③ 内蒙古自治区畜牧业厅修志编史委员会编：《内蒙古自治区志·畜牧志》，内蒙古人民出版社 1999 年版，第 55 页。

定不准生产者随意买卖、转移、赠送家畜，更不准隐匿家畜，对生产者所拥有的家畜，一律登记造册，8年，共颁布类似法令43件。其统制的品种，包括家畜及家畜的胴体、血、头、内脏、兽骨等。此项统制工作，由省农业站控制，省收购机等待军需征用。同年10月，又颁布了《家畜及畜产物统制法》。先后构进行垄断经营。民国二十七—二十八年（1938—1939年），日本侵略者从内蒙古东部地区掠走羊毛280多万吨"[1]。但皮张等没有列出具体数字。

据黄富俊（曾在1942年至1944年任伪满洲国兴农部大臣）笔供，在其任内伪满兴农部每年收购军用畜产物资的情况是：1942年牛、羊、狗皮7000吨，毛类25000吨；1943年牛、羊、狗皮7500吨，毛类27000吨；1944年牛、羊、狗皮8000吨，毛类30000吨[2]。即在这3年里，伪满兴农部强征牛、羊、狗皮为22500吨，毛类82000吨，用于军用。因伪满洲国畜牧产品的主要产地在内蒙古东部地区，故此数字大体上可以看作是日伪掠夺内蒙古东部地区皮毛等畜牧产品的数字。

（4）农业

内蒙古东部在沦陷期间，农业方面从农产品、土地到水产品、中草药材都有严重损失。

通辽市科左中旗1938—1944年的7年间，该旗每年"出荷"粮食1亿—1.5亿斤，占每年粮食总产的41%—68%。农民"出荷"玉米、高粱，每斤仅得5分钱，是当时市价的二分之一。"出荷"大豆，所得还不到市场价的10%[3]。据此推算，仅在科左中旗一地，1938至1944年的7年间，日伪就掠夺粮食7亿—10.5亿斤。

据《呼伦贝尔市抗战期间人口伤亡和财产损失调研报告》[4]，1938年至1940年，伪满洲国颁布了3个"粮谷统制"办法，即1938年颁布的《米谷管理法》、1939年颁布的《特产品专管法》、1940年颁布的《粮谷管理法》。在这些办法中规定，中国农民只能生产而不能食用大米、小麦，还将高粱、玉米、谷子、大麦、燕麦、黍稷、荞麦、小豆、绿豆、豌豆等11个粮食品种列入"统制"范围。大

---

① 内蒙古自治区畜牧业厅修志编史委员会编：《内蒙古自治区志·畜牧志》，内蒙古人民出版社1999年版，第50—51页。

② 中央档案馆编：《伪满洲国的统治与内幕——伪满官员供述》，中华书局2000年版，第228—229页。

③ 科尔沁左翼中旗档案局编：《科尔沁左翼中旗志》，内蒙古文化出版社2004年版，第668页。

④ 呼伦贝尔市抗战损失课题组：《呼伦贝尔市抗战时期中国人口伤亡和财产损失课题调研成果》，2010年6月，资料存中共内蒙古自治区委党史研究室。

豆、苏子、麻籽、向日葵等9个品种的经济作物列为特产品专卖。被统制和专管的农产品，农民只能向指定的交售场所出售，否则将会受到种种苛罚。日伪还设立了一套严密的管理机构，对"出荷"粮价格、交售场所、运输及加工都作了具体规定，并建立省、旗、村屯的责任制，严令村屯长对农产品"集荷""负完全责任"。每年一到秋收季节，伪政府就派官员催收"出荷粮"。交不起"出荷粮"的农民，被处以吊打等酷刑。日伪的粮谷集荷办法还规定，只有交够"出荷粮"，才能按数量多少配给布匹、棉花、豆油等生活必需品。据呼伦贝尔市调查，呼伦贝尔地区以1941年的粮食"出荷"量为基准，以后每年递增，至1943年就增到190.4%，几乎翻了一番。部分旗县，如阿荣旗，1943年的"出荷"量竟是1941年的16倍。

出自日伪1944年1月15日《情报简报》的伪满洲国《全国省别出荷状况》表中所列，在1943年，日伪规定给兴安四省的"出荷割当量"（即摊派量）是：兴安南省329750吨、兴安西省41000吨、兴安东省41700吨、兴安北省43000吨，共计455450吨。而实际完成的情况是：兴安南省263160吨，占摊派量的80.4%；兴安西省37006吨，占摊派量的90.3%；兴安东省22750吨，占摊派量的66.6%；兴安北省18576吨，占摊派量的43.2%。[①] 即兴安四省在该表中所列实际"出荷"粮数为341492吨。

出自1944年7月日伪编制的《满洲农产物关系参考资料》的《省别出荷量统计表》[②]（此表统计1940—1943年伪满各省粮食产量、出荷量、出荷率）中1943年的数字，兴安四省的"出荷量"为424736吨，比前表多出83244吨。日伪制表者的解释是："1943年度因有追加品种，故多少有些出入，追加品种是大麻籽、芝麻、落花生、葵花籽。"但更为可能的情况是日伪对没能完成"出荷割当量"的省份，采取逼迫手段，又强制兴安四省"出荷"了83242吨粮食，基本上完成了日伪规定的"出荷割当量"。

据伪满《省别出荷量统计表》中的数字，1940—1943年的4年间，兴安四省共"出荷"粮食1371230吨。也就是说，除锡林郭勒盟和赤峰市的一部分外，内蒙古东部地区在4年间损失粮食1371230吨，而这些地区沦陷近14年，以其余

① 中央档案馆、中国第二历史档案馆、吉林省社会科学院合编：《日本帝国主义侵华档案资料选编·东北经济掠夺》，中华书局1991年版，第589页。

② 中央档案馆、中国第二历史档案馆、吉林省社会科学院合编：《日本帝国主义侵华档案资料选编·东北经济掠夺》，中华书局1991年版，第590—591页。

10 年的粮食损失仅为这 4 年的 2 倍算,再加上锡林郭勒盟和赤峰市当时在伪热河省那部分地区的损失,内蒙古东部地区在沦陷期间的粮食损失应为 4113690 吨,即 411 万吨以上。

此外,《呼伦贝尔盟志》记载,从 1938 年到 1945 年 8 月,日伪在呼伦贝尔的呼伦湖共掠夺水产品 31949 吨。从 1936 年到 1943 年,日本执行由日本向中国东北地区大规模移民的计划,在呼伦贝尔地区日本人组成的开拓团,共有 34 个点,强占当地农民耕地约 7 万亩。日本的一些公司也在内蒙古东部地区大量占有土地,如日本的"'佐佐江农场'在通辽县占地 4.8 万亩;'早间农场'也在通辽占地 4.1 万多亩;'华峰公司'在东扎鲁特旗占地 14.4 万亩;'隆育公司'在西扎鲁特旗占地 54 万亩;'哈番农场'在通辽占地 1 万亩;'蒙古产业公司'在林西占地 32.4 万多亩;资本达 20 万银元的'华兴公司'主要在奈曼旗经营水田。日本首相田中义一曾毫不隐讳地说:用收买、强占等多种手段取得大片内蒙古土地的所有权,使内蒙古逐渐在事实上成为'日本人之蒙古'"①。上述日本公司占有的土地,共为 110 多万亩。据赤峰市《抗战时期内蒙古自治区赤峰市人口伤亡和财产损失调研报告》,日军在宁城县、喀喇沁旗、敖汉旗一带搞"集家并村",致使这一带荒芜土地达 38 万多亩。

另,日本人编写的《赤峰事情》第八章《农业与畜牧业》②节,专列"甘草"为一项内容,标明赤峰周围至通辽县、开鲁县一带,都产甘草。日军占领赤峰后,"外国商人绝迹了",日本人垄断了甘草市场。日本人的满蒙兴业股份公司赤峰支店在昭和十年(1935 年)和昭和十一年(1936 年)分别收购甘草 50 万斤和 55 万斤,共计 105 万斤。此节还提到日本对赤峰县的特产麻黄也有收购,但没有标明具体收购量。

(5)工商业

内蒙古东部地区在沦陷期间工商业的损失状况,大体上是工业全部被日伪垄断、手工业大部分破产;由于日伪对主要商品实行统制和配给,城镇内的商业店铺多系日伪资产,农牧区流动商人基本绝迹,城乡贸易陷于瘫痪状态。

《开鲁县抗战时期人口伤亡和财产损失调研报告》中讲:"日本人搞所谓商业投资,实行高利盘剥。主要经营当铺,收购开鲁县的土特产。日本人越发荣松办的兴隆当,康德二年(1935 年)八月所得计 10756 元(伪满币,下同),纯利是

---

① 郝维民主编:《内蒙古革命史》,内蒙古大学出版社 1997 年版,第 175 页。
② 内蒙古地方志编纂委员会总编室编:《内蒙古史志资料选编》第 5 辑,1984 年印行,第 411—415 页。

资本金的二倍多。日本人富田开劲办的日升当，月所得利金为15016元，纯利是资本金的126.8%……开鲁甘草，在民国时期中外驰名，伪康德元年（1934年），在经营甘草的五家商户中，就有两户日商。日商随意压等压价，欺骗农牧民。他们低廉的价格收购后，运回本国大阪加工成酱油添加剂或其他副食品着色剂，销往西方各国，攫取高额利润[1]。"由此可见日伪商业垄断、榨取暴利之一斑。

据呼伦贝尔市抗损调研报告及其他有关资料[2]显示，日本在其战败已成定局，即将宣布投降前夕，在大量销毁各种档案文件等罪证材料的同时，曾有组织有计划地在内蒙古东部地区疯狂破坏铁路、公路、桥梁、仓库、营房和各类工商企业。日本关东军驻海拉尔部队，以中队为单位，成立5人组成的"烧却处理班"，于1945年8月9日晚，在全城放火，大火引爆城中数处弹药库及数座大型油罐，给海拉尔城造成巨大损失。事后统计仅海拉尔市224户工商企业损失就达9272万元（伪满币）以上[3]。此外，满洲里市、额尔古纳左翼旗也遭到了类似破坏。

据《日本侵略华北罪行档案·损失调查》中收入的《晋察冀边区战时工业损失调查》（1946年5月22日）的有关统计[4]显示，赤峰酒精厂、赤峰发电厂、赤峰制药厂和锡林郭勒盟正蓝旗碱厂等4座工厂共计损失机器设备及原料等折合美元53.5万元。

（6）金融财税

内蒙古东部地区在沦陷期间，金融业完全被日伪垄断，原有的民族资本构建的金融机构网络，不是倒闭，就是被日伪吞并。伪满中央银行成为日本帝国主义对中国东北及内蒙古东部地区进行殖民掠夺的重要工具。

据《开鲁县抗战期间人口伤亡和财产损失调研报告》，民国时期，开鲁县的金融业务集中在兴业银行。日军占领开鲁后，用伪满发行的纸币去换开鲁"当时流通的银子、大洋、铜子、制钱等硬通货"，逐步废止"当时流通的天津票、奉天大洋票"等纸币，使之"烂在开鲁人民手中"。开鲁县如此，内蒙古东部地区也大体类似，但总体损失现难以评估。

内蒙古东部地区在沦陷期间，人民群众的税捐负担异常沉重。除伪满洲国的

① 载开鲁县政协文史资料委员会编：《开鲁县文史资料》合订本，2008年印行，第112—113页。

② 徐占江、李茂杰编：《日本关东军要塞》（下），黑龙江人民出版社2006年版，第1042—1044页。

③ 根据《海拉尔市工商业损失（被炸、烧毁）调查表》（1945年12月27日）整理，调查单位（作者）不详，呼伦贝尔市档案馆馆藏档案，档案号49—1—4。

④ 中央档案馆、中国第二历史档案馆、河北省社会科学院编：《日本侵略华北罪行档案·损失调查》，河北人民出版社2005年版，第109—118页。

国税外，仅兴安各省的地方税目就达 5 大项 38 个目，即国税附加捐 3 个目；地亩捐 1 目；法定杂捐 9 个目；许可杂捐 18 个目；省地方费 7 个目[1]。

乌兰夫在《关于蒙地工作的几个问题》一文中例举察哈尔盟兵坝村的一个半耕半牧户，以此说明伪蒙疆政府强加给人民的税捐负担情况。这个半耕半牧户一年除交"组合"粮、畜（与伪满的"出荷"类同）：莜麦 5 斗、杂粮 2.5 石、羊 1 只外，尚须交纳各类税、捐、杂费，即：门户费 85 元，附加地税 48 元，地捐 30 元，钱粮 13 元，乡公所粮计 20 元，警察署马料计 40 元，修路费 3 次计 140 元，为乡公所打草雇工费 70 元，捆草费 70 元，送草费 140 元，新派粮 100 元，车牌费 35 元。以上各项加"组合"粮、畜折款共计 1591 元。另外此文还举牧民色林他一家为例。色林他家在抗战前有羊 500 多只、牛 20 多头，抗战胜利时，只有羊 100 只、牛 9 头[2]。由此可见，内蒙古东部人民在日伪统治时期所受剥削的严重程度。

关于日伪在内蒙古东部地区征缴税捐的情况，日伪编写的一些资料也透漏过若干细节。现将已查找到的关于新巴尔虎右旗、林西县、赤峰县、扎鲁特旗的税捐状况报告如下：

《内蒙古史志资料选编》第九辑收录有伪满蒙政部调查科正野友重编写的《新巴尔虎右翼旗情况调查》。该文记载，日本驻满洲里办事处代办新巴尔虎右翼旗司法事务、征税事务。其办理的税捐项目是：药铺捐、娱乐捐、妓院捐、商捐、屠宰捐、汽车营业捐、栽种罂粟地租、鱼租、赴蒙地执照费、渔捐、出货皮张捐、扎赉诺尔矿津贴、菜园捐、牧羊捐、临时狩猎执照费、票照费盈余款、代专卖署收买鸦片手续费、牲畜捐、渡口捐、秣草捐、车牌捐、回收纸垫款等 22 项，在大同二年度（1933 年）收入是 14214 元（伪满币）[3]。

《内蒙古史志资料选编》第五辑录有伪满时任林西县参事官的竹村茂昭和下属铃木长一郎合编的《兴安西省林西县情况》。该文略述了伪满时期林西县的税捐征缴概况。伪满林西县公署代征的伪满国税项目是："田赋、资产税、屠宰税、禁烟特税和烟灯税。规定交付上述国税的县只能得代征国税的管理费，包括附加税和提成金。"此外，还列有伪林西县税捐局在伪满康德元年（1934 年）的年份月税款收纳表 1 份，表列税目为 15 项，（1939 年）岁入为 64725.88 元（伪满币）；

① 郝维民主编：《内蒙古革命史》，内蒙古大学出版社 1997 年版，第 233 页。

② 《乌兰夫文选》，中央文献出版社 1999 年版，第 31 页。原资料未标明货币币种。

③ 内蒙古地方志编纂委员会总编室编：《内蒙古史志资料选编》第 9 辑，1985 年印行，第 344—345 页。

列有伪林西县盐务分局康德元年（1934 年）分月收税表 1 份，表列这年盐税收纳为 13991.41 元（伪满币）；列有《林西县公署财务股征收各种捐税一览表》1 份，表列田亩捐、车牌捐、屠宰捐、商铺捐、牲畜捐、小肠捐、斗捐、秤捐、契税附加、校田捐、屠场使用费、禁烟特税提成、烟灯捐提成、田赋经征费、田亩捐罚款、猪毛血卖价、鸦片吸食灯费等各种捐、费、罚款共 17 项，但未标明具体的岁入数目[①]。

以上材料说明，日伪征收税捐的系统至少有 3 个：即税捐局、县公署盐务分局和县公署财务股。大体上是税捐局征收国税及部分地税，盐务分局征收盐税，县公署财务股征收种类捐、租、附加和罚款等。除县公署财务股征收的数目不详外，日伪在林西县 1939 年之前每年征收的税款约计 7.8 万元（伪满币）。

《赤峰事情》也专列财政一节，记载了日军于 1933 年占领赤峰地区后，设立了赤峰县税捐局、热河专卖公署赤峰分署、盐务署赤峰支署、县公署财务局等财政机构征收税捐的概况。

伪赤峰县税捐局管辖的地域，包括赤峰、建平、围场、林西各县及林东、经棚等地。其直接征税的征收额居伪满热河各税局的首位。其征收的税目有：酒税、营业税及营业税附加捐、牲畜税、出产税、树木税、矿业税、烟税、统税，其他的杂税和收入印花税等。从 1937 年开始，出产粮税附加税、树木税附加税、矿区税附加税、矿产税附加税、禁烟特税附加税等省地方费，也合并由税捐局征收。其 1934 年至 1936 年的征收税额分别是伪满币 276297 元、253127 元、288228 元。另赤峰税捐局内专项征收的禁烟特税，在 1934 年是伪满币 35 万元，1935 年是 25.4 万元。1936 年后，日伪彻底垄断了鸦片所有交易环节，该项税目征收办法有所改变。据此可知，伪赤峰县税捐局在 1934 年的征税总额约是伪满币 626297 元，在 1935 年的征税总额约是伪满币 507127 元。

伪赤峰县公署财务局征收的税捐名目有：地捐、房捐、户口捐、车捐、杂捐（购买不动产捐、屠宰捐、观览捐、粮捐、车马牌照捐、娱乐捐）、国税附加捐。其附表《赤峰县地方税表》列有税目、课税物件、纳税义务者、税率、期别、交纳期限等 6 栏，可见一些细节，但未列具体征收数额。其县税征收额在文中它处提到，1935 年是伪满币 125800 余元，1936 年是 367000 余元。1936 年的征收额约是 1935 年的 3 倍。另，1936 年伪满的两项国税：禁烟特税和契约税，列在赤

① 内蒙古地方志编纂委员会总编室编：《内蒙古史志资料选编》第 5 辑，1984 年印行，第 197—207 页。

峰县公署项下，禁烟特税征收额是伪满币 36 万元，契约税是 2.3 万元，两项合计是 38.3 万元。

综合以上所列，日伪在赤峰县一带征收的税捐约是三大类，即：税捐局征收的禁烟特税另计的所谓"国税"；先由伪税捐局设机构专征，后移至伪县公署项下，由县长负责征收的列名为"国税"的禁烟特税及契约税；由伪县公署财务局征收的以"捐"为名的各类地方税。这三类税捐在 1936 年分别是伪满币 288228 元、383000 元和 367000 元，合计约为 103.8 万元[①]。

伪扎鲁特旗公署编的《扎鲁特旗概况》中有 1 份《地方税捐名目表》。表中列有伪大同二年（1933 年）至康德二年（1935 年）3 年的地方税征收数字，合计约为 1.6 万元。还有 1 份《税捐户数负担比例表》，但此表系手工刻印，各项数字，特别是其中的小数点不清楚，经辨认分析，表中所列扎鲁特旗全旗户数和人口数在伪大同二年（1933 年）是 3001 户 14965 人，户均税捐负担为 79.03 元（伪满币，下同），人均税捐负担是 15.85 元；在伪康德元年（1934 年）是 3573 户 14688 人，户均税捐负担是 141.82 元，人均税捐负担是 34.5 元；在康德二年（1935 年），该旗增加了一个"努图克"，即一个区，户数增至 3691 户，人口增至 18290 人，户均税捐负担是 173.43 元，人均税捐负担约是 35 元[②]。另此表系日伪所制，其币种应当是伪满币。以当时高粱米或玉米每斤 2 分至 5 分钱的物价计，人均税捐负担 35 元，约合 700 至 1750 斤高粱米或玉米。

有关内蒙古东部地区人民在沦陷期间税捐负担方面的资料只查找到上述这些，仅能反映出一些局部的侧面，故暂时无法作出全面分析。但沦陷区人民的税捐负担非常沉重，这一点还是清晰可见的。

3. 抗战时期日伪的鸦片政策及其在内蒙古境内造成的危害

鸦片这种毒品是日本关东军"以战养战"策略中的一项重要内容。日本关东军及其操控的伪满洲国、伪蒙疆政府本身就是一个集种植、制造、贩卖鸦片、吗啡、海洛因等毒品各个环节于一身的一个庞大的军国毒品集团。

据金名世（曾任伪满鸦片断禁协会总裁）供述，鸦片问题是日本关东军的一项秘密，"所有鸦片专卖开始实行的时候，伪满政府就把鸦片会计定为特别会计，由满国务院总务厅主计处掌管。对于鸦片的收支是关防严密的，在局外人是无从

[①] 内蒙古地方志编纂委员会总编室编：《内蒙古史志资料选编》第 5 辑，1984 年印行，第 366—384 页。
[②] 伪扎鲁特旗公署编：《扎鲁特旗概况》，1935 年版，辽宁省档案馆藏。

知其详细的"①。在这段话中，金名世提到的伪满国务院总务厅，实际上是日本关东军控制的伪满洲国的核心机构，其长官向由日本人直接担任，而该核心机构的主计处处长，后任伪满国务院总务厅次长的日本战犯古海忠之，就曾多次直接参与和协助日本关东军的鸦片走私活动。据金名世供述，1944 年春，伪满政府卖给德国政府鸦片 60 万两，经手人是伪总务厅次长古海忠之。1944 年 10 月上旬，卖给南京汪伪政府鸦片 30 万两，古海忠之经手。1945 年 2 月上旬，伪满政府卖给伪华北政务委员会吗啡 1 吨，古海忠之经手。另据曾任伪满总务厅次长谷次享供述，关东军"以东北的产烟（以极不合理的价格收购）密输到华北，每年以不下三亿数千万元的卖钱，为日寇收购了大量的军需物资"②。此外，更为概括的是《伪满洲国史》："热河省鸦片产量较多，每年有数百万两流入华北。关东军为了获取华银券，就以第四课为中心，在伪满总务厅参与下，操纵鸦片走私活动……为了取得上海的各种物资，伪满的一个总务厅次长，坐着飞机，带着成吨的鸦片和黄金，到上海与侵华日军第十三军、宪兵队、海军陆战队、特务机关等进行活动。为了把大量物资运回东北，与日本驻上海舰队司令部达成交易，以三吨鸦片为代价，该舰队以舰只包运货物。鸦片交易不只是在中国进行。据称，一九四一年，为了清偿对德国的七百万马克的欠债，向德国出售了七吨鸦片。一九四三年，伪满与德国签订第三次经济协定时，向德国输出过十吨鸦片。另外，向香港和日本也都输出过大量鸦片。"③ 从以上材料中，可以看出日本关东军从事鸦片交易的大致规模，也可以看出在侵华日军内部，热衷于鸦片交易的程度，在他们之间，鸦片实际上是一种可以类比黄金的硬通货。

在日本关东军的鸦片战略中，朝鲜（朝鲜在沦陷期间曾大量种植鸦片，但具体产量不详）和中国内蒙古境内的沦陷区大部，是最为重要的鸦片种植基地。

在沦陷期间，日军及其操控的伪政权从内蒙古境内征缴的鸦片总数量约是 2 亿两，总价值约是白银 4 亿两。

在内蒙古民间一直有"一两银子买不了一两烟土（即鸦片）"的说法。而鸦片的价格波动范围很大，据《内蒙古文史资料》第 19 辑中《绥远的烟土行》文章的口述者吴应禄在文中自我介绍，说其在归化城（今呼和浩特市内）于民国初期始开设过烟馆及烟土行。该文提及，在民国五年（1916 年）鸦片价格最高时，

① 中央档案馆编：《伪满洲国的统治与内幕——伪满官员供述》，中华书局 2000 年版，第 53—66 页。

② 中央档案馆编：《伪满洲国的统治与内幕——伪满官员供述》，中华书局 2000 年版，第 167 页。

③ 姜念东等编：《伪满洲国史》，吉林人民出版社 1980 年版，第 425 页。

"五十两白银，仅可买到新疆的倒四六底货六两"①。这里说的所谓"倒四六底货"，是指掺了六成假的鸦片。也就是说，6两中只有纯鸦片2两4钱。据此推算，此时白银50两只可买到纯鸦片2两4钱，亦即1两鸦片的价格达到了白银20两以上。另此文还提到在抗战期间后套地区（巴彦淖尔市内）的国民党统治区，鸦片价格是每两法币100元至300元。再有，内蒙古档案馆的研究人员讲：有关抗战期间鸦片价格的档案文字记载基本查不到，但各地之间鸦片价格相差甚远，如在绥远等地价格较低时，每两鸦片卖2块银元，而同期在西安则是4块银元，到了重庆就高达16块银元。据此可以看出，鸦片走私的获利空间很大，而走私获利正是日伪强迫沦陷区人民种植鸦片的主要目的之一。综合上述情况，可以推定1931年至1945年的14年内，每两鸦片的平均价值为白银2两。

日本占领当局在内蒙古西部地区有计划、有组织地扩大鸦片生产，强迫老百姓种植鸦片，使伪蒙疆统治区成为战时最大的鸦片生产基地。1939年6月成立"蒙疆土药股份有限公司"，是年生产收纳鸦片887019两，金额331.9万元；1940年、1941年连续两年大增产，1940年收纳鸦片猛增到6717912两，金额6263.5万元，纯收入1562万元；1941年将鸦片种植面积扩大到91.1万亩，收纳鸦片11242953两，金额达8916.6万元（伪满币）。另外，日本侵略者还将伪蒙疆生产的80%以上的鸦片输出到北京、上海等中国各地②。

据前文提到的日本人中村信的《蒙疆经济》一文，伪蒙疆政府成立之初，日伪是靠自行贩卖和征收各类鸦片税获利。从1939年起，开始"实行了专卖，将生产贩卖置于政府的统制之下"。此文还估算伪蒙疆地区鸦片年总产量有"一千二百万至一千三百万两左右"。其中运往太原的约有200万两，运往京津地区的约有700万两，合计900万两。当地销售的约350万两，并标明鸦片的主要产地是萨拉齐、察素齐、毕克齐、丰镇、托克托、固阳、包头、武川、和林、清水河、凉城、兴和、集宁及晋北、察南等地，但以上数字是其据播种面积为60万亩估算的③。在1941年鸦片种植面积已被日伪扩大到90万亩以上。播种面积增加了50%，总产也相应增加。这次人口伤亡和财产损失调查查明，仅包头一地，鸦片年总产就达到400万两。据以上材料推断，日伪统治的8年间，在内蒙古西部地

① 中国人民政治协商会议内蒙古自治区委员会文史资料研究委员会编：《内蒙古文史资料》第19辑，1985年印行，第201—207页。

② 郝维民主编：《内蒙古革命史》，内蒙古大学出版社1997年版，第318—319页。

③ 内蒙古地方志编纂委员会总编室编：《内蒙古史志资料选编》第9辑，1985年印行，第60、63、64页。

区共收纳鸦片约 1 亿两，年均 1200 万两。

　　内蒙古东部地区在沦陷期间的鸦片产量，说法不一。据金名世供述："每年所栽鸦片面积的土地数目，以及每年的鸦片收获量数，伪满政府是保守秘密的，向不在伪政府公报和报纸上发表，只有主管其事的官吏方可知其底蕴，在局外人是无从知晓的"[①]；据于静远（曾任伪满民生部大臣）供述，"自从伪满成立后，于 1933 年在热河省强制种植鸦片四十万亩，每亩须交出二十两鸦片，共为八百万两"；1943 年，"在热河省强收鸦片八百万两，由朝鲜输入四百万两，掺假一半每两卖四十元（伪满币，下同），共剥削四亿八千万元"[②]。据日本人编写的《赤峰事情》记载，"特别是满洲事变后，政府从卫生保健的考虑出发，实施了公益专卖制度，指定种植面积。另外在昭和八、九年度还支出一些提成金，鼓励其增产。到了昭和十年，社会政策上讲究渐减政策，限制了种植面积，但农民们即进行了比指定面积多两倍左右的密垄种植，县当局对此感到极难取缔。到了昭和十一年度，由于采取了北满方面禁止种植鸦片，把鸦片种植集中在热河的政策，赤峰附近各县的指定种植面积越来越增加，再加上同年度热河北部的播种，一般都比南部良好，所以昭和十二年度就更加增加，整个热河省种植鸦片的面积可达七千五百顷"。文中列有一份《种植鸦片农家收支情况》表格。此表以农家种植鸦片 3 亩，总产鸦片 83.17 两为计算依据，由此可知在赤峰周围地区，每亩鸦片单产是 27 两多。另据中共赤峰市委党史办公室编《不可忘却的历史》中《日军在喀喇沁旗暴行纪实》一文，"日军侵占热河不久，强迫农民种鸦片，按热河土地的 20%，各旗县定出种植鸦片的亩数，春耕前限定各户缴纳鸦片的数量，不管其土地瘠肥、旱涝灾害、丰歉与否，每亩烟地必须交烟干 30 两"[③]的记载，每亩烟地单产 27 两计，如此算来，7500 顷的播种面积，总产已达 2025 万两之巨。也就是说在 1937 年之后，热河一带的鸦片年总产量可能已超过了 2000 万两。

　　《赤峰事情》中附有 1934 年和 1935 年赤峰县、克什克腾旗、林西县、宁城县、建平县（当时含有今敖汉旗一部）、围场县（今属承德地区）6 个旗县的鸦片指定种植面积、收购量、金额、实际播种面积、实际生产量的表格 1 份。据此表所列，赤峰县、克什克腾旗、林西县、宁城县四旗县在 1934 年，鸦片指定种植

① 中央档案馆编：《伪满洲国的统治与内幕——伪满官员供述》，中华书局 2000 年版，第 54 页。

② 中央档案馆编：《伪满洲国的统治与内幕——伪满官员供述》，中华书局 2000 年版，第 125 页。

③ 中共赤峰市委党史办公室编：《不可忘却的历史》，1996 年印行，第 130 页。

面积是 1250 倾，收购量是 2393908 两，金额是 3574199.02 元（伪满币，下同）；实际播种面积是 1527 顷，实际生产量是 3319000 两。1935 年，鸦片指定播种面积是 1000 顷，收购量是 2760495.6 两，金额是 3858054.8 元；实际播种面积是 1567 顷，实际生产量是 3611800 两。

据《不可忘却的历史》一书中《日伪在赤峰的罪行》一文记载："1936 年（伪满康德三年）1 月，日伪当局制定了伪《满洲国鸦片法》，赤峰定为种植罂粟重点地区。同时实行鸦片专卖。1937 年（伪满康德四年）强令赤峰、建平（含敖汉）、宁城、林西、克旗种罂粟 3300 顷（每顷 100 亩），收缴烟干 6621336 两[1]。"当时在今赤峰市、通辽市等地，大部分都是日伪指定种植鸦片的地区，上述五旗县约是赤峰、通辽两地旗县数的四分之一，据此估算，在内蒙古东部沦陷区，日伪每年征缴的鸦片平均可达 800 万两，以 13 年计总数约是 1 亿两。

合计内蒙古东西部沦陷区的数字，日伪征缴鸦片总数为 2 亿两，其总值折合白银为 4 亿两。

关于鸦片的征缴方式和征收价格，其大体情况是使用武力强征低买。

1933 年，伪满政府划热河省为试种区，提出热河烟政总方针"实施公买专卖制度，指定种植面积，鼓励增产，实行缩减面积"。赤峰县被指定为鸦片种植重点县。现以赤峰县和其附近的喀喇沁旗等地为例，简要说明一下当时日伪征缴鸦片的方式和征收价格问题。

日伪在赤峰县及其周围地区，首先把鸦片的种、收、运等环节全部控制起来。每年 4 月鸦片播种后，日伪就派人核查种植面积，按户发给记载有本户鸦片种植面积、应交鸦片数量的卡片，建立村、乡台账。待 7、8 月份鸦片收获季节一到，日伪就组织"催缴班"逐户查验卡片，催缴烟干。勒令各烟户有多少先交多少，若有欠额，则限期补交。至期若不能全数交清尾欠，则烟户将受到毒打、灌辣椒水等酷刑，轻则皮肉受苦，重则致残、致死。

《日伪在赤峰的罪行》一文记载，赤峰县杨树村农民张德因缴不清烟干，被捆在板凳上灌凉水加小米，不久身亡。鸭子河村农民吴老汉的儿子被灌凉水，"肚子灌的鼓胀，当场被一脚踢死"。《日军在喀喇沁旗暴行纪实》一文中记载，"每逢烟季，旗民百姓就灾难临头，许多人家因地力瘠薄、自然灾害等原因收获鸦片不足定额而遭受迫害。日伪警察对交不足烟干者施以种种酷刑：打手铜、用筷子

① 中共赤峰市委党史办公室编：《不可忘却的历史》，1996 年印行，第 113 页。

夹手指、往鼻孔灌凉水、坐老虎凳等，致使有的被害致残、致死，有的投河，有的服毒。如公爷府小府李才的妻子因没交足烟干被警察一棒打死，公爷府扁担沟的李升因交不足烟干被迫上吊自杀，西三家高福明交不上烟干受不起折磨投河自尽"。在此种残暴压迫下，当地百姓只得偷种、密植，以备不虞。故当地的鸦片实际播种面积，往往多于指定播种面积。

当地农民被迫种植鸦片，实际上其收益是低于种普通庄稼的。《赤峰事情》中有 1 份《昭和十年度生产的鸦片收纳赔偿费》表格。表中所列日伪在 1935 年征收鸦片给付的价格是：特等烟干（含水分 13% 以内、95 点标准点数以上）每两 1.5 元（伪满币，下同），一等上烟干每两 1.4 元，一等下烟干每两 1.3 元，至四等烟干（含水分 13% 以内、60 点标准点数以上）每两 0.4 元，四等以下为等外品，日伪不收。再据同书《种植鸦片农家收支情况》表中所列，农民种植白花大头（罂粟品种名）三亩，总产量按 83.17 两算，收价按特等品算，收入金额为 124.76 元。佃农支出金额为 120.24 元，获利仅为 4.52 元；自耕农支出金额为 75.42 元，获利仅为 49.34 元。而鸦片收割之后，原三亩地再种一茬白菜，佃农获利为 36.21 元，自耕农获利为 81.06 元。日本人也承认："满洲事变后，虽然鸦片的亩捐减少了，但政府的收购价也降低了，所以农民种植鸦片的收益并不比事变前多。"但日本人没有提到的实际情况是，农民被迫种植鸦片能够不赔钱已属幸运，若有不幸则赔也赔不起，只得赔上身家性命。因为鸦片的私买价格一般在专卖价格的 6 倍以上，有时要达到十几倍甚而是数十倍，而专卖价格总体上保持在收购价的 6 倍左右。如金名世在检举张景惠（曾任伪满国务总理）时提到，在 1944 年，日伪收纳鸦片的价格，特等为 18 元，一等为 16 元，二等为 14 元，三等为 12 元，而"当时伪满鸦片的私行市每两六七百元，想在南京、上海等地的暗行当必更高"。有此原因，加之催缴鸦片的日伪人员为了强索贿赂及贪污中饱，随意压等减两，克扣烟农的行为，所在多有。故鸦片的实际征收量只会比日伪的统计数字高，而烟农实际得到的烟价款只会比日伪的统计数字低。可见农民在这种情况下还得种鸦片，这显然是武力压迫的结果。

日伪从各地征收来的鸦片，一部分用于在沈阳、铁岭等地的工厂密制吗啡、海洛因；一部分用于大规模走私；一部分则被各地日伪军、警、宪、特系统留用（据卢元善笔供，在伪满各地，伪"警察、特务、日本宪兵队、特务机关都有私烟馆"），剩余的部分则用于所谓"专卖"。

日伪的所谓"鸦片专卖"办法，从 1933 年开始在全伪满实行。最初是设立各级伪专卖机构，由伪满的财政大臣指定各省的鸦片批发人，由各省的伪省长指定各省的鸦片零卖人，由此大开烟禁。1938年，伪满政府打着禁烟的幌子，设置禁烟总局，把专卖公署掌管的鸦片专卖业务完全拨归禁烟总局，并把各地的鸦片零卖所一律改组为管烟所，由各市、县、旗直接经营所有种烟、收烟、卖烟的业务。伪禁烟总局成立后，即开始在伪满实施鸦片瘾者登录制度。先后两次共登录鸦片瘾者99万多人，海洛因瘾者4.5万多人，共计104万人。凡登录的鸦片瘾者，由禁烟总局发给登录证1份，瘾者凭登录证到所在地的管烟所购买当日所配给的鸦片烟份，在该管烟所吸烟。每一个有登录证的鸦片瘾者年配给鸦片20两至30两。配给价在最初名义上是8元（伪满币，下同），但配给的鸦片已由日伪的工厂统一掺假二成。据卢元善供述，日伪密制吗啡的工厂内设有专门密制"料子"（即鸦片中掺假的填充物）的工厂。这种工厂"用大型双底锅，把豆麦面粉掺上吗啡渣滓，制成烟土状，拿到制烟份工厂用机械把纯烟土切去二成，掺上料子二成，用机器混合后，作烟份小包"。另据1939年罗振邦（曾任伪满专卖总局局长）笔供，"专卖鸦片的纯度为百分之八十，掺入料子二成（百分之二十），料子系用大豆制造，零卖的熟膏还掺入糖膏百分之五"。这样看来，每两专卖鸦片的纯度还不到75%，也就是说每两专卖纯鸦片的价格其实是在10元以上。《内蒙古文史资料》中《日伪在开鲁的经济掠夺》一文介绍，日伪在开鲁镇内设有97处烟馆，投资为11509元，年交易额为123595元，按当时的物价，"可买高粱米617.75万斤"[1]。据此可知，当时的高粱米1斤的价格仅是2分钱，也就是说1两纯鸦片的专卖价即等于500斤高粱米的价格。同书《开鲁的"大烟组合"》一文介绍，"当时的一角钱可买10多个大麻花"。而其时一个烟泡的专卖价为1角7分以上，一般的鸦片瘾者每日须吸食2—3个烟泡[2]。以一个鸦片瘾者日均吸食2.5个烟泡计，日须钱4角3分。也就是说，一个鸦片瘾者日耗金钱值43根大麻花，够7个人每人一天吃6根。据前述两文提及，当时开鲁镇内约有鸦片瘾者2000人，这2000人日均吸食鸦片消耗的金钱就可供1.4万人吃一天饱饭。而且这里尚未算一些鸦片瘾大者，因配给鸦片掺假太多，解不了瘾，从黑市另行高价购买所花费的金钱。在伪蒙疆政府管辖的地区，鸦片的种植、收购和销售与伪满洲国在形式上略有不

---

[1] 中国人民政治协商会议内蒙古自治区委员会文史资料委员会编：《内蒙古文史资料》第34辑——《伪满兴安史料》，1989年印行，第201页。

[2] 中国人民政治协商会议内蒙古自治区委员会文史资料委员会编：《内蒙古文史资料》第34辑——《伪满兴安史料》，1989年印行，第143—145页。

同，但其实质均是由日伪垄断一切，日伪得其利，人民受其害，故不再赘述。

关于内蒙古沦陷区境内染有鸦片瘾者的数量及因吸食鸦片而致死的人数，现难以查清。据这次人口伤亡和财产损失调查掌握的情况看，鸦片瘾者估计可能曾达到过 100 万人，因吸食鸦片而致死的人数约有 10 万人。

据包头市调查，当时包头城内有烟馆 43 家，全城 9 万人口中，就有 1 万多人染上了鸦片烟瘾。《绥远的烟土行》一文提及，"当时伪厚和市参加土业组合的字号，计有七十一家，从业人员竟达一千四百余人"。在全绥远省境内，"染有嗜好的男女烟民，更加蔓延四乡，曾达一百余万"。

《内蒙古公安史长编·禁毒戒烟，改造烟民》中记载，日伪统治时期，昭盟（今赤峰市）"是鸦片烟毒泛滥最严重的地区。据 1948 年统计，仅林西县就有烟民 9940 人，占全县总人口的 10%。宁城县有烟民 18645 人，情况更为严重"[1]。

在上述有数字可供参考的旗、县、市中，染有鸦片烟瘾的人数，占到了当地人口总数的 10% 左右。由此可以推断，抗战时期内蒙古沦陷区由于日伪阴险毒辣的鸦片政策，有 10% 左右的人口而染有鸦片烟瘾，成为"烟鬼"。金名世在检举张景惠的材料中，曾提到，"根据伪禁烟总局的统计，自一九三九年鸦片瘾者登录后，到一九四四年六个年间，所正式登录的鸦片瘾者一百万人中共死了七万人；吗啡瘾者四万五千人共死亡了四千人"。照此推算，从 1933 年算起到抗战胜利的 1945 年，这 12 年里，伪满地区鸦片瘾者约死亡 14 万人，亦即以 12 年算，鸦片瘾者的死亡率是 14%。而内蒙古西部沦陷区的鸦片瘾者若达到过 100 万，则其死亡率以 10% 算，也有 10 万人因之死亡。

为了彻底消除旧时代以及日伪时期进一步造成的烟毒危害，抗战胜利后，凡共产党、八路军在内蒙古境内能够控制、并建立了民主政权的地区，都立即开展了雷厉风行的禁毒戒烟工作。为此，人民政权在极为困难的条件下，付出了大量的人力、物力、财力。据《内蒙古公安史长编·禁毒戒烟，改造烟民》的记载，"哲盟（今通辽市）的禁烟工作开始于 1945 年 10 月，以徐永清为县长的通辽民主政府在整顿社会治安的同时开展了取缔烟馆、禁止贩卖鸦片的工作"。"1946 年 7 月，昭盟行政委员会即颁发《禁烟暂行条例》，规定各县设禁烟督察局，局长由县长兼任。热辽行署也颁布了《关于鸦片征罚征购办法的指示》，重点是严禁种植，打击贩运，从宣传教育入手，组织群众性的戒烟活动。""呼伦贝尔自治

---

① 内蒙古公安厅公安史研究室编：《内蒙古公安史长编》，1990 年印行，第 231—234 页。

政府在 1946 年 12 月就拟定了禁烟运动计划。"总之，在内蒙古自治区成立之前，中国共产党就领导各族人民群众，大力推动禁毒戒烟工作，到 1952 年中华人民共和国建立之后的第 4 个年头，方将日伪遗留下来的烟毒危害从内蒙古境内彻底铲除，数十万的烟毒受害者方才从"烟鬼"变成了人。

（六）结论

根据截至目前所掌握的资料和进行的相关研究，我们得出了内蒙古抗日战争时期人口伤亡和财产损失的以上若干数据。由于年代久远、搜集资料困难等客观原因，应该说，我们得出的这些数据还只是初步的和尚不完整的数据，并不是研究的最终结果。今后，我们将继续推进本课题调研工作，以期在掌握更多资料和取得研究新成果的基础上对有关数据再做出修订和补充。

日本宣布投降，距今已有 60 多年了。我们今天进行这次抗战损失调查，工作的难度自然很大，有许多问题未必能够彻底查清。但在调查过程中，我们真切地感觉到，这种调查确有必要。

翻开这段血泪凝成的历史，在那些逝去的生命中，有为国家主权、民族尊严而反抗侵略，浴血疆场，力战而死的勇士，也有手无寸铁的妇孺老弱和平民百姓，但他们都在告诫我们，国家一定要统一强盛，民族一定要团结奋斗，历史绝不能再重演。

日本的侵略，不仅在当时给内蒙古人民带来巨大伤亡和财产损失，即使在抗战胜利之后，侵略者造成的许多危害仍在持续。比如为彻底消灭鼠疫，内蒙古自治区刚刚成立时，就把防疫工作与打仗、生产并列为三大中心任务。为此动员了数以万计的卫生防疫人员，动员了数以十万计的军、警、民兵人员，直到 1959 年，才将鼠疫从内蒙古大草原上彻底消除。但尽管如此，也还不能说侵略者留下的祸害已彻底肃除。1997 年 8 月，海拉尔市就发现过一个装有液体的密封铁桶，从其外部特征上看，这是一个日军遗弃的可能装有化学毒剂的容器。另外，许多资料显示日军当时将一些化学、细菌炮弹就地掩埋，其隐患日本政府尚未派人清除。至于当时日本侵略军的种种暴行给一些受害者造成的心灵创伤、精神损害，则是这些受害者至死也消除不了的。

日本的侵略掠夺，不仅在当时从内蒙古地区掠走数以千亿计的财富，使数以百万计的人民饥寒交迫、流离失所，而且给内蒙古地区的经济发展造成了许多永久性的危害。比如无数矿产资源不可再生；大兴安岭森林被成片成片毁坏，周围地区水土流失，环境破坏。而环境破坏的恶果，不仅要由当地人民承担，最终也要由全人类来承担。

日本的侵略掠夺，给内蒙古地区造成的文化、文物方面的损失，更是永远也无法弥补。如王爱召等古寺庙建筑、被日本人抢去炼铜的古代留下来的一尊尊铜制佛像，其中有许多是艺术瑰宝。而这些不仅是中国人民的损失，说到底也是全人类的损失。

日本帝国主义发动侵华战争的罪恶，是反人类的罪恶。这就是我们的结论。

侵华日军在内蒙古、在中国犯下的滔天罪行，铁证如山，不容否认和抵赖！前事不忘，后事之师。凡我中华子孙都不应该忘记这段历史，都要为中华民族的伟大复兴竭尽全力。建立和谐世界，让人类和平发展，这是我们作出的最后结论也是人类共同需要的结果。

二、资 料[①]

（一）人口伤亡部分

1. 档案资料

（1）科左中旗鼠疫流行情况统计表（节录）

年代	公社	大队	屯名	发行月日	终息月日	发病人数	死亡人数	病型
1933	腰力毛都	瓜毛都	瓜毛都屯	7月8	7月16	37	36	
	敖本台	西苏格格营子	老虎迷力	7月	7月15	4	4	腺
	3	3	2	7月8	7月16	33	32	
1934	巴彦塔拉	巴彦塔拉	巴彦塔拉屯	6月	9月	46	46	
	玛拉沁	大瓦房	大瓦房屯	6月	9月	3	3	
	查干	尼鲁德	尼鲁德	6月	9月	1	1	
1935	巴彦塔拉	镞箕壕	布黑好心	2月	9月20	42	42	腺
	2	2	2	2月	3月	63	63	
	保康	十副犁仗	十副犁仗屯	7月10	9月20	55	55	

---

① 本书收录的资料中，个别字迹不清晰处，均以口号替代。特此说明。

· 68 ·

年代	公社	大队	屯名	发行月日	终息月日	发病人数	死亡人数	病型
1937	2	2	2			98	73	腺
	敖宝	丰源庆	丰源庆屯			62	49	腺
	舍伯吐	白音努拉	二喇嘛营子屯			36	24	
1938	4	6	6	5月10	8月14	244	216	
	巨宝	新立屯	王心套屯	8月14		15	?	
	巨宝	西莫里	西莫里屯	7月15	8月6	20	19	
	巨宝	东莫里	东莫里屯	7月30	8月2	145	139	
	保康镇	镇内	保康镇			12	6	
	敖宝	丰源庆	丰源庆屯	8月24		48	48	
	乌力吉吐	腰营子	腰营子	5月10		4	4	
1939	2	2	2	6月27	10月	52	47	
	乌兰花	红卫	五间房屯	6月27	9月5	43	42	
	敖宝	丰源庆	丰源庆屯	8月	10月	9	5	
1940	11	16	17	7月	11月10	721	650	
	巨宝	东莫里	东莫里屯	9月10	10月10	56	47	
	保康镇	镇内	保康镇			136	129	
	保康	陶家窑	陶家窑	9月17	9月28	22	21	
	保康	西潘家	西潘家	9月17	10月10	20	18	
	保康	东潘家	东潘家	7月25	9月10	135	129	
	保康	新立屯	前新立窑	8月15	9月17	84	76	
	保康	东潘家	金家窝卜	8月5	8月12	4	4	
	二龙	二龙索口	额力素口庙	9月16	10月15	8	6	
	二龙	东靠山屯	马家窝卜	7月	8月	17	17	
	查干	尼鲁德	尼鲁德家窑	7月	8月	24	24	
	图布信	得胜	前裘家窑	7月13	11月10	64	54	

续表

年代	公社	大队	屯名	发行月日	终息月日	发病人数	死亡人数	病型
1940	团结	六棵树	六棵树屯	9月15	9月24	2	2	
	架玛吐	乌力吉吐	扎不胡都嘎	9月4	9月30	25	23	
	架玛吐	田宝屯	忙沙窝卜	7月25	9月21	82	65	
	腰力毛都	瓜毛都	瓜毛都屯	7月	7月	3	3	
	东苏林场	三分场	东散本台	7月	7月	10	9	
	散宝	达格营子	达格营子	9月10	10月15	30	23	
	6	8	8	7月	11月27	94	77	
1941	保康镇	镇内	保康镇	11月4	11月27	19	18	
	保康	陶家窑	陶家窑	7月	10月17	14	10	
	保康	大北马家	马德旺屯	9月	9月	2	2	
	查干	前查巴登	两合屯	8月14	10月25	1	1	
	七棵树	先锋	查干迷力屯	9月10	10月17	14	10	
	团结	六棵树	六棵树屯	9月17	9月24	2	2	
	散宝	前胜利	前胜利屯	7月	8月2	11	6	
	散宝	达格营子	达格营子	8月	9月	31	28	
	6	7	7	7月25	11月5	207	162	
1942	巴彦塔拉农场	七队	西毛胡都嘎	7月25	10月25	8	7	
	保康镇	镇内	保康镇	10月31		1	1	
	七棵树	先锋	查干迷力屯	9月10	11月5	8	6	
	散宝	朝鲁散宝	朝鲁散宝			12	8	
	乌力吉吐	北乌力毛都	北乌力毛都			22	22	
	乌力吉吐	东白塔子	东白塔子			31	31	
	合伯吐	乌兰	团结屯	7月25		125	87	
	14	18	18	5月5	11月22	581	471	
1943	安乐	欧里	欧里屯	8月	9月	3	3	

年代	公社	大队	屯名	发行月日	终息月日	发病人数	死亡人数	病型
1943	巴彦塔拉	大王家窝卜	大王家窝卜	8月31	10月23	28	16	
	巴彦塔拉	蒙古艾力	蒙古艾力	7月18	8月31	27	24	
	巴彦塔拉	巴彦塔拉	巴彦塔拉	10月5		1	1	
	巴彦塔拉农场	七队	西毛胡都嘎	7月		20	20	
	玛拉沁	大瓦房	大瓦房屯	7月		1	1	
	胜利	套吐窝卜	东套吐窝卜	5月20	8月28	17	13	
	团结	六棵树	六棵树屯	8月		8	3	
	新河	五间房	五间房	8月31	11月22	20	18	
	会田	北哈拉斯台	腰海力斯台	9月4	10月30	75	31	
	烟登吐	中满金敖	中满金敖屯	7月15	11月12	104	87	
	海力锦	包德拉一二队	前包德拉屯	9月7	10月23	34	24	
	海力锦	包德拉三队	包德拉屯			85	84	
	海力锦	小哈日干吐	小哈日干吐	8月10	10月17	12	12	
	哈日干吐	大哈日干吐	大哈日干吐			25	22	
	敖本台	南敖本台	南敖本台	5月	5月	4	4	
	花胡硕	一心屯	巴吐巴依尔套卜	7月28	8月14	87	83	
	巨流河牧场院	代来胡硕	代来胡硕	5月5	8月6	40	25	
	8	10	10	7月	10月28	324	285	
1944	七棵树	先锋	查干迷力	8月13	9月	2	1	
	协代	协代	协代屯	8月7	9月7	12	10	
	腰力毛都	七家子	七家子	9月15	9月30	13	10	
	腰力毛都	腰斯吐	腰斯吐	8月		5	5	
	东苏林场	三分场	东敖本台	8月24	9月30	80	70	
	南敖本台	南敖本台	南敖本台	8月20	10月5	61	54	腺
	西敖本台	西敖本台	西敖本台	9月3	10月10	130	120	腺

年代	公社	大队	屯名	发行月日	终息月日	发病人数	死亡人数	病型
1944	腰忙哈	乌力吉吐	布敦毛都	7月		1	1	
	舍伯吐	东白塔子	东白塔子	10月7	10月28	10	7	
	舍伯吐	富民	阿拉坦套布	9月24	10月14	10	7	
	4	5	5					
1945	巨宝	海沙吐	海沙吐屯	8月9	9月14	251	194	
	会田	北哈拉斯台	海力斯台	9月15		86	78	
	白兴吐	前德胜屯	前德胜格勒			1	1	
	舍伯吐	白音努拉	二喇嘛营子屯			42	40	
	舍伯吐	毛都营子	毛都营子			46	38	
						76	37	
	8	12	12			624	421	
1946	安乐	门达	门达	6月	9月	2	2	
	胜利	套吐窝扑	东套吐窝扑	7月30	8月	35	34	腺
	胜利	安家窖	金家窝扑			51	?	腺
	保康	东潘家窝扑	查干散力布告			6	5	腺
	查干	查干	查干			10	10	
	查干	保安	保安屯	8月20	10月30	60	50	腺
	团结	五家户	五家户	7月	10月	132	63	腺
	新河	五间房	五间房	7月		185	144	腺
	新河	十家户	十家户	7月		80	75	腺
	腰力毛都	腰力毛都	腰力毛都	7月	7月13	10	?	
	腰力毛都	腰斯吐	哈拉胡硕	7月		13	10	
	舍伯吐	白音努拉	二喇嘛营子屯			40	38	
	6	16	16			370	247	
1947	花吐古拉	莲花泡	莲花泡屯	9月		25	8	
	花吐古拉	巨力合	巨力合屯		10月	76	65	腺

年代	公社	大队	屯名	发行月日	终息月日	发病人数	死亡人数	病型
1947	花吐古拉	东蒙古屯	东蒙古屯			5	5	
	花吐古拉	西蒙古屯	西蒙古屯			6	?	
	敖宝	前胜利	敖宝营子	10月25	11月6	32	32	
	敖宝	庙内	庙内村	8月	9月	5	3	
	敖宝	地灵	地灵村			14	4	
	乌力吉吐	东白塔子	东白塔子			12	2	
	舍伯吐	旭光	东围子			12	5	
	舍伯吐	团结一二队	西围子			47	28	
	舍伯吐	白音努拉	二喇嘛营子屯			52	43	
	舍伯吐	毛都营子	毛都营子			38	27	
	舍伯吐	民主	胡音达套布			?	1	
	花胡硕	一心屯	巴吐巴依尔套布			19	13	
	花胡硕	大伙房	乌力吉合屯			14	9	
	希伯花	白音胡硕	白音胡硕			12	2	
	3	4	4			127	98	
1948	架玛吐	合心一	合心一			6	2	
	敖本台	后乃门洛勒	后乃门洛勒		7月	21	12	
	乌力吉吐	立新	都日本衙门			15	11	
	乌力吉吐	腰营子	腰营子	8月6	9月	85	73	
	5	5	5			23	8	
1949	架玛吐	架玛吐	后架玛吐	6月18	11月3	3	?	腺肺败颈
	敖本台	西毛都营子	西毛都营子	11月1	7月10	1	?	腺
	腰忙哈	北腰忙哈	北腰忙哈	7月28		15	8	
	敖宝	西伯什吐	西伯什吐屯	8月28	11月3	3	?	
	舍伯吐	南新艾里	南新艾里	10月12	9月6	1	1	腺

年代	公社	大队	屯名	发行月日	终息月日	发病人数	死亡人数	病型
1951	3	4	4	8月9	10月25	46	21	腺肺败颈
	图布信	后召斯冷	后召冷屯		10月25	15	8	
	图布信	隆合吐	隆合吐屯	9月22	10月1	11	4	
	架玛吐	敖力木	小散力木	8月9	9月5	10	4	
	敖本台	后乃门铬勒	后乃门铬勒	9月22	10月15	10	4	
1952	1	1	1	8月21	9月4	6	2	腺肺败颈
	胜利	安家窑	安家窑	8月21	9月4	6	2	腺肺败颈
1953	3	5	5	4月7	8月15	13	10	腺
	巨宝	巨宝山	巨宝山屯	5月3	7月24	2	1	腺肺败颈
	保康	苏吉	苏吉屯	8月11		1	1	腺肺败颈
	保康	十副犁仗	十副犁仗	8月14	8月15	2	2	腺
	舍伯吐	白音努拉	二喇嘛营子屯	4月7	4月23	6	5	肺
	舍伯吐	白音艾勒	赵家窑	4月9	4月23	2	1	腺
1954	5	5	5	5月4	8月24	25	8	腺肺败颈
	乌兰花	白音温都		5月22		3		腺
	巨宝	巨宝山	巨宝山屯	5月4	8月6	2	1	腺
	新河	公社牧场	苏吐屯	8月3	8月14	2	1	腺
	架玛吐	乌力吉吐	马林格勒	8月12	8月24	2		腺
	希伯花	三合堂	三合堂	7月14		16	6	腺肺败颈
1955	1	1	1	8月26		1	1	腺
	二龙	烧锅屯	烧锅王屯	8月26		1	1	腺
1959	2	2	2	12月3	12月22	5	4	腺
	代力吉	简门营子	简门营子	10月15	12月22	1	1	腺
	东苏林场	木斯	花苏扑窝堡	12月3		4	3	腺

（通辽市科尔沁左翼中旗档案馆馆藏档案；科尔沁左翼中旗档案局原局长德吉德根据有关档案整理，原件未标明整理时间）

（2）绥远省包头县所属乡镇被敌机轰炸损失情形调查表

民国二十八年八月 日填送

损失事主姓名	轰炸之年月日时	轰炸地点	敌机架数	投弹数目	受伤人职业姓名	炸毙者职业姓名	炸毙牲畜种类数目	炸毁房屋间数	损失约略估计数目	备考
李三和	二十六年十月十六日下午三时	包头城内大文明巷	一	二	商人李王氏	商人李三和		一	五〇元	
赵仁山	二十六年十月十七日上午十时	大树湾渡口	一	三	农人张根小 农人张二旺 农人刘志功	商人周三保 农人卜芝功 农人吴小换		大船一	二〇〇	
王留柱	二十六年十月十七日上午十一时	大树湾	一	四	农人王二姓		毙猪一头 毙马一匹	三	二九〇	
黄如何	二十六年十月十七日下午二时	麻池	一	五	农人黄在生	农人黄福儿		二	六〇	
冯海水	二十六年十月十七日下午二时	麻池	一	五	农人冯大为	农人冯尚忠		三	六〇	
陈原	二十六年十月十七日下午二时	麻池	一	二	农人陈玉 农人陈绩	农人陈伟		三	一九五	
章子才	二十六年十一月十日上午十二时	白泥窑子	三	二	农人章子才 农人章外姓	农人章王氏		四	二七〇	
沈六	二十六年十二月十日上午十二时	白泥窑子	三	二	农人沈杨氏 农人沈王氏	农人沈三才		六	三六〇	

损失事主姓名	袭炸之年月日时	袭炸地点	敌机架数	投弹数目	受伤人职业姓名	炸毙者职业姓名	炸毙牲畜种类数目	炸毁房屋间数	损失约略估计数目	备考
朱红狗	二十六年十一月十日上午十二时	白泥窑子	三	五	农人朱四小	农人朱根小 农人朱李氏		二	一六〇	
尤全立	二十六年十一月十八日上午十一时	王二窑子	二	三	农人尤维明			三	三一〇	
马金宝	二十六年十一月十八日上午十一时	王二窑子	二	二	农人马功	农人马三子		二	一五〇	
吴奇山	二十六年十一月二十五日下午二时	靴铺窑子	一	三		农人吴有茂 农人吴俊英		一	七〇	
丁善	二十六年十一月二十五日下午二时	靴铺窑子	一	二		农人丁仁		二	一六〇	
刁宝山	二十六年二月二十五日下午二时	靴铺窑子	一	三		农人刁二人 农人刁柳氏		三	三五〇	
杨子直	二十六年十一月二十八日下午三时	大成西	一	二		农人杨子直		一	九〇	
展旦召	二十七年八月十二日上午十一时	展旦召	一	六				五	一五〇	
郭金	二十七年八月十二日上午十一时	常太圪卜	一	二				二	一二〇	
刘来旺	二十七年十一月二十日上午十二时	西碾房	一	三	农人刘小利	士兵张得胜 士兵王占山	毙猪三头	四	二八〇	

损失事主姓名	轰炸之年月日时	轰炸地点	敌机架数	投弹数目	受伤人职业姓名	炸毙者职业姓名	炸毙牲畜种类数目	炸毁房屋间数	损失约略估计数目	备考
李三元	二十七年十一月二十日上午十一时	南葫芦头	一	三				三	一〇〇	
何有名	二十七年十一月二十日下午一时	黄木独	一	三		农人何有名		三	一二〇	
把兔	二十七年十二月二十五日上午十时	旧官府营子	一	九	士兵来占功		毙马一匹	三	二二〇	
杨自天	二十七年十一月二十五日上午十时	杨家圪堵	一	三	士兵刘占标			一	五〇	
韩之佐	二十七年十二月二十五日上午十一时	小滩儿	一	三	农人韩六儿			五	二五〇	
周树常	二十七年十二月二十五日下午七时	新民堡	一	二					一二〇	
孔繁瑞	二十七年十二月二十五日下午一时	新城	一	四	农人孔武氏 商人赵仁光 商人王秀山			三	六五〇	

（内蒙古自治区档案馆馆藏档案，档案号 401—1—738 第 39 件）

（3）人口伤亡汇报表（托克托县）

事件：日军攻陷城垣

日期：民国二十六年十一月

地点：托县

性别 ＼ 伤亡人数	重 伤	轻 伤	死 亡
男	128 人	359 人	560 人
女	79 人	106 人	280 人
童	134 人	119 人	320 人
不明			96 人

（内蒙古自治区档案馆馆藏档案，档案号 401—1—740 第 40 件）

（4）归绥县人口伤亡调查表（表式 1）

事件：因日本军枪毙

日期：民国二十七年三月二十七日

地点：忠诚乡大路乙间

姓名	性别	职业	年龄	最高学历	伤或亡	费用（国币元）		证件
						医药	葬埋	
哈立共	男	农	七〇		亡		一千元	
毛小子	男	农	五四		亡		五百元	
张　氏	女	农	五五		亡		三百八十元	
芦三万	男	农	四一		亡		四百五十元	
芦永万	男	农	四二		亡		七百六十元	
李　氏	女	农	四四		亡		三百四十元	
赵　氏	女	农	四〇		亡		五百五十元	

直辖机关学校团体或事业　　　　填报者

名称：忠诚乡一保　印信

姓名：钟秀昆

服务处所与所任职务：忠诚乡指导员

通信地址：　盖章

归绥县人口伤亡调查表（表式1）

事件：因日本军在房内大炮打死

日期：民国二十七年三月二十七日

地点：忠诚乡乙间房

姓名	性别	职业	年龄	最高学历	伤或亡	费用（国币元）		证件
						医药	葬埋	
武来娃	男	农	六		死		五百元	
武喜梅	男	农	一二		死		六百元	
武银罗	男	农	三六		死		五百元	
郝有小	男	农	五三		死		七百元	
武三扣	男	农	五四		死		八十元	
武润宝	男	农	六〇		死		五百五十元	
武三娃	男	农	二二		死		四百八十元	

直辖机关学校团体或事业　　　填报者

名称：忠诚乡一保　印信

姓名：钟秀昆

服务处所与所任职务：忠诚乡指导员

通信地址：　盖章

归绥县人口伤亡调查表（表式1）

事件：因日本军枪毙

日期：民国二十七年三月二十七日

地点：忠诚乡乙间房

姓名	性别	职业	年龄	最高学历	伤或亡	费用（国币元）		证件
						医药	葬埋	
刘有小	男	农	三九		亡		三百元	
刘三老虎	男	农	二八		亡		三百叁十元	
邢喜红	男	农	四〇		亡		四百元	
邢海马	男	农	三二		亡		七百二十元	
刘巨金	男	农	三七		亡		五百五十元	
邢老明	男	农	三五		亡		六百八十元	
傅全应	男	农	二六		亡		七百五十元	

直辖机关学校团体或事业　　　填报者

名称：忠诚乡一保　印信

姓名：钟秀昆

服务处所与所任职务：忠诚乡指导员

通信地址：　盖章

归绥县人口伤亡调查表（表式1）

事件：因日本军枪毙

日期：民国二十七年三月二十七日

地点：忠诚乡乙间房

姓名	性别	职业	年龄	最高学历	伤或亡	费用（国币元）		证件
						医药	葬埋	
闫金奎	男	农	三〇		亡		五百一十元	
闫文奎	男	农	三八		亡		五百二十元	
杨二白	男	农	三六		亡		五百四十元	
付四召	男	农	二五		亡		六百八十元	
付二海	男	农	四一		亡		七百八十元	
张有钱	男	农	二七		亡		五百五十元	
楞狗子	男	农	七		亡		三百四十元	

直辖机关学校团体或事业　　　　填报者

名称：忠诚乡一保　印信

姓名：钟秀昆

服务处所与所任职务：忠诚乡指导员

通信地址：　盖章

归绥县人口伤亡调查表（表式1）

事件：因日本军枪毙

日期：民国二十七年三月二十七日

地点：忠诚乡乙间房

姓名	性别	职业	年龄	最高学历	伤或亡	费用（国币元）		证件
						医药	葬埋	
赵存罗	男	农	五〇		亡		八十一元	
孟秃子	男	农	六一		亡		九百八十元	
闫马驹	男	农	三〇		亡		五百五十元	
傅三娃	男	农	二九		亡		六百八十元	
杨洞洞	男	农	三七		亡		七百五十元	
杨二福洞	男	农	三三		亡		三百四十元	
傅三娃	男	农	二五		亡		五百五十元	

直辖机关学校团体或事业　　　　填报者

名称：忠诚乡一保　印信

姓名：钟秀昆

服务处所与所任职务：忠诚乡指导员

通信地址：　盖章

归绥县人口伤亡调查表（表式1）

事件：因日本军刺死

日期：民国二十七年三月二十七日

地点：忠诚乡乙间房

姓名	性别	职业	年龄	最高学历	伤或亡	费用（国币元）		证件
						医药	葬埋	
赵　氏	女	农	六五		亡		三百三十元	
武三娃	男	农	二四		亡		三百三十元	
刘　氏	女	农	六七		亡		四百八十元	
王　氏	女	农	二〇		亡		七百五十元	
刘儿小	男	农	六〇		亡		三百六十元	
武　银	男	农	五二		亡		四百五十元	
郭　氏	女	农	十五		亡		三百二十元	

直辖机关学校团体或事业　　　填报者

名称：忠诚乡一保　印信

姓名：钟秀昆

服务处所与所任职务：忠诚乡指导员

通信地址：　盖章

归绥县人口伤亡调查表（表式1）

事件：因日本军枪毙

日期：民国二十七年三月二十七日

地点：忠诚乡乙间房

姓名	性别	职业	年龄	最高学历	伤或亡	费用（国币元）		证件
						医药	葬埋	
刘存银	男	农	四〇		死		五百五十元	
武仕敦	男	农	六〇		死		七百八十元	
张　氏	女	农	五九		死		四百三十元	
武二娃	男	农	一九		死		三百二十元	
武富有	男	农	六二		死		三百三十元	
武三毛	男	农	二五		死		四百五十元	
芦　氏	女	农	六三		死		四百八十元	

直辖机关学校团体或事业　　　填报者

名称：忠诚乡一保　印信

姓名：钟秀昆

服务处所与所任职务：忠诚乡指导员

通信地址：　盖章

归绥县人口伤亡调查表（表式1）

事件：因日本军枪毙

日期：民国二十七年三月二十七日

地点：忠诚乡乙间房

姓名	性别	职业	年龄	最高学历	伤或亡	费用（国币元）		证件
						医药	葬埋	
赵存罗	男	农	六六		死		二百一十元	
赵富罗	男	农	七一		死		三百二十元	
郭小毛	男	农	二五		死		四百二十元	
郝秃子	男	农	四五		死		三百八十元	
陈　氏	女	农	三七		死		四百五十元	
赵根小	男	农	三五		死		五百六十元	
老光扣	男	农	四六		死		七百八十元	

直辖机关学校团体或事业　　　　填报者

名称：忠诚乡一保　印信

姓名：钟秀昆

服务处所与所任职务：忠诚乡指导员

通信地址：　盖章

归绥县人口伤亡调查表（表式1）

事件：因日本军枪毙

日期：民国二十七年三月二十七日

地点：忠诚乡乙间房

姓名	性别	职业	年龄	最高学历	伤或亡	费用（国币元）		证件
						医药	葬埋	
王喜恒	男	农	五六		亡		二百九十元	
高巴义	男	农	五五		亡		一百八十元	
高何神	男	农	五二		亡		一百六十元	
赵二和	男	农	三〇		亡		三百八十元	

直辖机关学校团体或事业　　　　填报者

名称：忠诚乡一保　印信

姓名：钟秀昆

服务处所与所任职务：忠诚乡指导员

通信地址：　盖章

归绥县人口伤亡调查表（表式1）

事件：因日本军枪毙

日期：民国二十七年三月二十七日

地点：忠诚乡乙间房

姓名	性别	职业	年龄	最高学历	伤或亡	费用（国币元）		证件
						医药	葬埋	
武全仁	男	农	九		死		三百五十元	
武杏花	女	农	三		死		四百八十元	
李氏	女	农	四三		死		三百二十元	
李五九	男	农	七二		死		五百五十元	
许氏	女	农	六		死		五百八十元	
武有蝉	男	农	六二		死		六百七十元	
武存小	男	农	四二		死		五百五十元	

直辖机关学校团体或事业　　　填报者

名称：忠诚乡一保　印信

姓名：钟秀昆

服务处所与所任职务：忠诚乡指导员

通信地址：　盖章

归绥县人口伤亡调查表（表式1）

事件：因日本军枪毙

日期：民国二十七年三月二十七日

地点：忠诚乡一间房

姓名	性别	职业	年龄	最高学历	伤或亡	费用（国币元）		证件
						医药	葬埋	
芦金宝	男	农	五		亡		九百八十元	
芦金女	女	农	九		亡		二十六元	
芦三娃	男	农	二七		亡		三十二元	
武万财	男	农	四六		亡		五十元	
李支元	男	农	四二		亡		七十元	
李贵少	男	农	二四		亡		八十元	
李应昌	男	农	六三		亡		一百元	

直辖机关学校团体或事业　　　填报者

名称：忠诚乡一保　印信

姓名：钟秀昆

服务处所与所任职务：忠诚乡指导员

通信地址：　盖章

归绥县人口伤亡调查表（表式1）

事件：因日本军枪决

日期：民国二十七年三月二十七日

地点：忠诚乡大路乙间房

姓名	性别	职业	年龄	最高学历	伤或亡	费用（国币元）		证件
						医药	葬埋	
李 氏	女	农	七四		亡		二百一十元	
李顺小	男	农	二六		亡		三百三十元	
武二小	男	农	三六		亡		四百四十元	
弓老财	男	农	三五		亡		三百三十元	
侯 宝	男	农	五〇		亡		四百四十元	
武冻小	男	农	四二		亡		三百三十元	
张 洪	男	农	四五		亡		五百五十元	

直辖机关学校团体或事业　　　　填报者

名称：忠诚乡一保　印信

姓名：钟秀昆

服务处所与所任职务：忠诚乡指导员

通信地址：　盖章

归绥县人口伤亡调查表（表式1）

事件：日本军轰炸

日期：民国二十七年三月二十七日

地点：忠诚乡大路一间房

姓名	性别	职业	年龄	最高学历	伤或亡	费用（国币元）		证件
						医药	葬埋	
张金魁	男	农	五三		亡		一百一十元	
芦 根	男	农	二九		亡		二百三十元	
芦 文	男	农	四二		亡		三百三十元	
武拉莫	男	农	四九		亡		四百三十元	
李老根	男	农	二二		亡		五百五十元	
李创元	男	农	五四		亡		三百八十元	
李有洞	男	农	七一		亡		五百五十元	

直辖机关学校团体或事业　　　　填报者

名称：忠诚乡一保　印信

姓名：钟秀昆

服务处所与所任职务：忠诚乡指导员

通信地址：　盖章

归绥县人口伤亡调查表（表式1）

事件：因日本军枪毙

日期：民国二十七年三月二十七日

地点：忠诚乡大路乙间房

姓名	性别	职业	年龄	最高学历	伤或亡	费用（国币元）		证件
						医药	葬埋	
武维屏	男	农	五〇	小学毕业	日军刺死		三百六十元	
武班不栋	男	农	二七		死		七百八十元	
李二楞	男	农	五二		死		五百五十元	
武仓小	男	农	四六		死		一百八十元	
弓大羊	男	农	六三		死		一百五十元	
侯巨才	男	农	三七		死		二百八十元	
武候林	男	农	一三		死		三百八十元	

直辖机关学校团体或事业　　　　填报者

名称：忠诚乡一保　印信

姓名：钟秀昆

服务处所与所任职务：忠诚乡指导员

通信地址：　盖章

归绥县人口伤亡调查表（表式1）

事件：因日本军枪毙

日期：民国二十七年三月二十七日

地点：忠诚乡乙间房

姓名	性别	职业	年龄	最高学历	伤或亡	费用（国币元）		证件
						医药	葬埋	
刘　氏	女	农	六三		亡		三百三十元	
白　氏	女	农	三〇		亡		四百八十元	
金　牛	女	农	四		亡		六百七十元	
李吴氏	女	农	六〇		亡		五百五十元	
老　女	女	农	一二		亡		六百三十元	
武冯氏	女	农	七六		亡		五百五十元	
武红计	男	农	一六		亡		七百八十元	

直辖机关学校团体或事业　　　　填报者

名称：忠诚乡一保　印信

姓名：钟秀昆

服务处所与所任职务：忠诚乡指导员

通信地址：　盖章

归绥县人口伤亡调查表（表式 1）

事件：因日本军枪毙

日期：民国二十七年三月二十七日

地点：忠诚乡乙间房

姓名	性别	职业	年龄	最高学历	伤或亡	费用（国币元）		证件
						医药	葬埋	
武狗小	男	农	三六		亡		九百元	
武五十六	男	农	六四		亡		一千元	
曹 氏	女	农	五二		亡		三百元	
曹花女	女	农	三		亡		五百元	
武老根	男	农	四二		亡		六百元	
郭交其	男	农	五三		亡		七百元	
武三铁毛	男	农	五三		亡		五十五元	

直辖机关学校团体或事业　　　填报者

名称：忠诚乡一保　印信

姓名：钟秀昆

服务处所与所任职务：指导员

通信地址：　盖章

（内蒙古自治区档案馆馆藏档案，档案号 401—1—743 第 44 件）

（5）托克托县政府代电及托克托县抗敌伤亡人民调查表

民礼字第六二号

民国三十六年二月八日

事由：为电呈抗敌伤亡人民调查表由

绥远省政府主席董钧鉴：三十五年申寝民一字二七二六号代电奉悉。谨将本县抗敌伤亡人民表附呈，恭请鉴核备转为祷。代理托克托县长王怡，丑齐民礼叩，附件如文。

托克托县抗敌伤亡人民调查表

民国三十六年二月八日

姓名	性别	年龄	保甲番号及住处	学历	职业	伤或亡	伤亡原因及时间	已否褒伽	证件或证明人	生活现况	备考
金维小	男	二二	托城镇第十四保第二十八号	小学卒业	农	亡	三十四年七月间骑四师来河口与日军送信打死	无	李七十三	贫劳	
吕存银	男	三三	民裕乡五保二甲第十五号	私塾二年	自卫队员	亡	三十四年古城乡东云寿战亡	同	周官世	同	
张来良	男	三一	民裕乡一保二甲十号	私塾一年	同	亡	三十四年七月间袭击古城阵亡	同	陈德	同	
亢王拴	男	四〇	义让乡五保三甲二十号	私塾一年	骑兵二旅服务	亡	二十七年四月九日抗战阵亡	亡	张光	亡	
周建福	男	二八	义让乡二保三甲十八号	高小卒业	同	亡	二十七年五月二十七日抗战阵亡	同	李滋	同	

（内蒙古自治区档案馆馆藏档案，档案号 401—1—743 第 23 件）

（6）敌寇屠杀我同胞详细调查表（托克托县）

民国三十六年二月八日

区分　被害人姓名	性别	年龄	籍贯	被害地点及日期	被害原因	杀人者姓名或部队番号及敌首姓名	备考
张吕氏	女	二五	绥远托县	冠盖乡祝乐沁村　三十年十二月十二日	因强奸不从而杀	敌首石黑	
赵小花女	女	一七	同	冠盖乡什达岱村　三十年七月三日	同前	敌首马厂	
王保成	男	二三	同	冠盖乡南窑子村　二十八年三月一日	因查国军而杀	南部队腾天	
康本善	男	二四	同	义让乡四保三甲　三十一年七月十二日	同前	同前	
赵老如	男	三七	同	义让乡五保二甲　三十二年十二月十三日	被土匪枪毙	不详	

（内蒙古自治区档案馆馆藏档案，档案号 401－1－743 第 22 件）

2. 文献资料

（1）大青山抗日烈士英名录（节录）

在大青山抗日游击战争中，中国共产党及其领导的八路军、抗日游击队和蒙汉各族人民，进行了艰苦卓绝的斗争，在日本侵略者统治的伪蒙疆心脏地带创建了敌后抗日游击根据地；在敌强我弱的形势下，坚持和发展了敌后游击战争，直到取得抗日战争的最后胜利。这一胜利是千百万中华儿女爱国热忱的体现，是无数英烈们鲜血的结晶。

在编写《大青山抗日斗争史》过程中，在有关部门大力支持下，经过初步调查整理，列出一千零六十位烈士的英名。这些烈士的英名及其事迹难以全部列入本书正文，故特编烈士英名录附于书后，以使烈士英名永载青史，流芳百世。

大青山抗日烈士英名录编入的烈士名单，系从一九三八年八月八路军挺进大青山到一九四五年九月抗日战争胜利期间，在绥远敌占区牺牲的烈士……

（录自《大青山抗日斗争史》编写组编：《大青山抗日斗争史》，内蒙古人民出版社1985年版，第365页）

（2）李井泉、姚喆致贺龙、关向应、周士第电
——关于大青山骑兵支队一年来战斗统计报告

（一九四〇年一月四日）[①]

兹将大青山一年来战斗统计报告如下：

甲、战斗次数：袭击二十八次、埋伏七次；急袭五次；扰敌三次；被袭十七次；反袭六次；遭遇九次；合计七十五次。

乙、伤毙日军四百八十三名（内军官五名）；伤毙伪军一百五十五名；俘虏日军二名；俘虏伪军一百四十一名（俘连副一名、排长二名）；合计七百八十一名。

丙、破坏铁道六段，计二十八华里；铁桥三座；电线二十二里；飞机一架；汽车十一辆；坦克车一辆。

丁、缴获步马枪一百八十九支；连枪九支；手枪五支；轻机枪三挺；冲锋枪一支；合计二〇七支。步马枪弹一万零一百发；机枪弹二千二百五十发，连枪弹一百五十发，军刀三把，望远镜一个，电话机五架，大车一辆，战马三百六十三匹，骡驴七十头。

戊、负伤班长以下战斗员一百二十二名，排长四名，副排长一名，连长一名，副官一名，团特派员一名，副主任一名，连政指二名，支书一名，青年干事一名，合计一百三十五名；阵亡班长以下战士八十八名，排长十名，连长、营长各一名，政教员一名，政指二名，青年干事一名，支书一名，宣传队长一名，合计一百一十名。

己、消耗步马枪弹一万七千三百一十发，机枪弹三千七百三十五发，连枪弹五百七十发，手枪弹四百六十发合计二万二千〇七十发。

庚、损失步马枪七十九支，连枪十支，轻机枪一挺，合计八十四支。战马四十八匹。

辛、以上统计是不具体，自三八年九月份至三九年十二月份，南面自三九年一月份至三九年十二月份止。以上系根据不完全的材料而统计者。

[录自中共内蒙古自治区委员会党史资料征集委员会、中国人民解放军档案馆、内蒙古自治区档案馆编:《大青山抗日游击根据地资料选编》(历史档案部分)，内蒙古人民出版社1986年版，第144—145页]

---

① 原件时间为1939年1月4日，经编者考订应为1940年1月4日。

（3）华北日军用毒致中国军队伤亡简表（节录）

省区	用毒时间地点	用毒种类及数量	八路军中毒伤亡人数	国民党军中毒伤亡人数
内蒙古自治区	40-2-17，临河地区	投掷糜烂性毒气弹76枚		137人
	40-9-21，丰镇西南保安堡、石汉营	施放毒气	20余人	
	42-1-26，包头滩	发射糜烂性毒气弹		40余人
	42-2-16至18，包头等地	发射催泪、喷嚏、窒息性毒气弹约50发		40余人
	42-3-11，包头地区	发射窒息、喷嚏性毒气弹		45人
	42-3-13，包头杨家营子	发射催泪、窒息性毒气弹		1个连之半数
	42-4-2至8，达拉特旗捉鳖湾	发射喷嚏、窒息、糜烂性毒气弹约200发		40余人
	42-10-11，林北地区①	施放大量毒气		900余人
小计	8次		20余人	1262人以上
备考	1. 中毒伤亡人数，未计余数，如中毒400余人，即计为400人；数十人、数百人、数千人，则计为50、500、5000人。 2. 军民中毒伤亡数在一起者，如中毒军民200余人，依具体情况，只计入军队中毒伤亡人数内，或只计入民众中毒伤亡人数内，以免重计。			

（录自中央档案馆、中国第二历史档案馆、河北省社会科学院编：《日本侵略华北罪行档案·毒气战》，河北人民出版社2005年版，第329页）

---

① 林北地区具体指何处，待考证。

（4）百团大战战报（节录）

（1940 年 8 月至 12 月）

战报一〇三

（一）9 月 20 日晚，续师一部进袭五寨南之风于头，将敌据点之障碍物碉堡全部破坏，毙敌 40 余，获步枪 10 余支，残敌固守地道，并大放毒气，我伤亡 50 余人，中毒者甚多。

（二）21 日，贺师张旅一部与丰镇西南之破鲁堡、坐堡窑之敌百余，激战于保安堡，毙敌 20 余，敌溃退。后丰镇、厂汉营等处敌 300 余又来报复，与该部激战于厂汉营东北地带。敌大放毒气，我安全退出战斗，计中毒 20 余人，伤亡副连长以下 10 余人。

（录自中央档案馆、中国第二历史档案馆、河北省社会科学院编：《日本侵略华北罪行档案·毒气战》，河北人民出版社 2005 年版，第 142 页）

（5）百团大战战报（节录）

（1940 年 8 月至 12 月）

战报×××（电报号数不明）

贺师长电：

（一）9 日，我大青山支队一部在柳树液村与敌伪 200 余激战，毙敌 20 余，敌不支大放毒气，我中毒 10 余名。

（录自中央档案馆、中国第二历史档案馆、河北省社会科学院编：《日本侵略华北罪行档案·毒气战》，河北人民出版社 2005 年版，第 144—145 页）

（6）日本学者鳟泽彰夫的发现

（2002 年 12 月）

1995 年，鳟泽彰夫发现了日军的极密资料《驻蒙军队冬季卫生研究成绩》。1941 年，北支那方面军在内蒙古抓获 8 名中国人，对其进行了主要包括冻伤实验在内的一系列人体实验，并将其杀害。

时间：1941 年 1 月 31 日至 2 月 11 日。

地点：中国内蒙古自治区锡林格勒盟苏尼特右旗的西方盆地。

参加部队：北支那方面军、驻蒙军、大同陆军医院、1855 部队张家口支队、张家口陆军医院、第二六师团、独立混成第二旅团、北支那野战货物场。

协同机关：德化特务机关。

被作为人体实验的人：刘春、潘春、高副、下关、高有、郝贵、张义、陈运。

（录自中央档案馆、中国第二历史档案馆、河北省社会科学院编：《日本侵略华北罪行档案·细菌战》，河北人民出版社 2005 年版，第 112—113 页）

（7）中国学者金成民的发现

（2002 年 8 月）

中国学者金成民先生（日军 731 部队细菌战与毒气战研究所所长），公布了他在日本新发现的 1855 部队进行冻伤实验的资料。这个资料的题目为《极密·驻蒙军冬季卫生研究成绩》，资料由文字、图表、照片、地图组成，其中文字 10万，图表 150 多幅，照片 38 张。冬季卫生研究班编成时间为 1941 年 3 月（昭和十六年三月）。这个研究班有班长外科军医少佐谷村一治和驻蒙军军医部部员、华北方面军军医部部员等 56 人。于 1941 年 1 月 31 日至 2 月 11 日（昭和十六年一月三十一日至二月十一日）期间，在今内蒙古自治区锡林郭勒盟苏尼特右旗的西方盆地，使用刘春（27 岁）、潘春（22 岁）、高付（33 岁）、下关（15 岁）、高百（49 岁）、郝贵（35 岁）、张义（21 岁）、陈远（38 岁）等 8 名中国男子，进行了人体冻伤实验和活杀解剖。这种冻伤实验的目的，不是为了研制细菌，也不只是为了研究杀人手段和医学实验，而是为了解决日军在东北和内蒙高寒地区作战问题，以做好进而侵略苏联和蒙古的北进准备[①]。

（录自中央档案馆、中国第二历史档案馆、河北省社会科学院编：《日本侵略华北罪行档案·细菌战》，河北人民出版社 2005 年版，第 112—113 页）

[①] 见 2002 年 8 月 14 日《新华网》，被害人姓名与上文略有不同，原文如此。

（8）塞北军分区司令部一九四二年年终终军事工作总结报告附表

骑兵支队一九四二年干部战士损失统计表（二）

部别	负伤 战士班长	负伤 排级干部	负伤 连级干部	负伤 团级干部	负伤 政治人员	负伤 参谋人员	负伤 工作人员	负伤 合计	阵亡 战士班长	阵亡 排长	阵亡 连级干部	阵亡 团级干部	阵亡 政治人员	阵亡 参谋人员	阵亡 合计	失联络 战士班长	失联络 排级干部	失联络 连级干部	失联络 合计	被俘 战士班长	被俘 排级干部	被俘 连级干部	被俘 政治人员	被俘 合计
骑支直属队	一五五	二			一			二三	一二	一	一二		二		三一	二	一		九	三	二	一	二	九
第一团	八	五			一			一五	四	一	一				六	八	十	一	七三	八	三	三	二	十三
第二团	一四	一二	一		一	一		二〇	八	一一	一			一	六	三	一		二九	三	三	二		四
第三团	一六	四						三〇	三	一二	六				七	四	一		四二	三八	七	五	二	四二
地方部队															五	一			一					
统计	五三二	九			三二	一	一	七八	六〇	三二	六		三二	一	八五	一〇①	十四	一	一二五①	四〇	二二	二二	二二	六七②五②
附记																								

［录自中共内蒙古自治区委员会党史资料征集委员会、中国人民解放军档案馆、内蒙古自治区档案馆编：《大青山抗日游击根据地资料选编》（历史档案部分），内蒙古人民出版社1986年版，第414页］

① 原文如此，但统计数实际为111人。

② 原文如此，但统计数实际为126人。

（9）1942—1944年索伦旗辉河地区日军进行细菌实验死亡人员名录

被害人姓名	年龄	性别	民族	遗属姓名	与被害人关系	住址
花拉	47	女	鄂温克	谢拉	母亲	辉道村
扎来	21	女	鄂温克	谢拉	婶婶	辉道村
其其格	2	女	鄂温克	谢拉	侄女	辉道村
斯皮勒	10	女	鄂温克	谢拉	妹妹	辉道村
汉德玛	65	女	鄂温克	谢拉	奶奶	辉道村
浩日嘎	34	男	鄂温克	谢拉	叔叔	辉道村
班迪	41	男	鄂温克	哈勒珠	父亲	哈库莫村
敖波日	38	女	鄂温克	哈勒珠	母亲	哈库莫村
额尔和木	14	男	鄂温克	哈勒珠	兄	哈库莫村
阿杰	66	女	鄂温克	哈勒珠	奶奶	哈库莫村
班吉日格其	36	男	鄂温克	利希尔	父亲	喜桂图村
格日乐	32	女	鄂温克	利希尔	母亲	喜桂图村
呼杰	31	女	鄂温克	宝力图	母亲	喜桂图村
拉特尔	39	男	鄂温克	巴敖登高娃	爷爷	辉道村
苏米尔	36	男	鄂温克	巴敖登高娃	奶奶	辉道村
孟和	5	男	鄂温克	巴敖登高娃	叔叔	辉道村
盖哈顺	44	男	鄂温克	巴敖登其木格	爷爷	辉道村
马吉格	41	女	鄂温克	巴敖登其木格	奶奶	辉道村
额吉顺	39	男	鄂温克	巴音其木格	爷爷	辉道村
满达拉	10	男	鄂温克	巴音其木格	叔叔	辉道村
阿格尔	67	女	鄂温克	呼格吉尔	奶奶	辉道村
图士列	36	男	鄂温克	呼格吉尔	爷爷	辉道村
内库乐	22	女	鄂温克	呼格吉尔	母亲	辉道村
苏荣	10	女	鄂温克	呼格吉尔	姑姑	辉道村
和力提尔	5	男	鄂温克	吉日嘎拉	叔叔	辉道村
乌力吉	46	男	鄂温克	占布拉	爷爷	辉道村
哈斯乐玛	42	女	鄂温克	占布拉	奶奶	辉道村
斯斯格尔	8	女	鄂温克	占布拉	姑姑	辉道村
宝定	6	男	鄂温克	占布拉	大叔	辉道村
宝升	4	男	鄂温克	占布拉	二叔	辉道村
乌日吉日玛	22	女	鄂温克	哈斯托雅	母亲	辉道村
吉拉塔	2	女	鄂温克	哈斯托雅	姐姐	辉道村
孟和	8	男	鄂温克	胡德勒	叔叔	辉道村
章瑞	21	女	鄂温克	额日德氏其其格	母亲	辉道村
尼斯呼勒迪	47	男	鄂温克	同贡	爷爷	辉道村
宾巴	8	男	鄂温克	同贡	叔叔	辉道村
额格日玛	6	女	鄂温克	同贡	姑姑	辉道村
占斯瑞	20	男	鄂温克	阿珠	丈夫	乌兰宝日格村
苏和	25	女	鄂温克	苏讷木	母亲	乌兰宝日格村

被害人姓名	年龄	性别	民族	遗属姓名	与被害人关系	住址
汉达	27	女	鄂温克	苏讷木	伯母	乌兰宝日格村
希林花	40	女	鄂温克	郎头	奶奶	嘎鲁特村
哈拉	51	男	鄂温克	玛杰	爷爷	伊拉勒特村
达希	36	男	鄂温克	玛杰	叔叔	伊拉勒特村
苏如黑	24	女	鄂温克	玛杰	母亲	伊拉勒特村
阿迪雅	4	女	鄂温克	玛杰	大哥	伊拉勒特村
阿日塔	1	男	鄂温克	玛杰	二哥	伊拉勒特村
顺迪	55	男	鄂温克	龙给扎布	爷爷	伊拉勒特村
老登森格	27	男	鄂温克	龙给扎布	叔叔	伊拉勒特村
老得布	17	女	鄂温克	龙给扎布	婶婶	伊拉勒特村
阿拉楚迪	29	男	鄂温克	龙给扎布	叔叔	伊拉勒特村
格日乐	37	女	鄂温克	力斯日	母亲	辉道村
阿拉孝嘎	57	男	鄂温克	额尔登挂	爷爷	辉道村
讷苏和	60	男	鄂温克	额尔登挂	爷爷	辉道村
哈拉	58	女	鄂温克	额尔登挂	奶奶	辉道村
苏东	20	女	鄂温克	额尔登挂	婶婶	辉道村
塔日巴	35	男	鄂温克	陶格通太	父亲	辉道村
玛龙花	37	女	鄂温克	陶格通太	母亲	辉道村
胡那屋	59	女	鄂温克	陶格通太	奶奶	辉道村
帕仁嘎	21	男	鄂温克	陶格通太	叔叔	辉道村
特布新吉日嘎拉	7	男	鄂温克	陶格通太	弟弟	辉道村
苏荣	5	男	鄂温克	陶格通太	弟弟	辉道村
拉达日	22	男	鄂温克	巴图	叔叔	辉道村
苏米荣	23	女	鄂温克	巴图	嫂子	辉道村
孟和	5	男	鄂温克	巴图	弟弟	辉道村
阿嘎日	67	女	鄂温克	呼格吉米	奶奶	完工村
陶都日	39	男	鄂温克	呼格吉米	大爷	完工村
内胡乐	22	女	鄂温克	呼格吉米	母亲	完工村
苏斯德	10	女	鄂温克	呼格吉米	妹妹	完工村
额吉松	40	男	鄂温克	巴音其木格	大爷	辉道村
孟都拉	30	男	鄂温克	巴音其木格	大爷	辉道村
孟格	36	男	鄂温克	巴音其木格	大爷	辉道村
乌日吉玛	20	女	鄂温克	吉日嘎拉	奶奶	辉道村
格德日	26	男	鄂温克	吉日嘎拉	爷爷	辉道村
格乐塔	2	女	鄂温克	吉日嘎拉	姑姑	辉道村
干哈松	30	男	鄂温克	巴图孟和	父亲	辉道村
玛吉嘎	30	女	鄂温克	巴图孟和	父亲	辉道村
乌力吉	45	男	鄂温克	占布拉	父亲	辉道村
格日乐玛	46	女	鄂温克	占布拉	母亲	辉道村
斯色日	9	女	鄂温克	吉日嘎拉	妹妹	辉道村
宝丁	6	男	鄂温克	吉日嘎拉	弟弟	辉道村

被害人姓名	年龄	性别	民族	遗属姓名	与被害人关系	住址
宝桑	5	男	鄂温克	吉日嘎拉	弟弟	辉道村
工林	47	男	鄂温克	斯仁巴图	爷爷	哈库莫村
宝力嘎	35	男	鄂温克	斯仁巴图	爷爷	哈库莫村
玛吉格玛	32	女	鄂温克	斯仁巴图	奶奶	哈库莫村
希希布	20	女	鄂温克	斯仁巴图	母亲	哈库莫村
冷兵	44	男	鄂温克	本布日	父亲	哈库莫村
阿米日图	18	男	鄂温克	本布日	哥哥	哈库莫村
吉木太	21	男	鄂温克	敖和乐图	大爷	哈库莫村
德黑	43	女	鄂温克	敖和乐图	奶奶	哈库莫村
塔普	10	男	鄂温克	萨如玛	弟弟	哈库莫村
阿拉腾扎布	8	女	鄂温克	萨如玛	妹妹	哈库莫村
塔思	5	男	鄂温克	萨如玛	弟弟	哈库莫村
朋色迪	32	男	鄂温克	斯格米德	父亲	喜桂图村
兴娜	32	女	鄂温克	斯格米德	母亲	喜桂图村
朋苏格	35	男	鄂温克	斯格米德	大爷	喜桂图村
丹琼	15	女	鄂温克	潘其日	妹妹	喜桂图村
乌义登	37	男	鄂温克	扎瓦	爷爷	辉道村
斯乐其	34	女	鄂温克	扎瓦	奶奶	辉道村
敖登	6	女	鄂温克	扎瓦	叔叔	辉道村
马萨日	42	男	鄂温克	诺日吉玛	父亲	哈库莫村
伊敏花	43	女	鄂温克	诺日吉玛	母亲	哈库莫村
额努和	20	男	鄂温克	诺日吉玛	哥哥	哈库莫村
嘎丽玛	20	女	鄂温克	诺日吉玛	嫂子	哈库莫村
胡久	1	男	鄂温克	诺日吉玛	侄子	哈库莫村
鲁温太	45	男	鄂温克	乌日根毕力格	爷爷	喜桂图村
胡萨布	43	男	鄂温克	乌日根毕力格	爷爷	喜桂图村
伊先	46	男	鄂温克	乌日根毕力格	爷爷	喜桂图村
巴音花	46	女	鄂温克	乌日根毕力格	奶奶	喜桂图村
胡列	32	男	鄂温克	巴亚列	哥哥	喜桂图村
额盖布	53	男	鄂温克	巴亚列	父亲	喜桂图村
汉都玛	51	女	鄂温克	巴亚列	母亲	喜桂图村
后日钦	55	男	鄂温克	巴亚列	大爷	喜桂图村
通列	42	男	鄂温克	巴亚列	叔叔	喜桂图村
蒙克岱	40	男	鄂温克	劳合玛	父亲	哈库莫村
花拉	38	女	鄂温克	劳合玛	母亲	哈库莫村
西什勒岱	45	男	鄂温克	车仁	爷爷	哈库莫村
额合莫	9	女	鄂温克	车仁	姑姑	哈库莫村
宾巴	7	男	鄂温克	车仁	叔叔	哈库莫村
姜克来	21	男	鄂温克	阿珠	丈夫	辉道村
苏克	25	女	鄂温克	索诺木	母亲	乌兰宝力格村
汉德玛	23	女	鄂温克	索诺木	婶婶	乌兰宝力格村

被害人姓名	年龄	性别	民族	遗属姓名	与被害人关系	住　址
昂库列	47	男	鄂温克	苏古尔	爷爷	喜桂图村
汗岱	51	男	鄂温克	宝布扎布	爷爷	喜桂图村
加吉玛	50	女	鄂温克	宝布扎布	奶奶	喜桂图村
道登曾格	26	男	鄂温克	宝布扎布	大叔	喜桂图村
老道布	24	男	鄂温克	宝布扎布	二叔	喜桂图村
阿拉楚岱	21	女	鄂温克	宝布扎布	姑姑	喜桂图村
德格吉玛	25	女	鄂温克	宝布扎布	婶婶	喜桂图村
索伊勒	5	男	鄂温克	宝布扎布	孙子	喜桂图村
苏和布	37	男	鄂温克	杜道尔吉	舅舅	嘎鲁特村
道波迪	35	女	鄂温克	杜道尔吉	舅母	嘎鲁特村
优吉玛	64	女	鄂温克	杜道尔吉	岳母	嘎鲁特村
高通	9	男	鄂温克	杜道尔吉	长子	嘎鲁特村
曼古德	7	男	鄂温克	杜道尔吉	次子	嘎鲁特村
耶列	5	女	鄂温克	杜道尔吉	女儿	嘎鲁特村
满都热娃	3	女	鄂温克	杜道尔吉	妹妹	嘎鲁特村

[录自徐占江、李茂杰编:《日本关东军要塞》(下),黑龙江人民出版社2006年版,第884—886页]

（10）日军在宁城制造的"无人区"

周凤玉　胡士秀

抗日战争期间，在伪满洲国的所谓"西南国境线"上沿长城内外两侧，日寇实行了残酷的"集家并村"政策，制造了东西千里的"无人区"。宁城，正处于这片"无人区"的北缘。惨无人道的日本侵略者，将宁城山区的近3万群众赶入"部落"，过着悲惨的生活。

日寇推行"集家并村"政策，制造"无人区"，从战略上来讲，是为了"确保满洲"；从战术上来讲，就是为了破坏人民群众同共产党、八路军的鱼水关系，达到"竭泽而渔"的目的。

一

宁城的"集家并村"，是从1942年开始的，重点把黑里河、南北厂子深山中散住的居民驱赶到大村落里居住，群众称之为"小集家"。大规模的"集家并村"是在1943年春至1944年秋。"集家并村"的重点是：四道沟、大营子、西泉、八里罕南北厂子、热水、存金沟和三座店山里，这些地带都修建了围子；头道营子、甸子、石佛、五化、山头、榆树林子等地的山区也进行了"集家并村"，大部分"部落"没修建围子；马架子、巴素台等山区是1944年开始"集家并村"的，没来得及修围子。

据调查，宁城地区共修"部落"围子（当地人称"人圈"）75个，没修围子的"集家"点78个，共"集家"7200户，毁自然村630个。

"集家"地点一般选在大川靠近公路的地方，便于日伪统治。在推行"集家并村"政策时，首先做欺骗蒙蔽性的宣传，说什么共产党是"共匪"、"共产共妻"；说"集家并村"修筑部落是为了达到"民'匪'隔离"、"王道乐土"之目的。

"集家"开始时，敌人采用先驱赶群众修"部落"然后搬家的做法；后来由于形势的发展，他们便先驱赶群众搬家后修"部落"。在强迫群众进入"部落"时，日寇及其爪牙实行了惨无人道的"三光"政策。有因抗日工作需要或家里有病人、怜惜财产不肯搬家者，敌人先是组织"镐头队"扒拆房屋，后来干脆以火焚之；有的在房屋被扒被烧后，仍不肯搬进"部落"，又在原房框子里或到深山里搭起马架房居住。敌人对这样的人除用打骂手段强迫他们搬入"人圈"外，则以"通匪"罪名将他们抓捕入狱或打死。

"部落"的围墙,一般 4 米多高、1 米多宽,也有 1.5 米宽的。围墙基础用石块,上面有用泥和秫秸垛的,也有用土打的,也有下层用土打,上面用泥垛的,互不一致。围子门最多开 4 个,也有开 1 个的,也有开 1 个大门再开 1 个小轿门的,不尽一致。

围子门旁设岗楼(也称警卫室),四角设炮楼。在门口附近搭高架子设瞭望台,上面有鼓、钟之类的报警设备。围墙四周都有泄水的阳沟。最大的围子占地近百亩,一般的五六十亩,最小的也占地二三十亩。

二

"集家并村"后,敌人对"部落"的统治是非常严密和残酷的。一般的"部落"设警长一名、警察十四五名(部落警),负责"部落"内的治安。"部落"内重编甲牌,户口重新登记,15 岁以上的人发给《证明书》(良民证)。《证明书》必须随身携带,对查无《证明书》的人,便拘留审查。围子的大门,整日有人站岗,日出开门,日落关门,不许早出和晚归。夜不归宿者,必须请假。未经批准,夜不归宿者以"通匪"论处。岗楼上日夜有人守卫,设有流动岗哨。还把"部落"内 18—40 岁的男女都组织起来,有的发给一根镐把(群众叫"棒子队"),有的什么也不发,只要一有情况,以敲鼓或打锣为号,都得持械而出,有镐把的拿镐把,没镐把的拿棍棒,还有的什么得劲拿什么,如烧火的拿掏火耙,捞饭的拿笊篱,切菜的拿菜刀等。按照部落警的指挥去围追八路军或抗日工作人员。为了检验群众是否听从指挥,敌人经常搞这样的演习,不出动者或不持械者,皆以反满抗日论处。有时,敌人假冒八路军去叫门,如果开了门,他们就说私通八路军,非抓即打。后来人们摸清了敌人的规律,敌人冒充八路军来,就狠狠地揍他们一顿,还会受到表扬。

在"部落"里,敌人安插很多特务秘密监视人民群众的行动。夜间,如有两三个人在一起唠嗑就被逮捕审讯。在谁家里发现茶缸、手电筒、小铁锅、灰色或黄色衣服之类的东西,就按"嫌疑犯"论处。若在谁家发现枪支弹药、八路军的粮票等,均按"国事犯"严惩。八里罕南厂子辛家窝铺"部落",由于特务张凤山侦察报告,于 1943 年腊月三十夜间,我地下工作人员李华,伤员李万以及掩护他们的代云宽、朱俊德、张均、米俊富、李清河、二老吴、王老二、姜连朋的父亲等 10 人被押往承德,其中除有 4 人在途中侥幸逃跑外,其余 6 人全部被杀害了;又如四道沟姜廷怀、姜鹤令(姜廷怀长子)、杜永安、安彬、田士坤、于德明、于增、邻文合、朱德福等人于 1944 年正月初六早晨因与八路军有联系，被以"国事犯"罪名逮捕入狱；于增当场被打死。姜廷怀在阜新监狱被折磨致死，其余的人被判刑，刑满后释放；还有八里罕北厂子李文奎因给八路军送过信，在 1943 年 9 月被宪兵侦知，逮捕后即遭毒打，不到半月死去。

三

"集家并村"后，几个村甚至几十个村的群众搬进一个村子。少数有亲戚关系的可以寄人篱下；部分有条件的搭个马架棚居住；大部分，特别是那些房屋被烧掉的只能弄点榛柴围个圈栏住，不论男女老少，是病是娩都合住在一起。牛棚、碾房、场院屋、街头墙角都是住宿的地方。夏天，任凭雨淋日晒；冬天，任凭雪打风吹。

"部落"里的老百姓，不仅住处困难，而且更缺吃的。原来的大部分土地被划为"无住禁作地带"，不准耕种；租种点土地，打的粮食大部分要交给地主，即使这样，还要交"出荷粮"（粮干）。种大烟要交"烟干"（种大烟的交烟土除去水分，老百姓叫"烟干"），有土地的交亩捐，有牲畜的交牲畜税，有车的要交车牌税，各家都要交门牌税。除此之外，地方上还摊派保甲费，供自卫团开支。生活必需品布、盐、火柴等奇缺，市上根本没有卖的，只靠官方"配给"，还多数被地方爪牙克扣，有的十八九岁的姑娘没有裤子穿。西泉哈拉卜荷沟的杨福及其母亲并到李家营子，因没房子住冻死在炮楼下；西泉土豹沟的李树才，也并到李家营子，因为衣食无着，父亲冻饿而死，后来把妻子卖掉，数九寒天趴在猪身上取暖；四道沟二道梁子路文明一家三口，妻子没衣穿，腰中只围条破麻袋片，全家一条被子也没有，一间破马架房，还被烧掉，只好用榛柴搭个小窝铺，铺点莜麦秸，乞讨度日。一天夜间，寒冷、饥饿、疾病就夺去了全家三口人的生命；八里罕南厂子一个姓张的给姓秦的富农扛活，1944 年秋由于劳累饥寒而染重病，一天晚上，秦家把他抬到围子外的炮台根丢下，还没断气，就被狼狗吞噬。当时他的儿子才 13 岁，也给秦家放羊，哭喊着要到围子外看他的父亲，自卫团不许，还毒打了他一顿；马架子北台子的贺功，并村到娘娘庙，住在徐瑞希的场院屋，他的大儿子叫大丫头，二儿子叫跟丫头，跟丫头傻点但能干活。因为生活无着，他们夫妻认为都活着也是一起受罪，死一个少个累赘。在全家痛哭声中，叫大丫头用石头将跟丫头砸死。后来，贺功饿死在家里，贺功老婆到四十家子乞讨，大丫头逃荒远去，不知下落……

夏季"部落"里遍地泥泞，污水粪便到处皆是。苍蝇、蚊子等害虫恣意肆虐，伤寒、霍乱、痢疾流行。每至传染病高发季节，"人圈"里天天都得往外抬死人。当时的"人圈"，就是人间地狱。

四

日寇随着"集家并村"政策的实施，在我县黑里河山区、存金沟沟脑、八里罕南北厂子、马架子、巴素台等地划了"大伪满洲国无住禁作地带"——"无人区"，"无人区"一般是被"集家"者的土地和山林，这里以黑里河的"无人区"最为典型。南至光头山，北到王营子沟里，东到西打鹿沟，西至承德围场境内，纵横百里之外。"无人区"内：一不准耕作；二不准放牧；三不准砍柴；四不准夜宿。日伪岗哨在瞭望台上日夜监视，还有大批日军和讨伐队巡逻。凡遇人畜进入打死勿论，凡有烟火升起之处，就是日伪军攻击的目标。

划归"无人区"后，所有的东西统统被视为违禁物，房子被烧掉，牲畜、粮食衣物被抢走，人遭枪杀。据不完全统计，全县有 1 万多间房屋被烧或扒掉；5 万多亩耕地荒芜；上万头大牲畜被敌人抢去杀死吃肉或死掉，粮食及其他物品的损失无法统计。"无人区"内，从"集家并村"到日寇投降共有 4000 多口人被打死、病死、冻死或饿死，其中有 200 多户死绝。西泉打鹿沟未"集家"前有 260 户、1600 口人，1100 间房子、2872 亩耕地、34 匹骡马、510 头牛、120 头驴、1400 只羊。1945 年日寇投降后，仅剩 183 户、720 口人，360 间房屋、75 亩耕地、44 头牛、18 头驴、200 只羊。减少的 107 户有 20 户死绝，减少的 879 口人有 420 口死掉，其余逃往他乡。据建国（新中国成立）初期调查资料记载，大营子的道须沟、上拐、西泉的范杖子、东打鹿沟四个村烧毁或拆除的民房为 1127 间，被抢走或打死的牛 271 头、骡马 17 匹、羊 764 只、驴 41 头、小鸡 6 麻袋，杀、病、冻、饿死者 799 人。

八里罕南厂子辛长河一家 6 口人，辛长海一家 3 口人，赵宏歧一家 7 口人，齐五一家 3 口人，赵春祥一家两口人，辛长春一家 4 口人，齐六一家 1 口人，共 7 户 26 口人死绝。

大营子道须沟的任富有、郎福才因为誓死不进"人圈"被活活打死；大营子道须沟三道沟门刘金贵是"部落长"，因修不上围子被打死；巴素台长胜村孙占武，因一间房没拆掉被怀疑为"通匪"，被抓到宁城（小城子）警察署严刑拷打，释放后回家一看家里 3 口人死光。西泉郭杖子一天死过 32 人，打鹿沟门 1943 年一冬天就冻死 82 人。

五

敌人"集家并村"的目的是使游击队和老百姓隔离，把抗日军民的血肉关系割断，但事实与侵略者的愿望恰恰相反，"人圈"只是摧残了民众的身，不能征服民众的心，只是使抗日斗争变得更加艰难、更加残酷些罢了。"集家并村"一开始，军民就团结一致，进行了反"集家"斗争；"集家并村"以后，山区根据地仍然巍然屹立，游击队仍然坚持战斗在"无人区"并不断向敌人后方挺进。

群众反抗"集家并村"，一是拖延、破坏修围子，使敌人的"集家"计划不能顺利进行。一开始，群众不去修，后来是白天修，晚上扒。大营子三道沟门在垛围子墙时，里头放上干草，一下大雨，围子墙就倒了；二是群众进入"部落"以后，一部分与游击队有关系的人坚持不进"部落"，"猫"在山上，负责沟通情况，筹措粮款鞋袜，养护伤病员。西泉范杖子的郭春年、黄茂荣，房子被烧了，坚持不进"部落"，在房框子和山上的小窝棚里，先后养护了李志华等 8 名受伤或染病的干部、战士，黄茂荣的父亲因此被敌人抓去打死。大营子道须沟吴广才两次"集家"都没下山，房子烧了，就到大山沟里去，盖一间小马架，养护八路军伤病员。西泉西打鹿沟崔文贵，坚持不进"部落"，多次给八路军送信，为八路军带路，房子被烧了，锅被砸碎了，他被敌人抓去打得死去活来，因会点武术，又跑了回来。进了围子的抗日群众与山上的抗日群众保持着密切的联系。大营子小拐陈国相（修桂英的丈夫）住在山上，杨雨民曾在他家住过，从围子里收集的鞋、粮，收集到的情报，就送到他家，然后转交给游击队。

在那艰苦的环境中，群众给游击队送饭、送药、送粮、送鞋、送情报、养伤、带路……军民血肉相连，同仇敌忾，结下了深厚的战斗友谊。1943 年北厂子李万海的母亲、李万臣的母亲等 4 位老太太冒着生命危险给游击队做衣服；南厂子王茹兰是抗日堡垒户，一位姓迟的战士冻坏了脚趾，在她家养了 40 多天，她按时送水送饭，每天用花椒水或茄子秧水给他洗脚，使这位战士伤好归队。归队时，这位战士用剪子将大黄褂子衣襟剪下一块送给她说："大娘，我也没什么，要走了，把这块衣角给妹妹们做鞋布当纪念吧！"

敌人虽然对"部落"里的群众进行了残酷统治，但他们色厉内荏。有些"部落"，敌人只是白天出去转一转，到夜间就不敢出去了，仍然是抗日群众的天下。游击队经常在夜间到"部落"里开会，发动群众，筹措军需，一旦被敌人发现，群众就机智地将他们掩护起来转移出去。更值得深思的是，在敌人残暴地推行"集

· 107 ·

家并村"、残酷统治、严密封锁、疯狂"扫荡"的时期，1943年冬三座店峰水山、大城子的贾家梁先后建立了党支部。杨秀章、任忠善、金宝善、任凤岭、任瑞等先后加入了中国共产党。

面对残暴的敌人，"无人区"的人民同游击队生死与共，同舟共济，终于迎来了抗日战争的伟大胜利。

（录自中共河北省委党史研究室编：《长城线上千里无人区》第3卷，中央编译出版社2005年版，第54—58页）

（11）侵华日军在白音布统施放鼠疫菌始末

吴甲才

1942 年，发生在白音布统的鼠疫，乌丹、赤峰等地商人、手艺人很多都消失在这里。而原乌丹县、敖汉旗等地的鼠疫又与侵华日军有什么相关联?我带着这些不解的问题，开始注意搜集这方面的资料，今年在内蒙古自治区、赤峰市政协文史委的倡导下，我先后到阿旗、右旗、左旗、敖汉、乌丹、赤峰等地区，现场走访和电话采访了经历过这场灾难死里逃生的人和已故当事者亲属以及与此事关联的知情者 60 多人，对这段历史记忆较深刻的有吴景文（81 岁）、魏连春（81 岁）、陈希镇（84 岁）、李宝昌（87 岁）、刘桂云（75 岁）、吴文彬（83 岁已故）、魏景芝（76 岁）、王维翰（81 岁）、孙玉芳（74 岁）、郭长海（68 岁）、赵国盛（81 岁）等一批热心的老人，真实客观地讲述了这段历史的经过，作为文史工作者有责任把这些真实情况整理出公布于众，让世人知道这场灾难前前后后的真相。下面将这一件事的情况分八个部分叙述如下:

一、白音布统城的由来及机构设置（略）

二、惨案从天而降

1942 年 7 月的一天下午，白音布统各店铺的掌柜和伙计们忙完一天生意，将要收摊。德厚昌商号五、六位店员和掌柜的正在院中围桌而坐，等待吃大师傅做的绿豆粥和煮的咸鸭蛋，没上饭前，他们看着西下的太阳，望着天空，唠着嗑，突然空中有一种响动，吴景文、赵玉峰、吕志、王哲兴等人不约而同朝空中望去，"一个燃烧着弹壳从他们的头上滑过，弹壳后面有一团黄黑等颜色的物体从天而降，而这个弹壳离地面只有四、五十米高，慢慢地向城东北方向落下并自毁。我们吃完晚饭都到街上议论，街上很多人都看到了它，但当时都没在意，也没当回事"。几天过后，人们议论说:"这个火球光顾白音布统城是不祥之兆"。"谁看到火球，谁就会瞎眼的⋯⋯"各种议论出现在街头巷尾。

事隔七天，大街小巷死鼠多起来，而且房内外有大量的跳蚤，和记商号李宝昌讲述:"那时，屋里地上、墙上、和街面上都有大量的跳蚤，特别是鼠洞周围厚厚一层黄色跳蚤，这些跳蚤是黄棕色的，而本地跳蚤是黑色的。"这时，陈维皮铺的几个伙计发烧，不多时就死去了，其它店铺和百姓家也报出噩耗，当时人们不知传染了什么病，城里哭声叫声昼夜不停。李振源找警察署，警察找日本参事官，可日本人却早早地逃到距白音布统8里以外的敖汉营子村避起来。李振源通过各种方式向大板、向开鲁、向兴安省报告，几天过后没结果，他又通过关系向扎噶尔王报告。人死的一天比一天多，日伪特人员坐山看虎斗，远离疫区不管。半个月后，由新京（长春）等地派来了百人，来的警察把城封锁起来，人不许出入，违者开枪就地打死。这时一支日本防疫特别小分队也开到这里，他们穿着白衣、白裤，头戴白色连衣帽，脚蹬高装大水靴，并戴着防疫镜。队长叫小野四秀夫，年龄30多岁；副手是玉初美容，还有其它人员。城里的人一看，认为：这回可来了治病除疫的救星了。可实际，出乎人的意料之外，残景更为可怕。

封锁白音布统后，警察署由鲍金财、百岁、吴小个子、浩楼、雷会田等接管，防疫由日本小野四秀夫、玉初美容操纵。在学校设健康所一处，在兴农合作社设隔离所一处、治疗所一处。还有一处实验室，设在离白音布统8里以外的敖汉营子附近的西山跟下，看上去为百姓着想，实际成了日军摧残中国百姓的实验基地。

大批日伪特来后，首先把城封死。四个城门和十字街中间，搭起不挨墙地的木头柳席做的岗哨（十字街是观察哨），四外围上了警察，除日伪特人员外，其它（他）人都不许出入，有几个有钱的人和外地进来购物送东西的人，怕染上疫病死到这里，纷纷跃墙而逃，都被警察打死了。

在城里和周边的人，日伪特既不提供防疫方法，有病又不给治，只是每天挨户查三遍户口，凡是发烧38℃以上的人就抓走。进隔离所死里逃生的刘桂云说："那时我14岁，9岁时母亲就没了，我到于海春家当童养媳，公公、婆婆和对象对我很好，我也愿在他们家干活，鼠疫来时，一不小心收拾屋子摔倒了，日本人把我当成疫病抓到隔离所，这里有十多间房子，凡是进来的人，一不给水喝，二不给饭吃，进来的人被日伪特逼着扒掉所有衣服，不扒就拳打脚踢，鞭子抽，不分男女老少，排成两溜，日军和警察从头到脚浇冷水，喷所谓的消毒水。有不少没染上瘟疫的人，因冷水激，一冷一热感冒后很快传染上疫病死去，这里天天死人，我们就在可怕的死人堆里挣扎着……"

三、活人剖腹

日本人来了后，设的治疗所，实际是观察鼠疫菌效果的剖腹实验所。陈希镇讲述："有一位在乌丹开肉铺老板的儿子，来白音布统在我父亲开的皮匠铺学徒，那年他才 19 岁，身体非常棒，但鼠疫传染了他，被日本防疫队抓到治疗所第一个给剖了腹……"魏连春讲述："街上有一个姓迟的小名叫'帮子'的小伙子，也染上了病菌，但没死，日本人不给治，拖到治疗所捆在手术台上，就给剖腹了……"日本小野四秀夫等人把许多活着的人，剖开肚子，并从肚子里取出心脏，放在玻璃瓶中，然后把玻璃瓶装在铁盒中，铁盒放在一个装水的盒子里，迅速送到了石井部队。实际是分析他们施放疫菌是否成功，效果如何，进入实战后，有哪些可改进完善的地方，并留作细菌标本或做细菌培养基用。

四、蹂躏良民

日本防疫队和警察来了后，鼠疫感染者没有得到有效控制，他们采取封户集中隔离的办法，只要他们认为有病的，不管是真病，还是没病统统赶到学校或兴农合作社集中起来，实行惨无人道的迫害摧残。进到隔离所的百姓，先是扒光衣服，然后往身上浇水喷药。日伪特人员把衣服集中起来，说是热蒸消毒。有很多人来时怕把金银首饰、钱财等贵重东西丢了或来做急用都带在身上，一扒光衣服，警察什么都不让留，他们借蒸衣服之机，把贵重的东西和钱财揣进自己的腰包，人们稍有反抗就是一顿毒打，有的打的皮开肉绽，伤口很快感染，他们不给医治，不长时间就死了；有的一家人全被赶到隔离所，家里没有往隔离所送饭、送水，眼看着就在这里饿死或渴死了；有的家有人给送饭，但必须给看守送礼，才让你把饭送到家人手中，否则，以相互感染为名，不让进去，只好等死；有的忍受不了一天天扒光衣服，浇冷水的折磨，趁天黑逃了出去，可是多数被警察抓住，有的当场打死，有的回到隔离所，没几天就死了；没跑的人，病一天天重起来，还没见到亲人说上几句话，就叫他们打上了催死针，不一会儿就没了气。据那时在隔离所专拉死人的翟凤鸣介绍：自日本兵警察团来了后，我每天天黑时，赶着马车到隔离所往外拉死人，这里一天少的拉三五个人，多的拉出十七八个人，这里还不包括百姓家偷着拉出埋的人，拉出的死人。往白音布统北（现红星村北）的大坑一扔，每天都得挖新坑，这坑长七八尺、深十尺左右，一天不论死多少人都扔在一个坑里，为日后死者亲属辨认，每个死者都插上一个小棒做记号，死者有的裹上自己的衣服，有的光着身子，有的睁着眼，有的咧着嘴，什么样的痛苦面孔都有，最难忍受的是被日本剖腹的那些人……

在这种鼠疫菌肆虐下，日伪特不但没把这种疫情当回事，并摆出了不根治任其发展的态度，而且想着法子抓捕少妇和十八、十九岁的姑娘，他们见到漂亮的姑娘和少妇就认定说她们染上了鼠疫，就抓到隔离所扒光衣服"净身"往身上喷撒"消毒水"，然后在身上乱摸；有的不明不白的在人群中推到外边，从此再也没见回来；有的女人被拉出去，他们发完兽性，就像死人一样拖了回来，其中：城里有一个开肉杠（就是肉铺）的业主，他妻子三十岁左右，身体白细、体态丰满，外号叫"小白猪"，拉到隔离所让她跟这里上百号百姓一样都扒光衣服，当时，她只是把外衣裤扒掉，裤叉没扒，日伪特人员来到她身边，就拽裤叉，她不从，一个叫百岁的警察上去就拳打脚踢，把裤叉撕开，在场的日本人看着发出一阵阵狂笑，一示意，两个警察把她拉到配水配药室，放到大水槽里，先后遭到了日特骨干和两名警察的轮奸，不久，她就含恨死去。百岁、浩楼等警察利用防疫的机会，糟踏了许多良家妇女，鼠疫没过，他们也染上了疫菌而暴死。

五、自治自救

日军施放的鼠疫菌传播开来，日军希望疫区越扩大越好，死的人越多越好，所以，来了防疫队明是防疫，实际收进隔离所、健康所、治疗所的人，除了刘桂云、李斌、赵纯等三名少年死里逃生外，其它（他）全部死在这里。乌丹、赤峰、大板、凌源等地来这里做买卖的商人和手艺师傅，发现了日伪特的动机。如果等他们治只有死，没有别的出路。人们发现药铺左右邻居和商号死人，仅皮铺除了掌柜的之外其他人都死了，药铺老板吓坏了，不干了，他把药铺转让给陈希镇家，陈家立即开门营业，卖一些消毒、灭菌、退烧的药品；李泽恩、李宝昌、吴景文等商人采取自治自救的办法，先是彻底清理住人房子的卫生。凡是有鼠洞的地方放烟炮熏，发现死鼠立即拾起深埋，发现鼠洞周围的黄跳蚤就用火烧，房子里撒消毒粉，避开了疫蚤袭击。吴景文采取大门不出、二门不进的办法，在伙房搭起一个不挨地、墙的铺，悬起来，从而避开了这场灾难。魏连春等好心人，给染上疫菌，起疙瘩的人糊大烟羔子，大烟羔糊在起大疙瘩的患处见效快，魏景芝在白音布统北村住，她发高烧，父亲魏连耀给她服中药发汗，自我隔离不与外界人近距离接触，不与皮衣物沾边，内外撒石灰，杀虫粉，没有这些就撒热灰、烟灰等办法开展了自治自救。同时，想着各种法子，躲避他们的抓捕，从而很多人保住了性命。而日本人在这里所做的，就是把活人拉到西山根实验地，在活人身上做各种药物实验，有的穿刺，有的在患处割肉，有的往肚子里灌大量的药水，有的在身上换着部位注射药液……翟凤鸣说："从这里拉出的人，身上没有全的，肚子剖开了，胳膊腿也不全。"从此，日本人再也不让他到这来拉死人了，他们怕暴露残暴中国人的真相，做完实验的人就被他们秘密地处置了。日本人一看百姓有了自治自救的方法，通过施放鼠疫菌的办法，难以毁掉这里所有的中国人，于是，他们想到了早撤出鼠疫实验地的办法，才拿出特效消毒液，让百姓满城撒消毒液，并用火烧没人住的房子。

到了1942年10月份，侵华日军在白音布统搞鼠疫菌实验，历经三个多月终于结束了，沾满残害百姓血迹手的日军，带着大量的观察材料和实验数据离开了这里，向主子汇报去了。

据不完全统计，白音布统日军施放的鼠疫菌感染死亡人数达800人（其中：当地居民400人，其它（他）是外地商人和流动人口），占全城1200人的66.6%。

六、扎王之死（略）

七、日军为何要在白音布统施放鼠疫菌（略）

八、鼠疫的蔓延

日本把历史曾流行过鼠疫的地区，作为向731本部和分支队提供鼠源的基地，并把通辽、赤峰作为鼠种来源区，赤峰重点设在敖汉和乌丹。访乌丹经历过这段历史的老人孙玉芳、王维翰他们介绍说："日本人来乌丹后，不几年，他们把乌丹老城门里南侧的学堂给占用了，学堂搬到现在的乌丹一小院里。他们在这里收养各种老鼠，院里养很多狼狗，戒备森严，院内有持枪的日本人站岗，来卖老鼠的百姓，在院外边，日本人带着翻译出来讲价，亲自收，卖鼠人和其它（他）人不准进院，但院里装养老鼠的大铁笼子卖老鼠的有时也看到，后来才知道是做培植鼠疫菌用的。"据郭长海介绍说："日军占领了学堂这个院子后，做了细菌实验基地，他们与住在地方的日军没有多少联系，应属日军石井部队。日军撤走后，我们一帮小孩，到这里来看，这里共有20间房子，其中：靠北大门前的第二栋五间房子，就是细菌实验室，进屋一看，日本人把细菌实验仪器全都砸碎了，地上全是白花花的实验仪器碎片，细菌罐、带菌的老鼠不知去向……"、"当时有一个不解的谜，为什么日军住的院有井，他们快投降时，做饭喝水不用此井水，我那时是小孩，家穷，没衣服穿，谁给口饭我就给谁干杂活，有时在李彬家干杂活，有时学堂的日本人遇到我，让我给他们到李彬住的院（现食品厂）打水，比划着说：'只要天天给打水，天天给白米饭吃'，学堂的井和临近的井水他们不用，估计他们做实验的细菌、药物把水污染了……"、"1947 年乌丹闹鼠疫，我住在桥南李彬办的草纸坊院里（距细菌实验室 1 里多地），第一个死的是院里卖豆腐的人，他从外回来，到井边倒下就死了。这时，我们到屋一看，满屋地都是黄棕色的跳蚤，比当地平时的跳蚤大，我看完往外走，走不多远，就感到全身麻木不省人事，后来父亲把我弄回家，拿来苏联红军给的大烟，躺在炕上糊了三个多月才好，大腿腋子上终身留下一个拳头大的疤痕。这些跳蚤毒性特大，这可能就是日本人留下的跳蚤菌所为。"据专家介绍：鼠疫菌的潜伏发作期可长达十几年，在气候、土湿度、温度适宜的时候，如果不加强防治它就会发作传染。1947 年前后敖汉、翁牛特旗发生了规模较大的人间鼠疫，敖汉旗 1945 年至 1948 年死亡 6119 人，翁牛特旗从 1947 年至 1950 年死亡 3117 人。这里原是日本鼠疫菌的鼠源基地，却变成了鼠疫菌的受害区，这些地区在中国共产党的领导下经过多方努力，利用三年时间终于使泛滥的疫情已得到有效控制。

（录自河北省政协《文史精华》编辑部：《文史精华》2005 年第 5 期）

（12）赤峰地区被日伪逮捕人数统计[①]

时　间	地　点		日伪系统或头目	逮捕[②]	移送[③]
1942 年 8 月	赤峰县		赤峰宪兵队分队长	80	30
1943 年 2 月	喀喇沁中旗	光头山地区	宪兵、警察	580	260
1943 年 4 月	喀喇沁中旗	八里罕地区	热河警察队、特别搜查班	330	80
1943 年 5 月—8 月 3 日	喀喇沁右旗	七家、五家、旺业甸	特别侦搜队	153	40
1943 年 7 月	光头山东侧黄土梁子、八里罕地区		平泉日本宪兵队、伪满军	120	80
1943 年 8 月	喀喇沁中旗	五家山头	日第一游击队队长	130	100
1943 年 11 月下旬	喀喇沁右旗	五家、七家	承德宪兵队坂元中佐	150	20
1944 年 1 月 31 日	喀喇沁中旗	八里罕	平泉宪兵分遣队	250	15
				1793	625

自 1942 年 8 月起，至 1944 年 1 月底止，在一年零六个月的时间里，日伪仅在赤峰市宁城及宁城地区地内就逮捕 1793 人，其中 625 人被长期关押或处判处死刑及折磨致死。

（录自中央档案馆、中国第二历史档案馆、河北省社会科学院编：《日本侵略华北罪行档案·战犯供述》，河北人民出版社 2005 年版，第 350—361 页；中共河北省委党史研究室编：《长城线上千里无人区》第 4 卷，中央编译出版社 2005 年版，第 227—270 页）

---

① 标题为编者所加，表中统计数据均出自桥本峭、长岛玉次郎等战犯的口供或证言。

② 逮捕指日伪在其搜查地区短期集中关押并用讯逼供的人数。

③ 移送指日伪经刑讯逼供后，认定系"抗日分子"送交日伪检查者机关的人数。

（13）桥本岬的口供（节录）

1942 年 10 月，我命令指挥佐佐木工作队，诱捕了在多伦、宝源县进行游击活动的抗日武装人员 60 名，在夺取了步枪、手枪 60 支、马 60 匹后，将其中 40 余名，由我命令部下佐佐木工作队 15 名特务宪兵带到内蒙宝源县平定堡，交由警察署出面全部就地屠杀了。

（录自中央档案馆、中国第二历史档案馆、河北省社会科学院编：《日本侵略华北罪行档案·战犯供述》，河北人民出版社 2005 年版，第 356 页）

（14）1944年伊敏苏木萨格道布嘎查日军进行细菌实验死亡人员名录

被害人姓名	年龄	性别	民族	遗属姓名	与被害人关系	住　址	备　注
延吉玛	35	女	蒙古	额尔登	母子	伊敏苏木萨格道布	额当时5岁
巴图苏和	32	男	蒙古	额尔登	舅	伊敏苏木萨格道布	
那木吉拉	68	男	蒙古	额尔登	舅爷	伊敏苏木萨格道布	
米兰	30	女	蒙古	额尔登	舅妈	伊敏苏木萨格道布	
额日木德	7	女	蒙古	额尔登	姐	伊敏苏木萨格道布	
旦德格	40	男	蒙古	额尔登	姐夫	伊敏苏木萨格道布	
德力格玛	34	女	蒙古	额尔登	妈妈	伊敏苏木萨格道布	
脑海	18	男	蒙古	额尔登	邻居	伊敏苏木萨格道布	
查干嘛喇	40	男	蒙古	敖日勒玛	舅	伊敏苏木萨格道布	
好日劳	39	女	蒙古	敖日勒玛	舅妈	伊敏苏木萨格道布	
斯格木德	43	男	蒙古	敖日勒玛	舅	伊敏苏木萨格道布	查干喇嘛之兄
尼亲	50	男	蒙古	敖日勒玛	大爷	伊敏苏木萨格道布	
丹都玛	50	女	蒙古	敖日勒玛	大娘	伊敏苏木萨格道布	尼亲之妻
阿优喜扎布	45	男	蒙古	敖日勒玛	邻居	伊敏苏木萨格道布	
额仁沁	43	女	蒙古	敖日勒玛	邻居	伊敏苏木萨格道布	额仁沁之妻
拉拉	11	女	蒙古	敖日勒玛	邻居	伊敏苏木萨格道布	额仁沁之女
格日	58	男	蒙古	敖日勒玛	邻居	伊敏苏木萨格道布	希日巴之父
希日巴	40	男	蒙古	敖日勒玛	邻居	伊敏苏木萨格道布	格日之子
达日黑	38	女	蒙古	敖日勒玛	邻居	伊敏苏木萨格道布	希日巴之妻
根登	55	男	蒙古	敖日勒玛	邻居	伊敏苏木萨格道布	

［录自徐占江、李茂杰编：《日本关东军要塞》（下），黑龙江人民出版社2006年版，第887页］

（15）日军在王爷庙制造鼠疫大流行

董志霞

1931 年，日本帝国主义在中国制造了震惊中外的"九一八"事变，悍然侵占了东北三省，开始了对中国的侵略。王爷庙（乌兰浩特市）这个处于东蒙腹地，又是军事要塞的小镇，随着东三省的沦陷而遭到日本法西斯铁蹄的蹂躏。

1945 年 8 月，日本法西斯在中国战场上败局已定。侵驻在王爷庙的日本侵略军在忙着撤退之时，在伪兴安总省白滨参与官和福地加久警务厅长的指挥下，将伪兴安医学院细菌库中实验用的带菌老鼠放出，使鼠疫的细菌首先在王爷庙传染开来。据当年参加防疫者介绍，最先染病死亡的是前来援助中国抗日战争驻王爷庙的苏联红军战士，经军医解剖尸体、化验后确认是百斯笃菌所致。接着，王爷庙爱国区暴发了鼠疫。这种鼠疫菌传播速度快，死亡率高，染病者以成人为多数。有家估衣铺老板，身体健壮、魁伟，在经营店铺时被传染上病菌突然倒毙；一位抱着不满两岁婴儿的妇女，行走间突然倒地死亡，不懂事的孩子哭喊着依偎在母亲身边，还不知母亲已经死去；一家肖姓居民，全家 24 口人中有 22 人染上鼠疫而死亡；又一家居民，全家 7 口人全部染病而死。当时的王爷庙每天都在死人，多时一天竟死去 100 余人，负责防疫的工作人员不得不用车成车的往山上运送尸体，然后用柴草洒油将尸体火化葬掉，惨状目不忍睹。王爷庙被戒严两三个月，并被看作是"黑死病"的恐怖之城。1945 年冬至 1946 年春，第一次暴发鼠疫期间，王爷庙因患鼠疫而死去 3000 余人。1946 年、1947 年又相继发生了不同程度的鼠疫流行。鼠疫不仅给王爷庙带来了巨大灾难，同时，也蔓延到毗邻 18 个旗县。1945 年至 1949 年间，东蒙地区因鼠疫传染患病达 47522 人，死亡 39097 人。1945 年鼠疫流行期间，驻王爷庙的苏联红军士兵有 200 余人染病死亡。

50 年过去了，当年经历过那几场鼠疫劫难而幸存下来的人现已年过古稀，许多往事或许已在他们减退的记忆中消失，但鼠疫劫难给他们心理造成的深深创伤却难以抹去。提及这段历史，人们毛骨悚然，充满着悲痛和愤恨。当年，日本法西斯撤逃时在王爷庙一手制造的鼠疫大流行所犯下的滔天罪行，将永远铭刻在历史的耻辱柱上。

（录自中共兴安盟委党史办公室编：《侵华日军在兴安盟罪行录》，1995 年印行，第 22—23 页）

（16）黑里河山区"集家并村"情况调查表

乡	并村点	并进自然村	集家户数	集家人口	扒房房间烧数	并死村亡后人口	围子南北（丈）	围子东西（丈）	大门位置
四道沟乡	四道沟	小柳树沟、大柳树沟、无门子沟、半截子沟、抚把子沟、獐豹虎沟、爬齿子沟、车圈子北沟、羊草沟、车圈子窑沟、狭猴沟	180	700	560	230	115	75	
	上三道河	小打鹿沟门、北沟、西沟、小鹰窝沟、大鹰窝沟	50	250	101	61	45	30	
	下三道河	西沟、吊窝沟、半桥子沟、刘忠沟、西沟门	80	270	190	100	60	30	
	达子沟门（北毛）	上东沟、下东沟、杏叶子沟、河夹心打鹿沟门	100	450	320	120	70	40	
	庙前营子	杖房沟、张虎子沟、大冰郎沟、小冰郎沟、老道沟、烂眼子沟	65	310	210	72	60	30	南北
	兴营子	旗杆掌子沟、老道沟、羊草沟	62	210	162	70	60	40	东西
	南道（二道梁）	李札子沟、拐帮沟、北沟、板桥子沟、西梁度	81	320	230	98	60	60	东西
大营子乡	大营子	河南、河北	102	408	103	160	50	100	东西
	道须沟	雹神庙、范营子	58	300	240	100	40	50	
	山神庙	西大梁、冰郎沟门、小道须沟	67	370	200	60	70	120	
	三道沟门	獾子沟、米家店、南沟门、二道岔	150	610	470	370	60	30	东南
	头道沟门	二道沟门	41	208	130	95	40	35	
	羊草沟	元宝沟（部分）	48	200	180	70	30	60	东西
	陈杖子	元宝沟（部分）、桥头、大南沟、半截子沟	120	600	380	300	60	90	东西
	李家营	小松树沟、小冰郎沟、小元宝沟、大松树沟	98	420	380	160	60	60	东西
	姚家店	上店、盘道梁、小拐、大冰郎沟、杨树沟、大松树沟、小冰郎沟、大拐	120	480	460	160	60	90	东西
西泉乡	石洞子	南沟、乱石通沟、湾子北沟、冷家营子	110	420	360	190	40	75	南北小门（轿）
	兰家炉	丛家营子、杨树沟门、河南、北沟	36	150	150	20	45	50	东西

乡	并村点	并进自然村	集家户数	集家人口	扒房房间烧数	并死村亡后人口	围子		
							南北（丈）	东西（丈）	大门位置
西泉乡	魏家营子	赵家营、宋家营子、西南沟、西沟、石砬子、张家沟、连洼	52	200	180	60	40	60	东西
	姜家营子	河南营子、河东营子、碾子沟门、房框子沟、大西沟	17	70	50	10	30	20	西南
	陈家营子	东杨树沟、张家营子	15	70	30	10	25	15	东
	郝家营子	李家营子、北沟	27	100	50	10	40	80	南西小门（轿）
	李大门	二道沟、三道沟	70	300	300	140	60	70	东
	窑沟门	三道沟门、四道沟					60	70	南
	王家营子（范杖子）	齐家营子、胡家营子、碾子沟门、范杖子、山嘴	150	600	580	250	150	75	东西
	西郭杖子	上台子、马场、小马达子沟、大马达子沟、石子沟、聂家沟南洼、北岔、打梁道子沟、王家营子、庙前、梁子后、上营子	130	600	500	200	60	45	东西
	林家营子	郭杖子、大西沟、小西沟、吊窝沟、小杨树沟、辛三沟、赵家营子、冯家营子、拉拉沟、三岔口、石子沟、正沟、杨树营子	78	420	200	140	75	30	西
	毛家营子东	程家营子、老年沟门、庞家营子、小东沟	26	120	200	80	30	25	南北
	毛家营子西	仓子沟、东打（部分）	35	150			40	30	东西
	西泉	东泉、河北、陈家营子	80	500	300	100	75	90	东西大门南北小轿门
	王营子（大兴）	杜家营子、彭家杖子、杨家营子	110	450	290	60	35	350	东西北
	榆树底	杨树沟、打虎石、西洼子、杨家营子、槟榔沟	167	800	420	300	60	80	东南西北
	李家营子	二东沟、土豹子沟、陈家营子、大窝铺	71	300	180	50	45	60	东西
	盆底沟门	东山、二东沟、大东沟	50	200	100	40	70	70	西东和北小轿门

西泉乡	并村点	并进自然村	集家户数	集家人口	扒房间房烧数	并村死亡后人口	围子		
							南北（丈）	东西（丈）	大门位置
	上马圈子	郭家沟、马家沟、仲家洼、黄土梁	110	500	180	90	80	90	东西
	下圈马子	东南沟、花子匠沟	80	370	120	30	60	70	东西

（录自中共河北省委党史研究室编：《长城线上千里无人区》第3卷，中央编译出版社2005年版，第59—61页）

（二）财产损失部分

1. 档案资料[①]

（1）绥远省财政厅沦陷地区损失情形报告表及财产损失报告单[②]

事由：为送沦陷地区损失情形报告表及本厅财产损失报告表由绥远省政府财政厅便函

中华民国三十四年七月二十六日（1945 年 7 月 26 日）

财秘字第　　号

查本厅暨所属各机关财产直接损失报告单及汇报表，业经函送在案兹将沦陷地区损失情形报告表及本厅财产间接损失报告表，随函附送，即希查照为荷。

此致

复员委员会

附表 9 纸

绥远省财政厅启

七月〇日

---

① 以下档案资料中，涉及财产损失的货币统计数据，凡未标明币种者均为法币（亦称为国币），凡未标明货币单位者均以"元"为单位。特此说明。

② 标题为编者所加。

沦陷地区损失情形报告表

报告期间：民国二十六年（1937 年）七月一日至十二月

沦陷地区名称：归绥、包头、丰镇、萨县、武川、固阳、托县、清水河、集宁、陶林、凉城、兴和、和林等 13 县

沦陷地区面积：

沦陷日期：二十六年七七事变

沦陷情形略述：日军进攻

填送日期：三十四年七月二十六日

查 报 项 目	款 额
田 赋	375459
契 税	123561
烟酒及牌照税	294763
斗 捐	109612
屠宰税	26724
营业税	135730
车 捐	4565
驼 捐	38967
船筏捐	1573
警 捐	146658
合 计	1257612

查报机关：绥远省财政厅李〇〇

沦陷地区损失情形报告表

报告期间：民国二十七年（1938 年）一月至十二月

沦陷地区名称：归绥、包头、丰镇、萨县、武川、固阳、托县、清水河、集宁、陶林、凉城、兴和、和林等 13 县

沦陷地区面积：

沦陷日期：二十六年七七事变

沦陷情形略述：日军进攻

查 报 项 目	款 额
田 赋	1501836
契 税	494244
烟酒及牌照税	1179052
斗 捐	438448
屠宰税	106896
营业税	542920
车 捐	18260
驼 捐	155868
船筏捐	6292
警 捐	586632
合 计	5030448

查报机关：绥远省财政厅厅长李〇〇

沦陷地区损失情形报告表

报告期间：民国二十八年（1939 年）一月至十二月

沦陷地区名称：归绥、包头、丰镇、萨县、武川、固阳、托县、清水河、集宁、陶林、凉城、兴和、和林等 13 县

沦陷地区面积：

沦陷日期：二十六年七七事变

沦陷情形略述：日军进攻

填送日期：三十四年七月二十四日

查 报 项 目	款 额
田 赋	3379131
契 税	1112049
烟酒及牌照税	2652867
斗 捐	986508
屠宰税	240516
营业税	1221570
车 捐	41085
驼 捐	350703

查 报 项 目	款 额
船筏捐	14157
警 捐	1319922
合 计	11318508

查报机关：绥远省财政厅长李〇〇

沦陷地区损失情形报告表

报告期间：民国二十九年（1940 年）一月至十二月

沦陷地区名称：归绥、包头、丰镇、萨县、武川、固阳、托县、清水河、集宁、陶林、凉城、兴和、和林等 13 县

沦陷地区面积：

沦陷日期：二十六年七七事变

沦陷情形略述：日军进攻

填送日期：三十四年七月二十四日

查 报 项 目	款 额
田 赋	4505508
契 税	1482732
烟酒及牌照税	3537156
斗 捐	1315344
屠宰税	320688
营业税	1628760
车 捐	54780
驼 捐	467604
船筏捐	18876
警 捐	1759896
合 计	15091344

查报机关：绥远省财政厅厅长李〇〇

沦陷地区损失情形报告表

报告期间：民国三十年（1941年）一月至十二月

沦陷地区名称：归绥、包头、丰镇、萨县、武川、固阳、托县、清水河、集宁、陶林、凉城、兴和、和林等13县

沦陷地区面积：

沦陷日期：二十六年七七事变

沦陷情形略述：日军进攻

填送日期：三十四年七月二十四日

查 报 项 目	款 额
田 赋	5631885
契 税	1853415
烟酒及牌照税	4421445
斗 捐	1644180
屠宰税	400860
营业税	2035950
车 捐	68475
驼 捐	584505
船筏捐	23595
警 捐	2199870
合 计	18864180

查报机关：绥远省财政厅厅长李〇〇

沦陷地区损失情形报告表

报告期间：民国三十一年（1942年）一月至十二月

沦陷地区名称：归绥、包头、丰镇、萨县、武川、固阳、托县、清水河、集宁、陶林、凉城、兴和、和林等13县

沦陷地区面积：

沦陷日期：二十六年七七事变

沦陷情形略述：日军进攻

查 报 项 目	款 额
田 赋	7133721
契 税	2347659
烟酒及牌照税	5600497
斗 捐	2082628
屠宰税	507756
营业税	2578870
车 捐	86735
驼 捐	740373
船筏捐	29887
警 捐	2786502
合 计	23894628

查报机关：绥远省财政厅李〇〇

沦陷地区损失情形报告表

报告期间：民国三十二年（1943 年）一月至十二月

沦陷地区名称：归绥、包头、丰镇、萨县、武川、固阳、托县、清水河、集宁、陶林、凉城、兴和、和林等 13 县

沦陷地区面积：

沦陷日期：二十六年七七事变

沦陷情形略述：日军进攻

填送日期：三十四年七月二十四日

查 报 项 目	款 额
田 赋	8635557
契 税	2841903
烟酒及牌照税	6779549
斗 捐	2521076
屠宰税	614652
营业税	3121790
车 捐	104995
驼 捐	896241

查 报 项 目	款　　额
船筏捐	36179
警　捐	3373134
合　计	28925076

查报机关：绥远省财政厅李〇〇

沦陷地区损失情形报告表

报告期间：民国三十三年（1944 年）一月至十二月

沦陷地区名称：归绥、包头、丰镇、萨县、武川、固阳、托县、清水河、集宁、陶林、凉城、兴和、和林等 13 县

沦陷地区面积：

沦陷日期：二十六年七七事变

沦陷情形略述：日军进攻

填送日期：三十四年七月　日

查 报 项 目	款　　额
田　赋	10512852
契　税	3459708
烟酒及牌照税	8253364
斗　捐	3069136
屠宰税	748272
营业税	3800440
车　捐	127820
驼　捐	1091076
船筏捐	44044
警　捐	4106424
合　计	35213136

查报机关：绥远省财政厅李〇〇

事由：为函送本厅暨所属各机关二十六年七七事变直接财产损失报告表由

绥远省政府 财政厅便函

中华民国三十四年七月四日（1945 年 7 月 4 日）

财秘字第 78 号

查本厅暨所属各机关二十六年"七七"事变直接财产损失，现已依照规定分别填具报告单及汇报表各一份，兹随函附送即希。

查照为荷此致

复员委员会

绥远省财政厅启

7 月 19 日

财产间接损失报告表

绥远省财政厅

报告期间：民国二十六年六月至三十三年十二月（1937—1944 年）

填送日期：三十四年七月二十四日

分　类	款　额
迁移费	166730
防空设备费	3000
疏散费	135600
救济费	6700
抚恤费	21000
共　计	333030

填报者：绥远省财政厅长李〇〇

财产直接损失汇报表

机关名称：绥远省财政

事件：日军进攻

日期：七七事变

地点：绥远

分　类	价　值
共　　计	239408
建　筑　物	15200
器　具	26294
现　款	180000
图　书	15000
仪　器	1500
文　卷	7600 宗
医药用品	
其　他	1414

附财产损失报告单 8 张

报告者：　绥远省财政厅长李○○

财产损失报告单

填送日期：三十四年七月十五日

损失年月日	事件	地点	损失项目	购置年　月	单位	数量	价值（国币元）		证件
							购置时价值	损失时价值	
二十六年七七事变	日军进攻	绥远	瓦房		间	76		15200	
同上			四套车		辆	5		500	
同上			轿车		辆	2		500	
同上			炊餐器具		全套	2		200	
同上			铁火炉		个	15		600	
同上			煤油灯		盏	20		200	
同上			木床		架	5		100	
同上			铜床		架	3		300	
同上			彪戈牌收音机及附件		架	1		800	
同上			电话座机		架	2		120	

直辖机关学校团体或事业　绥远省政府财政厅长李○○

名　称　印信

受损失者

填报者

姓名　服务处所与所在职务　与受损失者之关系　通信地址　盖章

财产损失报告单

填送日期：三十四年七月十五日

损失年月日	事件	地点	损失项目	购置年月	单位	数量	价值（国币元）购置时价值	损失时价值	证件
			电话挂机		架	3		180	
			消防器		个	3		900	
			西门子大保险箱		个	3		9000	
			小保险箱		个	7		350	
			皮箱		个	5		50	
			大秤		杆	2		400	
			电风扇		架	2		600	
			电灯		个	30		450	
			马蹄表		座	3		6	
			挂钟		座	3		45	

直辖机关学校团体或事业　　　　受损失者

名　称　印　信　　　　　填　报　者

姓名　服务处所与　与受损失　通信地址　盖章
　　　所在职务　者之关系

财产损失报告单

填送日期：三十四年七月十五日

损失年月日	事件	地点	损失项目	购置年月	单位	数量	价值（国币元）购置时价值	损失时价值	证件
			座钟		座	2		20	
			六抽木桌		个	27		200	
			方桌		个	15		60	
			长桌		个	20		120	
			大办公桌		个	20		400	
			小炕桌		个	15		45	
			大炕桌		个	10		50	
			木椅		对	20		120	
			躺椅		对	9		63	
			沙发		套	5		4000	

直辖机关学校团体或事业　　　　受损失者

名　称　印　信　　　　　填　报　者

姓名　服务处所与　与受损失　通信地址　盖章
　　　所在职务　者之关系

131

财产损失报告单

填送日期：三十四年七月十五日

损失年月日	事件	地点	损失项目	购置年月	单位	数量	价值（国币元）		证件
							购置时价值	损失时价值	
			茶几		个	13		60	
			卷架		个	40		600	
			书橱		个	5		225	
			地毯		方尺	300		600	
			痰盂		个	70		140	
			浴盆		个	2		600	
			英文打字机		部	1		360	
			中文打字机		部	2		700	
			加减机		部	1		100	
			计算机		部	2		2000	

直辖机关学校团体或事业　　　　受损失者

名　称　印信　　　　填　报　者

姓名　服务处所与　与受损失　通信地址　盖章
　　　所在职务　者之关系

财产损失报告单

填送日期：三十四年七月十五日

损失年月日	事件	地点	损失项目	购置年月	单位	数量	价值（国币元）		证件
							购置时价值	损失时价值	
			号码机		架	8		100	
			复写机		架	1		280	
			油印机		部	5		100	
			蜈蚣机		个	6		30	
			钢板		块	10		20	
			现款		元			180000	
			图书		部	20		15000	
			绘图仪		付	3		900	
			图规		付	2		30	
			计算尺		个	4		400	

直辖机关学校团体或事业　　　　受损失者

名　称　印信　　　　填　报　者

姓名　服务处所与　与受损失　通信地址　盖章
　　　所在职务　者之关系

财产损失报告单

填送日期：三十四年七月十五日

损失 年月日	事件	地点	损失项目	购 置 年 月	单位	数量	价值（国币元）		证件
							购置时 价值	损失时 价值	
			三角板		付	2		140	
			丁字尺		付	2		30	
			毛笔		包	50		250	
			钢笔		打	3		60	
			铅笔		打	10		5	
			黑板		块	3		6	
			粉笔		匣	10		2	
			骨笔		打	5		25	
			墨盒		个	100		50	
			印色盒		个	40		20	

直辖机关学校团体或事业　　　　　受损失者

名　称　　印信　　　　　　　　填 报 者

姓名　服务处所与　　与受损失　　通信地址　盖章
　　　所在职务　　者之关系

财产损失报告单

填送日期：三十四年七月十五日

损失 年月日	事件	地点	损失项目	购 置 年 月	单位	数量	价值（国币元）		证件
							购置时 价值	损失时 价值	
			印泥		两	16		8	
			油墨		盒	20		16	
			米达尺		个	20		12	
			墨水		瓶	50		25	
			笔架		个	15		75	
			海绵池		个	20		20	
			玻璃台垫		块	40		160	
			压纸尺		对	30		30	
			毛边纸		刀	9		18	
			色令纸		领	5		150	

直辖机关学校团体或事业　　　　　受损失者

名　称　　印信　　　　　　　　填 报 者

姓名　服务处所与　　与受损失　　通信地址　盖章
　　　所在职务　　者之关系

财产损失报告单

填送日期：三十四年七月十五日

损失年月日	事件	地点	损失项目	购置年月	单位	数量	价值（国币元）		证件
							购置时价值	损失时价值	
			复写纸		盒	7		35	
			信封		个	700		70	
			信纸		张	2000		200	
			腊纸		筒	15		75	
			白麻纸		刀	10		10	
			粉连纸		刀	4		32	
			牛皮纸		张	30		60	
			合计					239408	

直辖机关学校团体或事业　　　　受损失者

名　称　　印信　　　　　　填　报　者

姓名　服务处所与　　与受损失　　通信地址　盖章
　　　所在职务　　者之关系

（内蒙古自治区档案馆馆藏档案，档案号 6—1—57 卷）

（2）绥远（省）高等法院等财产直接损失汇报表
及财产损失报告单

财产直接损失汇报表

机关名称　1. 绥远高等法院

　　事件　2. 日军进攻

　　日期　3. 二十六年九月二十五日

　　地点　4. 绥远

填送日期：三十五年三月一日

分　类	价　值
共　计	44476 元[①]
建 筑 物	27000 元
器　具	15376 元
现　款	1350 元
图　书	2760 元
仪　器	
文　卷	3255 宗
医药用品	
其　他	

附财产损失报告单三纸

报告者：绥远高等法院院长于存灏

---

① 此数有误，应为 46486，因财产损失报告单缺遗一张，故无法详核。

财产损失报告单

填送日期：三十五年三月一日

损失年月日	事件	地点	损失项目	购置年月	单位	数量	价值		证件
							购置时价值	损失时价值	
二十六年九月二十三日	日军进攻	归绥	瓦房	二十五年六月	间	90间	160元计14400元	300元计27000元	
二十六年九月二十五日	日军进攻	归绥	大办公桌	二十三年四月	桌	4个	25元计100元	50元计200元	
二十六年九月二十五日	日军进攻	归绥	木椅	二十三年四月	椅	40个	10元计400元	15元计600元	
二十六年九月二十五日	日军进攻	归绥	茶几	二十三年四月	茶几	8个	10元计80元	15元计120元	
二十六年九月二十五日	日军进攻	归绥	卷架	二十三年四月	架	10个	25元计250元	45元计450元	
二十六年九月二十五日	日军进攻	归绥	痰盂	二十四年六月	盂	10个	3.5元计35元	5元计50元	
二十六年九月二十五日	日军进攻	归绥	芦席	二十五年七月	席	20个	1.5元计30元	9.5元计50元	
二十六年九月二十五日	日军进攻	归绥	大镜	二十四年十二月	镜	1面	80元	150元计元	
二十六年九月二十五日	日军进攻	归绥	水缸	二十五年七月	缸	4个	2元计8元	4元计16元	
二十六年九月二十五日	日军进攻	归绥	自行车	二十五年六月	车	4辆	80元计320元	150元计600元	

受损者：绥远高等法院

填报者：绥远高等法院院长于存灏

财产损失报告单

损失年月日	事件	地点	损失项目	购置年月	单位	数量	价值 购置时价值	价值 损失时价值	证件
二十六年九月二十五日	日军进攻	归绥	人力车	二十三年二月	车	2辆	150元计300元	200元计400元	
二十六年九月二十五日	日军进攻	归绥	铁床	二十三年八月	床	15个	50元计950元①	80元计1200元	
二十六年九月二十五日	日军进攻	归绥	铜床	二十三年八月	床	5个	100元计500元	150元计750元	
二十六年九月二十五日	日军进攻	归绥	浴盆	二十三年八月	盆	5个	200元1000计元	300元计1500元	
二十六年九月二十五日	日军进攻	归绥	司法例规	二十三年八月	书	1部	200元	1000元	
二十六年九月二十五日	日军进攻	归绥	六法全书	二十三年八月	书	4部	50元计200元	150元计600元	
二十六年九月二十五日	日军进攻	归绥	百科全书	二十三年八月	书	1部	50元	300元	
二十六年九月二十五日	日军进攻	归绥	洗冤录	二十三年八月	书	2部	20元计40元	100元计200元	
二十六年九月二十五日	日军进攻	归绥	油印机	二十三年八月	油印机	1架	45元	120元	
二十六年九月二十五日	日军进攻	归绥	文卷	二十三年八月	文卷	3255宗			

受损者：绥远高等法院

填报者：绥远高等法院院长于存灏

---

① 应为 750 元。

财产直接损失汇报表

机关名称　1. 归绥地方法院看守所

　事件　2. 日军进攻

　日期　3. 二十六年九月二十五日

　地点　4. 绥远归绥县

填送日期：三十五年三月一日

分　类	价　值
共　计	16217 元
建 筑 物	7500 元
器　具	8717 元
现　款	
图　书	
仪　器	
文　卷	
医药用品	
其　他	

附财产损失报告单二纸

报告者：绥远高等法院院长于存灏

财产损失报告单

填送日期：三十五年三月一日

损失年月日	事件	地点	损失项目	购置年月	单位	数量	价值		证件
							购置时价值	损失时价值	
二十六年九月二十五日	日军进攻	归绥	瓦房	二十三年七月	瓦房	30间	50元计1500元	250元计7500元	
二十六年九月二十五日	日军进攻	归绥	办公桌	二十三年七月	桌	2个	18元计36元	20元计40元	
二十六年九月二十五日	日军进攻	归绥	木椅	二十三年七月	椅	10个	10元计100元	15元计150元	
二十六年九月二十五日	日军进攻	归绥	铁镣	二十三年七月	镣	70副	5元计350元	20元计1400元	
二十六年九月二十五日	日军进攻	归绥	水缸	二十三年七月	缸	3个	1元计3元	4元计12元	
二十六年九月二十五日	日军进攻	归绥	挂钟	二十三年七月	钟	1架	14元	25元	
二十六年九月二十五日	日军进攻	归绥	电话机	二十三年七月	电话	1部	50元	80元	
二十六年九月二十五日	日军进攻	归绥	铁锅	二十三年七月	锅	5口	90元计450元	1000元计5000元	
二十六年九月二十五日	日军进攻	归绥	电表	二十三年七月	表	1个	25元	50元	
二十六年九月二十五日	日军进攻	归绥	电灯	二十三年七月	灯	40盏	12元计480元	15元计600元	

受损者：绥远高等法院所属

填报者：绥远高等法院院长于存灏

财产损失报告单

填送日期：三十五年三月一日

损失年月日	事件	地点	损失项目	购置年月	单位	数量	价值		证件
							购置时价值	损失时价值	
二十六年九月二十五日	日军进攻	归绥	铁锅	二十四年九月	锅	5口	100元计500元	1000元计5000元	
二十六年九月二十五日	日军进攻	归绥	六抽木桌	二十三年六月	桌	12个	30元计360元	50元计600元	
二十六年九月二十五日	日军进攻	归绥	铁火炉	二十三年六月	炉	30个	25元计750元	50元计1500元	
二十六年九月二十五日	日军进攻	归绥	保险箱	二十三年七月	箱	1个	50元	80元	
二十六年九月二十五日	日军进攻	归绥	木箱	二十四年七月	箱	15个	5元计75元	10元计150元	
二十六年九月二十五日	日军进攻	归绥	电话机	二十二年六月	电话	4部	50元计200元	80元计320元	
二十六年九月二十五日	日军进攻	归绥	电表	二十一年四月	电表	1个	25元	50元	
二十六年九月二十五日	日军进攻	归绥	电灯	二十一年四月	灯	38盏	10元计380元	15元计570元	
二十六年九月二十五日	日军进攻	归绥	马蹄表	二十一年四月	表	5座	5元计25元	80元计400元	
二十六年九月二十五日	日军进攻	归绥	挂钟	二十一年四月	钟	2座	10元计20元	250元计500元	

受损者：绥远高等法院所属

填报者：绥远高等法院院长于存灏

财产损失报告单

填送日期：三十五年三月一日

损失年月日	事件	地点	损失项目	购置年月	单位	数量	价值		证件
							购置时价值	损失时价值	
二十六年九月二十五日	日军进攻	归绥	自行车	二十三年七月	车	2辆	80元计160元	150元计300元	
二十六年九月二十五日	日军进攻	归绥	铁床	二十三年七月	床	5个	50元计250元	80元计400元	
二十六年九月二十五日	日军进攻	归绥	铁火炉	二十三年七月	炉	10个	25元计250元	50元计500元	
二十六年九月二十五日	日军进攻	归绥	马蹄表	二十三年七月	表	2座	5元计10元	80元计160元	
二十六年九月二十五日	日军进攻	归绥	文卷	二十三年七月	文卷	3128宗			

受损者：绥远高等法院所属

填报者：绥远高等法院院长于存灏

财产直接损失汇报表

机关名称　1. 绥远第一监狱

　事件　2. 日军进攻

　日期　3. 二十六年九月二十一日

　地点　4. 绥远归绥

填送日期：三十五年三月一日

分　类	价　值
共　计	115565 元
建 筑 物	75000 元
器　具	40565 元
现　款	
图　书	
仪　器	
文　卷	588 宗
医药用品	
其　他	

附：财产损失报告单二纸

报告者：绥远高等法院院长于存灏

财产损失报告单

填送日期：三十五年三月一日

| 损失年月日 | 事件 | 地点 | 损失项目 | 购置年月 | 单位 | 数量 | 价值 | | 证件 |
							购置时价值	损失时价值	
二十六年九月二十一日	日军进攻	归绥	瓦房	二十年七月	房	300间	150元计45000元	250元计75000元	
二十六年九月二十一日	日军进攻	归绥	铁大门	二十年七月	门	1付	2000元	15000元	
二十六年九月二十一日	日军进攻	归绥	铁栅	二十年七月	栅	1付	1000元	10000元	
二十六年九月二十一日	日军进攻	归绥	铁锅	二十年七月	锅	8口	40元计320元	100元计800元	
二十六年九月二十一日	日军进攻	归绥	铁火炉	二十年七月	炉	10个	30元计300元	50元计500元	
二十六年九月二十一日	日军进攻	归绥	铜床	二十年七月	床	10付	80元计800元	150元计1500元	
二十六年九月二十一日	日军进攻	归绥	电话机	二十年七月	电话	2俱	50元	160元	
二十六年九月二十一日	日军进攻	归绥	电表	二十年七月	电表	1付	25元	50元	
二十六年九月二十一日	日军进攻	归绥	电灯	二十年七月	灯	100盏	10元计1000元	15元计1500元	
二十六年九月二十一日	日军进攻	归绥	收音机	二十年七月	收音机	1架	350元	400元	

受损者：绥远高等法院所属绥远第一监狱

填报者：绥远高等法院院长于存灏

财产损失报告单

填送日期：三十五年三月一日

损失年月日	事件	地点	损失项目	购置年月	单位	数量	价值（购置时价值）	价值（损失时价值）	证件
二十六年九月二十一日	日军进攻	归绥	挂钟	二十年八月	钟	3架	10元计30元	25元计75元	
二十六年九月二十一日	日军进攻	归绥	大办公桌	二十年八月	桌	4个	25元计100元	50元计200元	
二十六年九月二十一日	日军进攻	归绥	木梯	二十年八月	梯	2个	25元计50元	30元计60元	
二十六年九月二十一日	日军进攻	归绥	木椅	二十年八月	椅	30个	10元计300元	15元计90元①	
二十六年九月二十一日	日军进攻	归绥	书橱	二十年八月	橱	2个	40元计80元	45元计90元	
二十六年九月二十一日	日军进攻	归绥	桌单	二十年八月	单	10块	20元计200元	25元计250元	
二十六年九月二十一日	日军进攻	归绥	浴盆	二十年八月	盆	5个	200元计1000元	300元计1500元	
二十六年九月二十一日	日军进攻	归绥	沙发	二十年八月	个	4个	600元计2400元	1000元计4000元	
二十六年九月二十一日	日军进攻	归绥	铁镣	二十年八月	镣	200付	5元计1000元	20元计4000元	
二十六年九月二十一日	日军进攻	归绥	文卷	二十年八月	文卷	5880宗		元计元	

受损者：绥远高等法院所属绥远第一监狱

填报者：绥远高等法院院长于存灏

---

① 应为450元

财产直接损失汇报表

机关名称 1. 归绥地方法院

　　事件 2. 日军进攻

　　日期 3. 二十六年九月二十五日

　　地点 4. 绥远归绥

填送日期：三十五年三月一日

分　　类	价　　值
共　　计	22362 元
建　筑　物	15000 元
器　　具	7362 元
现　　款	
图　　书	
仪　　器	
文　　卷	3280 宗
医药用品	
其　　他	

附：财产损失报告单三张

报告者：绥远高等法院院长于存灏

财产损失报告单

损失年月日	事件	地点	损失项目	购置年月	单位	数量	价值		证件
							购置时价值	损失时价值	
二十六年九月十日	日军进攻	归绥	钢板	二十七年二月	钢板	2块	18元计36元	2元计4元	
二十六年九月十日	日军进攻	归绥	毛笔	二十二年三月	毛笔	100支	4元计400元	5元计500元	
二十六年九月十日	日军进攻	归绥	骨笔	二十二年四月	骨笔	2支	4元计8元	5元计10元	
二十六年九月十日	日军进攻	归绥	墨盒	二十二年四月	墨盒	20个	4元计8元[80]	5元计10元[100]	
二十六年九月十日	日军进攻	归绥	印色	二十二年七月	印色	3个	15元计160元[45]	5元计15元①	
二十六年九月十日	日军进攻	归绥	砚台	二十二年八月	砚台	4个	4元计60元[16]	20元计80元	
二十六年九月十日	日军进攻	归绥	笔架	二十三年四月	笔架	10个	4元计40元	5元计50元	
二十六年九月十日	日军进攻	归绥	笔筒	二十二年七月	笔筒	4个	4元计46元[16]	5元计20元	
二十六年九月十日	日军进攻	归绥	文卷	二十二年七月	文卷	3280宗			
二十六年九月十日	日军进攻	归绥	瓦房	二十三年七月	瓦房	50间	50元计3000元[2500]	250元计15000元[12500]	

受损者：绥远高等法院所属归绥地方法院

填报者：绥远高等法院院长于存灏

---

① 原件如此，疑似前后颠倒。

财产损失报告单

填送日期：三十五年三月一日

损失年月日	事件	地点	损失项目	购置年月	单位	数量	价值 购置时价值	价值 损失时价值	证件
二十六年九月十日	日军进攻	归绥	铁火炉	二十年十月	火炉	12个	34元计408元	50元计600元	
二十六年九月十日	日军进攻	归绥	铁锅	二十一年十月	锅	3口	80元计240元	1000元计3000元	
二十六年九月十日	日军进攻	归绥	自行车	二十年九月	车	1辆	80元	150元	
二十六年九月十日	日军进攻	归绥	保险箱	二十年四月	箱	1个	40元	50元	
二十六年九月十日	日军进攻	归绥	木箱	二十一年六月	箱	10个	4元计40元	10元计100元	
二十六年九月十日	日军进攻	归绥	皮箱	二十年十二月	箱	2个	8元计16元	40元计80元	
二十六年九月十日	日军进攻	归绥	电话机	二十年八月	电话	1个	45元	80元	
二十六年九月十日	日军进攻	归绥	电表	二十年十月	电表	1个	25元	50元	
二十六年九月十日	日军进攻	归绥	电灯	二十年十月	电灯	35盏	10元计350元	15元计525元	
二十六年九月十日	日军进攻	归绥	挂钟	二十年十二月	钟	4座	10元计40元	25元计100元	

受损者：绥远高等法院所属归绥地方法院

填报者：绥远高等法院院长于存灏

财产损失报告单

填送日期：三十五年三月一日

损失年月日	事件	地点	损失项目	购置年月	单位	数量	价值		证件
							购置时价值	损失时价值	
二十六年九月十日	日军进攻	归绥	六抽桌	二十一年四月	桌	4个	8元计32元	50元计200元	
二十六年九月十日	日军进攻	归绥	方桌	二十一年四月	桌	5个	3元计15元	30元计150元	
二十六年九月十日	日军进攻	归绥	长桌	二十一年四月	桌	3个	5元计15元	26元计78元	
二十六年九月十日	日军进攻	归绥	大办公桌	二十一年四月	桌	4个	15元计60元	50元计200元	
二十六年九月十日	日军进攻	归绥	木椅	二十一年四月	椅	50个	4元计200元	15元计750元	
二十六年九月十日	日军进攻	归绥	茶几	二十一年四月	茶几	3个	4元计12元	15元计45元	
二十六年九月十日	日军进攻	归绥	卷架	二十一年四月	卷架	4个	12元计48元	45元计180元	
二十六年九月十日	日军进攻	归绥	痰盂	二十二年六月	痰盂	5个	15元计75元	5元计25元	
二十六年九月十日	日军进攻	归绥	蜈蚣机	二十三年四月	蜈蚣机	2个	35元计70元	15元计30元	
二十六年九月十日	日军进攻	归绥	油印机	二十二年二月	油印	2架	65元计130元	120元计240元	

受损者：绥远高等法院所属归绥地方法院

填报者：绥远高等法院院长于存灏

（内蒙古自治区档案馆馆藏档案，档案号444）

（3）财政部训令、公函及绥远省银行财产损失各类报表

财政部训令

令绥远省银行

渝统字第 29318 号

中华民国三十一年六月□□日

　　案查各银行三十六年七月至二十九年十二月抗战调查损失一案，业经分次汇编呈报行政院及函送主计处各在案，兹□抗战尚未终了，所有公私财产损失与时俱增，自应继续调查，以资查考，为整理过去损失资料及今后按时汇编报告起见，特订定办法两项：

　　一、凡三十年一月至十二月及二十九年十二月以前之各项损失应于文列二月内作一次之总补报。

　　二、自三十一年一月份起，每年三月，无论有无此损失，均应报告一次，每次报告应自期□□□后□□月呈部，以资查考，而便汇编除分行外，合行令仰切实遵照，并转饬遵照前颁抗战损失查报须知规定各项及此次订定办法，迅将三十一年一月至三月各项财产损失依式查报，并将三十年十二月以前未报之损失一并查明补报，以凭汇办，毋得延误。此令。

孔祥熙

为呈覆事案奉

钧部渝统字第二九三一八号训令内开

[照录原文　此令]

等因奉此。查职行系于三十年一月一日就前绥远平市官钱局原有范围改组成

立，迄今年余，尚无损失。惟前绥远平市官钱局自二十六年七月至二十九年十二月之前，经过归绥沦陷与五原战役，损失甚巨。兹遵照前颁抗战损失查报须知规定，填制省营事业财产损失汇报表2份，省营事业财产间接损失报告表1份，随文呈送，即请鉴核备案，实为公便。

谨呈

财政部

附表3纸

省营事业财产损失汇报表（表式 12）

事件：五原战役

日期：二十九年二月

地点：五、临两县

填送日期：民国三十一年八月　日

分　类	价　值
共　计	国币　72200 元
房　屋	1. 五原全部营业住址　　4500 元 2. 临河全部营业住址　　2000 元
器　具	1. 陕坝总局　　1200 元 2. 临河分局　　2200 元 3. 五原分局　　4600 元
现　款	
生金银	
保管品	1. 套毛　　44000 斤，合洋 22000 元 2. 紫绒　　11000 斤，合洋 11000 元 3. 杂货　　15000.00 4. 麦子百石　4900.00 共 52900 元
抵押品	
有价证券	
运输工具	
其　他	五原福义涌透支 4800，因该经理人附敌财产被政府没收，无法偿还

附财产损失报告单　张

报告者

省营事业财产损失汇报表（表式 12）

（银行部分）

事件：沦陷

日期：三十六年九月

地点：归绥

填送日期：民国三十一年八月　日

分　类	价　值
共　计	国币　7223212.96
房　屋	1. 库房国币　8000.00 2. 垫修费国币　5000.00 共 13000.00
器　具	营业用器具国币 13763.13
现　款	1. 库存　硬币 862720.00 2. 库存　法币 514946.65 共 1377666.65
生 金 银	现银 51889.26 ⓐ 市平 72 合国币 72068.41
保 管 品	
抵 押 品	仓库透支　国币 783515.98
有价证券	绥远地方公债面额 30613.00，以四成合国币 12245.20
运输工具	汽车一辆 3500，骡车一辆 1000，共 4500.00
其　他	1. 各种放款及透支国币 3906133.52 2. 存放外埠同业国币 622020.07 3. 实业投资国币 418300.00 共 4946453.59

附财产损失报告单　张

报告者

省营事业财产间接损失汇报表（表式 27）

填送日期：民国三十一年八月　日

分类		数额
可能生产额减少		
可获纯利额减少		1836115.92
费用之增加	拆迁费	
	防空费	
	救济费	
	抚恤费	

附说明书 1 张

报告者

财政部训令

令绥远省银行

中华民国三十二年三月二十日

字第 37962 号

事由：令饬切实遵照前颁抗战损失查报须知摘要及查报办法两项继续查报抗战损失以资汇编由

查关于抗战损失调查一案本部前经遵奉

行政院通令规定办法迭令分饬部属各机关及各银行按期填报，并为整理过去各项损失资料及今后按期汇编报告起见，特订定查报办法两项于三十一年三月十九日通令所属遵照办理各在案。八个月来，本部所属各单位及各银行依照规定呈报者虽多，而延期未报或漏报者仍属不少，现值抗战胜利日益接近之际，所有关于本部主管范围内抗战损失数字，自应加紧整理，以备战后外交资料之参考。合再令抑该切实遵照并转饬所属一体遵照前颁抗战损失查报须知□□规定各项及上年五月十九日本部财统王发字第 1117 号训令订定两项办法，兹将三十一年十二月以前未报之各项损失，查明补报，嗣后务须依照规定按期查报以凭汇编是为至要！

此令。

孔祥熙

查照原令将三十一年十二月以前之疏散费补报

省营事业财产间接损失报告表（表式 27）

（银行部分）

填送日期：　民国三十二年四月三十日

分 类		数 额
可能生产额减少		
可获纯利额减少		
费用之增加	拆迁费	国币 8157.01
	防空费	国币 40005.00
	救济费	
	抚恤费	

系本行自三十一年九月至十二月底支出之疏散费计总行 7297.01，五原分行 360.00，临河分行 500.00，合并陈明。

绥远省银行三十年十二月以前各项损失总补报告

查绥远平市官钱局二十五年全年获纯利 300000 元，自二十六年一月份起至二十六年九月间止，共获纯益 212043.84 元，惟各项放款利息及仓库透支内盈益在上期决算时均未结算，预计至二十六年年终最少可获纯益 500000 元，因归绥沦陷此项纯益遂全部损失以此推算二十七年全年无营业计，应列损失 500000 元，二十八年七月在陕坝恢复营业至年终止计获纯益 57079.20 元，本年应列损失 442920.80 元，二十九年全年获纯益 106804.88 元，计应列损失 393195.12 元，总计自二十六年九月起至二十九年年终止共损失可获纯利额 1836115.92 元。

中华民国三十一年九月二十四日发

案奉钧府三十一年九月十三日第八一号训令，附发抗战损失填报须知及表式全种，国立中央研究院、社会科学研究所公函全份，饬遵照将自二十六年发动抗战时期所有损失于文到一月内从速填报将来如有损失更应随时查报等因，奉查颁表式二十九种内除无关本行范围各表外其第十二、第二十七两表及抗战查报须知，前奉财政部令发到行饬遵照查填具报，当以奉此。查本行份于三十年一月一日就前绥远平市官钱局原有范围改组成立，迄今年余尚无损失惟前绥远平市官钱局自二十六年七月至二十九年十二月以前期间，经过归绥沦陷与五原战役损失甚巨。前奉财政部颁发抗战须知到行业经遵照规定填具省营事业财产损失汇报表（即第 12 表）及省营事业财产间接损失报告表（即第 27 表），遵补报部在案，奉令前因各填具省营事业财产损失汇报表及省营事业间接损失报告表各 3 份，随文呈送，恭请鉴核并分别转报，实为公便。

谨呈

绥远省政府主席傅

附表 3 份

绥远省银行董事长李〇〇

中华民国三十一年九月

（内蒙古自治区档案馆馆藏档案，档案号 404—1—196 卷）

省营事业财产损失汇报表（表式 12）

（银行部分）

事件：沦陷

日期：二十六年九月

地点：归绥

填送日期：民国三十一年　月　日

分　类	价　值
共　计	国币 7223212.96①
房　屋	1. 库房国币 8000.00 2. 垫修费国币 5000.00 共 13000.00
器　具	营业用器具　国币 13763.13
现　款	1. 库存硬币 862720.00 2. 库存法币 514946.65 共 1377666.65
生 金 银	现银 51889.26@市平 72 合国币 72068.41
保 管 品	
抵 押 品	仓库透支　国币 783515.98
有价证券	绥远地方公债面额 30613.00，以四成合国币 12245.20
运输工具	汽车 1 辆 3500.00，骡车 1 辆 1000.00，共国币 4500.00
其　他	1. 各种放款及透支 3906133.52 2. 存放外埠同业 626060.07 3. 实业投资 418300.00 共 4946453.59②

附财产损失报告单　张

报告者：绥远省银行董事长李〇〇

---

① 原档案为 7223212.96，经核算应为 7227252.96。

② 原档案为 4946453.59，经核算应为 4950493.59。

省营事业财产损失汇报表（表式 12）

（银行部分）

事件：五原战役

日期：二十九年二月

地点：五、临两县

填送日期：民国三十一年　月　日

分　类	价　值
共　计	国币　72200 元
房　屋	1. 五原全部营业住址　　　4500 元 2. 临河全部营业住址　　　2000 元 6500.00 元
器　具	1. 陕坝总局　　1200 元 2. 临河分局　　2200 元　　　国币 8000.00 3. 五原分局　　4600 元
现　款	
生 金 银	
保 管 品	1. 套毛　　　44000 斤，合洋　22000 元 2. 紫绒　　　11000 斤，合洋　11000 元 3. 杂货　　　　　　　　　　15000 元 4. 麦子百石　　　　　　　　4900 元 共 52900 元
抵 押 品	
有价证券	
运输工具	
其　他	五原福义涌透支 4800，因该经理人附敌财产被政府没收，无法偿还

附财产损失报告单　张

报告者：绥远省银行董事长李○○

省营事业财产间接损失汇报表（表式 27）

（银行部分）

填送日期：民国三十一年　月　日

分　类		数　额
可能生产额减少		
可获纯利额减少		1836115.92
费用之增加	拆迁费	
	防空费	
	救济费	
	抚恤费	

附说明书 1 张

报告者：绥远省银行董事长李〇〇

可获纯利额减少说明书

查绥远平市官钱局二十五年全年获纯利 300000 元，自二十六年一月份起至二十六年九月间正，共获纯益 212043.84 元，惟各项放款利息及仓库透支内盈益在上期决算时均未结算，预计自二十六年年终最少可获纯益 500000 元，因归绥沦陷此项纯益遂全部损失以此推算二十七年全年无营业计，应列损失 500000 元。二十八年七月在陕坝恢复营业至年终止计获纯益 57079.20 元，本年应列损失 442920.80 元，二十九年全年获纯益 106804.88 元，计应列损失 393195.12 元，总计自二十六年九月起至二十九年年终止可获纯益额 1834115.92 元。

事由：函送本行及五、临两分行战时损失调查表，请存查汇办由。

绥远省银行公函

中华民国三十二年十二月六日

总字第 68 号

敬启者本年十一月八日接准

贵处经字第 481 号函附送调查我国银钱业战事损失办法暨银钱业战时损失调
查表各 1 份，望即协助调查，并于文到 1 个月内填就送还，以便汇办等因，当惟
此自应照办。惟查本省现有辖区仅系绥西数县，地广人稀，商业落后，当抗战开
始时尚无银钱业机构，自无损失可言，致绥东各县如归绥、萨县、包头、托县、
丰镇、兴和、集宁等县均为本省繁荣县份，银钱业及前绥远平市官钱局各分局损
失甚巨，但所在地区业已沦陷，只可留待将来补报，所有关于本行损失情形前奉
财政部颁发抗战损失查报须知到行，当以本行系于三十年一月一日就前绥远平市
官钱局原有范围改组成立，迄今尚无特殊损失。惟前绥远平市官钱局自二十六年
七月至二十九年十二月以前期间，曾经归绥沦陷与五原战役，损失甚巨，业经填
制省营事业财产损失汇报表 2 份，省营事业财产间接损失报告表 1 份，于三十一
年八月备文呈报。自三十一年九月至本年九月本行及五原、临河两分行支出之间
接损失亦遵照部令，每 3 个月填制省事业财产间接损失报告表 1 份，呈部各在案。
惟函前因相应将前项损失依照所附表格分别事件填制银钱业战时损失调查表 6 纸
（计第一、二两种表各 2 纸，第 4 种表 2 纸，第 3 种表因无该项事实原缺），随
函送上，即请查照汇办为荷。

此致

中央银行经济研究室

附银钱业战时损失调查表 6 纸。

（内蒙古自治区档案馆馆藏档案，档案号 404—1—74 卷）

银钱业战时损失调查表（一）

直接损失

A. 库存损失

绥远省银行总行　　　　　　　　　　中华民国三十二年十二月六日填

1. 本国货币

类别	价值
角票	
镍币	51946.65
法币	
票据	
证券	绥远地方公债面额30613，以四成合国币12245.20
抵押品	仓库透支国币783515.98
各种放款及透支	国币3906133.52
存放外埠同业	国币622020.07
实业投资	国币418300
合计	6257161.42

2. 金银

	类别	金额
金	生金（纯金）	
	饰金	
	金币	
银	生银（纯银）	51889.26@市平72合国币72068.41
	饰银	
	银币	862720
	合计	934788.41

3. 外币

币名	数量
美金	
美金票	
英镑	
英镑票	
法郎	
卢布	
马克	
卢比	
荷盾	
日元	

1. 本表所列均系前绥平市官钱局于二十六年九月归绥沦陷时之直接损失。

2. 直接损失除库存货币尚有各项透支及放款因无专表，故分别填入"本国货币"栏内。

银钱业战时损失调查表（二）

直接损失（2）

B. 固定资产损失

绥远省银行总行

中华民国三十二年十二月六日填

1. 房屋

种类	材料	破坏间数	面积	估计总值
库房				8000
垫修费				5000
估计总值				13000

2. 家具

类别	数量	估计价值
合计		

3. 运输工具

类别	数量	估计价值
汽车	1辆	3500
骡车	1辆	1000
合计		4500

4. 其他营业用具

类别	数量	估计价值
营业用具		13763.13
合计		13763.13

1. 本表所列数字系据该局二十六年九月十八日。

2. 所空数字无法查填充。

绥远省银行总行

银钱业战时损失调查表（三）

间接损失

中华民国三十二年十二月六日填

A. 建筑防空设备费用

类别	价值
种类	
材料	
设备	
其他	
合计	

B. 战区及邻近战区各行处因撤退而支出之费用

类别	价值
包装费	
搬运费	
旅费	
其他	可获纯利额减少 1836115.92　附说明书一纸
合计	1836115.92

查部颁省营事业财产间接损失报告表列有"可获纯利额减少"一项，本行已遵照查报，兹并列入本表"其他"栏内。

银钱业战时损失调查表（一）

直接损失

A. 库存损失

绥远省银行总行

中华民国三十二年十二月六日填

类别	1. 本国货币 价值	2. 金银		3. 外币 币名	数量
角票		金	生金（纯金）	美金	
镍币			饰金	美金票	
法币			金币	英镑	
票据		银	生银（纯银）	英镑票	
证券			饰银	法郎	
保管品	套毛 44000 斤合洋 22000 紫绒 11000 斤合洋 11000 杂货 合洋 15000 麦 子 百 石 合洋 4900		银币	卢布	
				马克	
				卢比	
其他	五原福义涌透支 4800，因该经理人附敌，财产被政府没收，无法偿还			荷盾	
				日元	
合计	57700				

1. 本表所列系前绥远平市官钱局于二十九年二月五原战役时之直接损失。

2. 直接损失内未含损失现金，但损失保管品及透支款数宗因无专表，故分别列入"本国货币"栏内。

银钱业战时损失调查表（二）

直接损失（2）

B. 固定资产损失

绥远省银行总行

中华民国三十二年十二月六日填

1. 房屋			2. 家具			3. 运输工具			4. 其他营业用具		
种　类	类别		类别	数量	估计价值	类别	数量	估计价值	类别	数量	估计价值
材　料											陕坝总局 1200
破坏间数											临河分局 2200
面　积											五原分局 4600
五原分局营业住址	4500										
临河分局营业住址	2000										
估计总值	6500	合计			合计			合计			合计 8000

表列数字系依据该局二十九年二月份之财产□总数填列类别，数量均无法查填。

银钱业战时损失调查表（三）

间接损失

绥远省银行总行

中华民国三十二年十二月六日填

A. 建筑防空设备费用

类别	种类	价值
材料		
设备		1452.00 内计有临河分行 114.00
其他		
合计		1452

B. 战区及邻近战区各行处因撤退而支出之费用

类别	价值
包装费	
搬运费	47241.12 内计有五原分行 4600、临河分行 1000
旅费	
其他	
合计	47241.12

本表所列系自三十一年九月至本年九月本行及五原、临河两分行支出之防空及疏散费用。

中央银行归绥分行抗战时期间接损失总表

民国三十六年七月二十三日查填

民国年	月	日	摘要	原价金额	备注
三十一	11	2	由陕坝疏散账表文具等赴宁夏运送费	3820	查本分行于三十一年间奉准设立陕坝分行因
三十二	1	5	宁夏运返陕坝表报1箱运费	135	距前线甚近，时受时局影响准备
三十二	1	12	包雇疏散公物等轿车3辆租车费	4800	宁夏省疏散重要公物，斯附陕坝
三十二	2	10	疏散公物包雇轿车3辆续租费	3160	交通工具均系马车、轿车并甚缺
三十二	4	10	由宁夏运返陕坝印刷品表报账表文具等运费	3965	无故预为包租备作紧急时疏散公物，谨注
三十二	6	10	包雇轿车3辆备紧急疏散公物至陕坝郊外租车费	180	
三十二	6	19	预雇轿车8辆备紧急时运送公物租车费	20000	
三十二	6	25	由陕坝疏散公物至盛公运送脚力费	7428.57	
三十三	1	31	雇轿车运送陕坝郊外本行汽车房车车力费	100	
三十三	5	31	由宁夏寄疏散去宁之印刷品箱交由公路局汽车运返陕坝运费	803	
合计				44391.57	

经理（方章） 会计（小长章） 文书（小长章） 制表（小长章）

（4）绥远省固阳县战时财产损失报告单

（县城、民生、民义、民享、民益）汇统册（节录）

1. 固阳县《民营事业财产直接损失汇报表（表式 5）〈农业部分〉》

绥远省固阳县民营事业财产直接损失汇报表（表式 5）

农业部分

事件：沦陷期间日寇掠焚　损失

日期：民国二十六年九月至三十四年七月

地点：固阳县　　　　　　　　　　　三十六年七月　日　　填送

分　类		价　值
共　计		5949632①
房　屋		1354700
器　具		
现　款		
产品	农产品	265906
	林产品	
	畜产品	
	水产品	
工具	农　具	13000
	渔　具	
	其　他	
牲　畜		2936311
运输工具		350760
其　他		1041955

附财产损失报告单　　份　　　　　系补报 乡 共计数字

2. 固阳县《民营事业财产直接损失汇报表（表式 9）〈商业部分〉》附财产损失报告单 5 张（录 5 张）

---

① 原档案数据有误，应为 5962632。

民营事业财产直接损失汇报表（表式9）

商业部分

事件：日军进攻

日期：民国三十二年至三十四年

地点：固阳县城

填送日期：民国三十五年六月八日

分　　类	价　　值
共　　计	437000 元
店　　房	2 间
器　　具	无
现　　款	无
存　　货	无
运输工具	全车 1 辆
其　　他	衣服 11 件、毛衣 1 件、驼毛褥子 2 件、木椽 241 条、马 3 匹、房约 1 张

附财产损失报告单 5 张　　　三十六年七月报　随统字第 11 号代电

（附 1）财产损失报告单（表式 2）

填送日期：民国三十五年六月八日

损失年月日	事件	地点	损失项目	购置年月	单位	数量	价值（国币元）		证件
							购置时价值	损失时价值	
三十四年八月六日	日军进攻	旧城内	全车	三十三年十月	辆	1	40000 元	50000 元	无

直辖机关学校团体或事业　　　受损失者商民刘耀兴（盖章）

名称固阳县商会　印信　　　填报者

姓名杨义光　服务处所与所在职务　商会理事长　与受损失者之关系　商民　通信地址　商会　盖章

169

（附2）财产损失报告单（表式2）

填送日期：民国三十五年六月八日

损失年月日	事件	地点	损失项目	购置年月	单位	数量	价值（国币元）		证件
							购置时价值	损失时价值	
三十四年七月六日	日军进攻	广盛街	马	三十四年二月	匹	2	90000元	120000元	无
三十四年七月六日	日军进攻	广盛街	木椽	三十三年五月	条	241	80000元	120500元	无

直辖机关学校团体或事业　　　　受损失者商民白海明（盖章）

名称固阳县商会　印信　　　　　填报者

姓名杨义光　服务处所与所在职务　商会理事长　与受损失者之关系　商民　通信地址　商会　盖章

（附3）财产损失报告单（表式2）

填送日期：民国三十五年六月八日

损失年月日	事件	地点	损失项目	购置年月	单位	数量	价值（国币元）		证件
							购置时价值	损失时价值	
三十四年四月二十八日	日军进攻	广盛街	衣服两包	三十二年七月	件	11	12320元	22000元	无
三十四年四月二十八日	日军进攻	广盛街	毛衣	三十三年四月	件	1	3000元	5000元	无
三十四年四月二十八日	日军进攻	广盛街	驼毛褥子	三十三年十月	件	2	7800元	14500元	无
三十四年四月二十八日	日军进攻	广盛街	房约		张	1			无

直辖机关学校团体或事业　　　　受损失者商民石栋（盖章）

名称固阳县商会　印信　　　　　填报者

姓名杨义光　服务处所与所在职务　商会理事长　与受损失者之关系　商民　通信地址　商会　盖章

（附 4）财产损失报告单（表式 2）

填送日期：民国三十五年六月八日

损失年月日	事件	地点	损失项目	购置年月	单位	数量	价值（国币元）		证件
							购置时价值	损失时价值	
三十二年四月二十日	日军进攻	东关斜街	房屋	三十年四月	间	2	15000 元	30000 元	无

直辖机关学校团体或事业　　　　受损失者商民孟贵生（盖章）

名称固阳县商会　印信　　　　　填报者

姓名杨义光　服务处所与所在职务　商会理事长　与受损失者之关系　商民　通信地址　商会　盖章

（附 5）财产损失报告单（表式 2）

填送日期：民国三十五年六月八日

损失年月日	事件	地点	损失项目	购置年月	单位	数量	价值（国币元）		证件
							购置时价值	损失时价值	
三十四年六月十日	日军进攻	旧城内	马	三十四年一月	匹	1	50000 元	75000 元	无

直辖机关学校团体或事业　　　　受损失者商民陈满良（盖章）

名称固阳县商会　印信　　　　　填报者

姓名杨义光　服务处所与所在职务　商会理事长　与受损失者之关系　商民　通信地址　商会　盖章

3. 固阳县县城镇《民营事业财产直接损失汇报表（表式 5）〈农业部分〉》附财产损失报告单 13 份（录 5 份）

民营事业财产直接损失汇报表（表式5）

农业部分

事件：日军掠走

日期：二十六年—三十四年

地点：县城镇

三十六年七月 日 填送

分 类		价 值
共 计		1177400
房 屋		
器 具		
现 款		
产品	农产品	84000
	林产品	
	畜产品	
	水产品	
工具	农 具	
	渔 具	
	其 他	
牲 畜		138250
运输工具		
其 他		455150

附财产损失报告单　　份

（附1）财产损失报告单（表式2）

填送日期：中华民国三十五年五月十五日

损失年月日	事件	地点	损失项目	购置年月	单位	数量	价值（国币元）		证件
							购置时价值	损失时价值	
三十年一月三日	伪蒙军强行拉去	县城镇新城内	马子	二十年二月	匹	6	300	5000	3
三十四年四月一日	直辖警察队拉用	同	莜麦	三十三年八月	石	5	22000	40000	7
同	日本军烧火	同	檩椽	二十八年二月	根	700	30000	70000	7
同	直辖警察队拉用	同	小麦	三十三年三月	石	7	35000	70000	7

直辖机关学校团体或事业　　　　受损失者　梁通宝

　名称　　印信　　　　填报者

固阳县城镇公所

姓名梁　铨　　服务处所与　　县城镇第大保长　　与受损失者　通信　　通和永　盖章
　　　　　　　所任职务　　　　　　　　　　　之关系　　地址

（附 2）财产损失报告单（表式 2）

填送日期：中华民国三十五年五月十五日

损失年月日	事 件	地 点	损失项目	购置年月	单位	数量	价值（国币元）		证件
							购置时价值	损失时价值	
三十年九月十七日	伪蒙军赶杀食用	县城镇昔连脑包	绵山羊	二十三年五月	只	800	4800	90000	3
三十四年四月五日	同	同	耕牛	二十八年二月	头	8	1000	560000	7
同	日本军拉去	同	大车	二十五年二月	辆	4	800	200000	7
同	伪警察搬物拉去	同	驴	二十七年三月	头	2	200	12000	7
同	同	同	马	二十五年二月	匹	1	200	12000	7
三十四年二月二日	伪蒙军拉去	同	杂粮	三十三年五月	石	150	18000	30000	7

直辖机关学校团体或事业　　受损失者 张六十二　张元红　王玺　薛全小

　名称　　　印信　　　填报者

固阳县城镇公所

姓名张贵禄　服务处所与所任职务　县城镇第四保长　与受损失者之关系　通信地址　斜街忠恕店　盖章

174

（附3）财产损失报告单（表式2）

填送日期：中华民国三十五年五月十四日

损失年月日	事件	地点	损失项目	购置年月	单位	数量	价值（国币元）		证件
							购置时价值	损失时价值	
民国三十四年五月一日	日本人强行拉去	新城内	牛	民国二十五年八月	头	1	80	2000	7
同	同	同	大车	民国二十六年七月	辆	1	100	2500	7
民国三十年三月二十日	同	同	马	民国二十五年七月	匹	1	90	2100	3

直辖机关学校团体或事业　　　受损失者　陈存保　郭拴驴　孙文惠

名称　　印信　　填报者

固阳县城镇公所

姓名孙文纲　服务处所与所任职务　县城镇第三保长　与受损失者之关系　通信地址　天主堂　盖章

（附4）财产损失报告单（表式2）

填送日期：中华民国三十五年五月十五日

损失年月日	事 件	地 点	损失项目	购 置 年 月	单位	数量	价值（国币元）		证件
							购置时价值	损失时价值	
二十七年九月十日	伪蒙军强行杀食	碓臼湾	绵羊	二十二年三月	只	290	3000	14500	0
二十八年十月五日	伪蒙军强制拉去	县城镇旧城内	马	同	匹	8	800	1600	1
同	同	同	骡	二十三年五月	头	3	350	750	1
三十四年五月十日	同	同	大车	三十三年六月	辆	3	30000	90000	7
二十九年九月二日	伪蒙军拆烧	同	砖房	十五年三月	间	12	700	4000	2
二十九年八月二日	日军烧火	同	轿车	二十年五月	辆	1	800	1800	2

直辖机关学校团体或事业　　　受损失者　宋万宝　李建业　李青海　王运

　名称　　　印信　　　填报者

固阳县城镇公所

姓名刘耀兴　服务处所与所任职务　县城镇第二保长　与受损失者之关系　通信地址　天主堂　盖章

176

（附 5）财产损失报告单（表式 2）

填送日期：中华民国三十五年五月十三日

损失年月日	事件	地点	损失项目	购置年月	单位	数量	价值（国币元）购置时价值	价值（国币元）损失时价值	证件
民国三十年三月十二日	日军拆烧	新城内	砖房	民国十六年六月	间	47	2500	8000	3
民国二十八年七月五日	伪蒙军强行拉去	同	马	民国十一年八月	匹	6	500	2000	1

直辖机关学校团体或事业　　　受损失者 高达山　贺玉玺　许心敬
名称　　印信　　　填报者

固阳县城镇公所
姓名贺玉斌　服务处所与所任职务　县城镇第一保长　与受损失者之关系　通信地址　通和永　盖章

　4. 固阳县民生乡《民营事业财产直接损失汇报表（表式 5）〈农业部分〉》附财产损失报告单 35 份（录 5 份）

177

民营事业财产直接损失汇报表（表式5）

农业部分

事件：

日期：

地点：民生乡

三十六年七月　日　填送

分　类		价　值
共　计		2381320
房　屋		1018000
器　具		
现　款		
产品	农产品	
	林产品	
	畜产品	
	水产品	
工具	农　具	
	渔　具	
	其　他	
工具	牲　畜	1144550
	运输工具	77770
	其　他	141000

附财产损失报告单　份

（附1）财产损失报告单

填送日期：三十五年五月二十日

损失年月日	事件	地点	损失项目	购置年月	单位	数量	价值（国币元）		证件	
							购置时价值	损失时价值		
三十三年□月十六日	因通国军	小窑村	房	民国二十年	间	8	5000	50000	被伪军□□	6
二十八年□月六日	因通国军	小窑村	马	家生	匹	2		25000	被日本人拉去	1
二十八年□月六日	因通国军	小窑村	房	民国□年	间	4	700	5000	被日本人烧了	1

直辖机关学校团体或事业　　　受损失者 樊玉狮　韩来才　韩福红

名称 固阳县民生乡公所　印信　　填报者

姓名樊凤梧　服务处所与所任职务　民生乡公所乡长　与受损失者之关系　乡民　通信地址　民生小窑村　盖章

（附2）财产损失报告单

填送日期：三十五年五月二十日

损失年月日	事件	地点	损失项目	购置年月	单位	数量	价值（国币元）		证件	
							购置时价值	损失时价值		
三十三年七月八日	因修理银号伪队部	三元成	房	民国三年四月	间	4.5	25000	370000	拉银号	6
三十年五月十一日	因伪蒙军拉草失了		牛	家生	条	1		10000	被八师伪军拉的	3

直辖机关学校团体或事业　　　受损失者 贾七金

名称 固阳县民生乡公所　印信　　填报者

姓名樊凤梧　服务处所与所任职务　民生乡公所乡长　与受损失者之关系　乡民　通信地址　盖章

（附3）财产损失报告单（表式2）

填送日期：三十五年五月二十日

损失年月日	事件	地点	损失项目	购置年月	单位	数量	价值（国币元）		证件	
							购置时价值	损失时价值		
三十三年九月十八日	因日本军出动	麻池村	牛	家生	条	1		600	被日本军拉去	6
			房	民国五年	间	6		23000	日本军烧毁	6
			车	民国八年	辆	1	1800	5000	日本军拉去	6
			骡	家生	匹	2		2000	日本军拉去	6
			马	家生	匹	2		1500	日本军拉去	6

直辖机关学校团体或事业　　　　　受损失者　苗今成　张富喜

名称　固阳县民生乡公所　印信　　　填报者

姓名樊凤梧　服务处所与所任职务　民生乡公所乡长　与受损失者之关系　乡民　通信地址　民生乡麻池村　盖章

（附4）财产损失报告单

填送日期：三十五年五月二十日

损失年月日	事件	地点	损失项目	购置年月	单位	数量	价值（国币元）		证件	
							购置时价值	损失时价值		
三十一年八月十九日	由蒙军出发拉遗失	水口村	大车	民国二十九年	辆	9	600元	9800元	被蒙军第八师	6
三十一年十月十六日	由蒙军出发拉遗失	水口村	牛	民国三十年	头	1	160元	350	被蒙军赵连长	6
三十三年八月十九日		水口村	猪	家生	口	4		5000元	被日本军出发食用	6

直辖机关学校团体或事业　　　　　受损失者　李五臣　张双的

名称　固阳县民生乡公所　印信　　　填报者

姓名樊凤梧　服务处所与所任职务　民生乡公所乡长　与受损失者之关系　乡民　通信地址　民生乡水口村　盖章

（附5）财产损失报告单

填送日期：三十五年五月二十日

损失年月日	事件	地点	损失项目	购置年月	单位	数量	价值（国币元）		证件	
							购置时价值	损失时价值		
三十二年七月二十八日	因通国军	毡房窖村	牛	家生	条	5		45000元	被日军及伪靖安军赶走	5
三十三年七月二十八日			牛		条	1		12000元		6
三十三年七月二十八日			驴		头	1		18000元		6
			房	民国十九年	间	1	200元	10000元		6

直辖机关学校团体或事业　　　　　受损失者

名称 固阳县民生乡公所　印信　　　填报者

姓名李自来　樊凤梧　　服务处所与　民生乡公　与受损失　乡民　通信　民生乡毡　盖章
　　　　　　　　　　　所任职务　　所乡长　　者之关系　　　地址　房窖村

　　5. 固阳县民义乡《民营事业财产直接损失汇报表（表式5）〈农业部分〉》①附财产损失报告单17份（录5份）

---

① 此标题为编者加。

民营事业财产直接损失汇报表（表式5）

农业部分

（附1）财产损失报告单（表式2）

填送日期：三十五年五月三十日

损失年月日	事件	地 点	损失项目	购 置 年 月	单位	数 量	价值（国币元）购置时价值	价值（国币元）损失时价值	证件
民国三十二年三月二十日	抢去	四分村	骡马	二十七年三月	一	骡马1匹	60元	1500元	5
民国三十三年十一月十七日	抢要	四分村	牛	二十八年	一	牛1条	140元	320元	6
民国三十三年八月二十八日	抢去	坉口村	衣服	三十二年五月	三	棉袄3件、夹袄2件、单衫裤5件	850元	2200元	6
民国三十二年六月二十日	抢去	坉口村	衣服被子	三十一年四月	二	棉袄3件被子2张	75元	500元	5
民国三十三年十月三十日	拆去	河楞村	房子	二十五年四月	一	房子4间	200元	1800元	6
民国三十一年九月一日	抢去	河楞村	衣服	三十年六月	一	棉袄8件	100元	300元	4

直辖机关学校团体或事业 民义乡　　　受损失者 曹旺挠　吕存省　吕根小

李二　　杨元厚　詹秃子

名称 民义乡公所　印信　　　　填报者

姓名　韩贵　服务处所与　与受损失　通信　民义乡　盖章
　　　贾宗谊　所任职务　者之关系　地址　公所

（附2）财产损失报告单（表式2）

填送日期：三十五年五月三十日

损失年月日	事件	地　点	损失项目	购置年　月	单位	数　量	价值（国币元）		证件
							购置时价值	损失时价值	
民国二十八年五月九日	抢要	河楞	牛羊毛驴小麦	家生	三	牛5条毛驴1头羊40只小麦10石		4200元	1
民国三十一年十月二十日	抢要	河楞	毛驴	家生	一	毛驴1头		500元	4
民国二十八年九月四日	抢去	北令达赖村	车马	车二十年二月马二十年四月	二	车1辆马3匹	350元	1100元	1
民国二十九年十二月九日	拆去	北令达赖村	房子	二十五年三月	一	房子1间	50元	300元	2
民国二十七年三月二十日	抢要	程顺渠	羊马小麦	羊、小麦家生马二十二年九月	三	羊100只马1匹小麦20石	80元	6700元	0
民国三十年四月九日	抢要	程顺渠	车羊	羊家生车二十年七月	二	羊100只车1辆	150元	8500元	3

直辖机关学校团体或事业　民义乡　　　　受损失者　李三娃　　　陈平安　　赵三

李占标　　　陈外方　　王三小

名称　民义乡公所　印信　　　　　　填报者

姓名　韩贵　　服务处所与　与受损失　通信　民义乡　　盖章
　　　贾宗谊　所任职务　　者之关系　地址　公所

183

（附3）财产损失报告单（表式2）

填送日期：三十五年五月三十日

损失年月日	事件	地点	损失项目	购置年月	单位	数量	价值（国币元）		证件
							购置时价值	损失时价值	
民国二十七年五月五日	抢要	羊卜渠子村	羊	家养	一	绵羊37只		444元	0
民国二十八年十月二十日	抢要	羊卜渠子村	绵羊猪车	猪民国二十七年二月车二十五年购	三	绵羊43只猪2口车1辆	猪5元车60元	1020元	1
民国三十年七月十五日	抢要	羊卜渠子村	绵羊	家生	一	绵羊15只		1050元	3
民国三十年八月四日	抢要	羊卜渠子村	牛羊	家生	三	牛2条绵羊15只		1850元	3
民国三十二年八月十五日	抢要	羊卜渠子村	羊	家生	二	绵羊24只		2880元	5
民国三十三年十月二十二日	抢要	羊卜渠子村	羊橡檩	橡檩民国二十年购置	二	绵羊46只橡檩200根	橡檩每根1元	10200元	6

直辖机关学校团体或事业 民义乡　　受损失者 杜双喜　牧贵成　卜交其

牧二拾　杨增气　杜艮元

名称 民义乡公所　印信　　　　填报者

姓名　韩贵　服务处所与　与受损失　通信　民义乡　盖章
　　　贾宗谊　所任职务　者之关系　地址　公所

184

（附4）财产损失报告单（表式2）

填送日期：三十五年五月三十日

损失年月日	事件	地点	损失项目	购置年月	单位	数量	价值（国币元） 购置时价值	价值（国币元） 损失时价值	证件
民国三十二年九月二十日	拆去	大圆圐	房子	二十年三月	一	房子4间	180元	2000元	5
民国二十七年五月二十日	抢要	大圆圐	羊房子	羊家生房子二十年四月	二	羊31只房4间	180元	2000元	0
民国三十年九月二十日	抢要	大圆圐	羊房子椽椽	羊家生房二十二年三月	三	羊24只房子4间椽子20条檩子10条	200元	5600元	3
民国三十三年八月二十日	烧却	大圆圐	大柜	二十五年十月	一	大柜1支	50元	2000元	6
民国三十年十月二十日	抢要	水道	牛杂粮	家生	二	牛4条杂谷10石		1500元	3
民国二十八年三月十日	抢要	大圆圐	牛杂粮	家生	二	牛10条杂粮55石		7600元	1

直辖机关学校团体或事业 民义乡　　受损失者 王起世　贾锁挠　杨铁旦

贾成来宝　王二娃　张海旺

名称 民义乡公所　印信　　　　填报者

姓名　韩贵　服务处所与　与受损失　通信　民义乡
　　　贾宗谊　所任职务　者之关系　地址　公所　盖章

185

（附5）财产损失报告单（表式2）

填送日期：三十五年五月三十日

损失年月日	事件	地点	损失项目	购置年月	单位	数量	价值（国币元）		证件
							购置时价值	损失时价值	
民国二十七年三月二十日	抢要	席麻塔	羊驴房子牛	羊、驴、牛家生房子十八年六月	四	羊50只 毛驴1头 房子1间 牛1条	50元	1100元	0
民国二十七年二月十八日	抢要	席麻塔	马羊小麦牛车	马、羊、小麦、牛家生车十七年三月	五	马1匹 羊50只 小麦10石 牛1条 车1辆	150元	1500元	0
民国二十九年十月七日	抢要	席麻塔	马牛房子羊	马、牛、羊家生房子十五年三月	四	马1匹 牛1条 房子1间 羊20只	50元	1700元	2
民国二十八年二月十八日	抢要	席麻塔	小麦马羊	家生	三	小麦10石 马1匹 羊60只		2500元	1
民国三十一年四月七日	抢要	席麻塔	杂谷车	民国二十年四月	二	杂谷20石 车1辆	150元	3200元	4
民国二十七年二月十九日	抢要	席麻塔	羊车	羊家生车二十四年八月	二	羊200只 车1辆	150元	2500元	0

直辖机关学校团体或事业 民义乡　　　受损失者 石二宝　李炎　马喜挠

李四保　赵双义　马三挠

王有才　聂宝挠　陈双贵

名称 民义乡公所 印信　　　　　填报者

| 姓名 | 韩贵贾宗谊 | 服务处所与所任职务 | 与受损失者之关系 | 通信地址 | 民义乡公所 | 盖章 |

6. 固阳县民享乡《民营事业财产直接损失汇报表（表式5）〈农业部分〉》附财产损失报告单 13 份（录 5 份）

民营事业财产直接损失汇报表（表式 5）

农业部分

事件：

日期：

地点：固阳县民享乡

三十六年七月　日　填送

分　类		价　值
共　计		296890
房　屋		31000
器　具		
现　款		
产 品	农产品	
	林产品	
产 品	畜产品	
	水产品	
工 具	农　具	
	渔　具	
	其　他	
牲　畜		171390
运输工具		10000
其　他		

附财产损失报告单　　份

（附1）财产损失报告单（表式2）

填送日期：民国三十五年六月　日

| 损失年月日 | 事件 | 地点 | 损失项目 | 购置年月 | 单位 | 数量 | 价值（国币元） | | 证件 |
							购置时价值	损失时价值	
二十八年五月二日	被日军拆毁	固阳县民享乡沙拉木素村	房屋	世居	间	15	450元	4500元	1
	抢去		牛	二十年三月	头	20	1200元	6000元	1
			羊		只	410	4100元	41000元	1
			马		匹	30	1600元	6000元	1
			骡		头	2	500元	5000元	1
			粮		石	365	8000元	80000元	1

直辖机关学校团体或事业　　　　　受损失者 孙根

名称 民享乡　印信　　　　　填报者 乡长康蒲洞

姓名 康蒲洞　服务处所与所任职务　乡长　与受损失者之关系　通信地址　盖章

（附2）财产损失报告单（表式2）

填送日期：民国三十五年六月　日

| 损失年月日 | 事件 | 地点 | 损失项目 | 购置年月 | 单位 | 数量 | 价值（国币元） | | 证件 |
							购置时价值	损失时价值	
三十二年九月十日	被日军拆毁	固阳县民享乡鲁公中村	房	民国二十九年十月	间	7	350元	3500元	4
			牛	二十一年九月	头	10	300元	1500元	4

直辖机关学校团体或事业　　　　　受损失者 张老虎

名称 民享乡　印信　　　　　填报者 乡长康蒲洞

姓名 康蒲洞　服务处所与所任职务　乡长　与受损失者之关系　通信地址　盖章

（附3）财产损失报告单（表式2）

填送日期：民国三十五年六月　　日

损失年月日	事件	地点	损失项目	购置年月	单位	数量	价值（国币元）		证件
							购置时价值	损失时价值	
三十三年十月十八日	被日军赶走	巴克三分村	牛	二十六年二月	头	2	120元	1000元	5
	同	同	羊	同	只	5	100元	200元	5
	同	同	驴	同	头	2	60元	180元	5

直辖机关学校团体或事业　　　　　受损失者　张寡妇

名称　民享乡　印信　　　　　　　填报者　乡长康蒲洞

姓名　康蒲洞　服务处所与　乡长　与受损失　通信　　盖章
　　　　　　　所任职务　　　　者之关系　地址

（附4）财产损失报告单（表式2）

填送日期：民国三十五年六月　　日

损失年月日	事件	地点	损失项目	购置年月	单位	数量	价值（国币元）		证件
							购置时价值	损失时价值	
二十九年九月十四日	被日军拆毁	固阳县民享乡大旗村	房屋	民国二年六月	间	10	500元	5000元	2
			骡子	民国二十年二月	头	2	240元	2400元	2

直辖机关学校团体或事业　　　　　受损失者　韩瑞

名称　民享乡　印信　　　　　　　填报者　乡长康蒲洞

姓名　康蒲洞　服务处所与　乡长　与受损失　通信　　盖章
　　　　　　　所任职务　　　　者之关系　地址

（附 5）财产损失报告单（表式 2）

填送日期：民国三十五年六月　日

损失年月日	事件	地点	损失项目	购置年月	单位	数量	价值（国币元）购置时价值	损失时价值	证件
三十二年九月十日	被日军拆毁	固阳县民享乡巴克六分子村	房	民国十一年五月	间	15	450 元	6500 元	4
			牛	十三年四月	头	8	240 元	640 元	4

直辖机关学校团体或事业　　　　　受损失者 金有仓

名称 民享乡　印信　　　　　　　填报者 乡长康蒲洞

姓名 康蒲洞　服务处所与所任职务 乡长　与受损失者之关系　通信地址　盖章

7. 固阳县民益乡《民营事业财产直接损失汇报表（表式 5）〈农业部分〉》附财产损失报告单 66 份（录 5 份）

民营事业财产直接损失汇报表（表式5）

农业部分

事件：日军掠走

日期：民国二十六年八月一三十四年六月

地点：固阳县民益乡

三十六年七月　日　填送

分　类		价　　值
共　计		1598467
房　屋		122700
器　具		
现　款		
产品	农产品	7406
	林产品	
	畜产品	
	水产品	
工具	农　具	13000
	渔　具	
	其　他	
牲　畜		849721
运输工具		209990
其　他		395650

附财产损失报告单　份

（附1）财产损失报告单（表式2）

填送日期：三十五年七月二十三日

损失年月日	事　件	地　点	损失项目	购　置年　月	单位	数量	价值（国币元）		证件
							购置时价值	损失时价值	
二十六年九月十六日	伪蒙古军第八师拉走	学田会	红骒马	二十五年九月十一日	匹	1	60	150	√
二十六年九月十六日	被日寇拉走	学田会	红骟马	二十四年八月五日	匹	1	83	110	√
二十七年八月二日	伪蒙军第九师拉	学田会	青骟马	二十五年七月十五日	匹	1	75	150	0
二十六年九月十六日	伪第八九二师拉	学田会	莜麦	二十六年九月十六日	石	41	369	369	√
二十七年十一月三日	伪第八九二师拉走	学田会	麦子	二十七年十一月三日	石	75	1410	1410	0
二十七年十一月三日	伪第八九二师拉走	学田会	莜麦	二十七年十一月三日	石	120	1920	1920	0 附证见人李文凯（手印）

直辖机关学校团体或事业　固阳县民益乡　　　　受损失者　王逸鹤
名称　学田会　印信　　　　　　　　　　　填报者
姓名　鲍巨典　服务处所与　保办公室　与受损失　亲（妾）　通信　小腮　盖章
　　　　　　　所任职务　保干事　者之关系　（戚）　地址　忽洞

192

（附2）财产损失报告单（表式2）

填送日期：三十五年五月二十二日

损失年月日	事件	地点	损失项目	购置年月	单位	数量	价值（国币元）		证件
							购置时价值	损失时价值	
二十二年七月四日	被日寇杀	广业公司	牛	二十三年	条	1	30	100	5 附证见人 房鸿宝（手印）
二十二年七月四日	被日寇杀	广业公司	车	二十七年	辆	2	120	120	5 附证见人 房鸿宝（手印）

直辖机关学校团体或事业　固阳县民益乡　　　　受损失者　白四小
名称　　　　　　印信　　　　　　　　　　　填报者

姓名　鲍巨典　　服务处所与　　保办公室　　与受损失　　甲居　通信　小腮　　盖章
　　　　　　　　所任职务　　　保干事　　　者之关系　　　　　地址　忽洞

（附3）财产损失报告单（表式2）

填送日期：三十五年七月二十一日

损失年月日	事件	地点	损失项目	购置年月	单位	数量	价值（国币元）		证件
							购置时价值	损失时价值	
二十八年五月六日	伪蒙军第六师拉	长胜渠村	犍牛	二十四年五月六日	条	4	800	2000	1
二十八年五月六日	伪蒙军第六师拉	长胜渠村	叫驴	十五年二月五日	头	1	300	500	1
									附证见人 梁江保 （手印）

直辖机关学校团体或事业　固阳县民益乡　　　　受损失者　苗六（手印）
名称　　　　　　印信　　　　　　　　　　　填报者

姓名　鲍巨典　　服务处所与　　保办公室　　与受损失　　朋友　通信　小腮　　盖章
　　　　　　　　所任职务　　　保干事　　　者之关系　　　　　地址　忽洞

（附4）财产损失报告单（表式2）

填送日期：三十五年七月二十一日

损失年月日	事件	地点	损失项目	购置年月	单位	数量	价值（国币元）		证件
							购置时价值	损失时价值	
二十八年七月六日	伪蒙军第九师拉	北力克村	杂粮	二十八年七月六日	石	8	160	160	1 附证见人 杨大兰 （手印）
二十六年十一月六日	伪蒙军第九师拉	北力克村	羊	二十二年三月四日	只	40	40	1000	√ 附证见人 杨大兰
二十六年十一月六日	伪蒙军第九师拉	北力克村	猪	二十五年三月四日	口	1	30	100	√ 附证见人 杨大兰
二十九年四月五日	伪蒙军第八师杀	北力克村	羊	二十年四月一日	只	10	70	2000	2 附证见人 杨大兰
三十三年八月二十五日	被日寇杀	北力克村	肉猪	三十二年二月三日	口	2	40	400	6 附证见人 杨大兰

直辖机关学校团体或事业　固阳县民益乡　　　受损失者　李掌成
名称　　　　　　印信　　　　　　　　　填报者

姓名　鲍巨典　　服务处所与　　保办公室　　与受损失　　朋友　　通信　小腮　盖章
　　　　　　　　所任职务　　　保干事　　　者之关系　　　　　　地址　忽洞

194

（附 5）财产损失报告单（表式 2）

填送日期：三十五年六月一日

损失年月日	事件	地点	损失项目	购置年月	单位	数量	价值（国币元）		证件
							购置时价值	损失时价值	
三十四年二月一日	日人讨发被捉	索尔兔	马	三十一年五月	1	1	250	6000	7
三十四年二月一日	日人讨发被捉	索尔兔	毛驴	二十九年一月	1	1	100	5000	7
三十四年二月一日	日人讨发被捉	索尔兔	牛	三十年一月	4	4	4000	50000	7

直辖机关学校团体或事业　　　　受损失者　韩生亮
名称　　　　印信　　　　　　　填报者

姓名　韩永庆　　服务处所与　保长　与受损失　保民　通信　民益乡保　盖章
　　　　　　　所任职务　　　　者之关系　　　地址　办公室

（包头市固阳县档案馆馆藏档案，档案号 9—93）

195

（5）绥远省教育厅及所属机关、学校财产损失报告单及汇报表[①]

事由：函送本厅及所属机关学校财产损失报告单暨汇报表清查

报转由绥远省政府教育厅公函

中华民国三十四年七月十一日

总字第 56 号

查本厅及所属机关学校公有财产损失暨本厅职员私有财产损失，现已调查完竣，相应缮同财产损失报告单，本厅及所属机关财产直接损失汇报表，省立学校财产直接损失汇报表，私立中等学校财产直接损失汇报表随函送达，即希

查照汇转为荷，此致

绥远省复员委员会

附送：教育厅及所属机关学校公有财产损失报告单 66 张

教育厅及所属机关财产直接损失汇报表 1 张

省立学校财产直接损失汇报表 1 张

私立中等学校财产直接损失汇报表 1 张

教育厅职员私有财产损失报告单 34 张

[①] 标题为编者所加。

绥远省教育厅及所属机关财产直接损失汇报表

事件：日军进攻

日期：二十六年十月十四日

地点：绥远省归绥县

填送日期：　　年　月　日

分　类	价　值
共　计	226234①
建 筑 物	74080
器　具	46478
现　款	10000
图　书	73586
仪　器	15640
文　卷	1950 宗
医药用品	4500
其　他	

附：财产损失报告单 25 张

报告者：绥远省教育厅长潘秀仁

---

① 共计应为 224284。原数 226234，误将文卷 1950 宗统计为 1950 元。

财产损失报告单（表式2）

填送日期：　年　月　日

损失年月日	事件	地点	损失项目	购置年月	单位	数量	价值（国币元）		证件
							购置时价值	损失时价值	
二十六年十月十四日	日军进攻	绥远省归绥县	房屋	民国九年至二十六年	间	80	17000	24000	
二十六年十月十四日	日军进攻	绥远省归绥县	办公桌	民国九年至二十六年	个	10	150	200	
二十六年十月十四日	日军进攻	绥远省归绥县	椅子	民国九年至二十六年	个	40	200	280	
二十六年十月十四日	日军进攻	绥远省归绥县	凳子	民国九年至二十六年	个	40	80	100	
二十六年十月十四日	日军进攻	绥远省归绥县	油印机	民国九年至二十六年	部	3	60	75	
二十六年十月十四日	日军进攻	绥远省归绥县	时钟	民国九年至二十六年	座	6	90	108	
二十六年十月十四日	日军进攻	绥远省归绥县	木箱	民国九年至二十六年	个	10	50	70	
二十六年十月十四日	日军进攻	绥远省归绥县	皮箱	民国九年至二十六年	个	5	40	50	
二十六年十月十四日	日军进攻	绥远省归绥县	墨盒	民国九年至二十六年	个	40	20	28	
二十六年十月十四日	日军进攻	绥远省归绥县	保险箱	十二年三月	个	2	80	120	
二十六年十月十四日	日军进攻	绥远省归绥县	电铃	民国九年至二十六年	个	5	40	50	
二十六年十月十四日	日军进攻	绥远省归绥县	玻璃版	民国九年至二十六年	块	40	120	160	
二十六年十月十四日	日军进攻	绥远省归绥县	磁脸盆	民国九年至二十六年	个	20	16	20	
二十六年十月十四日	日军进攻	绥远省归绥县	笼架	民国九年至二十六年	个	6	12	16	
二十六年十月十四日	日军进攻	绥远省归绥县	留声机	民国九年至二十六年	架	2	80	100	
二十六年十月十四日	日军进攻	绥远省归绥县	脚踏车	民国九年至二十六年	辆	8	640	□	
二十六年十月十四日	日军进攻	绥远省归绥县	人力车	民国九年至二十六年	辆	2	200	240	
二十六年十月十四日	日军进攻	绥远省归绥县	轿车	民国九年至二十六年	辆	2	400	500	
二十六年十月十四日	日军进攻	绥远省归绥县	大壁镜	民国九年至二十六年	个	4	80	100	

损失年月日	事件	地点	损失项目	购置年月	单位	数量	价值（国币元）		证件
							购置时价值	损失时价值	
二十六年十月十四日	日军进攻	绥远省归绥县	磁茶壶	民国九年至二十六年	把	20	60	70	
二十六年十月十四日	日军进攻	绥远省归绥县	磁茶碗	民国九年至二十六年	个	40	40	44	
二十六年十月十四日	日军进攻	绥远省归绥县	书卷架	民国九年至二十六年	个	20	400	420	
二十六年十月十四日	日军进攻	绥远省归绥县	铁火炉	民国九年至二十六年	个	20	800	960	
二十六年十月十四日	日军进攻	绥远省归绥县	蜈蚣机	民国九年至二十六年	个	2	10	14	

受损失者：绥远省教育厅

填报者

姓名：潘秀仁

服务处所与所任职务：绥远省教育厅长

与受损失者之关系：主管人

通信地址：绥远省教育厅　盖章

财产损失报告单（表式2）

填送日期：　年　月　日

损失年月日	事件	地点	损失项目	购置年月	单位	数量	价值（国币元）		证件
							购置时价值	损失时价值	
二十六年十月十四日	日军进攻	绥远省归绥县	打字机	十七年十月	部	1	300	400	
二十六年十月十四日	日军进攻	绥远省归绥县	打号码机	十七年十月	个	1	15	20	
二十六年十月十四日	日军进攻	绥远省归绥县	化学米度尺	民国九年至二十六年	个	10	6	10	
二十六年十月十四日	日军进攻	绥远省归绥县	电影机	二十年八月	部	1	1000	1500	
二十六年十月十四日	日军进攻	绥远省归绥县	笔筒	民国九年至二十六年	个	10	40	50	
二十六年十月十四日	日军进攻	绥远省归绥县	藤床	民国九年至二十六年	架	10	400	500	
二十六年十月十四日	日军进攻	绥远省归绥县	钢丝床	民国九年至二十六年	架	5	400	500	

| 损失年月日 | 事件 | 地点 | 损失项目 | 购置年月 | 单位 | 数量 | 价值（国币元） | | 证件 |
							购置时价值	损失时价值	
二十六年十月十四日	日军进攻	绥远省归绥县	沙发	民国九年至二十六年	套	2	1400	1600	
二十六年十月十四日	日军进攻	绥远省归绥县	电扇	二十二年五月	具	1	300	350	
二十六年十月十四日	日军进攻	绥远省归绥县	炊具	民国九年至二十六年	套	3	240	330	
二十六年十月十四日	日军进攻	绥远省归绥县	其他器具	民国九年至二十六年	件	1400	3500	4200	
二十六年十月十四日	日军进攻	绥远省归绥县	现款		元	5000			
二十六年十月十四日	日军进攻	绥远省归绥县	书籍	民国九年至二十六年	册	10000	6000	10000	
二十六年十月十四日	日军进攻	绥远省归绥县	各种图表	民国九年至二十六年	张	1000	1000	1500	
二十六年十月十四日	日军进攻	绥远省归绥县	寒暑表	民国九年至二十六年	支	4	原件空白	480	
二十六年十月十四日	日军进攻	绥远省归绥县	绘图仪器	民国九年至二十六年	付	2	500	600	
二十六年十月十四日	日军进攻	绥远省归绥县	圆规	民国九年至二十六年	付	2	30	30	
二十六年十月十四日	日军进攻	绥远省归绥县	三角板	民国九年至二十六年	付	2	120	140	
二十六年十月十四日	日军进攻	绥远省归绥县	文卷	民国九年至二十六年	宗	900			
二十六年十月十四日	日军进攻	绥远省归绥县	医药用品	民国九年至二十六年	种	100	500	500	
二十六年十月十四日	日军进攻	绥远省归绥县	党国旗	民国九年至二十六年	对	3	24	30	
二十六年十月十四日	日军进攻	绥远省归绥县	童军露营帐幕	民国九年至二十六年	套	4	600	800	
二十六年十月十四日	日军进攻	绥远省归绥县	童军用水壶皮囊	民国九年至二十六年	套	400	1600	2000	
二十六年十月十四日	日军进攻	绥远省归绥县	童军工作器械	民国九年至二十六年	套	400	1600	2000	

受损失者：绥远省教育厅

填报者

姓名：潘秀仁

服务处所与所任职务：绥远省教育厅长

与受损失者之关系：主管人

通信地址：绥远省教育厅　盖章

财产损失报告单（表式2）

填送日期：　年　月　日

损失年月日	事件	地点	损失项目	购置年月	单位	数量	价值（国币元）		证件
							购置时价值	损失时价值	
二十六年十月十四日	日军进攻	绥远省归绥县	房屋	十四年至二十六年	间	60	18000	24000	
二十六年十月十四日	日军进攻	绥远省归绥县	桌凳	十四年至二十六年	套	60	550	700	
二十六年十月十四日	日军进攻	绥远省归绥县	办公桌椅	十四年至二十六年	件	20	176	212	
二十六年十月十四日	日军进攻	绥远省归绥县	大小黑板	十四年至二十六年	块	8	24	26	
二十六年十月十四日	日军进攻	绥远省归绥县	油印机	十四年至二十六年	部	2	40	50	
二十六年十月十四日	日军进攻	绥远省归绥县	墨盒	十四年至二十六年	个	20	10	14	
二十六年十月十四日	日军进攻	绥远省归绥县	书架	十四年至二十六年	个	20	400	420	
二十六年十月十四日	日军进攻	绥远省归绥县	时钟	十四年至二十六年	座	4	60	72	
二十六年十月十四日	日军进攻	绥远省归绥县	算盘	十四年至二十六年	个	4	8	10	
二十六年十月十四日	日军进攻	绥远省归绥县	木箱	十四年至二十六年	个	10	50	70	
二十六年十月十四日	日军进攻	绥远省归绥县	皮箱	十四年至二十六年	个	4	32	40	
二十六年十月十四日	日军进攻	绥远省归绥县	保险箱	十八年七月	个	1	40	60	
二十六年十月十四日	日军进攻	绥远省归绥县	脚踏车	十四年至二十六年	辆	4	320	400	
二十六年十月十四日	日军进攻	绥远省归绥县	电铃	十四年至二十六年	个	4	32	40	
二十六年十月十四日	日军进攻	绥远省归绥县	收音机	二十年十月	架	1	300	400	
二十六年十月十四日	日军进攻	绥远省归绥县	电话机	二十年十月	具	1	60	70	
二十六年十月十四日	日军进攻	绥远省归绥县	留声机	二十年十月	架	1	40	50	
二十六年十月十四日	日军进攻	绥远省归绥县	电影机	二十二年六月	部	1	1000	1500	
二十六年十月十四日	日军进攻	绥远省归绥县	幻灯	二十二年六月	部	1	300	400	

损失年月日	事件	地点	损失项目	购置年月	单位	数量	价值（国币元）		证件
							购置时价值	损失时价值	
二十六年十月十四日	日军进攻	绥远省归绥县	巡回教育车	二十二年六月	辆	2	200	300	
二十六年十月十四日	日军进攻	绥远省归绥县	风琴	十四年至二十六年	架	2	90	110	
二十六年十月十四日	日军进攻	绥远省归绥县	胡琴	十四年至二十六年	个	4	32	40	
二十六年十月十四日	日军进攻	绥远省归绥县	钢琴	二十年五月	架	1	400	600	
二十六年十月十四日	日军进攻	绥远省归绥县	琵琶	十四年至二十六年	个	3	45	51	
二十六年十月十四日	日军进攻	绥远省归绥县	笙	十四年至二十六年	个	4	72	80	

受损失者：绥远省立归绥民众教育馆

填报者

姓名：潘秀仁

服务处所与所任职务：绥远省教育厅长

与受损失者之关系：直属长官

通信地址：绥远省教育厅　盖章

财产损失报告单（表式2）

填送日期：　年　月　日

损失年月日	事件	地点	损失项目	购置年月	单位	数量	价值（国币元）		证件
							购置时价值	损失时价值	
二十六年十月十四日	日军进攻	绥远省归绥县	管	十四年至二十六年	个	4	8	10	
二十六年十月十四日	日军进攻	绥远省归绥县	笛	十四年至二十六年	个	4	6	8	
二十六年十月十四日	日军进攻	绥远省归绥县	箫	十四年至二十六年	支	4	8	10	
二十六年十月十四日	日军进攻	绥远省归绥县	篮球	十四年至二十六年	颗	4	120	120	
二十六年十月十四日	日军进攻	绥远省归绥县	篮球架	十四年至二十六年	付	2	200	200	
二十六年十月十四日	日军进攻	绥远省归绥县	排球	十四年至二十六年	颗	4	120	120	

损失年月日	事件	地点	损失项目	购置年月	单位	数量	价值（国币元）		证件
							购置时价值	损失时价值	
二十六年十月十四日	日军进攻	绥远省归绥县	排球网	十四年至二十六年	幅	2	40	40	
二十六年十月十四日	日军进攻	绥远省归绥县	网球	十四年至二十六年	打	1	60	60	
二十六年十月十四日	日军进攻	绥远省归绥县	网球网	十四年至二十六年	幅	2	50	50	
二十六年十月十四日	日军进攻	绥远省归绥县	网球拍	十四年至二十六年	个	8	120	120	
二十六年十月十四日	日军进攻	绥远省归绥县	乒乓球	十八年九月	打	1	4	5	
二十六年十月十四日	日军进攻	绥远省归绥县	足球	十八年九月	颗	2	50	50	
二十六年十月十四日	日军进攻	绥远省归绥县	秋千	十八年九月	付	1	100	100	
二十六年十月十四日	日军进攻	绥远省归绥县	轩轾板	十八年九月	付	1	40	40	
二十六年十月十四日	日军进攻	绥远省归绥县	滑梯	十八年九月	架	1	100	100	
二十六年十月十四日	日军进攻	绥远省归绥县	炊具	十四年至二十六年	件	200	300	400	
二十六年十月十四日	日军进攻	绥远省归绥县	现款		元	3000			
二十六年十月十四日	日军进攻	绥远省归绥县	书籍	十四年至二十六年	册	15000	10000	15000	
二十六年十月十四日	日军进攻	绥远省归绥县	各种图表	十四年至二十六年	张	600	600	800	
二十六年十月十四日	日军进攻	绥远省归绥县	动植物标本	二十二年十月	套	1	8000	10000	
二十六年十月十四日	日军进攻	绥远省归绥县	寒暑表	十四年至二十六年	支	4	400	480	
二十六年十月十四日	日军进攻	绥远省归绥县	绘图仪器	十四年至二十六年	付	4	1200	1200	
二十六年十月十四日	日军进攻	绥远省归绥县	党国旗	十四年至二十六年	对	2	20	20	
二十六年十月十四日	日军进攻	绥远省归绥县	文卷	十四年至二十六年	宗	400			
二十六年十月十四日	日军进攻	绥远省归绥县	医药用品	十四年至二十六年	种	200	1000	1000	

受损失者：绥远省立归绥民众教育馆

填报者

姓名：潘秀仁

服务处所与所任职务：绥远省教育厅长

与受损失者之关系：直属长官

通信地址：绥远省教育厅　盖章

财产损失报告单（表式2）

填送日期：　　年　月　日

损失年月日	事件	地点	损失项目	购置年月	单位	数量	价值（国币元）		证件
							购置时价值	损失时价值	
二十六年十月十四日	日军进攻	绥远省归绥县	房屋	十六年至二十六年	间	30	7600	10000	
二十六年十月十四日	日军进攻	绥远省归绥县	长桌凳	十六年至二十六年	套	10	250	300	
二十六年十月十四日	日军进攻	绥远省归绥县	办公桌椅	十六年至二十六年	件	10	88	106	
二十六年十月十四日	日军进攻	绥远省归绥县	油印机	十六年十月	部	1	20	25	
二十六年十月十四日	日军进攻	绥远省归绥县	墨盒	十六年至二十六年	个	10	5	7	
二十六年十月十四日	日军进攻	绥远省归绥县	木箱	十六年至二十六年	个	10	50	70	
二十六年十月十四日	日军进攻	绥远省归绥县	算盘	十六年至二十六年	个	3	6	6	
二十六年十月十四日	日军进攻	绥远省归绥县	时钟	十六年至二十六年	座	4	60	72	
二十六年十月十四日	日军进攻	绥远省归绥县	脚踏车	十六年至二十六年	辆	2	160	200	
二十六年十月十四日	日军进攻	绥远省归绥县	电话机	十七年二月	具	1	60	70	
二十六年十月十四日	日军进攻	绥远省归绥县	收音机	十七年二月	架	1	300	400	
二十六年十月十四日	日军进攻	绥远省归绥县	留声机	十七年二月	架	1	40	50	
二十六年十月十四日	日军进攻	绥远省归绥县	磁脸盆	十六年至二十六年	个	8	4	8	
二十六年十月十四日	日军进攻	绥远省归绥县	磁茶壶	十六年至二十六年	个	8	16	24	

| 损失年月日 | 事件 | 地点 | 损失项目 | 购置年月 | 单位 | 数量 | 价值（国币元） | | 证件 |
							购置时价值	损失时价值	
二十六年十月十四日	日军进攻	绥远省归绥县	磁茶碗	十六年至二十六年	个	16	8	16	
二十六年十月十四日	日军进攻	绥远省归绥县	书架	十六年至二十六年	个	30	600	720	
二十六年十月十四日	日军进攻	绥远省归绥县	铁火炉	十六年至二十六年	个	4	160	192	
二十六年十月十四日	日军进攻	绥远省归绥县	现款		元	1000			
二十六年十月十四日	日军进攻	绥远省归绥县	其他图书	十六年至二十六年	册	30000	20660	30000	
二十六年十月十四日	日军进攻	绥远省归绥县	各种图表	十六年至二十六年	张	500	500	800	
二十六年十月十四日	日军进攻	绥远省归绥县	炊具	十六年至二十六年	件	100	150	200	
二十六年十月十四日	日军进攻	绥远省归绥县	党国旗	十六年至二十六年	对	2	16	20	
二十六年十月十四日	日军进攻	绥远省归绥县	寒暑表	十六年至二十六年	支	3	300	360	
二十六年十月十四日	日军进攻	绥远省归绥县	绘图仪器	十六年至二十六年	付	4	1000	1200	
二十六年十月十四日	日军进攻	绥远省归绥县	文卷	十六年至二十六年	宗	300			
二十六年十月十四日	日军进攻	绥远省归绥县	万有文库	二十年四月	部	1	500	500	
二十六年十月十四日	日军进攻	绥远省归绥县	四部备要	二十年四月	部	1	400	400	

受损失者：绥远省立归绥图书馆

填报者

姓名：潘秀仁

服务处所与所任职务：绥远省教育厅长

与受损失者之关系：直属长官

通信地址：绥远省教育厅　盖章

财产损失报告单（表式2）

填送日期： 年 月 日

损失年月日	事件	地点	损失项目	购置年月	单位	数量	价值（国币元）		证件
							购置时价值	损失时价值	
二十六年十月十四日	日军进攻	绥远省归绥县	房屋	二十三年至二十六年	间	37	7400	8880	
二十六年十月十四日	日军进攻	绥远省归绥县	办公桌椅	二十三年至二十六年	件	115	1150	1265	
二十六年十月十四日	日军进攻	绥远省归绥县	□	二十三年至二十六年	个	10	50	70	
二十六年十月十四日	日军进攻	绥远省归绥县	□	二十三年至二十六年	个	6	12	12	
二十六年十月十四日	日军进攻	绥远省归绥县	脚踏车	二十三年至二十六年	辆	2	160	200	
二十六年十月十四日	日军进攻	绥远省归绥县	墨盒	二十三年至二十六年	个	20	10	14	
二十六年十月十四日	日军进攻	绥远省归绥县	磁脸盆	二十三年至二十六年	个	8	8	8	
二十六年十月十四日	日军进攻	绥远省归绥县	磁茶壶	二十三年至二十六年	个	13	39	39	
二十六年十月十四日	日军进攻	绥远省归绥县	磁茶碗	二十三年至二十六年	个	28	28	28	
二十六年十月十四日	日军进攻	绥远省归绥县	铁火炉	二十三年至二十六年	个	9	360	360	
二十六年十月十四日	日军进攻	绥远省归绥县	电话机	二十三年九月	具	1	70	70	
二十六年十月十四日	日军进攻	绥远省归绥县	收音机	二十三年九月	架	1	400	400	
二十六年十月十四日	日军进攻	绥远省归绥县	留声机	二十三年九月	架	1	50	50	
二十六年十月十四日	日军进攻	绥远省归绥县	党国旗	二十三年九月	对	3	30	30	
二十六年十月十四日	日军进攻	绥远省归绥县	炊具	二十三年至二十六年	件	220	330	330	
二十六年十月十四日	日军进攻	绥远省归绥县	油印机	二十三年九月	部	1	25	25	
二十六年十月十四日	日军进攻	绥远省归绥县	现款		元	500			
二十六年十月十四日	日军进攻	绥远省归绥县	图书	二十三年至二十六年	册	2000	1200	1400	
二十六年十月十四日	日军进攻	绥远省归绥县	各种图表	二十三年至二十六年	张	160	256	256	

| 损失年月日 | 事件 | 地点 | 损失项目 | 购置年月 | 单位 | 数量 | 价值（国币元） | | 证件 |
							购置时价值	损失时价值	
二十六年十月十四日	日军进攻	绥远省归绥县	寒暑表	二十三年十月	支	1	120	120	
二十六年十月十四日	日军进攻	绥远省归绥县	绘图仪器	二十三年十月	副	4	1200	1200	
二十六年十月十四日	日军进攻	绥远省归绥县	篮球	二十三年至二十六年	颗	10	300	300	
二十六年十月十四日	日军进攻	绥远省归绥县	篮球架	二十三年至二十六年	副	4	400	400	
二十六年十月十四日	日军进攻	绥远省归绥县	排球	二十三年至二十六年	颗	8	240	240	
二十六年十月十四日	日军进攻	绥远省归绥县	排球网	二十三年至二十六年	幅	3	60	60	
二十六年十月十四日	日军进攻	绥远省归绥县	足球	二十三年至二十六年	颗	6	150	150	

受损失者：绥远省立归绥体育场

填报者

姓名：潘秀仁

服务处所与所任职务：绥远省教育厅长

与受损失者之关系：直属长官

通信地址：绥远省教育厅　盖章

财产损失报告单（表式2）

填送日期：　　年　月　日

| 损失年月日 | 事件 | 地点 | 损失项目 | 购置年月 | 单位 | 数量 | 价值（国币元） | | 证件 |
							购置时价值	损失时价值	
二十六年十月十四日	日军进攻	绥远省归绥县	网球	二十三年至二十六年	打	2	120	120	
二十六年十月十四日	日军进攻	绥远省归绥县	网球网	二十三年至二十六年	幅	4	100	100	
二十六年十月十四日	日军进攻	绥远省归绥县	网球拍	二十三年至二十六年	对	16	240	240	
二十六年十月十四日	日军进攻	绥远省归绥县	时钟	二十三年三月	座	1	15	15	
二十六年十月十四日	日军进攻	绥远省归绥县	计时表	二十三年至二十六年	个	5	125	125	

损失年月日	事件	地点	损失项目	购置年月	单位	数量	价值（国币元）		证件
							购置时价值	损失时价值	
二十六年十月十四日	日军进攻	绥远省归绥县	皮尺	二十三年至二十六年	个	4	1600	1600	
二十六年十月十四日	日军进攻	绥远省归绥县	哨子	二十三年至二十六年	个	10	10	10	
二十六年十月十四日	日军进攻	绥远省归绥县	指挥旗	二十三年至二十六年	幅	6	6	6	
二十六年十月十四日	日军进攻	绥远省归绥县	乒乓球	二十三年至二十六年	打	2	10	10	
二十六年十月十四日	日军进攻	绥远省归绥县	高栏	二十三年至二十六年	个	24	36	36	
二十六年十月十四日	日军进攻	绥远省归绥县	低栏	二十三年至二十六年	个	24	24	24	
二十六年十月十四日	日军进攻	绥远省归绥县	秋千	二十三年至二十六年	副	2	200	200	
二十六年十月十四日	日军进攻	绥远省归绥县	滑梯	二十三年至二十六年	架	2	200	200	
二十六年十月十四日	日军进攻	绥远省归绥县	轩轾板	二十三年至二十六年	副	2	80	80	
二十六年十月十四日	日军进攻	绥远省归绥县	平梯	二十三年至二十六年	副	2	160	160	
二十六年十月十四日	日军进攻	绥远省归绥县	天桥	二十三年至二十六年	副	2	1000	1000	
二十六年十月十四日	日军进攻	绥远省归绥县	铁单杠	二十三年至二十六年	副	2	200	200	
二十六年十月十四日	日军进攻	绥远省归绥县	双杠	二十三年至二十六年	副	4	20	20	
二十六年十月十四日	日军进攻	绥远省归绥县	跳高架	二十三年至二十六年	副	2	10	10	
二十六年十月十四日	日军进攻	绥远省归绥县	铅球	二十三年至二十六年	颗	6	60	60	
二十六年十月十四日	日军进攻	绥远省归绥县	铁饼	二十三年至二十六年	个	3	42	42	
二十六年十月十四日	日军进攻	绥远省归绥县	标枪	二十三年至二十六年	支	12	60	60	
二十六年十月十四日	日军进攻	绥远省归绥县	拔河绳	二十三年至二十六年	条	2	10	10	
二十六年十月十四日	日军进攻	绥远省归绥县	国术器械	二十三年至二十六年	件	20	100	100	

受损失者：绥远省立归绥体育场

填报者

姓名：潘秀仁

服务处所与所任职务：绥远省教育厅长

与受损失者之关系：直属长官

通信地址：绥远省教育厅　盖章

财产损失报告单（表式2）

填送日期：　年　月　日

损失年月日	事件	地点	损失项目	购置年月	单位	数量	价值（国币元）		证件
							购置时价值	损失时价值	
二十六年十月十四日	日军进攻	绥远省归绥县	木马	二十三年至二十六年	匹	2	80	80	
二十六年十月十四日	日军进攻	绥远省归绥县	浪桥	二十三年至二十六年	付	2	100	100	
二十六年十月十四日	日军进攻	绥远省归绥县	铁环	二十三年至二十六年	个	12	24	24	
二十六年十月十四日	日军进攻	绥远省归绥县	哑铃	二十三年至二十六年	对	50	50	50	
二十六年十月十四日	日军进攻	绥远省归绥县	大黑板	二十三年至二十六年	块	4	40	40	
二十六年十月十四日	日军进攻	绥远省归绥县	小黑板	二十三年至二十六年	块	60	120	120	
二十六年十月十四日	日军进攻	绥远省归绥县	排球裁判椅	二十三年至二十六年	架	2	40	40	
二十六年十月十四日	日军进攻	绥远省归绥县	浪船	二十三年至二十六年	架	2	100	100	
二十六年十月十四日	日军进攻	绥远省归绥县	平均台	二十三年至二十六年	架	2	80	100	
二十六年十月十四日	日军进攻	绥远省归绥县	接力棒	二十三年至二十六年	具	16	2	2	
二十六年十月十四日	日军进攻	绥远省归绥县	文卷	二十三年至二十六年	宗	300			
二十六年十月十四日	日军进攻	绥远省归绥县	医药用品	二十三年至二十六年	种	600	2400	3000	
二十六年十月十四日	日军进攻	绥远省归绥县	保险箱	二十三年十月	个	1	60	60	
二十六年十月十四日	日军进攻	绥远省归绥县	电铃	二十三年十月	个	1	20	20	

| 损失年月日 | 事件 | 地点 | 损失项目 | 购置年月 | 单位 | 数量 | 价值（国币元） | | 证件 |
							购置时价值	损失时价值	
二十六年十月十四日	日军进攻	绥远省归绥县	玻璃板	二十三年至二十六年	块	12	48	48	
二十六年十月十四日	日军进攻	绥远省归绥县	痰盂	二十三年至二十六年	个	12	24	24	
二十六年十月十四日	日军进攻	绥远省归绥县	大锅炉	二十四年六月	个	1	100	100	
二十六年十月十四日	日军进攻	绥远省归绥县	溜冰鞋	二十四年六月	双	8	40	40	
二十六年十月十四日	日军进攻	绥远省归绥县	炕桌	二十四年六月	个	8	40	40	
二十六年十月十四日	日军进攻	绥远省归绥县	床板	二十四年六月	付	24	480	480	

受损失者：绥远省立归绥体育场

填报者

姓名：潘秀仁

服务处所与所任职务：绥远省教育厅长

与受损失者之关系：直属长官

通信地址：绥远省教育厅　盖章

财产损失报告单（表式2）

填送日期：　　年　　月　　日

| 损失年月日 | 事件 | 地点 | 损失项目 | 购置年月 | 单位 | 数量 | 价值（国币元） | | 证件 |
							购置时价值	损失时价值	
二十六年十月十四日	日军进攻	绥远省归绥县	房屋	十七年至二十六年	间	30	6000	7200	
二十六年十月十四日	日军进攻	绥远省归绥县	桌子	十七年至二十六年	个	6	48	56	
二十六年十月十四日	日军进攻	绥远省归绥县	凳子	十七年至二十六年	个	10	20	30	
二十六年十月十四日	日军进攻	绥远省归绥县	椅子	十七年至二十六年	个	10	60	70	
二十六年十月十四日	日军进攻	绥远省归绥县	时钟	十七年至二十六年	座	2	30	36	
二十六年十月十四日	日军进攻	绥远省归绥县	木箱	十七年至二十六年	个	4	20	28	

| 损失年月日 | 事件 | 地点 | 损失项目 | 购置年月 | 单位 | 数量 | 价值（国币元） | | 证件 |
							购置时价值	损失时价值	
二十六年十月十四日	日军进攻	绥远省归绥县	算盘	十七年至二十六年	个	2	4	4	
二十六年十月十四日	日军进攻	绥远省归绥县	脚踏车	十七年至二十六年	辆	2	160	200	
二十六年十月十四日	日军进攻	绥远省归绥县	墨盒	十七年至二十六年	个	4	2	3	
二十六年十月十四日	日军进攻	绥远省归绥县	国术器械	十七年至二十六年	件	200	2000	3000	
二十六年十月十四日	日军进攻	绥远省归绥县	书架	十七年至二十六年	个	2	30	40	
二十六年十月十四日	日军进攻	绥远省归绥县	炊具	十七年至二十六年	件	100	150	200	
二十六年十月十四日	日军进攻	绥远省归绥县	其他器具	十七年至二十六年	件	200	500	600	
二十六年十月十四日	日军进攻	绥远省归绥县	现款	十七年至二十六年	元	500			
二十六年十月十四日	日军进攻	绥远省归绥县	图书	十七年至二十六年	册	200	120	140	
二十六年十月十四日	日军进攻	绥远省归绥县	文卷	十七年至二十六年	宗	50			

受损失者：绥远省国术馆

填报者

姓名：潘秀仁

服务处所与所任职务：绥远省教育厅长

与受损失者之关系：

通信地址：绥远省教育厅　盖章

财产损失报告单（表式2）

填送日期：　　年　月　日

| 损失年月日 | 事件 | 地点 | 损失项目 | 购置年月 | 单位 | 数量 | 价值（国币元） | | 证件 |
							购置时价值	损失时价值	
二十六年十月	沦陷	绥远省垣	四部备要	二十四年十月	部	1	240	400	
二十六年十月	沦陷	绥远省垣	万有文库	二十五年五月	部	1	180	360	
二十六年十月	沦陷	绥远省垣	影印四史	二十五年五月	部	1	100	200	

损失年月日	事件	地点	损失项目	购置年月	单位	数量	价值（国币元）		证件
							购置时价值	损失时价值	
二十六年十月	沦陷	绥远省垣	资治通鉴	二十五年五月	部	1	120	250	
二十六年十月	沦陷	绥远省垣	历代名著	二十四年至二十六年	册	260	850	1240	
二十六年十月	沦陷	绥远省垣	现代名著	二十四年至二十六年	册	560	2450	5000	
二十六年十月	沦陷	绥远省垣	科学丛书	二十四年至二十六年	册	160	480	1200	
二十六年十月	沦陷	绥远省垣	青年丛书	二十四年至二十六年	册	240	180	300	
二十六年十月	沦陷	绥远省垣	学生丛书	二十四年至二十六年	册	300	450	800	
二十六年十月	沦陷	绥远省垣	白话丛书	二十四年至二十六年	册	461	500	1000	
二十六年十月	沦陷	绥远省垣	各种杂志	二十四年至二十六年	册	1250	500	800	
二十六年十月	沦陷	绥远省垣	挂图	二十四年至二十六年	幅	150	750	1000	
二十六年十月	沦陷	绥远省垣	挂表	二十四年至二十六年	张	56	20	40	
二十六年十月	沦陷	绥远省垣	簿册	二十四年至二十六年	张	75	125	200	
二十六年十月	沦陷	绥远省垣	木桌	二十四年至二十六年	件	10	300	500	
二十六年十月	沦陷	绥远省垣	木椅	二十四年至二十六年	件	26	120	200	
二十六年十月	沦陷	绥远省垣	长木凳	二十四年至二十六年	件	8	80	150	
二十六年十月	沦陷	绥远省垣	木箱	二十四年至二十六年	个	8	160	300	
二十六年十月	沦陷	绥远省垣	书橱	二十四年至二十六年	个	8	400	1000	
二十六年十月	沦陷	绥远省垣	炊具	二十四年至二十六年	件	30	150	200	
二十六年十月	沦陷	绥远省垣	餐具	二十四年至二十六年	件	120	50	80	
二十六年十月	沦陷	绥远省垣	自行车	二十四年十月	辆	1	80	100	
二十六年十月	沦陷	绥远省垣	文具	二十四年至二十六年	件	145	100	150	

直辖机关学校团体或事业

名　称　　印信

受损失者：绥远省民众图书馆

填报者

姓名：潘秀仁

服务处所与所任职务：绥远省教育厅长

与受损失者之关系：直属长官

通信地址：绥远省教育厅　盖章

绥远省省立学校财产直接损失汇报表

事件：日军进攻

日期：二十六年十月十日至同年十二月三十一日

地点：绥远省集宁、归绥、包头3县

填送日期：　　年　月　日

分　类	价　值
共　计	1627613
建　筑　物	516500
器　具	246176
现　款	50500
图　书	201797
仪　器	567840
医药用品	16000
其　他	28800

附财产损失报告单39张

报告者：绥远省教育厅长潘秀仁

財產損失報告單（表式2）

損失年月日	事件	地點	損失項目	購置年月	單位	數量	價值（國幣元）		證件
							購置時價值	損失時價值	
二十六年十月十四日	日軍進攻	綏遠省歸綏縣	房屋	民國紀元前四年至民國二十五年	間	200	20000	40000	
二十六年十月十四日	日軍進攻	綏遠省歸綏縣	桌凳	民國紀元前四年至民國二十五年	套	300	1800	2400	
二十六年十月十四日	日軍進攻	綏遠省歸綏縣	辦公桌椅	民國紀元前四年至民國二十五年	件	100	1000	1200	
二十六年十月十四日	日軍進攻	綏遠省歸綏縣	油印機	民國紀元前四年至民國二十五年	部	3	60	75	
二十六年十月十四日	日軍進攻	綏遠省歸綏縣	書架	民國紀元前四年至民國二十五年	個	30	600	600	
二十六年十月十四日	日軍進攻	綏遠省歸綏縣	時鐘	民國紀元前四年至民國二十五年	座	20	300	360	
二十六年十月十四日	日軍進攻	綏遠省歸綏縣	鐵鍋	民國紀元前四年至民國二十五年	口	12	240	260	
二十六年十月十四日	日軍進攻	綏遠省歸綏縣	蒸籠	民國紀元前四年至民國二十五年	具	6	180	210	
二十六年十月十四日	日軍進攻	綏遠省歸綏縣	水缸	民國紀元前四年至民國二十五年	個	12	100	120	
二十六年十月十四日	日軍進攻	綏遠省歸綏縣	黑板	民國紀元前四年至民國二十五年	塊	6	50	66	
二十六年十月十四日	日軍進攻	綏遠省歸綏縣	面盆	民國紀元前四年至民國二十五年	個	60	50	70	
二十六年十月十四日	日軍進攻	綏遠省歸綏縣	飯碗	民國紀元前四年至民國二十五年	個	400	40	60	
二十六年十月十四日	日軍進攻	綏遠省歸綏縣	磁盤	民國紀元前四年至民國二十五年	個	300	200	300	
二十六年十月十四日	日軍進攻	綏遠省歸綏縣	風琴	民國紀元前四年至民國二十五年	架	6	270	330	
二十六年十月十四日	日軍進攻	綏遠省歸綏縣	籃球	民國紀元前四年至民國二十五年	顆	12	400	500	
二十六年十月十四日	日軍進攻	綏遠省歸綏縣	籃球架	民國紀元前四年至民國二十五年	副	6	400	600	
二十六年十月十四日	日軍進攻	綏遠省歸綏縣	排球	民國紀元前四年至民國二十五年	顆	12	250	300	
二十六年十月十四日	日軍進攻	綏遠省歸綏縣	排球網	民國紀元前四年至民國二十五年	幅	6	100	120	

损失年月日	事件	地点	损失项目	购置年月	单位	数量	价值（国币元）		证件
							购置时价值	损失时价值	
二十六年十月十四日	日军进攻	绥远省归绥县	足球	民国纪元前四年至民国二十五年	颗	12	250	300	
二十六年十月十四日	日军进攻	绥远省归绥县	网球	民国纪元前四年至民国二十五年	打	2	100	120	
二十六年十月十四日	日军进攻	绥远省归绥县	网球网	民国纪元前四年至民国二十五年	幅	12	220	260	
二十六年十月十四日	日军进攻	绥远省归绥县	网球拍	民国纪元前四年至民国二十五年	副	48	700	750	
二十六年十月十四日	日军进攻	绥远省归绥县	其他器具	民国纪元前四年至民国二十五年	件	1200	3600	4000	
二十六年十月十四日	日军进攻	绥远省归绥县	现款		元	6000			
二十六年十月十四日	日军进攻	绥远省归绥县	书籍	民国纪元前四年至民国二十五年	册	30000	20000	30000	
二十六年十月十四日	日军进攻	绥远省归绥县	各种图表	民国纪元前四年至民国二十五年	张	1500	2000	2500	
二十六年十月十四日	日军进攻	绥远省归绥县	动植物标本	民国纪元前四年至民国二十五年	套	2	15000	20000	
二十六年十月十四日	日军进攻	绥远省归绥县	理化仪器	民国纪元前四年至民国二十五年	套	6	54000	60000	
二十六年十月十四日	日军进攻	绥远省归绥县	医药用品	民国纪元前四年至民国二十五年	种	350	1800	2000	

受损失者：绥远省立归绥中学

填报者

姓名：潘秀仁

服务处所与所任职务：绥远省教育厅长

与受损失者之关系：直属长官

通信地址：绥远省教育厅　盖章

财产损失报告单（表式2）

填送日期：　年　月　日

损失年月日	事件	地点	损失项目	购置年月	单位	数量	价值（国币元）		证件
							购置时价值	损失时价值	
二十六年十月十七日	日军进攻	绥远省包头县	房屋	民国十四年至二十六年	间	150	22500	30000	
二十六年十月十七日	日军进攻	绥远省包头县	桌凳	民国十四年至二十六年	套	150	1000	1200	
二十六年十月十七日	日军进攻	绥远省包头县	办公桌椅	民国十四年至二十六年	件	25	220	260	
二十六年十月十七日	日军进攻	绥远省包头县	书架	民国十四年至二十六年	个	20	400	400	
二十六年十月十七日	日军进攻	绥远省包头县	时钟	民国十四年至二十六年	座	10	150	170	
二十六年十月十七日	日军进攻	绥远省包头县	墨盒	民国十四年至二十六年	个	30	15	20	
二十六年十月十七日	日军进攻	绥远省包头县	算盘	民国十四年至二十六年	个	6	9	12	
二十六年十月十七日	日军进攻	绥远省包头县	木箱	民国十四年至二十六年	个	10	50	70	
二十六年十月十七日	日军进攻	绥远省包头县	油印机	民国十四年至二十六年	部	2	40	60	
二十六年十月十七日	日军进攻	绥远省包头县	炊具	民国十四年至二十六年	套	5	500	600	
二十六年十月十七日	日军进攻	绥远省包头县	运动器具	民国十四年至二十六年	种	16	1500	2000	
二十六年十月十七日	日军进攻	绥远省包头县	其他器具	民国十四年至二十六年	件	800	2240	2400	
二十六年十月十七日	日军进攻	绥远省包头县	现款	民国十四年至二十六年	元	3000			
二十六年十月十七日	日军进攻	绥远省包头县	书籍	民国十四年至二十六年	册	15000	10000	15000	
二十六年十月十七日	日军进攻	绥远省包头县	各种图表	民国十四年至二十六年	张	750	1000	1250	
二十六年十月十七日	日军进攻	绥远省包头县	动植物标本	二十年八月	套	2	15000	20000	
二十六年十月十七日	日军进攻	绥远省包头县	理化仪器	十九年三月	套	3	27000	30000	
二十六年十月十七日	日军进攻	绥远省包头县	医药用品	民国十四年至二十六年	种	200	1000	1000	

损失年月日	事件	地点	损失项目	购置年月	单位	数量	价值（国币元）		证件
							购置时价值	损失时价值	
二十六年十月十七日	日军进攻	绥远省包头县	黑板	民国十四年至二十六年	块	3	30	30	
二十六年十月十七日	日军进攻	绥远省包头县	风琴	民国十四年至二十六年	架	3	135	165	

受损失者：绥远省立包头中学

填报者

姓名：潘秀仁

服务处所与所任职务：绥远省教育厅长

与受损失者之关系：直属长官

通信地址：绥远省教育厅　盖章

财产损失报告单（表式2）

填送日期：　　年　月　日

损失年月日	事件	地点	损失项目	购置年月	单位	数量	价值（国币元）		证件
							购置时价值	损失时价值	
二十六年十月十四日	日军进攻	绥远省归绥县	房屋	十一年至二十六年	间	200	100000	120000	
二十六年十月十四日	日军进攻	绥远省归绥县	桌凳	十一年至二十六年	套	300	1800	2400	
二十六年十月十四日	日军进攻	绥远省归绥县	办公桌椅	十一年至二十六年	件	100	1000	1200	
二十六年十月十四日	日军进攻	绥远省归绥县	油印机	十一年至二十六年	部	3	60	75	
二十六年十月十四日	日军进攻	绥远省归绥县	时钟	十一年至二十六年	座	20	300	360	
二十六年十月十四日	日军进攻	绥远省归绥县	书架	十一年至二十六年	个	40	800	840	
二十六年十月十四日	日军进攻	绥远省归绥县	课铃	十一年至二十六年	个	3	5	6	
二十六年十月十四日	日军进攻	绥远省归绥县	黑板	十一年至二十六年	块	6	50	66	
二十六年十月十四日	日军进攻	绥远省归绥县	铁锅	十一年至二十六年	口	12	240	260	

损失年月日	事件	地点	损失项目	购置年月	单位	数量	价值（国币元）		证件
							购置时价值	损失时价值	
二十六年十月十四日	日军进攻	绥远省归绥县	蒸笼	十一年至二十六年	具	6	180	210	
二十六年十月十四日	日军进攻	绥远省归绥县	其他炊具	十一年至二十六年	件	800	600	800	
二十六年十月十四日	日军进攻	绥远省归绥县	篮球	十一年至二十六年	颗	12	400	500	
二十六年十月十四日	日军进攻	绥远省归绥县	篮球架	十一年至二十六年	副	6	400	600	
二十六年十月十四日	日军进攻	绥远省归绥县	排球	十一年至二十六年	颗	12	250	300	
二十六年十月十四日	日军进攻	绥远省归绥县	排球网	十一年至二十六年	幅	6	100	120	
二十六年十月十四日	日军进攻	绥远省归绥县	其他运动器具	十一年至二十六年	件	100	1600	1800	
二十六年十月十四日	日军进攻	绥远省归绥县	木箱	十一年至二十六年	个	20	100	140	
二十六年十月十四日	日军进攻	绥远省归绥县	保险箱	十二年六月	个	1	40	60	
二十六年十月十四日	日军进攻	绥远省归绥县	墨盒	十一年至二十六年	个	60	30	42	
二十六年十月十四日	日军进攻	绥远省归绥县	其他器具	十一年至二十六年	件	1600	4480	4800	
二十六年十月十四日	日军进攻	绥远省归绥县	现款	十一年至二十六年	元	6000			
二十六年十月十四日	日军进攻	绥远省归绥县	书籍	十一年至二十六年	册	30000	20000	30000	
二十六年十月十四日	日军进攻	绥远省归绥县	各种图表	十一年至二十六年	张	1500	2000	2500	
二十六年十月十四日	日军进攻	绥远省归绥县	动植物标本	十一年至二十六年	套	2	15000	20000	
二十六年十月十四日	日军进攻	绥远省归绥县	理化仪器	十一年至二十六年	套	6	54000	60000	
二十六年十月十四日	日军进攻	绥远省归绥县	医药用品	十一年至二十六年	种	350	1800	2000	
二十六年十月十四日	日军进攻	绥远省归绥县	风琴	十一年至二十六年	架	6	270	330	

受损失者：绥远省立归绥师范学校

填报者

姓名：潘秀仁

服务处所与所任职务：绥远省教育厅长

与受损失者之关系：直属长官

通信地址：绥远省教育厅　盖章

财产损失报告单（表式2）

填送日期：　年　月　日

损失年月日	事件	地点	损失项目	购置年月	单位	数量	价值（国币元）		证件
							购置时价值	损失时价值	
二十六年十月十四日	日军进攻	绥远省归绥县	房屋	十四年至二十六年	间	200	30000	40000	
二十六年十月十四日	日军进攻	绥远省归绥县	桌凳	十四年至二十六年	套	150	1000	1200	
二十六年十月十四日	日军进攻	绥远省归绥县	办公桌椅	十四年至二十六年	件	50	440	520	
二十六年十月十四日	日军进攻	绥远省归绥县	木箱	十四年至二十六年	个	10	50	70	
二十六年十月十四日	日军进攻	绥远省归绥县	皮箱	十四年至二十六年	个	5	40	50	
二十六年十月十四日	日军进攻	绥远省归绥县	黑板	十四年至二十六年	块	3	30	30	
二十六年十月十四日	日军进攻	绥远省归绥县	时钟	十四年至二十六年	座	10	150	170	
二十六年十月十四日	日军进攻	绥远省归绥县	油印机	十四年至二十六年	部	2	40	60	
二十六年十月十四日	日军进攻	绥远省归绥县	课铃	十四年至二十六年	个	2	4	5	
二十六年十月十四日	日军进攻	绥远省归绥县	墨盒	十四年至二十六年	个	30	15	20	
二十六年十月十四日	日军进攻	绥远省归绥县	炊具	十四年至二十六年	套	5	500	600	
二十六年十月十四日	日军进攻	绥远省归绥县	篮球	十四年至二十六年	颗	6	200	250	
二十六年十月十四日	日军进攻	绥远省归绥县	排球	十四年至二十六年	颗	6	125	150	
二十六年十月十四日	日军进攻	绥远省归绥县	网球	十四年至二十六年	打	1	50	60	
二十六年十月十四日	日军进攻	绥远省归绥县	其他器具	十四年至二十六年	件	800	2240	2400	
二十六年十月十四日	日军进攻	绥远省归绥县	现款	十四年至二十六年	元	3000			
二十六年十月十四日	日军进攻	绥远省归绥县	书籍	十四年至二十六年	册	15000	10000	15000	

损失年月日	事件	地点	损失项目	购置年月	单位	数量	价值（国币元）		证件
							购置时价值	损失时价值	
二十六年十月十四日	日军进攻	绥远省归绥县	各种图表	十四年至二十六年	张	750	1000	1250	
二十六年十月十四日	日军进攻	绥远省归绥县	动植物标本	十四年至二十六年	套	2	15000	20000	
二十六年十月十四日	日军进攻	绥远省归绥县	理化仪器	十四年至二十六年	套	3	27000	30000	
二十六年十月十四日	日军进攻	绥远省归绥县	医药用品	十四年至二十六年	种	200	1000	1000	
二十六年十月十四日	日军进攻	绥远省归绥县	书架	十四年至二十六年	个	20	400	400	
二十六年十月十四日	日军进攻	绥远省归绥县	风琴	十四年至二十六年	架	3	135	165	

受损失者：绥远省立归绥女子师范学校

填报者

姓名：潘秀仁

服务处所与所任职务：绥远省教育厅长

与受损失者之关系：直属长官

通信地址：绥远省教育厅　盖章

财产损失报告单（表式2）

填送日期：　　年　月　日

损失年月日	事件	地点	损失项目	购置年月	单位	数量	价值（国币元）		证件
							购置时价值	损失时价值	
二十六年十月十日	日军进攻	绥远省集宁县	房屋	二十一年至二十六年	间	150	25000	30000	
二十六年十月十日	日军进攻	绥远省集宁县	桌凳	二十一年至二十六年	套	150	1200	1500	
二十六年十月十日	日军进攻	绥远省集宁县	办公桌椅	二十一年至二十六年	件	50	440	520	
二十六年十月十日	日军进攻	绥远省集宁县	油印机	二十一年至二十六年	部	2	40	60	
二十六年十月十日	日军进攻	绥远省集宁县	书架	二十一年至二十六年	个	20	400	400	

损失年月日	事件	地点	损失项目	购置年月	单位	数量	价值（国币元）		证件
							购置时价值	损失时价值	
二十六年十月十日	日军进攻	绥远省集宁县	时钟	二十一年至二十六年	座	10	150	170	
二十六年十月十日	日军进攻	绥远省集宁县	黑板	二十一年至二十六年	块	3	30	30	
二十六年十月十日	日军进攻	绥远省集宁县	墨盒	二十一年至二十六年	个	30	15	20	
二十六年十月十日	日军进攻	绥远省集宁县	木箱	二十一年至二十六年	个	10	50	70	
二十六年十月十日	日军进攻	绥远省集宁县	保险箱	二十一年七月	个	1	50	60	
二十六年十月十日	日军进攻	绥远省集宁县	党国旗	二十一年七月	对	2	20	20	
二十六年十月十日	日军进攻	绥远省集宁县	篮球	二十一年至二十六年	颗	6	200	250	
二十六年十月十日	日军进攻	绥远省集宁县	篮球架	二十一年至二十六年	副	3	200	300	
二十六年十月十日	日军进攻	绥远省集宁县	排球	二十一年至二十六年	颗	6	125	150	
二十六年十月十日	日军进攻	绥远省集宁县	排球网	二十一年至二十六年	幅	3	50	60	
二十六年十月十日	日军进攻	绥远省集宁县	课铃	二十一年至二十六年	个	2	4	5	
二十六年十月十日	日军进攻	绥远省集宁县	炊具	二十一年至二十六年	套	5	500	600	
二十六年十月十日	日军进攻	绥远省集宁县	其他器具	二十一年至二十六年	件	800	2240	2400	
二十六年十月十日	日军进攻	绥远省集宁县	现款	二十一年至二十六年	元	2500			
二十六年十月十日	日军进攻	绥远省集宁县	书籍	二十一年至二十六年	册	15000	10000	15000	
二十六年十月十日	日军进攻	绥远省集宁县	各种图表	二十一年至二十六年	张	750	1000	1250	
二十六年十月十日	日军进攻	绥远省集宁县	动植物标本	二十一年至二十六年	套	2	15000	20000	
二十六年十月十日	日军进攻	绥远省集宁县	理化仪器	二十一年至二十六年	套	3	27000	30000	
二十六年十月十日	日军进攻	绥远省集宁县	医药用品	二十一年至二十六年	种	200	1000	1000	
二十六年十月十日	日军进攻	绥远省集宁县	收音机	二十三年八月	架	1	300	400	
二十六年十月十日	日军进攻	绥远省集宁县	风琴	二十一年至二十六年	架	3	135	165	

受损失者：绥远省立集宁师范学校

填报者

姓名：潘秀仁

服务处所与所任职务：绥远省教育厅长

与受损失者之关系：直属长官

通信地址：绥远省教育厅　盖章

财产损失报告单（表式2）

填送日期：　　年　月　日

损失年月日	事件	地点	损失项目	购置年月	单位	数量	价值（国币元）		证件
							购置时价值	损失时价值	
二十六年十月十四日	日军进攻	绥远省归绥县	房屋	十二年至二十六年	间	325	50000	63000	
二十六年十月十四日	日军进攻	绥远省归绥县	榆木桌子	十二年至二十六年	个	420	12600	16800	
二十六年十月十四日	日军进攻	绥远省归绥县	榆木凳子	十二年至二十六年	个	500	1500	1800	
二十六年十月十四日	日军进攻	绥远省归绥县	书架	十二年至二十六年	个	45	675	900	
二十六年十月十四日	日军进攻	绥远省归绥县	时钟	十二年至二十六年	架	15	150	225	
二十六年十月十四日	日军进攻	绥远省归绥县	书籍	十二年至二十六年	册	16250	8765	15000	
二十六年十月十四日	日军进攻	绥远省归绥县	图表	十二年至二十六年	张	698	698	1047	
二十六年十月十四日	日军进攻	绥远省归绥县	动植物标本	十二年至二十六年	套	1560	2890	3500	
二十六年十月十四日	日军进攻	绥远省归绥县	理化仪器	十二年至二十六年	套	680	8200	10000	
二十六年十月十四日	日军进攻	绥远省归绥县	气象仪器	十二年至二十六年	件	25	1600	1600	
二十六年十月十四日	日军进攻	绥远省归绥县	解剖仪器	十二年至二十六年	件	24	1300	1300	
二十六年十月十四日	日军进攻	绥远省归绥县	中西农具	十二年至二十六年	件	350	6580	6580	
二十六年十月十四日	日军进攻	绥远省归绥县	中西牛羊猪鸡种牲畜	十二年至二十六年		200	28800	28800	
二十六年十月十四日	日军进攻	绥远省归绥县	化学药品	十二年至二十六年	种	85	500	500	
二十六年十月十四日	日军进攻	绥远省归绥县	现款	十二年至二十六年	元	3000			

| 损失年月日 | 事件 | 地点 | 损失项目 | 购置年月 | 单位 | 数量 | 价值（国币元） | | 证件 |
							购置时价值	损失时价值	
二十六年十月十四日	日军进攻	绥远省归绥县	其他器具	十二年至二十六年	件	1200	3000	3000	
二十六年十月十四日	日军进攻	绥远省归绥县	风琴	十二年至二十六年	架	3	135	165	

受损失者：绥远省立农科职业学校

填报者

姓名：潘秀仁

服务处所与所任职务：绥远省教育厅长

与受损失者之关系：直属长官

通信地址：绥远省教育厅　盖章

财产损失报告单（表式2）

填送日期：　　年　月　日

| 损失年月日 | 事件 | 地点 | 损失项目 | 购置年月 | 单位 | 数量 | 价值（国币元） | | 证件 |
							购置时价值	损失时价值	
二十六年十月十四日	日军进攻	绥远省归绥县	房屋	十四年至二十六年	间	300	45000	60000	
二十六年十月十四日	日军进攻	绥远省归绥县	桌凳	十四年至二十六年	套	300	1800	2400	
二十六年十月十四日	日军进攻	绥远省归绥县	办公桌椅	十四年至二十六年	件	100	1000	1200	
二十六年十月十四日	日军进攻	绥远省归绥县	时钟	十四年至二十六年	座	20	300	360	
二十六年十月十四日	日军进攻	绥远省归绥县	书架	十四年至二十六年	个	30	450	600	
二十六年十月十四日	日军进攻	绥远省归绥县	油印机	十四年至二十六年	架	3	60	75	
二十六年十月十四日	日军进攻	绥远省归绥县	黑板	十四年至二十六年	块	6	50	66	
二十六年十月十四日	日军进攻	绥远省归绥县	墨盒	十四年至二十六年	个	60	30	42	
二十六年十月十四日	日军进攻	绥远省归绥县	课铃	十四年至二十六年	个	3	5	6	
二十六年十月十四日	日军进攻	绥远省归绥县	木箱	十四年至二十六年	个	20	100	140	

损失年月日	事件	地点	损失项目	购置年月	单位	数量	价值（国币元）		证件
							购置时价值	损失时价值	
二十六年十月十四日	日军进攻	绥远省归绥县	皮箱	十四年至二十六年	个	10	80	100	
二十六年十月十四日	日军进攻	绥远省归绥县	保险箱	十五年八月	个	2	80	120	
二十六年十月十四日	日军进攻	绥远省归绥县	算盘	十四年至二十六年	个	6	12	15	
二十六年十月十四日	日军进攻	绥远省归绥县	床板	十四年至二十六年	付	36	720	720	
二十六年十月十四日	日军进攻	绥远省归绥县	铁锅	十四年至二十六年	口	12	240	260	
二十六年十月十四日	日军进攻	绥远省归绥县	蒸笼	十四年至二十六年	具	6	180	210	
二十六年十月十四日	日军进攻	绥远省归绥县	其他炊具	十四年至二十六年	件	800	600	800	
二十六年十月十四日	日军进攻	绥远省归绥县	篮球	十四年至二十六年	颗	12	400	500	
二十六年十月十四日	日军进攻	绥远省归绥县	篮球架	十四年至二十六年	付	6	400	600	
二十六年十月十四日	日军进攻	绥远省归绥县	排球	十四年至二十六年	颗	12	240	300	
二十六年十月十四日	日军进攻	绥远省归绥县	排球网	十四年至二十六年	幅	6	100	120	
二十六年十月十四日	日军进攻	绥远省归绥县	网球	十四年至二十六年	打	2	100	120	
二十六年十月十四日	日军进攻	绥远省归绥县	网球网	十四年至二十六年	幅	6	120	144	
二十六年十月十四日	日军进攻	绥远省归绥县	网球拍	十四年至二十六年	个	24	360	384	
二十六年十月十四日	日军进攻	绥远省归绥县	足球	十四年至二十六年	颗	12	252	300	
二十六年十月十四日	日军进攻	绥远省归绥县	其他器具	十四年至二十六年	件	1600	8000	11200	

受损失者：绥远省立归绥工科职业学校

填报者

姓名：潘秀仁

服务处所与所任职务：绥远省教育厅长

与受损失者之关系：直属长官

通信地址：绥远省教育厅　盖章

填送日期：　年　月　日

损失年月日	事件	地点	损失项目	购置年月	单位	数量	价值（国币元）		证件
							购置时价值	损失时价值	
二十六年十月十四日	日军进攻	绥远省归绥县	25KVA发电机	十五年十月	台	1	2500	3000	
二十六年十月十四日	日军进攻	绥远省归绥县	四节卧式锅炉	十五年十月	个	1	2000	2500	
二十六年十月十四日	日军进攻	绥远省归绥县	自来水设备	十五年十月	套	全套	500	600	
二十六年十月十四日	日军进攻	绥远省归绥县	35马力蒸汽机	十五年十月	具	1	1500	1800	
二十六年十月十四日	日军进攻	绥远省归绥县	洗毛水槽	十五年十月	个	5	2500	3000	
二十六年十月十四日	日军进攻	绥远省归绥县	烘毛设备	十五年十月	套	全套	1500	1800	
二十六年十月十四日	日军进攻	绥远省归绥县	打土机	十五年十月	具	1	500	600	
二十六年十月十四日	日军进攻	绥远省归绥县	混毛机	十五年十月	具	1	800	1000	
二十六年十月十四日	日军进攻	绥远省归绥县	打毛机	十五年十月	具	1	500	600	
二十六年十月十四日	日军进攻	绥远省归绥县	针梳机	十五年十月	具	2	8000	10000	
二十六年十月十四日	日军进攻	绥远省归绥县	八十锭纺纱机	十五年十月	具	2	6000	8000	
二十六年十月十四日	日军进攻	绥远省归绥县	整经机	十五年十月	具	1	500	600	
二十六年十月十四日	日军进攻	绥远省归绥县	打轴机	十五年十月	具	1	500	600	
二十六年十月十四日	日军进攻	绥远省归绥县	30锭合股机	十五年十月	具	1	2000	2500	
二十六年十月十四日	日军进攻	绥远省归绥县	32片综八梭箱织机	十五年十月	具	1	1500	1800	
二十六年十月十四日	日军进攻	绥远省归绥县	单梭箱织机	十五年十月	具	1	700	900	
二十六年十月十四日	日军进攻	绥远省归绥县	铁轮机	十四年至二十六年	具	4	200	250	
二十六年十月十四日	日军进攻	绥远省归绥县	提花机	十四年至二十六年	具	3	1000	1200	
二十六年十月十四日	日军进攻	绥远省归绥县	踏花台	十八年三月	具	1	500	600	

| 损失年月日 | 事件 | 地点 | 损失项目 | 购置年月 | 单位 | 数量 | 价值（国币元） | | 证件 |
							购置时价值	损失时价值	
二十六年十月十四日	日军进攻	绥远省归绥县	刺菓起毛机	十八年三月	具	1	1000	1200	
二十六年十月十四日	日军进攻	绥远省归绥县	洗呢机	十八年三月	具	1	500	600	
二十六年十月十四日	日军进攻	绥远省归绥县	缩呢机	十八年三月	具	1	1500	1800	
二十六年十月十四日	日军进攻	绥远省归绥县	织毯机	十八年三月	具	2	300	400	
二十六年十月十四日	日军进攻	绥远省归绥县	精择机	十八年三月	具	1	2500	3000	
二十六年十月十四日	日军进攻	绥远省归绥县	并条机	十八年三月	具	1	1500	1800	
二十六年十月十四日	日军进攻	绥远省归绥县	电动机	十四年至二十六年	具	4	3000	3700	
二十六年十月十四日	日军进攻	绥远省归绥县	立式锅炉	十四年至二十六年	个	1	1000	1200	
二十六年十月十四日	日军进攻	绥远省归绥县	电灯设备	十四年至二十六年	套	全套	1500	1800	
二十六年十月十四日	日军进攻	绥远省归绥县	染色试验室器具	十四年至二十六年	套	全套	3500	4500	
二十六年十月十四日	日军进攻	绥远省归绥县	新式厂屋	十四年至二十六年	间	21	28000	31500	
二十六年十月十四日	日军进攻	绥远省归绥县	旋口	十四年至二十六年	具		2000	2000	
二十六年十月十四日	日军进攻	绥远省归绥县	割皮机	十四年至二十六年	具		1000	1000	
二十六年十月十四日	日军进攻	绥远省归绥县	泡皮池	十四年至二十六年	具		1000	1000	
二十六年十月十四日	日军进攻	绥远省归绥县	压平机	十四年至二十六年	具		1500	1500	
二十六年十月十四日	日军进攻	绥远省归绥县	压光机	十四年至二十六年	具		2000	2000	
二十六年十月十四日	日军进攻	绥远省归绥县	压花机	十四年至二十六年	具		3000	3000	
二十六年十月十四日	日军进攻	绥远省归绥县	刷绒机	十四年至二十六年	具		1500	1500	
二十六年十月十四日	日军进攻	绥远省归绥县	其他制革设备	十四年至二十六年	套		10000	10000	

损失年月日	事件	地点	损失项目	购置年月	单位	数量	价值（国币元）		证件
							购置时价值	损失时价值	
二十六年十月十四日	日军进攻	绥远省归绥县	现款		元	5000			
二十六年十月十四日	日军进攻	绥远省归绥县	书籍	十四年至二十六年	册	15000	10000	15000	
二十六年十月十四日	日军进攻	绥远省归绥县	各种图表	十四年至二十六年	张	1600	1000	1200	
二十六年十月十四日	日军进攻	绥远省归绥县	理化仪器	十四年至二十六年	套	6	54000	60000	
二十六年十月十四日	日军进攻	绥远省归绥县	寒暑表	十四年至二十六年	支	12	1200	1440	
二十六年十月十四日	日军进攻	绥远省归绥县	计算尺	十四年至二十六年	个	6	4800	6000	
二十六年十月十四日	日军进攻	绥远省归绥县	皮尺	十四年至二十六年	个	6	2100	2400	
二十六年十月十四日	日军进攻	绥远省归绥县	绘图仪器	十四年至二十六年	付	6	1500	1800	
二十六年十月十四日	日军进攻	绥远省归绥县	动植物标本	十四年至二十六年	套	6	54000	60000	
二十六年十月十四日	日军进攻	绥远省归绥县	各种药品	十四年至二十六年	种	500	2500	4000	
二十六年十月十四日	日军进攻	绥远省归绥县	风琴	十四年至二十六年	架	3	135	165	

受损失者：绥远省立归绥工科职业学校

填报者

姓名：潘秀仁

服务处所与所任职务：绥远省教育厅长

与受损失者之关系：直属长官

通信地址：绥远省教育厅　盖章

财产损失报告单（表式2）

填送日期：　年　月　日

损失年月日	事件	地点	损失项目	购置年月	单位	数量	价值（国币元）		证件
							购置时价值	损失时价值	
二十六年十月十四日	日军进攻	绥远省归绥县	房屋	二十二年至二十六年	间	70	12000	14000	
二十六年十月十四日	日军进攻	绥远省归绥县	桌凳	二十二年至二十六年	套	300	1800	2400	
二十六年十月十四日	日军进攻	绥远省归绥县	黑板	二十二年至二十六年	块	6	50	66	
二十六年十月十四日	日军进攻	绥远省归绥县	油印机	二十二年七月	部	1	20	25	
二十六年十月十四日	日军进攻	绥远省归绥县	时钟	二十二年至二十六年	座	10	150	180	
二十六年十月十四日	日军进攻	绥远省归绥县	书架	二十二年至二十六年	个	20	400	420	
二十六年十月十四日	日军进攻	绥远省归绥县	墨盒	二十二年至二十六年	个	30	15	21	
二十六年十月十四日	日军进攻	绥远省归绥县	课铃	二十二年七月	个	2	3	4	
二十六年十月十四日	日军进攻	绥远省归绥县	算盘	二十二年至二十六年	个	4	8	8	
二十六年十月十四日	日军进攻	绥远省归绥县	木箱	二十二年至二十六年	个	10	50	70	
二十六年十月十四日	日军进攻	绥远省归绥县	办公桌椅	二十二年至二十六年	件	20	200	220	
二十六年十月十四日	日军进攻	绥远省归绥县	篮球	二十二年至二十六年	颗	12	400	500	
二十六年十月十四日	日军进攻	绥远省归绥县	排球	二十二年至二十六年	颗	12	250	300	
二十六年十月十四日	日军进攻	绥远省归绥县	乒乓球	二十三年一月	打	2	10	12	
二十六年十月十四日	日军进攻	绥远省归绥县	篮球架	二十二年至二十六年	付	6	400	600	
二十六年十月十四日	日军进攻	绥远省归绥县	排球网	二十二年至二十六年	幅	6	100	120	
二十六年十月十四日	日军进攻	绥远省归绥县	党国旗	二十二年至二十六年	对	2	20	20	
二十六年十月十四日	日军进攻	绥远省归绥县	炊具	二十二年至二十六年	件	400	400	500	

损失年月日	事件	地点	损失项目	购置年月	单位	数量	价值（国币元）		证件
							购置时价值	损失时价值	
二十六年十月十四日	日军进攻	绥远省归绥县	其他器具	二十二年至二十六年	件	800	2240	2400	
二十六年十月十四日	日军进攻	绥远省归绥县	现款	二十二年至二十六年	元	3000			
二十六年十月十四日	日军进攻	绥远省归绥县	书籍	二十二年至二十六年	册	10000	6000	7000	
二十六年十月十四日	日军进攻	绥远省归绥县	各种图表	二十二年至二十六年	张	750	1000	1250	
二十六年十月十四日	日军进攻	绥远省归绥县	动植物标本	二十二年至二十六年	套	2	7500	10000	
二十六年十月十四日	日军进攻	绥远省归绥县	理化仪器	二十二年至二十六年	件	100	5000	6000	
二十六年十月十四日	日军进攻	绥远省归绥县	医药用品	二十二年至二十六年	种	100	500	600	
二十六年十月十四日	日军进攻	绥远省归绥县	风琴	二十二年至二十六年	架	6	270	330	

受损失者：绥远省立归绥师范学校附属小学

填报者

姓名：潘秀仁

服务处所与所任职务：绥远省教育厅长

与受损失者之关系：直属长官

通信地址：绥远省教育厅　盖章

财产损失报告单（表式2）

填送日期：　年　月　日

损失年月日	事件	地点	损失项目	购置年月	单位	数量	价值（国币元）		证件
							购置时价值	损失时价值	
二十六年十月十四日	日军进攻	绥远省归绥县	房屋	十八年至二十六年	间	100	15000	20000	
二十六年十月十四日	日军进攻	绥远省归绥县	桌凳	十八年至二十六年	套	400	2400	3200	
二十六年十月十四日	日军进攻	绥远省归绥县	黑板	十八年至二十六年	块	8	80	88	
二十六年十月十四日	日军进攻	绥远省归绥县	办公桌椅	十八年至二十六年	件	30	300	330	

损失年月日	事件	地点	损失项目	购置年月	单位	数量	价值（国币元）		证件
							购置时价值	损失时价值	
二十六年十月十四日	日军进攻	绥远省归绥县	书架	十八年至二十六年	个	20	400	420	
二十六年十月十四日	日军进攻	绥远省归绥县	时钟	十八年至二十六年	座	15	225	240	
二十六年十月十四日	日军进攻	绥远省归绥县	铃子	十八年至二十六年	个	4	6	8	
二十六年十月十四日	日军进攻	绥远省归绥县	油印机	十八年至二十六年	部	2	40	50	
二十六年十月十四日	日军进攻	绥远省归绥县	墨盒	十八年至二十六年	个	40	20	28	
二十六年十月十四日	日军进攻	绥远省归绥县	木箱	十八年至二十六年	个	16	80	112	
二十六年十月十四日	日军进攻	绥远省归绥县	运动器具	十八年至二十六年	种	30	1500	1500	
二十六年十月十四日	日军进攻	绥远省归绥县	炊具	十八年至二十六年	件	200	200	250	
二十六年十月十四日	日军进攻	绥远省归绥县	其他器具	十八年至二十六年	件	1000	2500	3000	
二十六年十月十四日	日军进攻	绥远省归绥县	现款		元	4000			
二十六年十月十四日	日军进攻	绥远省归绥县	书籍	十八年至二十六年	册	10000	6000	7000	
二十六年十月十四日	日军进攻	绥远省归绥县	各种图表	十八年至二十六年	张	800	1200	1200	
二十六年十月十四日	日军进攻	绥远省归绥县	动植物标本	十八年至二十六年	套	3	11250	15000	
二十六年十月十四日	日军进攻	绥远省归绥县	理化仪器	十八年至二十六年	件	120	6000	7200	
二十六年十月十四日	日军进攻	绥远省归绥县	医药用品	十八年至二十六年	种	150	750	900	
二十六年十月十四日	日军进攻	绥远省归绥县	风琴	十八年至二十六年	架	4	180	220	

受损失者：绥远省立第一小学

填报者

姓名：潘秀仁

服务处所与所任职务：绥远省教育厅长

与受损失者之关系：直属长官

通信地址：绥远省教育厅　盖章

财产损失报告单（表式 2）

损失年月日	事件	地点	损失项目	购置年月	单位	数量	价值（国币元）		证件
							购置时价值	损失时价值	
二十六年十月十四日	日军进攻	绥远省归绥县	房屋	十九年至二十六年	间	70	12000	14000	
二十六年十月十四日	日军进攻	绥远省归绥县	桌凳	十九年至二十六年	套	300	1800	2400	
二十六年十月十四日	日军进攻	绥远省归绥县	书架	十九年至二十六年	个	20	400	420	
二十六年十月十四日	日军进攻	绥远省归绥县	皮箱	十九年至二十六年	个	3	24	30	
二十六年十月十四日	日军进攻	绥远省归绥县	木箱	十九年至二十六年	个	10	50	70	
二十六年十月十四日	日军进攻	绥远省归绥县	办公桌椅	十九年至二十六年	件	20	200	220	
二十六年十月十四日	日军进攻	绥远省归绥县	时钟	十九年至二十六年	座	10	150	180	
二十六年十月十四日	日军进攻	绥远省归绥县	墨盒	十九年至二十六年	个	30	15	21	
二十六年十月十四日	日军进攻	绥远省归绥县	黑板	十九年至二十六年	块	6	60	66	
二十六年十月十四日	日军进攻	绥远省归绥县	油印机	二十年八月	部	1	20	25	
二十六年十月十四日	日军进攻	绥远省归绥县	炊具	十九年至二十六年	件	200	200	250	
二十六年十月十四日	日军进攻	绥远省归绥县	运动器具	十九年至二十六年	种	30	1500	1500	
二十六年十月十四日	日军进攻	绥远省归绥县	其他器具	十九年至二十六年	件	800	2000	2400	
二十六年十月十四日	日军进攻	绥远省归绥县	现款		元	3000			
二十六年十月十四日	日军进攻	绥远省归绥县	书籍	十九年至二十六年	册	10000	6000	7000	
二十六年十月十四日	日军进攻	绥远省归绥县	各种图表	十九年至二十六年	张	750	1000	1250	
二十六年十月十四日	日军进攻	绥远省归绥县	动植物标本	十九年至二十六年	套	2	7500	10000	
二十六年十月十四日	日军进攻	绥远省归绥县	理化仪器	十九年至二十六年	件	100	5000	6000	

损失年月日	事件	地点	损失项目	购置年月	单位	数量	价值（国币元）		证件
							购置时价值	损失时价值	
二十六年十月十四日	日军进攻	绥远省归绥县	木箱	十九年至二十六年	个	10	50	70	
二十六年十月十四日	日军进攻	绥远省归绥县	黑板	十九年至二十六年	块	6	60	66	
二十六年十月十四日	日军进攻	绥远省归绥县	油印机	十九年十月	部	1	20	25	
二十六年十月十四日	日军进攻	绥远省归绥县	时钟	十九年至二十六年	座	10	150	180	
二十六年十月十四日	日军进攻	绥远省归绥县	墨盒	十九年至二十六年	个	30	15	21	
二十六年十月十四日	日军进攻	绥远省归绥县	办公桌椅	十九年至二十六年	件	20	200	220	
二十六年十月十四日	日军进攻	绥远省归绥县	铃子	十九年八月	个	2	3	4	
二十六年十月十四日	日军进攻	绥远省归绥县	书架	十九年至二十六年	个	20	400	420	
二十六年十月十四日	日军进攻	绥远省归绥县	炊具	十九年至二十六年	件	200	200	250	
二十六年十月十四日	日军进攻	绥远省归绥县	运动器具	十九年至二十六年	种	30	1500	1500	
二十六年十月十四日	日军进攻	绥远省归绥县	其他器具	十九年至二十六年	件	800	2000	2400	
二十六年十月十四日	日军进攻	绥远省归绥县	现款		元	3000			
二十六年十月十四日	日军进攻	绥远省归绥县	书籍	十九年至二十六年	册	10000	6000	7000	
二十六年十月十四日	日军进攻	绥远省归绥县	各种图表	十九年至二十六年	张	750	1050	1200	
二十六年十月十四日	日军进攻	绥远省归绥县	动植物标本	十九年至二十六年	套	2	7500	10000	
二十六年十月十四日	日军进攻	绥远省归绥县	理化仪器	十九年至二十六年	件	100	5000	6000	
二十六年十月十四日	日军进攻	绥远省归绥县	医药用品	十九年至二十六年	种	100	500	600	
二十六年十月十四日	日军进攻	绥远省归绥县	风琴	十九年至二十六年	架	3	135	165	

受损失者：绥远省立第四小学

填报者

姓名：潘秀仁

服务处所与所任职务：绥远省教育厅长

与受损失者之关系：直属长官

通信地址：绥远省教育厅　盖章

财产损失报告单（表式2）

填送日期：　年　月　日

损失年月日	事件	地点	损失项目	购置年月	单位	数量	价值（国币元）		证件
							购置时价值	损失时价值	
二十六年十月十四日	日军进攻	绥远省归绥县	房屋	十九年至二十六年	间	70	12000	14000	
二十六年十月十四日	日军进攻	绥远省归绥县	桌凳	十九年至二十六年	套	300	1800	2400	
二十六年十月十四日	日军进攻	绥远省归绥县	办公桌椅	十九年至二十六年	件	20	200	220	
二十六年十月十四日	日军进攻	绥远省归绥县	黑板	十九年至二十六年	块	6	60	66	
二十六年十月十四日	日军进攻	绥远省归绥县	油印机	十九年八月	部	1	20	25	
二十六年十月十四日	日军进攻	绥远省归绥县	书架	十九年至二十六年	个	20	400	420	
二十六年十月十四日	日军进攻	绥远省归绥县	墨盒	十九年至二十六年	个	30	15	21	
二十六年十月十四日	日军进攻	绥远省归绥县	时钟	十九年至二十六年	座	10	150	180	
二十六年十月十四日	日军进攻	绥远省归绥县	木箱	十九年至二十六年	个	10	50	70	
二十六年十月十四日	日军进攻	绥远省归绥县	皮箱	十九年至二十六年	个	3	24	30	
二十六年十月十四日	日军进攻	绥远省归绥县	炊具	十九年至二十六年	件	200	200	250	
二十六年十月十四日	日军进攻	绥远省归绥县	运动器具	十九年至二十六年	种	30	1500	1500	
二十六年十月十四日	日军进攻	绥远省归绥县	其他器具	十九年至二十六年	件	800	2000	2400	
二十六年十月十四日	日军进攻	绥远省归绥县	现款		元	3000			
二十六年十月十四日	日军进攻	绥远省归绥县	书籍	十九年至二十六年	册	10000	6000	7000	
二十六年十月十四日	日军进攻	绥远省归绥县	各种图表	十九年至二十六年	张	750	1050	1200	
二十六年十月十四日	日军进攻	绥远省归绥县	动植物标本	十九年至二十六年	套	2	7500	10000	

损失年月日	事件	地点	损失项目	购置年月	单位	数量	价值（国币元）		证件
							购置时价值	损失时价值	
二十六年十月十四日	日军进攻	绥远省归绥县	理化仪器	十九年至二十六年	件	100	5000	6000	
二十六年十月十四日	日军进攻	绥远省归绥县	医药用品	十九年至二十六年	种	100	500	600	
二十六年十月十四日	日军进攻	绥远省归绥县	风琴	十九年至二十六年	架	3	135	165	

受损失者：绥远省立第五小学

填报者

姓名：潘秀仁

服务处所与所任职务：绥远省教育厅长

与受损失者之关系：直属长官

通信地址：绥远省教育厅　盖章

财产损失报告单（表式2）

填送日期：　　年　　月　　日

损失年月日	事件	地点	损失项目	购置年月	单位	数量	价值（国币元）		证件
							购置时价值	损失时价值	
二十六年十月十四日	日军进攻	绥远省归绥县	房屋	二十年至二十六年	间	70	12000	14000	
二十六年十月十四日	日军进攻	绥远省归绥县	桌凳	二十年至二十六年	套	300	1800	2400	
二十六年十月十四日	日军进攻	绥远省归绥县	黑板	二十年至二十六年	块	6	60	66	
二十六年十月十四日	日军进攻	绥远省归绥县	办公桌椅	二十年至二十六年	件	20	200	220	
二十六年十月十四日	日军进攻	绥远省归绥县	书架	二十年至二十六年	个	20	400	420	
二十六年十月十四日	日军进攻	绥远省归绥县	油印机	二十年八月	部	1	20	25	
二十六年十月十四日	日军进攻	绥远省归绥县	时钟	二十年至二十六年	座	10	150	180	
二十六年十月十四日	日军进攻	绥远省归绥县	墨盒	二十年至二十六年	个	30	15	21	
二十六年十月十四日	日军进攻	绥远省归绥县	木箱	二十年至二十六年	个	10	50	70	

损失年月日	事件	地点	损失项目	购置年月	单位	数量	价值（国币元）		证件
							购置时价值	损失时价值	
二十六年十月十四日	日军进攻	绥远省归绥县	算盘	二十年至二十六年	个	4	8	8	
二十六年十月十四日	日军进攻	绥远省归绥县	炊具	二十年至二十六年	件	200	200	250	
二十六年十月十四日	日军进攻	绥远省归绥县	运动器具	二十年至二十六年	种	30	1500	1500	
二十六年十月十四日	日军进攻	绥远省归绥县	其他器具	二十年至二十六年	件	800	2000	2400	
二十六年十月十四日	日军进攻	绥远省归绥县	现款		元	3000			
二十六年十月十四日	日军进攻	绥远省归绥县	书籍	二十年至二十六年	册	10000	6000	7000	
二十六年十月十四日	日军进攻	绥远省归绥县	各种图表	二十年至二十六年	张	750	1050	1200	
二十六年十月十四日	日军进攻	绥远省归绥县	动植物标本	二十年至二十六年	套	2	7500	10000	
二十六年十月十四日	日军进攻	绥远省归绥县	理化仪器	二十年至二十六年	件	100	5000	6000	
二十六年十月十四日	日军进攻	绥远省归绥县	医药用品	二十年至二十六年	种	100	500	600	
二十六年十月十四日	日军进攻	绥远省归绥县	风琴	二十年至二十六年	架	3	135	165	

受损失者：绥远省立第一女子小学

填报者

姓名：潘秀仁

服务处所与所任职务：绥远省教育厅长

与受损失者之关系：直属长官

通信地址：绥远省教育厅　盖章

绥远省私立中等学校财产直接损失汇报表

事件：日军进攻

日期：二十六年十月十四日

地点：绥远省归绥县

填送日期： 年 月 日

分　类	价　值（国币元）
共　计	125095
建 筑 物	52000
器　具	8045
现　款	4200
图　书	10450
仪　器	50000
医药用品	400
其　他	

附：财产损失报告单 1 张

报告者：绥远省教育厅长潘秀仁

财产损失报告单（表式 2）

填送日期： 年 月 日

损失年月日	事件	地点	损失项目	购置年月	单位	数量	价值（国币元）		证件
							购置时价值	损失时价值	
二十六年十月十四日	日军进攻	绥远省归绥县	房屋	二十年至二十六年	间	300	40000	52000	
二十六年十月十四日	日军进攻	绥远省归绥县	桌凳	二十年至二十六年	套	400	1500	2000	
二十六年十月十四日	日军进攻	绥远省归绥县	办公桌椅	二十年至二十六年	件	100	1000	1200	
二十六年十月十四日	日军进攻	绥远省归绥县	书架	二十年至二十六年	个	30	600	600	
二十六年十月十四日	日军进攻	绥远省归绥县	时钟	二十年至二十六年	座	12	150	180	

损失年月日	事件	地点	损失项目	购置年月	单位	数量	价值（国币元）		证件
							购置时价值	损失时价值	
二十六年十月十四日	日军进攻	绥远省归绥县	书籍	二十年至二十六年	册	12800	6400	10000	
二十六年十月十四日	日军进攻	绥远省归绥县	各种图表	二十年至二十六年	张	300	350	450	
二十六年十月十四日	日军进攻	绥远省归绥县	动植物标本	二十一年八月	套	2	15000	20000	
二十六年十月十四日	日军进攻	绥远省归绥县	理化仪器	二十二年八月	套	3	27000	30000	
二十六年十月十四日	日军进攻	绥远省归绥县	化学药品	二十年至二十六年	种	350	350	400	
二十六年十月十四日	日军进攻	绥远省归绥县	现款		元	4200			
二十六年十月十四日	日军进攻	绥远省归绥县	其他器具	二十年至二十六年	件	1300	3500	3900	
二十六年十月十四日	日军进攻	绥远省归绥县	风琴	二十年至二十六年	架	3	135	165	

受损失者：绥远省私立正风中学

填报者

姓名：潘秀仁

服务处所与所任职务：绥远省教育厅长

与受损失者之关系：

通信地址：绥远省教育厅　盖章

财产损失报告单（表式2）

填送日期：　　年　月　日

损失年月日	事件	地点	损失项目	购置年月	单位	数量	价值（国币元）		证件
							购置时价值	损失时价值	
二十六年十月十四日	日军入归绥	归绥	衣服	二十四年及二十五年	件	9	90	80	
二十六年十月至十二月间	伪官强用	归绥	桌凳	二十四、二十五年间	件	10	80	70	
二十六年十月十四日	日军入绥		书籍	二十二年至二十六年	册或部	四大部1万本	340	300	
二十六年十月至十二月	伪官强用	归绥	锅、盆壶、杯	二十五年	个	20	100	90	

损失年月日	事件	地点	损失项目	购置年月	单位	数量	价值（国币元）		证件
							购置时价值	损失时价值	
二十九年一月二十九日	日军西犯	陕坝	锅、盆壶、杯	二十八年四月	个	15	100	95	
二十九年一月二十九日	日军攻绥西	陕坝	衣服	二十八年五月	件	10	200	150	

受损失者：王印

填报者

姓名：王印

服务处所与所任职务：绥远省教育厅秘书

与受损失者之关系：本人

通信地址：绥远省教育厅　盖章

财产损失报告单（表式2）

填送日期：　　年　　月　　日

损失年月日	事件	地点	损失项目	购置年月	单位	数量	价值（国币元）		证件
							购置时价值	损失时价值	
民国二十六年十月十七日	被日兵抢去	包头县	骑马	二十六年九月	匹	2	420	420	
			皮大衣	二十五年九月	件	1	22	30	
			毛布制服	二十五年十月	套	1	9.5	12	
			毛衣	二十五年十一月	套	1	7	10	
			被子	二十五年七月	件	1	13	15	
			被套	二十六年九月	件	1	16	20	
			法币		元	2700		2700	
			马鞍	二十六年九月	付	2	24	30	
			合计					3237	

受损失者：王庭槐

填报者

姓名：王庭槐

服务处所与所任职务：绥远省教育厅会计

与受损失者之关系：本人

通信地址：绥远省教育厅　盖章

财产损失报告单（表式2）

填送日期：　　年　月　日

损失年月日	事件	地点	损失项目	购置年月	单位	数量	价值（国币元）		证件
							购置时价值	损失时价值	
二十六年十月二十日	日寇侵入	绥远托县	砖房	祖遗	间	8		960	
二十六年十月二十日	日寇侵入	绥远托县	土房	祖遗	间	10		500	
二十六年十月十四日	日寇侵入	绥远归绥	六抽木桌	二十二年七月	个	1	8	10	
二十六年十月十四日	日寇侵入	绥远归绥	长桌	二十二年七月	个	1	5	6	
二十六年十月十四日	日寇侵入	绥远归绥	小炕桌	二十二年七月	个	1	2	3	
二十六年十月十四日	日寇侵入	绥远归绥	木椅	二十二年七月	个	6	30	36	
二十六年十月十四日	日寇侵入	绥远归绥	大壁镜	二十三年五月	个	1	28	30	
二十六年十月十四日	日寇侵入	绥远归绥	皮箱	祖遗	个	2		20	
二十六年十月十四日	日寇侵入	绥远归绥	狐皮大袄	二十二年十月	件	1	80	100	
二十六年十月十四日	日寇侵入	绥远归绥	丝绒袷大袍	二十四年十月	件	2	40	60	
二十六年十月十四日	日寇侵入	绥远归绥	赤金戒指	二十年至二十一年	个	3	45	54	
二十六年十月十四日	日寇侵入	绥远归绥	赤金镯子	二十五年六月	支	1	200	250	
二十六年十月十四日	日寇侵入	绥远归绥	国学书籍	二十一年至二十三年	册	300	700	700	
二十六年十月十四日	日寇侵入	绥远归绥	辞典字典	二十一年至二十三年	册	9	60	60	

损失年月日	事件	地点	损失项目	购置年月	单位	数量	价值（国币元）		证件
							购置时价值	损失时价值	
二十六年十二月	日寇侵入	南京	国学书籍	二十五年十月	册	150	140	140	
二十六年十二月	日寇侵入	南京	书架	二十五年十月	个	1	15	20	
二十六年十二月	日寇侵入	南京	真绸棉袍	二十五年十月	件	1	38	40	
二十六年十二月	日寇侵入	南京	原呢大氅	二十五年十月	件	1	25	25	
二十六年十二月	日寇侵入	南京	红缎棉被	二十三年五月	条	1	56	59	
二十六年十二月	日寇侵入	南京	纺绸大衫	二十三年五月	件	1	20	20	

受损失者

填报者

姓名：金肇圻

服务处所与所任职务：绥远省教育厅督学

与受损失者之关系：本人

通信地址：教育厅　盖章

财产损失报告单（表式2）

填送日期：三十六年四月二十日

损失年月日	事件	地点	损失项目	购置年月	单位	数量	价值（国币元）		证件
							购置时价值	损失时价值	
二十六年十月十四日	归绥陷落	绥远	被子	二十四年一月至二十六年二月	条	4	40	35	
			褥子	二十一年五月至二十六年二月	条	4	25	20	
			男皮袍	二十三年十一月	件	1	50	50	
			女皮袍	二十五年十一月	件	1	45	45	
			皮大氅	二十五年十一月	件	1	60	60	
			夹呢大氅	二十三年八月	件	1	25	25	
			小孩大氅	二十五年十一月	件	1	10	10	
			棉袍	二十三年九月	件	2	10	10	

损失年月日	事件	地点	损失项目	购置年月	单位	数量	价值（国币元）		证件
							购置时价值	损失时价值	
			米面	二十六年八月	袋斗	面5袋米3斗	31	65	
			细毛机制服	二十四年一月	套	1	25	25	
			呢制服	二十五年十月	套	1	20	20	
			毛布制服	二十五年十月	套	1	15	15	
			清河呢制服	二十五年一月	套	1	18	18	
			秋衣秋裤	二十三年至二十五年十月	件	10	15	15	
			女棉袍	二十五年十月	件	1	15	15	
			男女绸大衫	二十四年五月	件	2	30	30	
			女夹大褂	二十三年二月	件	1	18	18	
			单棉便衣	二十四年五月及十月	套	2	25	25	
			女单棉夹小衣上下身	二十四年五月及十月	套	4	50	50	
			皮鞋	二十三年至二十五年十月	对	3	36	30	
			礼服呢便鞋	二十三年至二十六年五月	对	3	6	5	
			手提小皮箱	二十六年二月	个	1	3	3	
			毛巾被	二十六年五月	条	2	10	10	
			衣料	二十六年一月	丈	2丈2尺	15.4	15.4	
			男毛衣与毛裤	二十五年十一月	件	2	10	10	
			女毛衣	二十五年十一月	件	2	12	12	
			西药品	二十六年月　日	箱	250	280	500	

受损失者：弓玉书

填报者

姓名：弓玉书

服务处所与所任职务：绥远省政府教育厅主任科员

与受损失者之关系：本人

通信地址：绥远省政府教育厅　盖章

财产损失报告单（表式2）

填送日期：三十四年六月二十日

| 损失年月日 | 事件 | 地点 | 损失项目 | 购置年月 | 单位 | 数量 | 价值（国币元） | | 证件 |
							购置时价值	损失时价值	
二十六年十月十四日	归绥陷落	归绥新城	炊餐器具	二十三年三月	套	全套	100	100	
			自行车	二十六年一月	辆	1	70	70	
			铁火炉	二十四年五月	个	1	40	40	
			煤油灯	二十三年三月	盏	1	1	1	
			木床	二十五年七月	架	1	20	20	
			皮箱	二十四年九月	个	2	20	20	
			留声机	二十五年三月	架	1	25	25	
			唱片	二十五年三月至二十六年五月	张	42	50.4	50.4	
			马蹄表	二十三年三月	座	1	2	2	
			挂钟	二十六年五月	座	1	15	15	
			方桌	二十四年一月	个	1	4	4	
			小炕桌	二十三年十月	个	1	3	3	
			大炕桌	二十四年九月	个	1	5	5	
			木椅	二十四年一月	对	1	8	8	
			茶几	二十四年二月	个	1	5	5	
			书厨	二十五年三月	个	1	40	40	
			痰盂	二十三年三月	个	2	4	4	
			衣架	二十四年九月	个	1	5	5	
			蜈蚣机	二十三年五月	个	1	5	5	
			帆皮箱	二十一年五月	个	1	5	5	
			柳箱	十五年	个	1	2.5	2	
			书籍	十五年三月至二十六年六月	册	2500	1100	900	
			三六裁绒毯	二十四年八月	块	2	60	60	
			哈尔滨毯	二十五年二月	块	1	25	25	
			太原毯	二十五年八月	块	1	12	12	
			绥毯	二十六年二月	块	1	10	10	

受损失者：弓玉书

填报者

姓名：弓玉书

服务处所与所任职务：绥远省政府教育厅主任科员

与受损失者之关系：本人

通信地址：绥远省政府教育厅　盖章

财产损失报告单（表式 2）

填送日期：三十四年六月二十日

损失年月日	事件	地点	损失项目	购置年月	单位	数量	价值（国币元）		证件
							购置时价值	损失时价值	
二十六年十月十七日	包头陷落	包头麻池村	国币		元	2800			
			羔皮制服	二十六年十月九日	件	1	15	15	
			皮裤	二十六年十月九日	件	1	13	13	
			青市布	二十六年十月十日	丈	1丈8尺	5.4	5.4	
			皮大氅	二十六年十月十日	件	1	35	35	
			手提小皮箱	二十六年十月十日	个	1	5	5	
			□	二十六年十月十日	丈	1丈5尺	6	6	
			乘马	二十六年十月十三日	匹	1	150	150	
			绥毯	二十六年十月十三日	块	1	15	15	
			绒毡	二十六年十月五日	块	1	3	3	
			黄色制服	二十六年五月	套	1	8	8	
			礼帽	二十六年五月	顶	1	3	3	
二十九年一月	日军进攻	扒子补隆	被子	二十八年七月	条	1	23.4	35	
			褥子	二十八年七月	条	1	14	24	
			褥单	二十八年七月	条	1	4	10	
			茶缸	二十八年八月	个	1	0.5	1	
			制服	二十八年九月	件	1	7	7	
			耳枕	二十八年七月	个	2	5	5	
			三六毡	二十八年七月	块	1	4	4	

损失年月日	事件	地点	损失项目	购置年月	单位	数量	价值（国币元）		证件
							购置时价值	损失时价值	
			枕巾	二十八年八月	块	2	2	3	
			漱具	二十八年七月	套	全套	4	10	
			驼毛	二十八年十月	斤	35	35	55	
			纸烟	二十八年十一月	条	3	22.5	30	
			中西药品	二十八年二月	箱	1	300	3000	
			狐皮	二十八年十一月	张	1	25	40	

受损失者：弓玉书

填报者

姓名：弓玉书

服务处所与所任职务：绥远省政府教育厅主任科员

与受损失者之关系：本人

通信地址：绥远省政府教育厅　盖章

财产损失报告单（表式2）

填送日期：三十四年六月十五日

损失年月日	事件	地点	损失项目	购置年月	单位	数量	价值（国币元）		证件
							购置时价值	损失时价值	
二十七年一月		绥远托县	六六裁（裁）绒毯	十九年八月	块	2	80	400	
二十七年一月			三六裁绒毯	十八年三月	块	2	42	300	
二十七年一月	日军盘踞处		皮箱	二十年五月	个	3	15	60	
			座钟	十五年七月	架	2	20	50	
			自行车	二十六年二月	辆	1	100	200	
			木箱	十四年三月	个	110	4	770	
			大毛毡	二十六年四月	块	5	40	70	
			铁锅	二十五年六月	口	3	5	25	
二十七年十月			铁火炉	二十五年九月	个	2	25	60	

损失年月日	事件	地点	损失项目	购置年月	单位	数量	价值（国币元）		证件
							购置时价值	损失时价值	
二十八年三月			煤油桶	二十五年二月	个	80	120	320	
			风门	二十三年三月	合	6	30	60	
			药品	二十六年四月	斤	500	2000	3500	
			桌凳	二十四年五月	个	16	60	90	
二十八年二月			赤糖	二十六年六月	斤	300	90	150	
			白糖	二十六年六月	斤	300	100	180	
			冰糖	二十六年六月	斤	200	80	160	
二十八年十月	日军进攻		现款		元	5000			
			炊具	二十六年三月	套	2	50	80	
二十九年一月	日军进攻	绥远临河陕坝	皮大氅	二十八年九月	件	1	80	200	
			羔皮袍		件	1	75	180	
			被子	二十七年三月	条	2	40	60	
			褥子		条	2	20	40	
			夹衣	二十八年七月	套	2	15	30	
			棉衣		套	2	20	40	
			皮毛鞋	二十八年十月	对	3	30	60	
			现款		元	800			

受损失者：弓季平

填报者

姓名：弓季平

服务处所与所任职务：绥远省政府教育厅科员

与受损失者之关系：本人

通信地址：绥远省政府教育厅　盖章

财产损失报告单（表式2）

填送日期：三十四年六月二十三日

损失年月日	事件	地点	损失项目	购置年月	单位	数量	价值（国币元）		证件
							购置时价值	损失时价值	
二十六年十月十八日	日军进攻	山西崞县	瓦房	二十三年四月	间	4	930	800	
二十六年十月十八日	日军进攻	山西崞县	黑骡子	二十六年三月	头	1	180	250	

| 损失年月日 | 事件 | 地点 | 损失项目 | 购置年月 | 单位 | 数量 | 价值（国币元） | | 证件 |
							购置时价值	损失时价值	
二十六年十月十八日	日军进攻	山西崞县	谷子	二十五年	石	8	4	32	
二十六年十月十八日	日军进攻	山西崞县	高粱	二十五年	石	10	4	40	
二十六年十月十八日	日军进攻	山西崞县	豆子	二十五年	石	6	5	30	
二十六年十月十八日	日军进攻	山西崞县	土房	二十五年五月	间	6	350	300	
二十六年十月十八日	日军进攻	山西崞县	粉条子	二十六年四月		3800	570	570	
二十六年十月十八日	日军进攻	山西崞县	猪	二十六年六月	个	28	364	560	
二十六年十月十八日	日军进攻	山西崞县	大缸	二十六年二月	个	17	85	85	
二十六年十月十八日	日军进攻	山西崞县	大柜	二十六年一月	个	2	23	26	
二十六年十月十八日	日军进攻	山西崞县	出稍笼	二十六年六月	节	16	48	48	
二十六年十月十八日	日军进攻	山西崞县	轿车轮子		对	1	120	120	
二十六年十月十八日	日军进攻	山西崞县	骡鞍子		盘	2	25	25	
二十六年十月十八日	日军进攻	山西崞县	合计					2886	

受损失者：刘毅

填报者

姓名：刘毅

服务处所与所任职务：绥远省教育厅科员

与受损失者之关系：本人

通信地址：绥远省教育厅　盖章

<h1 style="text-align:center">财产损失报告单（表式2）</h1>

填送日期：　　年　月　日

损失年月日	事件	地点	损失项目	购置年月	单位	数量	价值（国币元）		证件
							购置时价值	损失时价值	
二十六年十月十四日	日军进攻	绥远归绥	皮大衣	二十五年	件	2	30	80	
	日军进攻	绥远归绥	大棉袍	二十五年	件	3	36	45	
	日军进攻	绥远归绥	小棉衣	二十五年	件	5	20	25	
	日军进攻	绥远归绥	棉裤	二十六年	件	6	24	24	
	日军进攻	绥远归绥	被子	二十六年	条	2	36	36	
	日军进攻	绥远归绥	大皮箱	二十六年	个	2	20	20	
	日军进攻	绥远归绥	毛毡	二十六年	条	3	6	6	
	日军进攻	绥远归绥	小皮箱	二十六年	个	2	8	8	
二十六年十月十七日	日军进攻	包头	被子	二十六年	条	3	55	55	
			马	二十六年	匹	1	110	110	
			乘鞍	二十六年	盘	1	20	20	
			被套	二十六年		1	10	10	
			手提箱	二十六年	个	1	10	10	
			国币		元	300			
			省币		元	70	70		
			制服	二十六年	套	1	10	10	
			毛呢大衣	二十六年	件	2	22	22	
			座钟		座	1	10	10	
			炕桌		个	2	6	6	
			木箱		个	4	20	20	

受损失者：刘斌

填报者

姓名：刘斌

服务处所与所任职务：绥远省教育厅书记

与受损失者之关系：本人

通信地址：绥远省教育厅　　盖章

财产损失报告单（表式2）

填送日期：　年　月　日

损失年月日	事件	地点	损失项目	购置年月	单位	数量	价值（国币元）		证件
							购置时价值	损失时价值	
民国二十六年十月十六日	日军进攻	绥远归绥	现款		元	45264			
			衣服	二十四年五月	件	24	120	130	
			金手镯	二十二年四月	对	4	480	520	
			银手镯	二十三年一月	对	2	235	250	
			被褥	二十年九月	条	5	25	30	
			书籍	二十四年七月	册	205	600	625	
			马	二十四年七月	匹	5	400	400	
			牛	二十四年四月	头	2	140	140	
			大车	十九年四月	辆	1	80	100	
			轿车	十九年二月	辆	1	270	280	

受损失者：刘资善

填报者

姓名：刘资善

服务处所与所任职务：绥远省教育厅科员

与受损失者之关系：本人

通信地址：绥远省教育厅　盖章

财产损失报告单（表式2）

填送日期：三十四年六月二十八日

损失年月日	事件	地点	损失项目	购置年月	单位	数量	价值（国币元）		证件
							购置时价值	损失时价值	
二十六年十月十四日	敌人进攻	绥远归绥	衣服	历年购置	件	87	568	506	
二十六年十月十四日	敌人进攻	绥远归绥	毡毯被褥	历年购置	件	18	200	186	
二十六年十月十四日	敌人进攻	绥远归绥	衣料	历年购置	件	12	86	82	

损失年月日	事件	地点	损失项目	购置年月	单位	数量	价值（国币元）		证件
							购置时价值	损失时价值	
二十六年十月十四日	敌人进攻	绥远归绥	箱柜桌凳书架	历年购置	个	9	145	137	
二十六年十月十四日	敌人进攻	绥远归绥	古今图书	历年购置	部册	2350	2455	2455	
二十六年十月十四日	敌人进攻	绥远归绥	炊具	历年购置	件	29	60	56	
二十六年十月十四日	敌人进攻	绥远归绥	陈设品	历年购置	件	38	176	170	
二十六年十月十七日	敌人进攻	包头	骑马	26年9月10日	匹	1	90	90	
二十六年十月十七日	敌人进攻	绥远归绥	乘鞍	26年9月10日	盘	1	30	30	
二十六年十月十七日	敌人进攻	绥远归绥	法币		元	250			

受损失者：刘兆梦

填报者

姓名：刘兆梦

服务处所与所任职务：绥远省教育厅视察员

与受损失者之关系：本人

通信地址：绥远省教育厅　盖章

财产损失报告单（表式2）

填送日期：　年　月　日

损失年月日	事件	地点	损失项目	购置年月	单位	数量	价值（国币元）		证件
							购置时价值	损失时价值	
二十九年一月	日军进攻	临河县城	马		匹	2		400	
			乘鞍		盘	2		300	
			方桌		个	2		400	
			椅子		对	2		160	
			凳子		个	8		80	
			铁炉		个	2		800	
			衣服		件	20		500	

| 损失年月日 | 事件 | 地点 | 损失项目 | 购置年月 | 单位 | 数量 | 价值（国币元） | | 证件 |
							购置时价值	损失时价值	
			炊具		套	1		500	
			二轮车		辆	1		300	
			书籍		册	300		500	

受损失者：高永信

填报者

姓名：高永信

服务处所与所任职务：绥远省教育厅视察员

与受损失者之关系：本人

通信地址：绥远省教育厅　盖章

财产损失报告单（表式2）

填送日期：　　年　月　日

| 损失年月日 | 事件 | 地点 | 损失项目 | 购置年月 | 单位 | 数量 | 价值（国币元） | | 证件 |
							购置时价值	损失时价值	
二十六年十月	敌人进攻	绥远萨县	单衣	二十年至二十五年	件	28	75	115	
二十六年十月	敌人进攻	绥远萨县	夹衣	十八年至二十五年	件	33	140	210	
二十六年十月	敌人进攻	绥远萨县	棉衣	十七年至二十四年	件	21	160	240	
二十六年十月	敌人进攻	绥远萨县	皮衣	十八年至二十五年	件	5	280	450	
二十六年十月	敌人进攻	绥远萨县	书箱	十五年四月	个	2	12	20	
二十六年十月	敌人进攻	绥远萨县	书籍	前清末年至二十六年	套及册	15套270册	360	450	
二十六年十月	敌人进攻	绥远萨县	衣料	二十五年六月	件	8	95	140	
二十六年十月	敌人进攻	绥远萨县	书橱	二十五年六月	个	1	28	45	
二十六年十月	敌人进攻	绥远萨县	栽绒毯	十九年五月	块	2	38	55	
二十六年十月	敌人进攻	绥远萨县	茶几		个	2	12	18	

| 损失年月日 | 事件 | 地点 | 损失项目 | 购置年月 | 单位 | 数量 | 价值（国币元） | | 证件 |
							购置时价值	损失时价值	
二十六年十月	敌人进攻	绥远萨县	国币		元	800			
二十六年十月	敌人进攻	绥远萨县	房屋	二十一年十月	间	10	700	2000	

受损失者：张家藩

填报者

姓名：张家藩

服务处所与所任职务：绥远省教育厅编辑

与受损失者之关系：本人

通信地址：绥远省教育厅　盖章

财产损失报告单（表式2）

填送日期：　　年　　月　　日

| 损失年月日 | 事件 | 地点 | 损失项目 | 购置年月 | 单位 | 数量 | 价值（国币元） | | 证件 |
							购置时价值	损失时价值	
二十六年十月十四日	敌人进攻	绥远归绥	四部备要（史）	二十四年三月	部	1	500	500	
二十六年十月十四日	敌人进攻		赤金手镯	二十年冬	支	4（八两）	1200	1200	
二十六年十月十四日	敌人进攻		镏金佛像	十二年秋	尊	3	900	900	
二十六年十月十四日	敌人进攻		英文书籍	十三年至二十五年	册	26	250	250	
二十六年十月十四日	敌人进攻		中文书籍	十年至二十五年	册	640	2100	2100	
二十六年十月十四日	敌人进攻		卡图铜器	六年冬	种	2	400	400	
二十六年十月十四日	敌人进攻		朱砂磁壶	六年冬	把	2	200	200	
二十六年十月十四日	敌人进攻		灰鼠皮袍	八年冬	件	1	180	180	
二十六年十月十四日	敌人进攻		礼呢狐皮氅	二十四年冬	件	1	120	120	
二十六年十月十四日	敌人进攻		绸缎衣料	二十四年四月	丈	26	120	120	

损失年月日	事件	地点	损失项目	购置年月	单位	数量	价值（国币元）		证件
							购置时价值	损失时价值	
二十六年十月十四日	敌人进攻		织锦缎被	十九年至二十五年间	件	6	140	140	
二十六年十月十四日	敌人进攻		文具	二十四年冬	件	15	100	100	
二十六年十月十四日	敌人进攻		漆器	二十二年五月	件	12	200	200	
二十六年十月十四日	敌人进攻		名人字画	二十一年六月	帧	2	450	450	
二十六年十月十四日	敌人进攻		樟木衣箱	二十五年冬	个	2	24	24	
二十六年十月十四日	敌人进攻		衣服	十九年至二十五年	件	24	240	240	
二十六年十月十四日	敌人进攻		留声机及唱片	二十五年十二月	架张	2架84张	264	264	
二十六年十月十四日	敌人进攻		粗细磁器	八年至二十年	件	70	150	150	
二十六年十月十四日	敌人进攻		花旗呢雨衣	二十二年夏	件	2	28	28	
二十六年十月十四日	敌人进攻		水獭皮帽	十八年冬二十五年冬	顶	2	36	36	
二十六年十月十四日	敌人进攻		油松木料	十八年秋	条	90	1500	1500	
二十六年十月十四日	敌人进攻		裁绒地毯	二十二年秋	块	27	260	260	
二十六年十月十四日	敌人进攻		银首饰	十六年秋	件	14	120	120	
二十六年十月十四日	敌人进攻		玉首饰	二十五年夏	件	3	150	150	

受损失者：乔秉华

填报者

姓名：乔秉华

服务处所与所任职务：绥远省政府教育厅秘书

与受损失者之关系：本人

通信地址：归绥水磨□1号　盖章

财产损失报告单（表式2）

填送日期：三十四年六月二十二日

损失年月日	事件	地点	损失项目	购置年月	单位	数量	价值（国币元）购置时价值	损失时价值	证件
二十六年十月十四日	日军进攻	绥远归绥	住房	民国十九年	间	15	2500	3000	
二十六年十月十四日	日军进攻	绥远归绥	收音机	民国二十四年	架	1	120	80	
二十六年十月十四日	日军进攻	绥远归绥	留声机	民国二十三年	架	1	40	28	
二十六年十月十四日	日军进攻	绥远归绥	唱片	民国二十三年	张	36	36	28	
二十六年十月十四日	日军进攻	绥远归绥	自行车	民国二十五年	辆	1	38	30	
二十六年十月十四日	日军进攻	绥远归绥	西文书籍	民国八年至十二年间	册	35	350	800	
二十六年十月十四日	日军进攻	绥远归绥	中文书籍	民国四年至二十五年间	册	220	95	160	
二十六年十月十四日	日军进攻	绥远归绥	制图仪器	民国九年	付	1	250	300	
二十六年十月十四日	日军进攻	绥远归绥	各种衣服	民十二年至二十五年间	件	80	400	300	
二十六年十月十四日	日军进攻	绥远归绥	箱柜书架	民国二十一年	个	6	120	180	
二十六年十月十四日	日军进攻	绥远归绥	桌椅木床	民国二十二年	个	10	75	100	
二十六年十月十四日	日军进攻	绥远归绥	铁筒用具	民国二十年	件	8	30	25	
二十六年十月十四日	日军进攻	绥远归绥	洋铁磁用具	民国十九年至二十六年间	件	11	55	45	
二十六年十月十四日	日军进攻	绥远归绥	粗细磁器	民国十九年至二十六年间	件	250	100	80	
二十六年十月十四日	日军进攻	绥远归绥	各种装饰器具	民国十九年	件	15	200	150	
二十六年十月十四日	日军进攻	绥远归绥	各种口毯	民国二十二年	块	8	100	120	

受损失者：苗英

填报者

姓名：苗英

服务处所与所任职务：绥远省教育厅科长

与受损失者之关系：本人

通信地址：绥远省教育厅　盖章

财产损失报告单（表式2）

填送日期：　年　月　日

| 损失年月日 | 事件 | 地点 | 损失项目 | 购置年月 | 单位 | 数量 | 价值（国币元） | | 证件 |
							购置时价值	损失时价值	
二十八年九月	日军盘踞	河北省高阳县	房屋	十四年	间	5	500	1500	
二十八年九月	日军盘踞	河北省高阳县	食粮		石	40		2500	
二十八年九月	日军盘踞	河北省高阳县	农具	十四年至二十七年	件	20	160	250	
二十八年九月	日军盘踞	河北省高阳县	单棉衣服	十四年至二十七年	件	30	300	450	
二十八年九月	日军盘踞	河北省高阳县	皮大衣	十八年	件	3	200	250	
二十八年九月	日军盘踞	河北省高阳县	呢缎料	十八年	丈	10	150	500	
二十八年九月	日军盘踞	河北省高阳县	市布	二十六年	疋	10	1500	2000	
二十八年九月	日军盘踞	河北省高阳县	土布	二十六年	疋	5	350	350	
二十九年四月	日军盘踞	河北省高阳县	骡	二十六年	头	1	100	300	
二十九年四月	日军盘踞	河北省高阳县	大车	二十六年	辆	1	100	2500	
二十九年四月	日军盘踞	河北省高阳县	脚踏车	二十五年	辆	2	120	1000	
二十九年四月	日军盘踞	河北省高阳县	石磨	二十五年	盘	1	20	50	
二十九年四月	日军盘踞	河北省高阳县	书籍	二十六年	册	200	200	300	
二十九年四月	日军盘踞	河北省高阳县	眼镜	二十五年	架	3	36	60	
二十九年四月	日军盘踞	河北省高阳县	怀表	二十五年	个	1	10	20	
二十九年四月	日军盘踞	河北省高阳县	栽绒毡	二十五年	块	2	100	200	

受损失者：吴树樾

填报者

姓名：吴树樾

服务处所与所任职务：绥远省教育厅书记

与受损失者之关系：本人

通信地址：绥远省教育厅　盖章

财产损失报告单（表式2）

填送日期：　年　月　日

损失年月日	事件	地点	损失项目	购置年月	单位	数量	价值（国币元）		证件
							购置时价值	损失时价值	
二十六年十月十四日	日寇侵入绥远	归绥	衣服	二十四年二十五年二十六年	件	25	200	200	
			被褥	二十五年	条	6	48	48	
			马	二十四年	匹	2	220	300	
二十九年一月二十九日	日军侵入绥西	陕坝	衣服	二十八年	件	8	150	200	
			炊具	二十八年	件	12	500	600	

受损失者：孙□城

填报者

姓名：孙□城

服务处所与所任职务：绥远省教育厅科员

与受损失者之关系：本人

通信地址：绥远省教育厅　盖章

财产损失报告单（表式2）

填送日期：　年　月　日

损失年月日	事件	地点	损失项目	购置年月	单位	数量	价值（国币元）		证件
							购置时价值	损失时价值	
二十七年五月十一日	日军进攻	山东省郓城县	衣服	二十五年六月至二十七年五月	件	25	200	250	
二十七年五月十一日	日军进攻	山东省郓城县	脚踏车	二十六年一月	辆	1	36	40	
二十七年五月十一日	日军进攻	山东省郓城县	被褥	二十六年一月	条	4	40	60	

损失年月日	事件	地点	损失项目	购置年月	单位	数量	价值（国币元）		证件
							购置时价值	损失时价值	
二十七年五月十一日	日军进攻	山东省郓城县	图书	二十六年一月	册	150	150	200	
二十七年五月十一日	日军进攻	山东省郓城县	柳条箱	二十五年八月	个	1	2	3	
二十七年五月十一日	日军进攻	山东省郓城县	牛皮箱	二十五年八月	个	1	5	8	
二十七年五月十一日	日军进攻	山东省郓城县	俄国毯	二十六年八月	条	1	40	50	
二十七年五月十一日	日军进攻	山东省郓城县	暖水壶	二十六年八月	个	1	5	6	
二十七年五月十一日	日军进攻	山东省郓城县	行军床	二十五年七月	个	1	10	12	
二十七年五月十一日	日军进攻	山东省郓城县	现款		元	200			

受损失者：谷人杰

填报者

姓名：谷人杰

服务处所与所任职务：绥远省教育厅科员

与受损失者之关系：本人

通信地址：绥远省教育厅　盖章

财产损失报告单（表式2）

填送日期：34 年 6 月　日

损失年月日	事件	地点	损失项目	购置年月	单位	数量	价值（国币元）		证件
							购置时价值	损失时价值	
二十六年十月	敌军进攻	萨县	房屋		间	16		3200	
			马子		匹	3		240	
			骡子		头	2		200	
			衣服		件	50		900	
			被褥		件	17		255	
			桌凳		个	18		96	
			炊具		套	1		100	

| 损失年月日 | 事件 | 地点 | 损失项目 | 购置年月 | 单位 | 数量 | 价值（国币元） | | 证件 |
							购置时价值	损失时价值	
			大车		辆	2		200	
			脚踏车		辆	1		80	

受损失者：朱国珍

填报者

姓名：朱国珍

服务处所与所任职务：绥远省教育厅书记

与受损失者之关系：本人

通信地址：绥远省教育厅　盖章

金肇基、高效贤、张智仁、李荣荫、牛进禄、傅明麟，以上 6 人经分别征询，均自愿不报。

三十四年七月五日

（内蒙古自治区档案馆馆藏档案，档案号 419—1—151 卷 67）

（6）绥远省电灯、面粉公司整理委员会公函及收复区电厂财物损失调查表

绥远省电灯、面粉公司整理委员会公函
中华民国三十六年一月十六日
绥电总字第六号

事由：为函送收复区电厂财物损失调查表，请查照汇转由

敬复者：接准

贵会三十五年十二月一日公函略开，贵公司如有为日方劫夺之财产，无论时日远近，请依式填表3份送会汇转，以便索回等由，附收复区电厂财物损失调查表1纸，准此，自应照办，兹将绥远电面公司在敌伪占领期间，所有财物损失，核实依式填齐，相应函送，即请查照汇转为荷！

此致
中国全国民营电业协会

主任委员：阎　肃

张遐民　代

附调查表 3 份

收复区电厂财物损失调查表

损失年月日	地点	损失项目	数量	购置年月	价值
二十六年十月	绥远车站	单□卧式锅炉	1 部		313414000
		水管锅炉	2 部		626908000
		500KY 发电机	1 部		1019066000
		汽车	1 部		13728800
		马车	2 部		4500000
		硬炭	909 顿[吨]		63630000
		五金材料	181 种		78491750
		润滑油料	9 种		13246650
		杂项材料	123 种		40873950
		面粉材料	57 种		20210250
		建筑材料	40 种		143314050
		电气材料	116 种		103178050
		面袋	58168 条		64275050
		小麦	22562 石		1466530000
		面粉	31536 袋		533416000
		现金	2183.02 元		2183.02
		业务损失			5790848.56
		合计			4560575581.58[①]

绥远电灯公司　　经理：孙梅坞　　会计：武三畏　　制表：武三畏

（中国第二历史档案馆馆藏档案，全宗号 825 卷宗号 145）

---

① 原档案数字有误，应为 4510575581.58。

（7）绥远省损失数字的分析及财产损失表①

抗损调研工作开展以来，内蒙古自治区的抗损调研组（设于内蒙古党史研究室）组织人员除在内蒙古地区有关档案馆查阅抗损档案外，还到周边地区的档案馆进行查阅。在南京中国第二历史档案馆找到了抗战胜利后国民政府行政院下属抗损机构和行业主管部门抗损机构所汇总的全国各省市和行业下属单位损失情况的统计数字。从这个馆共复印大 8 开纸 50 余张，大 16 开纸 20 余张，手抄 16 开纸 7 页。但这些表中有的只有绥远的数字两三笔，就是说表较多，涉及到的数据较少，也不全。如总表六《财产直接损失（续）》，内容指数有 16 项，地区列了 29 个还有"不能分区"和"未详"的两栏。内容指数 16 项有：机关、学校、农业、矿业、工业、公用事业、商业、银行业、铁路、公路、航业、民用航空、电讯、邮务、人民团体、住户等。这些内容项目中的数字涉及绥远的只有民用航空损失折款 9721.41 元（国币）、机关损失折款 77215.90 元（国币），这样两项共损失折款 86937.31 元（国币）。其他内容的项目栏均空无数字。同一表式、相同项目的表（重复分）分别存入不同卷内，即六—2—237、六—2—246、六—2—553 卷。

从中国第二历史档案馆六—2—247 卷复印回抗损统计中有绥远省两三个年度的抗损数字。原表每张只有绥远省 5 个数字，看时不方便也不好保存，所以从原表上将绥远的数字摘出另列表装入，以便阅示和保存。新表头为《财产直接损失》、《财产间接损失》、《战时损失（包括直接间接损失）》三表。

---

① 此件为内蒙古自治区抗战损失调研组根据所查档案资料的数字分析，作于 2010 年 7 月。

财产直接损失

原表二十六、二十七   单位：国币元

年度	地区	共计	矿业	工业	公用事业	商业
民国二十六年（1937 年）	绥远	7323912000	7000000000	3608000	304000	320000000
民国二十七年（1938 年）	绥远	1480962800	1400000000	902000	60800	80000000
计	绥远	8804874800	8400000000	4510000	364800	400000000

注：根据全国汇总表绥远目之数列此表。

（中国第二历史档案馆馆藏档案，档案号六—2—247卷）

财产间接损失

原表三十七、三十八、三十九   单位：国币元

年度	地区	共计	矿业	工业	公用事业	商业
民国二十六年（1937 年）	绥远	81643640	700000	902000	41640	80000000
民国二十七年（1938 年）	绥远	17070368	840000	180400	49968	16000000
民国二十八年（1939 年）	绥远	17070368	840000	180400	49968	16000000
计	绥远	115784376	2380000	1262800	141576	112000000

注：根据全国汇总表绥远目之数列此表。

（中国第二历史档案馆馆藏档案，档案号六—2—247卷）

战时损失（包括直接间接损失）

原表十七、十八、十九 单位：国币元

年度	地区	共计	矿业	工业	公用事业	商业
民国二十六年（1937年）	绥远	7405555640	7000700000	4510000	345640	400000000
民国二十七年（1938年）	绥远	1498033168	1400840000	1082400	110768	96000000
民国二十八年（1939年）	绥远	17070368	840000	180400	49968	16000000
计	绥远	8920659176	8402380000	5772800	506376	512000000

注：根据全国汇总表绥远目之数列此表。

（中国第二历史档案馆馆藏档案，档案号六—2—247卷）

从中国第二历史档案馆全宗八二五、案卷145卷复印回的各省（市）抗战时期内因敌寇窜扰及被敌机轰炸损失之赋粮及积谷数量暨价值表（第一表）。项目有：省（市）别、征收征借（购）粮食、积谷、价值、备考。

省（市）别	征收、征借（购）粮食	积谷	价值	备考
绥远省	糜谷 165900 高粱 18100	35000000	10555200000	

注：1. 原表无作者单位名称，也未盖公章；

2. 均未标明度量衡，价值未标元、千元或万元；

3. 原表的字系用毛笔草写。

于中国第二历史档案馆全宗四四六案卷862卷复印回海关汇总各地区抗损数字中有关绥远省几个数字摘出另列表填入，以便阅示和保存。

海关绥远分关抗战时期财产损失

单位：国币元

年度	类别	合计	器具损失折款	其他损失折款	迁移损失
民国三十一年（1942年）	直接损失	2252	206	2046	—
民国三十一年（1942年）	间接损失	5952	—	—	5952
	计	8204	206	2046	5952

（中国第二历史档案馆馆藏档案，全宗446案卷862）

复印于中国第二历史档案馆六—2—247卷民营电话机构汇总全国各地抗战时期财产损失表，从中摘出归绥、丰镇、包头3个电话公司的损失情况，另列表填入。

民营电话损失

单位：国币元

商号名称	资本额	方式	容量
归绥电话公司	50000元	磁石	交换机4台
丰镇电话公司	20000元	磁石	100号
包头电话公司	30000元	磁石	200号

注：以上总共损失10万元。

（中国第二历史档案馆馆藏档案，档案号六—2—247卷）

复印于中国第二历史档案馆六—2—247卷、六—2—237卷、六—2—553卷：交通公路机构汇总各地公路抗战时期财产损失统计表6张，从6张表中将绥远的数字摘出另列两个表填入，即：《1937年、1943年绥远省公路损失》、《绥远省交通系统报送的损失数》两表。

1937年、1943年绥远省公路损失

单位：国币元

损失项目	里程（公里）	每公里估价 元/公里	估价总值（元）
数目	3255	8000	26040000
损失项目	办公房屋估价	器具估价	估价总值（元）
数目	4500	2250	6750

注：两项总值为26046750元。

（中国第二历史档案馆馆藏档案，档案号六—2—247卷）

绥远省交通系统报送的损失数

单位：国币元

年月	人口伤亡	财产直接损失	财产间接损失
民国二十九年 （1940年）十二月		77251.90元	
民国三十一年 （1942年）十二月		86937.31元	
民国三十二年 （1943年）六月		86937.31元	
民国三十二年 （1943年）十二月		86937.31元	

注：因数字关系不明，不宜合计。

（中国第二历史档案馆馆藏档案，档案号六—2—237、六—2—553卷）

从中国第二历史档案馆全宗八二五案卷 145 卷复印回绥远电灯面粉公司整理委员会民国三十六年(1947年)一月抗战时期财产损失 17 项,值价 4560575581.58[①]元。

其中:锅炉 2 台 626908000 元;汽车 1 辆 13728800 元;

发电机 1 台 1019066000 元;小麦 22562 石 466530000 元;

其他 13 项计 2384342781.58 元。

民国三十五年(1946 年)进行抗损统计时,察哈尔盟由察哈尔省领导,这次从中国第二历史档案馆复印回的全国汇总的抗损统计表在 33 张内有察哈省的损失数字,但因这些数字不分旗县,所以无法列入内蒙古自治区的数字之内。

从第二历史档案馆复印回的全国铁路系统汇总的损失统计表有平绥铁路沦陷期间财产损失估价 62608904.83 元,1937 年到 1943 年营业收入损失估计 28728398 元。这两个数字分不出属绥远地段的损失数字,因此无法列入内蒙古自治区的数字之内。

从第二历史档案馆复印回西北盐务管理局上报的西北盐务局所属财产损失情况中有其下属五原盐务支局的财产损失明细 30 项折款 552 元。还有这个支局职工的财产损失明细 12 项折款 480 元。因五原支局不属地方,为避免重复,这个数字不列入内蒙古自治区数内。

前面已提到的绥远民航抗战时期的损失 9721.41 元,因民用航空机构不属地方,为避免重复,这个数字也不列入内蒙古自治区数内。

---

① 原档案数据有误,实际应为 4510575581.58。

（8）绥远省各县市民国二十六年至三十四年度损失统计表

（单位为万元）

年度别 县市别	1937年 二十六年	1938年 二十七年	1939年 二十八年	1940年 二十九年	1941年 三十年	1942年 三十一年	1943年 三十二年	1944年 三十三年	1945年 三十四年	合计
归绥市	53096万	31641万	10360万	11890万	17253万	69900万	125010万	606620万	4005400万	4931170万
包头市	50799万	27026万	6825万	7720万	10955万	47810万	106870万	571010万	3770200万	4599215万
归绥县	34602万	21783万	6710万	5570万	10280万	42835万	76940万	466200万	1662550万	2327470万
包头县	11929万	10948万	4120万	4085万	10530万	29980万	53220万	223830万	1502000万	1850642万
兴和县	20817万	13312万	5490万	5732万	10135万	32320万	63030万	236520万	1338880万	1726236万
集宁县	20950万	13776万	6300万	6011万	8167万	22890万	68160万	207070万	1296300万	1649624万
凉城县	21054万	14696万	5740万	6283万	8760万	20420万	71190万	263850万	1301360万	1713353万
陶林县	15510万	10100万	5320万	5626万	9000万	20350万	66800万	260320万	1278730万	1671758万
武川县	39075万	25020万	7774万	6556万	10830万	44685万	117550万	407300万	2365720万	3024510万
和林县	21289万	14461万	5470万	5645万	7652万	40080万	86910万	342140万	1614060万	2137707万
清水河县	13790万	11650万	6675万	3795万	6885万	40360万	77420万	320930万	1311440万	1792945万
托克托县	19740万	14260万	5695万	3856万	7488万	21420万	87370万	344150万	1325820万	1829799万
萨拉齐县	46475万	27935万	9608万	5730万	9585万	45345万	136550万	459100万	1376480万	2116808万
固阳县	14329万	10450万	4855万	3740万	6490万	28330万	64880万	256460万	1300890万	1690424万
五原县	16016万	13240万	12850万	9830万	19400万	60200万	180220万	468920万	1399660万	2180336万
安北县	10080万	9085万	4895万	4097万	6650万	27315万	75630万	294041万	1277900万	1709693万
东胜县	9465万	7925万	5364万	6650万	11994万	40980万	111170万	321700万	1315700万	1821948万
晏江县	11284万	5665万	6709万	6040万	11080万	44370万	104420万	259825万	1315360万	1764753万
狼山县	10714万	6600万	4060万	5020万	11150万	32575万	120430万	365300万	1370390万	1926239万
临河县	13988万	7875万	5865万	5620万	13650万	44940万	122420万	390600万	500545万	1105503万
米仓县	10581万	9085万	5410万	4611万	13590万	41690万	126220万	297080万	1369820万	1878087万

年度别 县市别	1937年 二十六年	1938年 二十七年	1939年 二十八年	1940年 二十九年	1941年 三十年	1942年 三十一年	1943年 三十二年	1944年 三十三年	1945年 三十四年	合计
丰镇县	43277万	24420万	6110万	4925万	9180万	41010万	116530万	471950万	2463490万	3180892万
陕坝市政处	10760万	5790万	6560万	4165万	13026万	42010万	109420万	270930万	1287120万	1749981万
桃力民办事处	7636万	2040万	3225万	2605万	5630万	26435万	41870万	165160万	1103130万	1357731万
达旗组训处	6572万	3447万	2620万	2730万	5630万	27130万	43560万	174650万	677920万	944259万
总计	533828万	342230万	154610万	138532万	254990万	935582万	2353790万	8436656万	39530865万	52681083万

注：1. 本表公元年度系所加；

2. 本表数字后"万"字多余，为保持原貌，均照留；

3. 本表成文时间不详。

（内蒙古自治区档案馆藏档案，档案号 405—1—3 卷）

（9）绥远省各县市抗战期间(分年度)各项损失明细表

绥远省各县市民国二十六年（1937 年）抗战期间各项损失明细表

(单位: 万元)

损失项目 县市别	财产损失	损　失		事　实		合　计
		军队过往供应损失	各机关迁移损失	敌机轰击损失	其　他	
归绥市	20535	7421	18562	4045	2533	53096
包头市	19465	8114	15960	6450	810	50799
归绥县	15200	6080	9500	3365	457	34602
包头县	9050	1320	860	535	164	11929
兴和县	13150	4590	1542	1035	500	20817
集宁县	12300	5000	2100	1100	450	20950
凉城县	12500	5120	1800	924	710	21054
陶林县	11050	1800	1540	715	405	15510
武川县	19600	8610	9135	860	870	39075
和林县	13200	5225	1750	500	614	21289
清水河县	10025	1500	1250	634	381	13790
托克托县	12300	4621	1500	803	516	19740
萨拉齐县	22020	8200	9760	5830	665	46475
固阳县	9855	1900	1320	754	500	14329
五原县	9500	2500	1060	2120	836	16016
安北县	7120	1040	950	510	460	10080
东胜县	6875	1100	780	400	310	9465

损失项目 县市别	损　　　　失			事　　实		合　计
	财产损失	军队过往供应损失	各机关迁移损失	敌机袭击损失	其　他	
晏江县	8650	1200	624	370	440	11284
狼山县	8162	1160	710	422	260	10714
临河县	9788	1560	1130	1080	430	13988
米仓县	7920	1060	780	621	200	10581
丰镇县	18600	9105	7540	7312	720	43277
陕坝市政处	8050	1105	642	713	250	10760
桃力民办事处	6114	716	430	50	326	7636
达拉特旗组训处	5435	561	306	110	160	6572
总计	296464	90608	91531	41258	13967	533828

绥远省各县市民国二十七年（1938年）抗战期间各项损失明细表

（单位：万元）

损失项目\县市别	损　　失　　事　　实					合　计
	财产损失	军队过往供应损失	各机关迁移损失	敌机袭击损失	其　他	
归绥市	18120	6350	4680		2491	31641
包头市	12360	7230	4596		2840	27026
归绥县	11500	4760	2951	672	1900	21783
包头县	7134	1560	540	614	1100	10948
兴和县	8275	2320	951	556	1210	13312
集宁县	7356	3142	1500	915	863	13776
凉城县	9012	3320	1335	505	524	14696
陶林县	6755	1115	1200	630	400	10100
武川县	11600	5120	7250		1050	25020
和林县	8630	3700	965	456	710	14461
清水河县	7625	2100	1010	415	500	11650
托克托县	8230	3620	1260	700	450	14260
萨拉齐县	15100	6305	3560	2500	470	27935
固阳县	7540	1020	880	700	310	10450
五原县	5060	3100	950	3580	550	13240
安北县	6350	1000	810	505	420	9085
东胜县	5155	1020	640	750	360	7925
晏江县	3145	1450	420	250	400	5665
狼山县	4260	1060	700	310	270	6600
临河县	4161	1260	854	1100	500	7875

损失项目 县市别	损 失 事 实				
	财产损失	军队过往供应损失	各机关迁移损失	敌机轰击损失	其他	合计
米仓县	6720	950	620	515	280	9085
丰镇县	10130	7600	5100	1000	590	24420
陕坝市政处	2120	1200	710	1360	400	5790
桃力民办事处	1050	520	200		270	2040
达拉特旗组训处	2536	410	300		201	3447
总计	189924	71232	43982	18033	19059	342230

绥远省各县市民国二十八年（1939年）抗战期间各项损失明细表

（单位：万元）

损失项目 县市别	损　失　事　实					合　计
	财产损失	军队过往供应损失	各机关迁移损失	敌机袭击损失	其　他	
归绥市	2100	5460			2800	10360
包头市	1450	3415			1960	6825
归绥县	2500	3210			1000	6710
包头县	1230	2220			670	4120
兴和县	2640	1985			865	5490
集宁县	2700	2500			1100	6300
凉城县	2710	2050			980	5740
陶林县	2520	1890			910	5320
武川县	3654	2620			1500	7774
和林县	2440	1900			1130	5470
清水河县	3125	2400			1150	6675
托克托县	2460	2170			1065	5695
萨拉齐县	5454	3100			1054	9608
固阳县	2140	1800			915	4855
五原县		7650		3620	1580	12850
安北县	1560	2100			1235	4895
东胜县		3450		1200	714	5364
晏江县		4654		1105	950	6709
狼山县		2170		865	1025	4060
临河县		3600		1305	960	5865

损失项目 县市别	损　失			事　实		合　计
	财产损失	军队过往供应损失	各机关迁移损失	敌机轰击损失	其　他	
米仓县		2720		1570	1120	5410
丰镇县	2130	2530			1450	6110
陕坝 市政处		2860		2100	1600	6560
桃力民 办事处	1120	1300			805	3225
达拉特旗 组训处	1400	700			520	2620
总计	43333	70454		11765	29058	154610

绥远省各县市民国二十九年（1940年）抗战期间各项损失明细表

（单位：万元）

县市别	损 失			事 实		合 计
损失项目	财产损失	军队过往供应损失	各机关迁移损失	敌机袭击损失	其 他	
归绥市	3450	6140			2300	11890
包头市	2680	3260			1780	7720
归绥县	1560	2400			1610	5570
包头县	1290	1565			1230	4085
兴和县	1800	2432			1500	5732
集宁县	2020	2871			1120	6011
凉城县	1800	3143			1340	6283
陶林县	2100	2516			1010	5626
武川县	2540	3100			916	6556
和林县	1960	2675			1010	5645
清水河县	1010	2005			780	3795
托克托县	1405	1760			691	3856
萨拉齐县	2120	3110			500	5730
固阳县	1020	2110			610	3740
五原县	910	4150		3620	1150	9830
安北县	1060	2170			867	4097
东胜县		2300		4100	250	6650
晏江县		2860		2870	310	6040
狼山县		2500		2010	510	5020
临河县		1960		2530	1130	5620

损失项目	损		失	实		事		合 计
县市别	财产损失	军队过往供应损失	各机关迁移损失	敌机袭击损失	其 他			
米仓县		2150		1601	860			4611
丰镇县	1700	2460			765			4925
陕坝市政处		1900		1730	535			4165
桃力民办事处	1005	1200			400			2605
达拉特旗组训处	1100	900			730			2730
总计	32530	63637		18461	23904			138532

绥远省各县市民国三十年（1941年）抗战期间各项损失明细表

（单位：万元）

损失项目 县市别	损 失			事 实	其 他	合 计
	财产损失	军队过往供应损失	各机关迁移损失	敌机袭击损失		
归绥市	6310	7800			3143	17253
包头市	2130	6505			2320	10955
归绥县	3360	4820			2100	10280
包头县	4710	5100			720	10530
兴和县	5320	3780			1035	10135
集宁县	4512	2535			1120	8167
凉城县	6100	1800			860	8760
陶林县	5765	2315			920	9000
武川县	7620	2460			750	10830
和林县	4130	2710			812	7652
清水河县	3240	2500			1145	6885
托克托县	3523	2965			1000	7488
萨拉齐县	4680	3700			1205	9585
固阳县	3210	2170			1110	6490
五原县	5820	4100		7120	2360	19400
安北县	2450	2000			2200	6650
东胜县	3100	2140		5120	1364	11994
晏江县	4110	2105		3415	1450	11080
狼山县	3520	2560		3550	1520	11150

损失项目 县市别	损　失			事　实		合　计
	财产损失	军队过往供应损失	各机关迁移损失	敌机袭击损失	其　他	
临河县	4230	3160		4160	2100	13650
米仓县	5130	3150		4160	1150	13590
丰镇县	4260	3600			1320	9180
陕坝市政处	3150	2740		5136	2000	13026
桃力民办事处	2310	2170			1150	5630
达拉特旗组训处	2420	1980			1230	5630
总计	105110	81135		32661	36084	254990

绥远省各县市民国三十一年（1942年）抗战期间各项损失明细表

（单位：万元）

损失项目 县市别	损　　失			事　　实		合　计
	财产损失	军队过往供应损失	各机关迁移损失	敌机袭击损失	其　他	
归绥市	39120	28650			2130	69900
包头市	27650	18320			1840	47810
归绥县	26125	15410			1300	42835
包头县	15300	13560			1120	29980
兴和县	18000	13120			1200	32320
集宁县	17930	4100			860	22890
凉城县	16400	3300			720	20420
陶林县	17310	2400			642	20352
武川县	28105	13580		1300	1700	44685
和林县	26500	12550			1030	40080
清水河县	26130	12550			1680	40360
托克托县	17460	3100			860	21420
萨拉齐县	28950	14135		1120	1140	45345
固阳县	14420	12710			1200	28330
五原县	25320	14160		18620	2100	60200
东胜县	14150	12170		13850	810	40980
晏江县	16230	13400		13510	1230	44370
狼山县	15135	2370		14120	950	32575
安北县	13320	12585			1410	27315
临河县	14500	12780		15760	1900	44940

损失项目县市别	损　　失			事　　实		合　计
	财产损失	军队过往供应损失	各机关迁移损失	敌机袭击损失	其　他	
米仓县	13460	13000		14180	1050	41690
丰镇县	15390	14120			11500	41010
陕坝市政处	12650	13610		14800	1150	42210
桃力民办事处	12415	12580			1440	26435
达拉特旗组训处	13200	12610			1320	27130
总计	485170	300870		107260	42282	935582

绥远省各县市民国三十二年（1943年）抗战期间各项损失明细表

（单位：万元）

县市别＼损失项目	财产损失	军队过往供应损失	各机关迁移损失	敌机袭击损失	其他	合计
归绥市	67100	32500			25410	125010
包头市	48720	41150			17000	106870
归绥县	46300	18540			12100	76940
包头县	28320	11400			13500	53220
兴和县	39420	13600			10010	63030
集宁县	36600	20310			11250	68160
凉城县	40110	17650			13430	71190
陶林县	33100	21100			12600	66800
武川县	57640	28750		16000	15160	117550
和林县	48100	21360			17450	86910
清水河县	30500	27810			19110	77420
托克托县	37820	29400			20150	87370
萨拉齐县	68920	25400		20900	21330	136550
固阳县	27640	21600			15640	64880
五原县	45600	38610		71400	24610	180220
安北县	38120	20400			17110	75630
东胜县	51230	14600		35330	10010	111170
晏江县	24500	27425		41150	11345	104420
狼山县	36110	29300		30020	25000	120430
临河县	41320	21140		41200	18760	122420

损失项目 县市别	损　　失			事　　实		合　计
	财产损失	军队过往供应损失	各机关迁移损失	敌机袭击损失	其　他	
米仓县	24120	35600		51200	15300	126220
丰镇县	54260	48670			13600	116530
陕坝市政处	24010	32620		43120	9670	109420
桃力民办事处	18500	11200			12170	41870
达拉特旗组训处	15865	20050			7645	43560
总计	983925	630185		350320	389360	2353790

绥远省各县市民国三十三年（1944 年）抗战期间各项损失明细表

（单位：万元）

损失项目 县市别	财产损失	军队过往供应损失	损　失　事　实		敌机轰击损失	其　他	合　计
			各机关迁移损失				
归绥市	257100	226000				123520	606620
包头市	234600	218110				118300	571010
归绥县	182000	152100				132100	466200
包头县	108430	51300				64100	223830
兴和县	147200	49120				40200	236520
集宁县	112420	61040				33610	207070
凉城县	131510	78940				53400	263850
陶林县	132600	84510				43210	260320
武川县	235100	111200				61000	407300
和林县	192200	81620				68320	342120
清水河县	121800	108620				90510	320930
托克托县	147640	116100				80410	344150
萨拉齐县	274300	100800				84000	459100
固阳县	108000	84300				64160	256460
五原县	227600	144500				96820	468920
安北县	144120	81600				68321	294041
东胜县	198200	54380				60120	312700
晏江县	96205	108100				55520	259825
狼山县	148600	116700				100000	365300
临河县	241400	84440				64760	390600

| 损失项目县市别 | 财产损失 | 损　　　　失　　　　实　　　　事 | | | | 合　计 |
		军队过往供应损失	各机关迁移损失	敌机袭击损失	其　他	
米仓县	96480	140000			60600	297080
丰镇县	226700	196100			49150	471950
陕坝市政处	95130	124800			51000	270930
桃力民办事处	72360	44800			48000	165160
达拉特旗组训处	62850	81000			30800	174650
总计	3994545	2700180			1741931	8436656

绥远省各县市民国三十四年（1945年）抗战期间各项损失明细表

（单位：万元）

损失项目 县市别	损 失			事 实	其 他	合 计
	财产损失	军队过往供应损失	各机关迁移损失	敌机袭击损失		
归绥市	1250000	1275300	1323100		157000	4005400
包头市	1203400	1246000	1186300		134500	3770200
归绥县	1151100	212340	157000		142110	1662550
包头县	1196800	126000	109200		70000	1502000
兴和县	641000	584230	72200		41450	1338880
集宁县	606850	593610	51300		44540	1296300
凉城县	522360	677400	63000		38600	1301360
陶林县	591130	601100	45500		41000	1278730
武川县	1151700	1123400	56120		34500	2365720
和林县	1110500	381200	64260		58100	1614060
清水河县	632160	574270	58120		46890	1311440
托克托县	761200	441470	51050		72100	1325820
萨拉齐县	641360	612300	65500		57320	1376480
固阳县	812000	385100	54440		49350	1300890
五原县	613400	727560			58700	1399660
安北县	721100	491300	44400		21100	1277900
东胜县	640000	626200			49500	1315700
晏江县	541100	716000			58260	1315360
狼山县	667760	621500			81130	1370390
临河县	178150	259500			62895	500545

损失项目 县市别	损 失 事 实					合 计
	财产损失	军队过往供应损失	各机关迁移损失	敌机轰击损失	其 他	
米仓县	510570	772100			87150	1369820
丰镇县	1132200	1201140	71400		58750	2463490
陕坝市政处	586110	652750			48260	1287120
桃力民办事处	912000	171130			20000	1103130
达拉特旗组训处	91200	554120			32600	677920
总计	18865150	15627020	3472890		1565805	39530865

注：1. 1937年到1945年各年各出处均系一个档案号；

2. 表中1937年到1945年各年公元年号均为编者所加；

3. 此表成文时间不详。

（内蒙古自治区档案馆馆藏档案，档案号405—1—3卷）

（10）土默特特别旗右三四甲自治督导处抗战期间所受损失调查表

民国三十五年

旗名：土默特特别旗

物资损失统计	项目	土默特特别旗				人口·男	人口·女
牲畜	原因	被匪军抢去	被匪军抢去	被匪军抢去	被匪军抢去	被日军散害良民死伤6名	被匪军抢去
	年月	民二十七年民二十八年	民二十七年民二十八年	民二十七年民二十八年	民二十七年民二十八年		民二十七年民二十八年
	数目	马91匹	骡29头	驴26头	牛141条	羊255只	猪6口
	价值						
房屋	原因	被日本军折	被日本军折				
	年月	民三十年	民三十年				
	数目	土房145间	砖房24间	砖25700个			
	价值						
食	原因	被八路军吃①	被八路军吃	被八路军吃	被八路军吃	被八路军吃	被八路军吃
	年月	民三十四年	民三十四年	民三十四年	民三十四年	民三十四年	民三十四年
	数目	麦子8斗	小米85斗	高粱20斗	莜面270斤	粉条50斤	猪肉95斤
	价值						
粮	原因				被八路军吃	被八路军吃	被八路军吃
	年月				民三十四年	民三十四年	民三十四年
	数目				猪肉190斤	麻油190斤	草1300斤
	价值						

---

① 指供应八路军的军需，下同。

物资	布匹	原因	被匪人抢	被匪人抢	被匪人抢	被匪人抢	被匪人抢	被匪人抢		
		年月	民二十七年 民二十九年	民二十七年 民二十九年	民二十七年 民二十九年	民二十七年 民二十九年	民二十七年 民二十九年	民二十七年 民二十九年		
		数目	白洋布 148 尺	蓝[哔叽]布 5 尺	大衣料 18 尺	黑布 143 尺	黑褡裢 80 尺	衣料 30 尺		
		价值								
损失	什物	原因	被匪人抢	被匪人抢	被匪人抢	被匪人抢	被匪人抢	被匪人抢	被匪人抢	被匪人抢
		年月	民三十二年 民三十三年	民三十二年 民三十三年	民三十二年 民三十三年	民三十二年 民三十三年	民三十二年 民三十三年	民三十二年 民三十三年	民三十二年 民三十三年	民三十二年 民三十三年
		数目	大车 3 辆	马鞍 6 坐	柜 1 支	大车皮套 2 付	套靪 2 个	银首镯 81 支	衣服 2248 件	鞋 2 对
		价值								
统计	其他	原因	被匪军抢	被匪军抢	被匪军抢	被匪军抢	被匪军抢	被日本军拉去	被日本军拉去	被日本军拉去
		年月	民三十年 民三十二年	民三十年 民三十二年	民三十年 民三十二年	民三十年 民三十二年	民三十年 民三十二年	民三十年 民三十二年	民三十年 民三十二年	民三十年 民三十二年
		数目	白洋 90 元	洋※ 2152170	烟土板子 2442 两	红花 2 两	驼毛 50 斤	大树 1200 株	1.5 尺高铜佛爷 1 位	1 尺高铜佛爷 2 位
		价值								
备考										

什物 第九列：数目 衣服① 1805000，原因 被匪人抢，年月 民三十二年 民三十三年

其他 第九列：数目 干胶力经 2 卷，原因 被日本军拉去，年月 民三十年 民三十二年

（土默特左旗档案馆馆藏档案，档案号 959 件第 73 页）

① "洋"：纸币。

（11）土默特特别旗右翼首二甲自治督导处抗战期间所受损失调查表

民国三十五年七月十五日

旗名			人口	
			男	女
土默特特别旗			5 口	

物资损失统计			
牲畜	原因	日军作战	
	年月	民国三十三年九月	
	数目	牛 36 条、马 27 匹，共 63	
	价值	牛 1 条约估 1300 元、马约估 1500 元，共 87300 元	
房屋	原因	日军搜击轰炸	
	年月	二十八年三月、三十一年四月	
	数目	900 间（二十八年 515 间、三十一年 385 间）	
	价值	797000 元（二十八年单价 800 元、三十一年单价 1000 元）	
食粮	原因	日军作战	
	年月	三十二年、三十三年	
	数目	4384 石	
	价值	1315200 元（杂粮斗单价 30 元）	

·290·

旗名	人口		物资		
	男	女			
土默特特别旗	5口				
			布定	原因	
				年月	
				数目	
				价值	
			损失什物	原因	日军占据
				年月	三十二年、三十三年、三十四年
				数目	1140000斤（云母830000斤、铅铁310000斤）
				价值	197000000（云母斤单价200元、铅铁斤单价100元）
			其他统计	原因	日军占据
				年月	三十二年、三十三年、三十四年
				数目	32880两
				价值	11508000元（阿片乾板两单价350元）
备考					

（土默特左旗档案馆馆藏档案，档案号959件第81页）

（12）本召河所属各花户在伪政时期损失物品总表及分收地损失物品册①

本召河所属各花户在伪政时期损失物品表（节录）

失主姓名	住所	品名	数量	抢夺者姓名及所属官名	损失日期	备考
师禄	哈拉无素村	牛	2条	日伪军	不详	
图格吉	哈拉无素村	羊	2只	日伪军	不详	
乌特纳生	哈拉无素村	牛	3条	日伪军	不详	
乌特纳生	哈拉无素村	羊	10只	日伪军	不详	
依勒登毕力格	不连河村	羊	22只	日伪军	不详	
依勒登毕力格	不连河村	牛	2条	日伪军	不详	
宝成子	不连河村	羊	10只	日伪军	不详	
宝成子	不连河村	牛	1条	日伪军	不详	
克希克达赖	不连河村	羊	1只	日伪军	不详	
道布登	不连河村	羊	20只	日伪军	不详	
道布登	不连河村	羊	25只	日伪军	不详	
道布登	不连河村	牛	2条	日伪军	不详	
单勒玛	不连河村	羊	10只	日伪军	不详	
本本	西河村	马	7匹	日伪军	不详	
本本	西河村	羊	10只	日伪军	不详	
本本	西河村	牛	2条	日伪军	不详	

---

① 此件标题为编者所加，成文时间不详。

· 292 ·

失主姓名	住所	品名	数量	抢夺者姓名及所属营名	损失日期	备考
根栋加木素	西河村	牛	1条	日伪军	不详	
根栋加木素	西河村	羊	10只	日伪军	不详	
蒙兑朴英	西河村	牛	3条	日伪军	不详	
蒙兑朴英	西河村	羊	38只	日伪军	不详	
蒙兑朴英	西河村	马	2匹	日伪军	不详	
束龙扎布	西河村	牛	8条	日伪军	不详	
束龙扎布	西河村	马	1匹	日伪军	不详	
满家喜	东河村	牛	1条	日伪军	不详	
满家喜	东河村	羊	8只	日伪军	不详	
成子元	东河村	牛	2条	日伪军	不详	
有有	东河村	牛	1条	日伪军	不详	
长元	东河村	牛	2条	日伪军	不详	
长元	东河村	羊	2只	日伪军	不详	
二虎	东河村	牛	1条	日伪军	不详	
喜喜	东河村	牛	2条	日伪军	不详	
喜喜	东河村	羊	11只	日伪军	不详	
喜喜	东河村	马	1匹	日伪军	不详	
格希圪达赖	可可点素村	牛	4条	日伪军	不详	
格希圪达赖	可可点素村	马	2匹	日伪军	不详	
格希圪达赖	可可点素村	羊	12只	日伪军	不详	

失主姓名	住所	品名	数量	抢夺者姓名及所属官名	损失日期	备考
杨生林	可可点素村	牛	9条	日伪军	不详	
旺登	可可点素村	牛	2条	日伪军	不详	
石屹赛	可可点素村	牛	1条	日伪军	不详	
敖登	可可点素村	牛	3条	日伪军	不详	
三进	可可点素村	牛	5条	日伪军	不详	
三进	可可点素村	羊	5只	日伪军	不详	
巴塔	可可点素村	牛	1条	日伪军	不详	
图格计	可可点素村	羊	2只	日伪军	不详	
塔木思捞	可可点素村	牛	1条	日伪军	不详	
敖腾	可可点素村	牛	1条	日伪军	不详	
鄂庆	巴汗诺村	牛	2条	日伪军	不详	
克希克都捞	巴汗诺村	牛	1条	日伪军	不详	
克希克都捞	巴汗诺村	羊	2只	日伪军	不详	
乔格当	巴汗诺村	牛	2条	日伪军	不详	
胡禄子	巴汗诺村	牛	2条	日伪军	不详	
倒布栋	好赖村	牛	2条	日伪军	不详	
巴彦察汗	好赖村	牛	2条	日伪军	不详	
色捞吉的	好赖村	牛	1条	日伪军	不详	
达旺	好赖村	牛	8条	日伪军	不详	
达旺	好赖村	羊	28只	日伪军	不详	

· 294 ·

失主姓名	住所	品名	数量	抢夺者姓名及所属属官名	损失日期	备考
夏勒扣	好赖村	牛	2条	日伪军	不详	
色楞格勒力	依底格兔村	牛	1条	日伪军	不详	
祁穆达尔计	依底格兔村	牛	16条	日伪军	不详	
祁穆达尔计	依底格兔村	马	4匹	日伪军	不详	
祁穆达尔计	依底格兔村	羊	28只	日伪军	不详	
王齐克	依底格兔村	牛	2条	日伪军	不详	
王齐克	依底格兔村	羊	1只	日伪军	不详	
吉林泰	依底格兔村	羊	2只	日伪军	不详	
圪希格达赖	依底格兔村	羊	2只	日伪军	不详	
喜生子	依连到包村	羊	5只	日伪军	不详	
拐八彦	依连到包村	牛	7条	日伪军	不详	
郎郎	依连到包村	牛	1条	日伪军	不详	
恩凯	巴拉格生村	羊	3只	日伪军	不详	
倒布栋	巴拉格生村	牛	1条	日伪军	不详	
倒布栋	巴拉格生村	羊	1只	日伪军	不详	
公计玛	巴拉格生村	牛	1条	日伪军	不详	
吉楞太	巴拉格生村	牛	1条	日伪军	不详	
吉楞太	巴拉格生村	羊	10只	日伪军	不详	
乔勒格	北河村	牛	3条	日伪军	不详	
乔格思楞	北河村	牛	1条	日伪军	不详	

失主姓名	住所	品名	数量	抢夺者姓名及所属官名	损失日期	备考
那孟格勒拉	沙力庆村	牛	2条	日伪军	不详	
那孟格格勒拉	沙力庆村	羊	3只	日伪军	不详	
哈拉扎布	沙力庆村	羊	1只	日伪军	不详	
耳登山	沙力庆村	牛	2条	日伪军	不详	
耳登山	沙力庆村	羊	7只	日伪军	不详	
耳登山	沙力庆村	马	5匹	日伪军	不详	
南木凯	大河卜子村	牛	1条	日伪军	不详	
朴普纳生	召河村	牛	1条	日伪军	不详	
莫格登格	召河村	牛	8条	日伪军	不详	
莫格登格	召河村	羊	22只	日伪军	不详	
莫格登格	召河村	马	3匹	日伪军	不详	
付清格	上乌不楞村	牛	1条	日伪军	不详	
付清格	上乌不楞村	羊	3只	日伪军	不详	
拉嘛扎布	上乌不楞村	牛	1条	日伪军	不详	
拉嘛扎布	上乌不楞村	羊	1只	日伪军	不详	
皮勒来	上乌不楞村	牛	1条	日伪军	不详	
巴彦尔登	上乌不楞村	牛	2条	日伪军	不详	
巴彦尔登	上乌不楞村	羊	3只	日伪军	不详	
耳登巴	上乌不楞村	牛	8条	日伪军	不详	
耳登巴	上乌不楞村	马	4匹	日伪军	不详	

失主姓名	住所	品名	数量	抢夺者姓名及所属番名	损失日期	备考
耳登巴	上乌不拐村	羊	16 只	日伪军	不详	
阿勒不腾	依可无素村	牛	1 条	日伪军	不详	
蒙哈庆尔	依可无素村	羊	1 只	日伪军	不详	
杨登	依可无素村	牛	3 条	日伪军	不详	
图格计	瓦遥村	牛	2 条	日伪军	不详	
达瓦	瓦遥村	羊	10 只	日伪军	不详	
三姑娘	瓦遥村	牛	1 条	日伪军	不详	
禄不生	瓦遥村	羊	12 只	日伪军	不详	
禄不生	瓦遥村	牛	2 条	日伪军	不详	
哈米	瓦遥村	羊	2 只	日伪军	不详	
甘吉尔	瓦遥村	羊	1 只	日伪军	不详	
色令东都格	乔吉兔村	羊	16 只	日伪军	不详	
色令东都格	乔吉兔村	牛	1 条	日伪军	不详	
嘉木色楞扎布	乔吉兔村	羊	8 只	日伪军	不详	
丹毕甲拉生	乔吉兔村	羊	20 只	日伪军	不详	
阿布格义希	乔吉兔村	羊	22 只	日伪军	不详	
阿布格义希	乔吉兔村	牛	3 条	日伪军	不详	
阿布格义希	乔吉兔村	马	3 匹	日伪军	不详	
桑那巴拉吉	乔吉兔村	羊	11 只	日伪军	不详	
大夫拉嘛	乔吉兔村	羊	11 只	日伪军	不详	

失主姓名	住所	品名	数量	抢夺者姓名及所属官名	损失日期	备考
鄂四	乔吉兔村	牛	3条	日伪军	不详	
鄂四	乔吉兔村	羊	4只	日伪军	不详	
乌尔图纳生	本本点素村	羊	3只	日伪军	不详	
乌尔图纳生	本本点素村	牛	1条	日伪军	不详	
谦尔倒计	查汗桃力改村	牛	2条	日伪军	不详	
谦尔倒计	查汗桃力改村	羊	15只	日伪军	不详	
鄂要	查汗桃力改村	牛	1条	日伪军	不详	
鄂要	查汗桃力改村	羊	21只	日伪军	不详	
吉勒格郎	查汗桃力改村	羊	40只	日伪军	不详	
公布扎布	查汗桃力改村	牛	2条	日伪军	不详	
公布扎布	查汗桃力改村	羊	29只	日伪军	不详	
格勒登	什拉哈达村	马	3匹	日伪军	不详	
格勒登	什拉哈达村	牛	1条	日伪军	不详	
格勒登	什拉哈达村	羊	11只	日伪军	不详	
丹增	什拉哈达村	牛	1条	日伪军	不详	
祁布讫扎布	什拉哈达村	马	1匹	日伪军	不详	
祁布讫扎布	什拉哈达村	牛	1条	日伪军	不详	
毕力吃泰	什拉哈达村	马	5匹	日伪军	不详	
毕力吃泰	什拉哈达村	羊	12只	日伪军	不详	
毕力吃泰	什拉哈达村	牛	1条	日伪军	不详	

失主姓名	住所	品名	数量	抢夺者姓名及所属营名	损失日期	备考
德什	什拉哈达村	牛	1条	日伪军	不详	
德什	什拉哈达村	马	1匹	日伪军	不详	
德什	什拉哈达村	羊	6只	日伪军	不详	
金巴	什拉哈达村	羊	19只	日伪军	不详	
达解拔力计	什拉哈达村	牛	1条	日伪军	不详	
达解拔力计	什拉哈达村	羊	10只	日伪军	不详	
倒不栋	哈老拉村	马	6匹	日伪军	不详	
倒不栋	哈老拉村	羊	24只	日伪军	不详	
倒不栋	哈老拉村	牛	5条	日伪军	不详	
格本嘎尔	黑诺包村	羊	1只	日伪军	不详	
蔡汗口	黑诺包村	牛	2条	日伪军	不详	
蔡汗口	黑诺包村	羊	2只	日伪军	不详	
阿要	黑诺包村	羊	13只	日伪军	不详	
阿要	黑诺包村	牛	3条	日伪军	不详	
锡林唐好	黑诺包村	牛	1条	日伪军	不详	
桑保	黑诺包村	羊	13只	日伪军	不详	
桑保	黑诺包村	牛	2条	日伪军	不详	

失主姓名	住所	品名	数量	抢夺者姓名及所属官名	损失日期	备考
杨生林	可可点素村	棉袍	1件	日伪军	不详	
		夹袍	1件	日伪军	不详	
		绵羊	44只	日伪军	不详	
		大尖牛	6条	日伪军	不详	
		全鞍	1坐	日伪军	不详	
		兰市布皮袄	1丈2	日伪军	不详	
		羔子皮袄	1件	日伪军	不详	
		香靴	6对	日伪军	不详	
		皮鞋	2对	日伪军	不详	
		棉线口袋	102条	日伪军	不详	
		羔子皮	65张	日伪军	不详	
		青缎子马褂	1件	日伪军	不详	
		白市布衫子	1件	日伪军	不详	
		识工呢布	1丈2	日伪军	不详	
		线毯子	1块	日伪军	不详	
		京线毛衣	1条	日伪军	不详	
		粉线皮裤	1条	日伪军	不详	
		毛裤	1条	日伪军	不详	
		毡子	2块	日伪军	不详	

失主姓名	住所	品名	数量	抢夺者姓名及所属官名①	损失日期	备考
王登	可可点素村	大乳牛	2条	蒙古军	不详	
		夹袍子	1件	蒙古军	不详	
		白洋布	2丈	蒙古军	不详	
		黑市布	1丈3	蒙古军	不详	
		山羊皮被	1张	蒙古军	不详	
		全鞍子	1坐	蒙古军	不详	
阿登卯	可可点素村	山羊皮被	2张	日伪军	不详	
		棉缎被子	1张	日伪军	不详	
		棉裤子	2块	日伪军	不详	
		绵羊皮	5张	日伪军	不详	
		全鞍子	2坐	日伪军	不详	
阿登山	可可点素村	骡子	1匹	蒙古军	不详	
		骟马	1匹	蒙古军	不详	
		大乳牛	3条	蒙古军	不详	
石圪藁	可可点素村	大乳牛	1条	蒙古军	不详	
		山羊皮被	1张	蒙古军	不详	
		骟马	1匹	蒙古军	不详	
三近	可可点素村	尖牛	5条	蒙古军	不详	
		山羊	3只	蒙古军	不详	

① "蒙古军"系日本关东军扶植建立的伪军之一种，下同。

失主姓名	住所	品名	数量	抢夺者姓名及所属官名	损失日期	备考
马筲亥	可可点素村	绵羊	2只	蒙古军	不详	
		全鞍	3坐	蒙古军	不详	
		骟马	3匹	蒙古军	不详	
		黑骟马	1匹	日伪军	不详	
		白青花骟马	3匹	日伪军	不详	
		花骒马	1匹	日伪军	不详	
		全鞍	1坐	日伪军	不详	
		兰皮大氅	1件	日伪军	不详	
图挖计	可可点素村	大骟马	1匹	日伪军	不详	
		全鞍	1坐	日伪军	不详	
		大皮袄	1件	日伪军	不详	
		棉袍子	1件	日伪军	不详	
		绵羊	2只	日伪军	不详	
		山绵羊	4只	日伪军	不详	
		大乳牛	1条	日伪军	不详	
田喜	可可点素村	骟马	1匹	日伪军	不详	
		全鞍	1坐	日伪军	不详	
		小头戴	1付	日伪军	不详	
		手镯	2对	日伪军	不详	

失主姓名	住所	品名	数量	抢夺者姓名及所属官名	损失日期	备考
		绿缎子	1丈2	日伪军	不详	
		大缎裤子	1条	日伪军	不详	
		大乳牛	2匹	日伪军	不详	
		骟马	1匹	日伪军	不详	
		全鞍子	1坐	日伪军	不详	
云耀腾	可可点素村	市布夹裤	1条	日伪军	不详	
		蓝市布	1疋	日伪军	不详	
		面口袋	1条	日伪军	不详	
		大尖牛	2条	日伪军	不详	
		牛奶酪蛋	2斗	日伪军	不详	
		白毡	4块	日伪军	不详	
		女帽	1顶	日伪军	不详	
李勒扢增	玉成隆村	骟马	7匹	蒙古军	三十四年八月七日	
		全鞍	2坐	蒙古军	三十四年八月七日	
		骟骒马	5匹	蒙古军	三十四年八月七日	
		骟马	5匹	蒙古军	三十四年八月七日	
		大骒马	1匹	蒙古军	三十四年八月七日	
		大骟马	1匹	蒙古军	三十四年八月七日	

分收地损失物品册（节录）

姓名	住所	品名	数量	抢夺者姓名及所属官名	损失日期	备考
范红喜	倒尔计卜子村	棉线义子	2个	武川讨伐队	不详	
刘二	倒尔计卜子村	绵羊皮	2张	武川讨伐队	不详	
		贡缎袄	1件	武川讨伐队	不详	
		毛口袋	1条	武川讨伐队	不详	
王二和	倒尔计卜子村	羊毛	17斤	武川讨伐队	不详	
		白麻	15斤	武川讨伐队	不详	
孟四	倒尔计卜子村	毛口袋	1条	武川讨伐队	不详	
		蓝布袄	1件	武川讨伐队	不详	
		山羊皮	1张	武川讨伐队	不详	
刘根牛	三合明村	全车	1辆	蒙古军	不详	
		尖牛	1条	蒙古军	不详	
		皮袄	1件	蒙古军	不详	
		莜麦	30石	蒙古军		
高二财	十八兔村	乳牛	2条	蒙古军		
		全车	1辆	蒙古军		
		毛口袋	8条	蒙古军		
王贵小	碓酒卜子村	全车	1辆	蒙古军		
		折房	8间	蒙古军		
		莜麦	1石5	蒙古军		

失主姓名	住所	品名	数量	抢夺者姓名及所属营名	损失日期	备考
赵正五	碓酒卜子村	小麦	1石5	蒙古军		
		折房	10间	蒙古军		
		风箱	2支	蒙古军		
		大绳	2条	蒙古军		
		小门	2对	蒙古军		
		口袋	7条	蒙古军		
		笼锅	1套	蒙古军		
		草刀	1口	蒙古军		
		椁子	1张	蒙古军		
郭氏	碓酒卜子村	乳牛	1条	蒙古军		
		折房	2间	蒙古军		
		毛口袋	2条	蒙古军		
		全车	1辆	警察		
		风箱	2支	警察		
孔天	碓酒卜子村	绵羊	7只	蒙古军		
		风箱	2支	蒙古军		
		毛口袋	9条	蒙古军		
		大盆	3个	蒙古军		
		乳牛	3条	蒙古军		
		折房	5间	蒙古军		

失主姓名	住所	品名	数量	抢夺者姓名及所属官名	损失日期	备考
杨财	碓酒卜子村	折房	3间	蒙古军		
范红喜	倒尔计卜子村	绵羊	120只	武川讨伐队		
		大皮袄	12件	武川讨伐队		
		栽绒毯子	1块	武川讨伐队		
李茂全	什大股村	全车	1辆	武川讨伐队		
侯三	什大股村	尖牛	1条	武川讨伐队		
贾海栓	什大股村	尖牛	2条	武川讨伐队		
		五稍锅	1口	武川讨伐队		
		木刚	1个	武川讨伐队		
		风箱	1支	武川讨伐队		
		油松檩	2条	武川讨伐队		
刘喜小	什大股村	油松檩	4条	武川讨伐队		
梁心宽	什大股村	油松檩	23条	武川讨伐队		
		红干椽	7条	蒙古军		
		口袋	80条	蒙古军		
		长车套	9条	蒙古军		
		风箱	2付	蒙古军		
			3支	蒙古军		
		大锅	2口	蒙古军		
		棉袄	1件	蒙古军		

失主姓名	住所	品名	数量	抢夺者姓名及所属官名	损失日期	备考
赵正武	什大股村	毡子	3块	蒙古军		
		红被子	3张	蒙古军		
		全车	1辆	蒙古军		
		油檩子	10条	蒙古军		
那喜贵	十八库仓村	大车	1辆	蒙古军		
		大牛	1条	蒙古军		
		大猪	2口	蒙古军		
		被子	1张	蒙古军		
刘满福	十八库仓村	大猪	1口	蒙古军		
		莜麦	4石	蒙古军		
王玉喜	十八库仓村	折房	1间	蒙古军		
		白洋布	2丈	蒙古军		
		大牛	2条	蒙古军		
		大车	1辆	蒙古军		
		麦子	5石	蒙古军		
		大猪	2口	蒙古军		
傅双成	十八库仓村	折房	2间	蒙古军		
		绵羊	4只	蒙古军		
		大猪	2口	蒙古军		
		黑市布	5丈	蒙古军		

续表

失主姓名	住所	品名	数量	抢夺者姓名及所属营名	损失日期	备考
李生金	十八库仑村	被麦	3石	蒙古军		
		麦子	2石	蒙古军		
		大柜	2支	蒙古军		
		折房	3间	蒙古军		
		口袋	3条	蒙古军		
		菜子	2石	蒙古军		
傅来银	十八库仑村	大猪	2口	蒙古军		
		大猪	1口	蒙古军		
		绵羊	50只	蒙古军		
		被麦	1石	蒙古军		
		折房	3间	蒙古军		
		大毡	2块	蒙古军		
		被子	3张	蒙古军		
		棉衣	2件	蒙古军		
		小锅	3口	蒙古军		
		大柜	2支	蒙古军		
		毛口袋	11条	蒙古军		
曹二娃	十八库仑村	大车	1辆	蒙古军		
		尖牛	4条	蒙古军		
		绵羊	40只	蒙古军		

失主姓名	住所	品名	数量	抢夺者姓名及所属营名	损失日期	备考
		马子	2匹	蒙古军		
		大猪	1口	蒙古军		
		麦子	7石	蒙古军		
		折房	1间	蒙古军		
		被子	2张	蒙古军		
		棉衣	2件	蒙古军		
		大锅	4口	蒙古军		
		毛口袋	7条	蒙古军		
王兰栓	十八库仑村	大车	1辆	蒙古军		
		衣箱	1支	蒙古军		
		锅笼	1套	蒙古军		
		大猪	1口	蒙古军		
		折房	2间	蒙古军		
		被麦	8石	蒙古军		
		口袋	8条	蒙古军		
王生富	十八库仑村	大车	1辆	蒙古军		
		大猪	1口	蒙古军		
		折房	1间	蒙古军		
		麦子	6石	蒙古军		
		小锅	1口	蒙古军		

失主姓名	住所	品名	数量	抢夺者姓名及所属官名	损失日期	备考
赵太已	十八库仑村	折房	2 间	蒙古军		
		大锅	1 口	蒙古军		
		牛	1 条	蒙古军		
		麦子	3 石	蒙古军		
		口袋	3 条	蒙古军		
米马年	十八库仑村	折房	2 间	蒙古军		
		锅笼	1 套	蒙古军		
		大猪	1 口	蒙古军		
		毛口袋	2 条	蒙古军		
温立成	十八库仑村	折房	5 间	蒙古军		
		被子	1 张	蒙古军		
		麦子	3 石	蒙古军		
		棉衣	1 件	蒙古军		

（土默特左旗档案馆馆藏档案，档案号 959，第 117—162 页 ）

（13）绥远省《民国三十四年度第一次扩大复员会议纪录》

时间：五月二十三日上午 8 时

地址：省政府会议室

出席人数：首长李居义等及本会委员共 26 人

缺席人数：

主席：张钦

纪录：刘敏

主席报告开会意义（从略）

讨论事项：

1. 抗战以来公私财产损失究应如何加速查报案

决议：各机关指定专人分别承办限期 1 月完成并由复员委员会指定时间（每日以 1 小时为限）每日与各小组指定人员会报决定查填事项于限期内完成之

2. 各县市公私财产损失如何加速查报案

决议：转令各县市限期办理沦陷地区必要时由各县市呈报资料由省代为造报

3. 中央各部会院函令本省查报各种灾害损失应由复员会统一办理都仍由各机关分别办理案

决议：由复员委员会分别会稿统一办理

4. 各种损失物件购置时价值及损失时价值与现在查报时物价相差太远应以何者为准案

决议：遵照中央规定办理

5. 战时公私财产损失应从何时办起暂至何时为止案

决议：前期遵照中央规定后期由七七事变起至本年 6 月底止按年度办理

6. 战前许多机关于事变后裁并或划分其损失应如何查报案

决议：由裁并后存在机关或划分前损失机关办理（如垦务局由地政局办）

7. 年周工作进度应如何检点案

决议：于每礼拜 6 大会报时回顾

8. 社会部函请查报灾害损失资料每省以灾害损失具有代表性者选择 3 县，每县选择 3 乡送部本省应指定何县案

决议：指定丰镇、归绥、五原 3 县并令县选择 3 乡报省汇转

9. 社会部函请调查战后各地待办公共工程可资开发之工矿垦地等项拟具战

后社会救济实施要点送部本省应如何办理案

决议：按性质分别会知建设厅地政局拟具要点送由复员委员会汇转

10. 财政部电请本省财政厅查报历年公私损失数字惟电文中词句含糊无法查辨应如何处理案

决议：交由财政厅电询后再为办理

（注：原文无标点符号）

（内蒙古自治区档案馆馆藏档案，档案号 419—1—151 卷 63）

（14）1945年海拉尔市工商业损失（被炸、烧毁）调查表

项目名称	户数	从业人员	损失总额（元）	其中	
				房屋	货物、设备、货币
制革业	13	75	2170331	100000	2070331
饭店业	10	45	713110	9560	703540
鞋铺业	5	28	525110	40000	485100
木铺业	12	56	780830	24350	756480
洋服店业	8	23	294480	5000	289480
当业	2	11	644800		
理发业	4	12	95500	2000	93500
洗染业	2	14	797300	200000	597300
食品杂货业	11	37	1280700	533000	747700
粮谷电磨业	11	136	8810128	3065000	5745128
五金杂货业	8	51	6143900	1705000	4438900
估衣杂货	5	13	581200	81000	500200
洋铁铺业	7	16	116080	32000	84080
皮革业	9	23	821190	453000	368190
钟表业	10	34	1189480	1500	1187980
绸缎杂货业	19	81	30379668	2689000	27690668
绸缎杂货业	15	127	11680847	580000	11100847
绸缎杂货业	15	133	12122655	1696500	10426155
小计	166	915	79147309	11216910	67930399
洋酒制造业	4	75	3905306	110000	3795306
烟麻杂货	5	18	1025106	30000	995106
青菜业	11	76	1032810	40000	992810
药铺业	4	19	205200	30000	175200
自转车业	2	9	65650		65650
酱园业	4	36	240200	8000	232200
文具印刷业	4	26	314373	5000	309373
毡铺业	2	17	12340		42340
杂业	13	79	5547341	209000	5338341
砖窑	7		938790		938790

名称 ＼ 项目	户数	从业人员	损失总额（元）	其 中	
				房屋	货物、设备、货币
肉商	1	1	20500		20500
快马车制造业	1	15	236800	55000	181800
小计	58	371	13574416	487000	13087416
总计	224	1286	92721725	11703910	81017815

注：

1. 据《呼伦贝尔盟金融志》（《呼伦贝尔盟金融志》编纂委员会编，内蒙古人民出版社 1997 年 6 月第一版）记载：1945 年 8 月日本投降后，呼伦贝尔地区仍流通伪满币（元）。1946 年东蒙银行成立后，7 月规定按 8 折使用，11 月为 7 折，年底废止。

2. 同上书。伪满币对黑龙江省发行的 4 种货币兑换率为：伪满币 1 元兑换哈大洋 1.25 元、官贴 1680 吊、江大洋 1.40 元、四厘债券 14 元。

3. 同上书。日本投降后，苏联红军票一度流行于包括呼伦贝尔在内的东北地区。1948 年东北全境解放后，东北人民政府于次年 12 月 7 日规定，1 元红军票兑换东北流通券 30 元，亦兑换蒙币 30 元，年底作废。

（呼伦贝尔市档案馆馆藏档案，档案号 49—1—4）

（15）绥远省政府转发给固阳县政府的民国政府行政院
《省县（市）抗战期间被灾损失情况表》及填表举例说明

由电发县市抗战期间被灾情况表式仰依限详填报府汇转

绥远省政府代电　绥统处一字第 195 号

中华民国三十七年三月二十五日

固阳县政府览准行政院赔偿委员会本年二月二十六日京（卅七）一字第 4809 号代电，开查抗战损失查报期限业已截止，贵省转报公私财产损失表，本会刻正分别登记汇编。兹为获悉贵省在抗战期间一般被灾情况，以便与人民填报之损失相互参证起见，相应检付县（市）抗战期间被灾损失情况表式一份，电请查照依式复印转饬所属，于文到 1 月内依式详填汇转本会等由，附表式一份，举例说明一份，准此合行复印，原表式及举例说明各一份随电转发，限文到 20 日……与以前呈报者相符，仰遵照办，理勿延为要。主席董其武绥统处一寅有印。附表式一份，举例说明一份。

（注：原文无标点符号）

省　县（市）抗战期间被灾损失情况表

项　目		数　量	项　目		数　量（次数）
面积（平方公里）	原有面积		在县境内抗战情形	会战	
	沦陷面积			大战	
	沦陷次数			小战	
	沦陷期间			防御战	
	原有面积与沦陷之比			游击战及其他	
人口	原有人数		轰炸	次数	
	死亡人数			架数	
	受伤人数			投弹数	
	流亡人数				

公　私　财　产　损　失　估　计							
损失项目	价　　　　单位国币元（二十六年七以前币值）　　　　值						备　考
		私　　有		公　　有			
	损失户数或数量	直　接	间　接	损失户数或数量	直　接	间　接	
总计							
农业							
林业							
渔业							
茶业							
畜牧业							
工业							
矿业							
电业							
商业							
金融业							
汽车							
汽船							
渔船							
木船							
其他运输工具							
政府机关							
人民团体							
学校							
大学							
中学							
小学							
普通住户							
其他							

填表注意事项:

一、本表应由县政府依照机关团体及人民填报损失表报分项统计，例如人民填报损失未能齐全，得由县政府召集各业公会及民意机关依据本县辖区实际受害情形分别估计填报，其估计方法详见举例说明；

二、本表填报期间自民国二十六年七月七日起至三十四年九月二日敌人签降之日止；

三、本表由县政府填报一式两份，一份呈省政府，以一份由省政府汇转本会；

四、战情一项其作战程度，会战敌参战者 2 万人以上者，大战敌人参战在 5000 人以上者，小战敌人参战在 500 人以上者，防御战敌人参战在 500 人以下者；

五、损失价值一项 (A) 单位一律用国币元 (B) 损失价值一项统应折合二十六年七月之价值，即在二十六年至三十四年间所受之损失其价值之填报应依照附发抗战期间各年度零售物价增涨倍数比较表将逐年损失时价值折回至二十六年七月之价值后再填入上表，不可填各年损失时之币值；

六、间接损失 (A) 属于机关学校团体等其间接损失之填报限于费用之增加为防空救济，特别公费等 (B) 属于公私营业者其间接损失之填报，包括 1. 可能生产额之减少，2. 可获纯利额减少，3. 费用之增加等（1、2 两项详细说明可参考抗战损失查报须知第 9—11 页）；

七、其他一项：凡公私损失如本表内未列入之项目均可填入或另列一项填报，惟本表规定项目不得变更，如有详细释法而备考栏不敷应用时得另附说明书。

抗战期间各年度零售物价指数增添倍数表（二十六年七七事变以前购置者适用本表）。

(表一) 基期二十六年上半年=100

年度	二十六	二十七	二十八	二十九	三十	三十一	三十二	三十三	三十四
指数	103	130	213	503	1294	4027	14041	48781	190723
倍数	1.03	1.30	2.13	5.03	12.94	40.27	140.41	487.81	1907.23

（表二）抗战期间各年度零售物价增长倍数比较表

（二十六年七七事变以后购置者适用本表）

购置时期 损失时期	二十六	二十七	二十八	二十九	三十	三十一	三十二	三十三	三十四
二十七	1.26								
二十八	2.06	1.63							
二十九	4.88	3.86	2.31						
三十	12.36	9.95	6.10	2.75					
三十一	39.09	30.97	18.90	8.00	3.11				
三十二	136.32	108.00	65.92	27.91	10.85	3.48			
三十三	473.60	375.20	229.01	96.90	37.60	12.11	3.48		
三十四	1851.68	1467.10	895.40	379.10	147.39	37.36	13.58	3.90	

例 1：设二十六年七七事变以前购西式楼房一栋，于三十一年损失，如照三十一年损失时价值为 5 万元，其折合为二十六年七月之价值计算法，价值为下式 50000÷40.2=（二十六年七月以前之价值）（见表一）

例 2：设有西式房屋一栋，如系在二十八年购置计 2 万元，于三十年损失，其折合二十六年年之计算法，应如下式（20000÷6.16）÷12.94=（二十六年七月以前之价值）（见表一及表二）

如上例仅知三十年损失时价值，为 12200 元时，其折合法如下：

损失 项目	价　　　　单位国币元（二十六年七月以前币值）　　　　值						备　　考
	私　　　有			公　　　有			
	损失户数 或数量	直　接	间　接	损失户数 或数量	直　接	间　接	
农业	10500	15235832	41000000	10	775193	800000	三 十 年 损 失 10000 户 三 十 二 年 损 失 500 户

122000÷12.94=（二十六年七月以前之价值）（见表）

公私财产损失估计方法举例说明

甲、关于私有财产损失部分（例举农业一项，其他同步骤估计）

第一步：参考本县市政府有关经济统计资料并召集各业公会及民意机构依据实际情形估出战前之人口财富面积等。

第二步：抗战期间各年度实际受损情形约占全县几分之几并参考上项资料及实际调查情形估出全县市损失户数，如某县敌人于三十年进攻当即沦陷，被损户数为10000户，其中富有农约2000户、中农约3000户、贫农约5000户，又三十二年敌人再度侵扰，被损户数为500户，其中富农约50户、中农约100户、贫农约350户，两次共损失户数为10500（填入损失户数栏内）。

第三步：根据三十年估计损失户数10000户，中富农2000户，平均每户产业约10万元，每户平均损失约占原有财产40%；中农3000户，平均每户产业5万元，每户平均损失约占原有财产60%；贫农5000户，平均每户产业约5000元，平均损失约占原有财产80%。又三十二年500户中，富农50户，平均每户产业约100万元，每户平均损失约占原有财产20%；中农100户，平均每户产业约50万元，每户平均损失约占原有财产40%；贫农350户，平均每户产业约10万元，每户平均损失约占原有财产60%。

（1）则三十年损失10000户中，其损失总值为190000000元

富农（100000×40%）×2000=80000000

中农（50000×60%）×3000=90000000

贫农（5000×80%）×5000=20000000

（2）则三十二年损失之500户中，其损失总值为61000000元

富农（1000000×20%）×50=10000000

中农（500000×40%）×100=30000000

贫农（100000×60%）×350=21000000

第四步：根据两次损失总值分别折回至二十六年七月以前之币值计，共15235832元（填入直接损失栏内）

（1）190000000÷12.9=14728682⋯⋯三十年年损失总值折回至二十六年七月以前币值

（2）61000000÷140=507105……三十二年损失总值折回至二十六年七月以前币值

第五步：抗战期间除直接损失外，因田园荒芜故每年可能收获量减少，其在三十年损失之 10000 户中，平均可能收获量减少 1000 元（已减去肥料人力及其他之开支），并设已折回至二十六年七月以前之币值，则三十年损失至三十四年胜利时止计约 4 年则

$$10000×1000×4=40000000$$

又三十二年损失之 500 户中，平均可能收获量减少 1000 元（已减去肥料人力及其他之开支），并设系已折回至二十六年七月以前之币值，则三十二年损失至 34 年胜利时止计约 2 年则

$$500×1000×2=1000000$$

两次间接损失总值共计 41000000 元（二十六年七月以前之币值）（填入间接损失栏内）

乙、关于公有财产损失部分（例举农业一项，其他各业损失同步骤估出）

第一步：调查全县农机构及各乡镇区设农业推广所及农业改进所共有若干单位并参考县农业组织，设为 10 单位（户数）（填入公有损失户数栏内）

第二步：设上列单位（户数）均于三十年敌人进攻时被损

第三步：根据县农业组织经费预算或推广数量与面积，设平均每单位当时受损国币 1000000 则

$$1000000×10=10000000$$

第四步：10000000÷12.9=775193

三十年损失总值折回至二十六年七月以前之币值（填入公有直接损失栏内）

第五步：除直接损失外可能生产量减少，其在三十年损失单位户中平均可能收获量减少 20000 元（已减去肥料人力及其他之开支并设已折回至二十六年七月以前之币值）则三十年损失至三十四年胜利时止计约 4 年则

$$10×20000×4=800000 元（填入公有间接损失栏内）$$

（内蒙古自治区档案馆馆藏档案，档案号 419—1—151）

（16）土默特旗右翼五六甲自治督导处管内被伪政权烧焚房屋调查表

甲佐别	姓名	损失间数	乡镇别	备考
右翼五甲二佐	云二亮	房 6 间	打色令村	
右翼五甲二佐	海明子	房 6 间	打色令村	
右翼五甲二佐	俯万海	房 6 间	协力气村	
右翼五甲二佐	存财子	房 15 间	协力气村	
右翼五甲二佐	润成	房 9 间	协力气村	
右翼五甲二佐	武德祥	房 3 间	协力气村	
右翼五甲二佐	云贵	房 5 间半	西老藏营子村	
右翼五甲四佐	云卜方明	房 55 间	马厂村	
右翼五甲四佐	云根锁	房 14 间	苏波罗盖村	
右翼五甲四佐	林富	房 16 间	苏波罗盖村	
右翼五甲四佐	思林	房 14 间	苏波罗盖村	
右翼五甲四佐	有世	房 5 间	苏波罗盖村	
右翼五甲四佐	铁柱	房 14 间	美岱召村	
右翼五甲四佐	良良	房 5 间半	美岱召村	
右翼五甲四佐	德德	房 8 间	美岱召村	
右翼五甲四佐	思善	房 4 间	美岱召村	
右翼五甲五佐	海亮	房 5 间	黑蛇兔村	
右翼五甲五佐	铁旦	房 11 间	黑蛇兔村	
右翼五甲五佐	张旺旺	房 21 间	白银厂汗村	
右翼五甲五佐	丑丑	房 12 间	白银厂汗村	
右翼五甲五佐	海祥	房 13 间	白银厂汗村	
右翼五甲五佐	马富旺	房 11 间	白银厂汗村	
右翼五甲五佐	西旺旺	房 5 间	白银厂汗村	
右翼五甲五佐	金元	房 7 间	白银厂汗村	
右翼五甲五佐	富富	房 10 间	白银厂汗村	
右翼五甲五佐	银贵	房 5 间	白银厂汗村	
右翼五甲五佐	莫劳	房 5 间	白银厂汗村	
右翼五甲五佐	巨才	房 5 间	白银厂汗村	
右翼五甲五佐	马驹	房 12 间	白银厂汗村	
右翼五甲五佐	赵根寿	房 7 间	白银厂汗村	
右翼五甲五佐	马存良	房 13 间	白银厂汗村	
右翼五甲五佐	王万才	房 35 间	白银厂汗村	
右翼五甲五佐	王巨才	房 38 间	白银厂汗村	
右翼五甲五佐	补音太	房 10 间	白银厂汗村	
右翼五甲五佐	王丕续	房 26 间	白银厂汗村	
右翼五甲五佐	王旺旺	房 8 间	上达赖村	
右翼五甲五佐	润成	房 11 间	上达赖村	
右翼五甲五佐	云富全	房 29 间	上达赖村	
右翼五甲五佐	李存善	房 15 间	上达赖村	

甲佐别	姓名	损失间数	乡镇别	备考
右翼五甲五佐	海 林	房 22 间	忽拉咨气村	
右翼五甲五佐	二海林	房 18 间	忽拉咨气村	
右翼五甲五佐	永 安	房 27 间	忽拉咨气村	
右翼五甲五佐	其 瑞	房 29 间	忽拉咨气村	
右翼五甲五佐	门 元	房 12 间	忽拉咨气村	
右翼五甲五佐	威 元	房 5 间	忽拉咨气村	
右翼五甲五佐	润卜子	房 6 间	忽拉咨气村	
右翼五甲五佐	二娃子	房 9 间	忽拉咨气村	
右翼五甲五佐	巨 成	房 3 间	古雁村	
右翼五甲五佐	小白子	房 7 间	古雁村	
右翼五甲五佐	润 月	房 9 间	古雁村	
右翼五甲五佐	有 才	房 5 间	古雁村	
右翼五甲五佐	怀 怀	房 3 间	古雁村	
右翼五甲五佐	润 怀	房 9 间	古雁村	
右翼五甲五佐	富 怀	房 5 间	古雁村	
右翼五甲五佐	巨 宝	房 7 间	古雁村	
右翼五甲五佐	二小子	房 9 间	黑蛇兔村	
右翼五甲五佐	拴 拴	房 3 间	黑蛇兔村	
右翼五甲五佐	全仁子	房 12 间	黑蛇兔村	
右翼五甲五佐	安 安	房 16 间	黑蛇兔村	
右翼五甲五佐	月 秀	房 9 间	黑蛇兔村	
右翼五甲五佐	五音照	房 7 间	黑蛇兔村	
右翼五甲五佐	田圪旦	房 6 间	黑蛇兔村	
右翼五甲五佐	赵玉玺	房 25 间	上达赖村	
右翼五甲五佐	王连贵	房 7 间	上达赖村	
右翼五甲五佐	虎 豹	房 9 间	上达赖村	
右翼五甲五佐	张银威	房 27 间	上达赖村	
右翼五甲五佐	花 庆	房 17 间	上达赖村	
右翼五甲五佐	四 四	房 9 间	上达赖村	
右翼五甲五佐	起 世	房 9 间	上达赖村	
右翼五甲五佐	起月庆	房 9 间	上达赖村	
右翼五甲五佐	乙力盖	房 10 间	上达赖村	
右翼五甲五佐	满 海	房 9 间	上达赖村	
右翼五甲五佐	全小子	房 15 间	上达赖村	
右翼五甲五佐	金永安	房 29 间	上达赖村	
右翼五甲五佐	金其瑞	房 19 间	上达赖村	
右翼五甲五佐	花 赖	房 9 间	上达赖村	
右翼五甲五佐	赵文翰	房 19 间	上达赖村	
右翼五甲五佐	二若生	房 15 间	上达赖村	
右翼五甲五佐	福 来	房 12 间	上达赖村	
右翼五甲五佐	云万万	房 9 间	上达赖村	
右翼五甲五佐	乙立贺	房 12 间	上达赖村	

甲佐别	姓名	损失间数	乡镇别	备考
右翼五甲五佐	五存良	房 10 间	上达赖村	
右翼五甲五佐	元 元	房 12 间	塔尔拜村	
右翼五甲五佐	有 有	房 11 间	塔尔拜村	
右翼五甲五佐	中 元	房 10 间	塔尔拜村	
右翼五甲五佐	恒 元	房 7 间	塔尔拜村	
右翼五甲五佐	补 安	房 5 间	塔尔拜村	
右翼五甲五佐	成 元	房 6 间	塔尔拜村	
右翼五甲五佐	安 安	房 8 间	塔尔拜村	
右翼五甲五佐	月 庆	房 5 间	竹拉沁村	
右翼五甲五佐	半 半	房 5 间	妥妥岱村	
右翼五甲五佐	康 康	房 15 间	妥妥岱村	
右翼五甲五佐	二莫劳	房 3 间	妥妥岱村	
右翼五甲五佐	秃 孟	房 3 间	妥妥岱村	
右翼五甲五佐	二 锁	房 3 间	妥妥岱村	
右翼五甲五佐	二后生	房 7 间	贾家营子村	
右翼五甲五佐	怡 海	房 8 间	贾家营子村	
右翼五甲五佐	大庙蝉房	蝉房 5 间	道什村	
右翼五甲五佐	家 庙	蝉房 10 间	上达赖村	
右翼五甲五佐	龙王庙	蝉房 3 间	上达赖村	
右翼五甲五佐	三官庙	蝉房 3 间	白银厂汗村	
右翼五甲五佐 右翼五甲五佐	普照寺	蝉房 150 间	白银厂汗村	
右翼五甲二佐	贾挨挨	房 29 间	打色令村	
右翼五甲二佐	贾四重	房 6 间	打色令村	
右翼五甲二佐	贾连仲	房 3 间	打色令村	
右翼五甲二佐	存林子	房 10 间	打色令村	
右翼五甲二佐	玉柱子	房 9 间	打色令村	
右翼五甲二佐	海 庆	房 6 间	打色令村	
右翼五甲二佐	成 计	房 9 间	打色令村	
右翼五甲二佐	艮 换	房 3 间	打色令村	
右翼五甲二佐	贾玉珠	房 6 间	打色令村	
右翼五甲二佐	贾玉何	房 6 间	打色令村	
右翼五甲二佐	贾福玉	房 6 间	打色令村	
右翼五甲二佐	贾福明	房 3 间	打色令村	
右翼五甲首佐	真珠山	房 12 间	担净营村	
右翼五甲首佐	全 全	房 9 间	担净营村	
右翼五甲首佐	根座尔	房 7 间	担净营村	
右翼五甲首佐	招 招	房 13 间	朱麻营村	
右翼五甲首佐	常 拴	房 8 间	杜守将营村	
右翼六甲首佐	巴二秃	房 14 间	包头东河村	
右翼六甲首佐	巴福元	房 7 间	包头东河村	

甲佐别	姓名	损失间数	乡镇别	备考
右翼六甲首佐	巴银柱	房 5 间	包头东河村	
右翼六甲首佐	巴二胖	房 3 间	毫赖沟门村	
右翼六甲首佐	针 祖	房 3 间	阿都赖村	
右翼六甲首佐	阿尧什	房 5 间	阿都赖村	
右翼六甲首佐	任 庆	房 4 间	阿都赖村	
右翼六甲首佐	七 双	房 7 间	阿都赖村	
右翼六甲首佐	金柱柱	房 3 间	阿善沟门村	
右翼六甲首佐	必心兔	房 2 间	阿善沟门村	
右翼六甲首佐	云 氏	房 4 间	阿善沟门村	
右翼六甲首佐	生不楞	房 3 间	阿善沟门村	
右翼六甲二佐	云全福	房 12 间	忽洞沟门村	
右翼六甲二佐	云福锁	房 13 间	忽洞沟门村	
右翼六甲二佐	云三福	房 29 间	忽洞沟门村	
右翼六甲二佐	云福禄	房 13 间	忽洞沟门村	
右翼六甲二佐	云 祥	房 7 间	忽洞沟门村	
右翼六甲二佐	赵 命	房 17 间	忽洞沟门村	
右翼六甲二佐	云李拴	房 3 间	忽洞沟门村	
右翼六甲二佐	云起旺	房 16 间	忽洞沟门村	
右翼六甲二佐	云八彦	房 10 间	忽洞沟门村	
右翼六甲二佐	云二挠	房 6 间	忽洞沟门村	
右翼六甲二佐	云和和	房 7 间	忽洞沟门村	
右翼六甲二佐	巴卜彦	房 5 间	忽洞沟门村	
右翼六甲二佐	云天福	房 6 间	忽洞沟门村	
右翼六甲二佐	云天元	房 4 间	忽洞沟门村	
右翼六甲二佐	云根元	房 4 间	忽洞沟门村	
右翼六甲二佐	云思思	房 6 间	忽洞沟门村	
右翼六甲二佐	云七寡妇	房 6 间	忽洞沟门村	
右翼六甲二佐	云老生	房 17 间	忽洞沟门村	
右翼六甲二佐	云老圪旦	房 5 间	忽洞沟门村	
右翼六甲二佐	云长秀	房 5 间	忽洞沟门村	
右翼六甲二佐	云老红	房 4 间	阿木板申村	
右翼六甲二佐	云成成	房 5 间	阿木板申村	
右翼六甲二佐	云德海	房 3 间	阿木板申村	
右翼六甲二佐	云海亮	房 15 间	阿木板申村	
右翼六甲二佐	云世昌	房 10 间	阿木板申村	
右翼六甲二佐	云于海	房 3 间	阿木板申村	
右翼六甲二佐	云三三	房 3 间	阿木板申村	
右翼六甲二佐	云楞小	房 5 间	阿木板申村	
右翼六甲二佐	云油楞	房 7 间	阿木板申村	
右翼六甲二佐	云根生	房 5 间	阿木板申村	

甲佐别	姓名	损失间数	乡镇别	备考
右翼六甲二佐	云挠师	房 5 间	阿木板申村	
右翼六甲二佐	云德润	房 6 间	阿木板申村	
右翼六甲二佐	云 亮	房 4 间	阿木板申村	
右翼六甲二佐	云长林	房 7 间	阿木板申村	
右翼六甲二佐	云 九	房 22 间	阿木板申村	
右翼六甲二佐	云什月	房 2 间	小沙尔沁村	
右翼六甲二佐	云拴柱	房 2 间	小沙尔沁村	
右翼六甲二佐	韩 有	房 22 间	小沙尔沁村	
右翼六甲二佐	云德善	房 5 间	小沙尔沁村	
右翼六甲二佐	贾状元	房 4 间	小沙尔沁村	
右翼六甲二佐	康有庆	房 17 间	哈只盖村	
右翼六甲二佐	康有元	房 11 间	哈只盖村	
右翼六甲二佐	康海鱼	房 17 间	哈只盖村	
右翼六甲二佐	康父猫	房 6 间	哈只盖村	
右翼六甲二佐	康海亮	房 8 间	哈只盖村	
右翼六甲二佐	康老赵	房 10 间	哈只盖村	
右翼六甲二佐	康各什旺	房 8 间	哈只盖村	
右翼六甲二佐	康达楞	房 11 间	哈只盖村	
右翼六甲二佐	康刘柱	房 2 间	哈只盖村	
右翼六甲二佐	挠 挠	房 5 间	哈只盖村	
右翼六甲二佐	康三三	房 2 间	哈只盖村	
右翼六甲二佐	二红亮	房 5 间	哈只盖村	
右翼六甲二佐	康秀旦	房 10 间	哈只盖村	
右翼六甲二佐	康三月	房 3 间	哈只盖村	
右翼六甲二佐	康秀孝	房 3 间	哈只盖村	
右翼六甲三佐	兰过兵	房 16 间	沙猫尔架村	
右翼六甲三佐	白音巴图	房 17 间	沙猫尔架村	
右翼六甲三佐	孟圪泰	房 5 间	沙猫尔架村	
右翼六甲三佐	云 秃	房 5 间	沙猫尔架村	
右翼六甲三佐	云青山	房 3 间	沙猫尔架村	
右翼六甲三佐	纳 生	房 15 间	沙猫尔架村	
右翼六甲三佐	云喜拴	房 15 间	沙猫尔架村	
右翼六甲三佐	云 氏	房 3 间	沙猫尔架村	
右翼六甲五佐	云海德	房 21 间	小板申气村	
右翼六甲五佐	招 招	房 18 间	小板申气村	
右翼六甲五佐	艮 海	房 10 间	小板申气村	
右翼六甲五佐	后 生	房 5 间	小板申气村	
右翼六甲五佐	楞 楞	房 10 间	小板申气村	
右翼六甲五佐	福成子	房 11 间	小板申气村	
右翼六甲五佐	圪 旦	房 5 间	小板申气村	
右翼六甲五佐	康 换	房 6 间	小板申气村	

甲佐别	姓名	损失间数	乡镇别	备考
	万 和	房 20 间	小板申气村	
	大海玉	房 10 间	小板申气村	
	根 喜	房 16 间	小板申气村	
	金翠子	房 5 间	小板申气村	
	德 青	房 8 间	毛庵村	
	麻 丸	房 8 间	毛庵村	
	毛 狗	房 17 间	毛庵村	
	快 乐	房 10 间	毛庵村	
右翼六甲五佐	云老生	房 7 间	小板申气村	
右翼六甲五佐	油卤子	房 11 间	小板申气村	
右翼六甲五佐	玉玺子	房 7 间	黑麻板申村	
右翼六甲五佐	冻小子	房 18 间	黑麻板申村	
右翼六甲五佐	元外子	房 26 间	黑麻板申村	
右翼六甲五佐	金 良	房 8 间	黑麻板申村	
右翼六甲五佐	富 贵	房 5 间	板申气村	
右翼六甲五佐	福祥子	房 23 间	板申气村	
总　计		2314 间		

注：此表成文时间不详。

（土默特左旗档案馆馆藏档案，档案号 957，第 93—104 页）

（17）绥远省固阳县抗战期间被灾损失情况表

项　目		数　量	项　目	数　量（次数）
面积（平方公里）	原有面积	8650	在县境内抗战情形	会战	
	沦陷面积	7800		大战	
	沦陷次数	1		小战	
	沦陷期间	自26年9月至34年9月		防御战	
	原有面积与沦陷面积之比	6：5		游击战及其他	220次
人口	原有人数	47500	轰炸	次数	
	死亡人数	3400		架数	
	受伤人数	5700		投弹数	
	流亡人数	14000			

公 私 财 产 损 失 估 计

损失项目	价　　单位国币元（二十六年七月以前币值）　　值						备　考
	私　有			公　有			
	损失户数或数量	直　接	间　接	损失户数或数量	直　接	间接	
总计		124960000	105500000				
农业	3250户	35000000	20000000				
林业							
渔业							
茶业							
畜牧业	400户	12000000	30000000				
工业							
矿业		30000000					敌人开采石棉云母矿产
电业							
商业	105户	43000000					
金融业							
汽车							
汽船							
渔船							
木船							
其他运输工具	1200户	3200000	5400000				
政府机关							
人民团体							
学校							

注：以下缺失大学、中学、小学、普通住户、其他等5项内容。此表成文时间不详。

（包头市固阳县档案馆馆藏档案，档案号9—72）

2. 文献资料

（1）《内蒙古自治区经济发展史》（节录）

（二）森林工业的发展历史和管理体制的变迁

内蒙古森林资源采伐有悠久的历史，但在解放前，森林资源长期为帝国主义侵略者所侵占掠夺。早在 1860 年沙俄入侵我国黑龙江北岸大片领土时，就开始对内蒙古大兴安岭奇乾等原始林区进行盗伐。19 世纪末帝俄为进一步掠夺我国东北资源，修建了横贯大兴安岭中南部的中东铁路（即现今的滨洲铁路），利用铁路制控权，在沿线林区多处开设采木公司，每年从内蒙古盗伐走几十万立方米木材资源。1931 年日本帝国主义侵占我国东北后，又先后铺设了深入内蒙古林区的白阿线和博林铁路，并修建森林铁路延伸扩大采伐面积，强化对大兴安岭森林资源的掠夺。经俄、日帝国主义长期掠夺砍伐，到解放时大兴安岭铁路和一些河流两旁几十公里内的原始森林被砍伐殆尽，大片青山翠岭变成荒山秃岭，森林资源遭到严重破坏，生产日趋衰落。

[录自林蔚然、郑广智主编：《内蒙古自治区经济发展史》（1947—1988），
内蒙古人民出版社 1990 年版，第 283 页]

（2）《内蒙古自治区志·畜牧志》（节录）

三、殖民地掠夺

民国二十年（1931 年），东北沦陷后，日本侵略者对内蒙古东部地区进行了残酷的畜产掠夺。民国二十一年（1932 年）8 月 5 日，公布《满洲经济统制根本方策案》，宣扬"日满经济一体化"。民国二十三年（1934 年），日本关东军命令伪满洲国当局，按照经济统制的原则，颁布有关统制法令。民国二十八年（1939 年）12 月 18 日，颁布《家畜调整法》，主要规定不准生产者随意买卖、转移、赠送家畜，更不准隐匿家畜；对生产者所拥有的家畜，一律登记造册，等待军需征用。同年 10 月，又颁布了《家畜及畜产物统制法》。此后 8 年，共颁发类似法令43 件。其统制的品种，包括家畜及家畜的胴体乃至血、头、内脏、兽骨等。此项统制工作，由省农业站控制，省收购机构进行垄断经营。民国二十七至二十八年（1938—1939 年），日本侵略者从内蒙古东部地区掠走羊毛 280 多万吨。

民国三十年（1941 年），日本侵略者在内蒙古东部地区施行畜产"出荷"，强迫生产者以官定价格和指定数量出售牲畜和畜产品，官定价格大大低于市价，甚至只抵市价的 10%。出荷者所得收入，还需按规定"储蓄"2%。是时出荷的比例，5 头牛出荷 1 头，达到 30 头牛还需出荷牛皮 1 张；10 匹马出荷 3 匹；10 只羊出荷 3 只羊、2 张羊皮。1945 年，日本侵略者投降前，还在新巴尔虎左翼旗掠走牲畜 5.22 万头只，占当时牲畜总头数的 11.4%。

民国二十六年（1937 年），内蒙古中西部沦陷后，日本侵略者为掠取牧区的畜产资源，至民国二十七年（1938 年），由钟纺、三井、三菱、日毛、兼松、大蒙、满蒙毛织及满蒙畜产等八大株式会社集资 300 万元，组建伪蒙疆毛业同业会。民国二十九年（1940 年）2 月 22 日，伪蒙古联合自治政府正式颁布《家畜运出取缔办法》，规定拟运出伪蒙疆地区的家畜，须经伪牧业总局长许可；同时制定《家畜输出征收规程》，规定征收标准：牛 7 元、马 3.6 元、绵羊 1.8 元、山羊 1.5元、猪 1.2 元。同年，伪蒙古联合自治政府决定，各蒙旗一律组织豪利希亚（即生计合作社），经营收购牲畜、皮毛和运销日用百货业务。民国三十二年（1943年），日本侵略者指使伪蒙古联合自治政府主席德穆楚克栋鲁普提出"粮食就是子弹、羊毛就是火药、人力就是武力"的所谓"生产协力三大原则"，加紧掠夺蒙古人民的粮食和畜产。民国二十八至三十年（1939—1941 年），伪蒙疆地区被日本侵略者掠去绒毛 800 多万公斤，占同期产量的 37%；掠去皮张 490 余万张，占同期产量的 60%以上。民国二十八年（1939 年）前后，每年掠走的牲畜 12 万头左右。沦陷 8 年间，日本侵略者从伪蒙疆主要牧区锡林郭勒盟掠走马 5.66 万匹，牛 5.23 万头，绵羊 26.67 万只，山羊 4.79 万只，骆驼 7558 峰；掠走察哈尔盟马 3066 匹，牛 2.81 万头，羊 4.62 万只，骆驼 420 峰。

（录自内蒙古自治区畜牧业厅修志编史委员会编：《内蒙古自治区志·畜牧志》，内蒙古人民出版社 1999 年版，第 50—51 页）

（3）绥远的烟土行（节录）

吴应禄口述　贾汉卿整理

民国初年，我曾在归化城荞麦皮巷开设了福义泉膏子铺，后又扩展为烟土行。现将当年绥远烟土行贩卖鸦片，毒害人民的情况，叙述如下：

……

辛亥革命以后，归绥一带的烟土行仍很发达。民国元年（公元1912年），西玉成在宁武巷增盛昌皮庄所存的烟土，曾被地方民团串通江洋匪盗，抢劫了2000余两。民国五年（公元1916年），绥远的烟土价格，因厉行禁烟，出现了直线上升的行情。50两白银，仅可买到新疆的倒四六底货6两；其他一般的三七底货，每两也可卖到现洋12元至16元。烟土价格虽然飞涨，但是烟民因烟瘾难过，都要想尽办法购买。原有的大烟馆和膏子铺，因政令所迫，有的移往农村，有的转入地下，借机居奇，推广了膏子的销路。同年夏，当禁烟明令公布后，唯一的土店西玉成，被官方将查获的烟土5000余两，少数没收并遭到法办。经过这一波折，韩家的七大字号，就逐渐地倒闭了。

……

七七事变以后，绥东各地与归绥、包头被日寇侵占，绥远省会改为厚和市，由烟土巨商贺秉温任伪市长。开业的土店有德中和、世义诚、天和永、和盛祥、公和祥、晋华玉、宝盛祥等。民国二十八年（公元1939年），上市的土店，增加为58家。鸦片零卖业，除个人倒贩者无法统计外，正式开张的大烟馆有23家。

归绥的烟土行，在民国二十一年（公元1932年）已组成土业公会，由贺秉温任理事长。沦陷以后，即改名为阿片公会，设在小南街，公推茂盛牲姓尤高山为伪会长。同时伪蒙疆政府，将原有的禁烟督察处，改组为清查榷运署，由王春任署长，日寇池田喜一任副署长，各县设有清查分署，办理勒索烟农的事务。各伪县公署，曾颁发文告，诱导乡民广种鸦片，染有嗜好的男女烟民，更加蔓延四乡，曾达100余万。

民国二十九年（公元1940年），黑河圈地24家清丁的后裔刘富元等，因缓交烟税，遭到伪政府清查榷运署的强征，以致破产。后因物资统制，勒令各地的土店合营，当时伪厚和市参加土业组合的字号，计有71家，从业人员竟达1400余人。

伪土业总组合设在张家口，由贺秉温任理事长，张立中、王子玉为副理事长，孙玉阶为常务理事，总监理为曲华亭、詹东升，首席顾问为北岛常次郎。伪厚和市土业组合设在兴隆巷，由韩幼林任经理，刘维城为副理，日寇栗山正介、泽惠美夫任顾问，并在包头、萨拉齐设办事处。所有的烟土，大部分运往天津与上海。每年夏季在鸦片成熟的时候，各地的土业组合，即下乡收购，划区强征，收购人员就串通伪乡长、伪助理员以及一些地痞流氓，以大秤收，小秤交与掺假等手段，克扣烟农，贪污中饱，如不向其贿赂，就以鉴别质量为名，百般刁难，鱼肉农民。

……

（录自中国人民政治协商会议内蒙古自治区委员会文史资料研究委员会编:《内蒙古文史资料》第 19 辑，1985 年印行，第 201—207 页）

（4）《伪满洲国史》（节录）

3. 鸦片政策

......

1933 年至 1937 年鸦片的栽种遍及伪满 7 省 30 县 1 旗，总面积达 68.5 万亩。[①]这还不包括秘密栽种面积。1936 年，仅热河省就增加 2000 顷，总收获量预计达 815 万两。[②]

鸦片的所谓专卖，造成了烟毒的泛滥。对此，1937 年日伪当局宣布了所谓鸦片十年断禁方针。1940 年成立禁烟总局，并在各省、市设烟政科，在铁岭、绥化设烟膏制造厂，并将原有 1800 个"管烟所"改为官营。日伪当局的这种政策和措施，名为断禁，实乃纵毒。《十年断禁方策纲要》中根本没有提出对瘾者的治愈计划，对现有瘾者只规定不进行登记就不售与鸦片的原则。这样一来，不管是谁，只要申请登记，不经检查，就可以领到伪满政府发给的鸦片吸食许可证。因此，吸食鸦片者日益增多。瘾者登记人数，1933 年为 56804 人，1937 年增加到811005 人。[③]日军第九师团的一项内部报告中，也做了与上述数字基本一致的估计："3000 万民众中有 3% 吸食鸦片，其数约达 90 万人。"[④]由于吸食鸦片者增加，日伪当局在三十年代从中东地区输入大量鸦片。1938 年，一次就从伊朗输入鸦片1500 箱。[⑤]这样大规模的纵毒，不能不使人民群众遭到巨大的毒害。许多人不仅失去民族意识和反抗斗志，而且成了丧失劳动能力和无法生活的废人。1938 年，吸食鸦片中毒身亡者达十四、五万人。有些青年人也被引上邪路。1944 年伪四平省国兵身体检查时，发现应征青年中鸦片瘾者占 3% 以上。而日伪当局却从鸦片的专卖中获取大量收入。1932 年鸦片岁入为 19409637 元，1936 年即增至 37692641元。[⑥]

1941 年后，鸦片政策也开始为战争经济服务。根据 1943 年伪满禁烟总局制定的计划，伪奉天、四平、吉林三省也被指定为鸦片的栽种地区，并且实行集团栽种。这一年，伪四平、吉林两省被指定栽种鸦片各为 400 公顷，伪奉天省为 200

---

① 《民政年报》，1937 年，第 286 页。

② 日伪档案 262 号，第 314 页，承宪高第 427 号。

③ 《民生年鉴》，1940 年，第 103 页。

④ 日伪档案 262 号，第 105 页。

⑤ 伪满国务院总务厅：《政务概况》，1938 年 1 月，第 83 页。

⑥ 伪满国务院总务厅：《政务概况报告书》，1937 年 3 月，上卷，第 139 页。

公顷，并已付诸实施。例如伪四平省开原县"被政府指定的三二〇天[1]地的罂粟栽培地区，县实业科选定在警备道路旁、地质优良的适合栽种的好地。"[2]种植鸦片较久的地区，如热河省，产量也有增加。据伪满禁烟总局推定，1943 年该省产鸦片 1000 万两，另据该局分室调查，最高产量可达 1400 万两。[3]随着鸦片生产的扩大，伪满"禁烟"特别会计的岁入也扶摇直上。1940 年为 12600 余万元，1944年增至 3 亿余元。[4]

更重要的是，关东军用它占有的大量鸦片走私，牟取暴利，获取军需，以此作为"以战养战"的一种办法。热河省鸦片产量较多，每年有数百万两流入华北。关东军为了获取华银券[5]，就以第四课为中心，在伪满总务厅参与下，操纵鸦片走私活动。为此曾以军费为名从三井物产新京支店借用 2000 万元，利用姓赵的一伙人进行走私。[6]为了取得上海的各种物资，伪满的一个总务厅次长坐着飞机带着成吨的鸦片和黄金，到上海与侵华日军第十三军、宪兵队、海军陆战队、特务机关等进行活动。为了把大量物资运回东北，与日本驻上海舰队司令部达成交易，以 3 吨鸦片为代价，该舰队以舰只包运货物。[7]鸦片交易不只是在中国进行。据称，1941 年，为了清偿对德国的 700 万马克的欠债，向德国出售了 7 吨鸦片。1943 年，伪满与法西斯德国签订第三次经济协定时，向德国输出 10 吨鸦片。[8]另外，向香港和日本也都输出过大量鸦片。正如远东国际军事法庭判决书中所指出的："日本从事麻药交易的真正目的，不仅是要腐化中国人民，并且有比这更阴险的性质。"即"把满洲所栽培的以及朝鲜与其他地方输入的鸦片，在满洲精制后，再运往世界各地。"[9]

（录自姜念东等编：《伪满洲国史》，吉林人民出版社 1980 年版，第 422—425 页）

---

① 天，东北土地面积俗称，一天相当于 10 市亩。

② 1943 年 4 月 10 日，伪四平省警务厅长给伪满警务总局长报告。

③ 伪保安局：《热河的鸦片与密输》1944 年 6 月，第 50 页。

④ 参照伪满第四次《民生年鉴》，第 70 页。

⑤ 华银券，当时华北的伪币。

⑥《古海忠之难忘的满洲国》，日本经济往来社 1978 年版，第 122 页。据另一材料载：借款为 500 万元；利用的是姓张，而非赵某。

⑦《古海忠之难忘的满洲国》，第 126 页。

⑧ 伪满保安局：《热河的鸦片与密输》。

⑨《远东国际军事法庭判决书》中译本，第 300 页。

（5）粮谷出荷

1932 年，日伪统治者在该旗对粮食收购实行了"翻种"、"收买"、"先钱"、"出荷"等手段，一般是通过商业贸易方式进行。1938 年，伪东科中旗公署对农民实行缴纳"出荷粮制"，旗内私人粮商全部被取缔，私人碾米榨油作坊所需的原料，也不许自行收买，粮食经营权被控制在伪东科中旗兴农合作社手中。

1939—1940 年，为了集中掌握粮食，进一步控制粮食收购，伪东科中旗公署先后执行伪满洲国政府颁发的《米谷管理法》、《米谷管理制度纲要》和《主要特产物专管法》。并采用"先钱制度"（农民每交百斤粮预付 5 角钱）与农民订立"出荷"量，到秋不管年成如何，农民必须如数交粮。农民所交的"出荷"数，还要经过兴农合作社派验的人员验等、定价、过秤，然后由农民送交东科中旗粮栈组合或中日合办的三泰粮栈储存。

1941 年后，日伪政权根据"决战搜荷督励本部"对粮食收购由严格"统制"变为强制收购，推行更残酷的"粮谷出荷"政策，以强制农民再"出荷"更多的粮食。

日伪统治时期，粮食产量在正常年景，平均亩产只有 70—80 斤，好年景亩产才达到上百斤，如遇到灾年粮食产量就更少了，而无论年成如何，每垧地农民都要交"出荷"粮 500—1000 斤。粮食多数被"出荷"，农民用于口粮、种子、饲料粮已为数不多，好年景尚不度日，灾年生活根本无法保障。

1938—1944 年的 7 年间，该旗每年"出荷"粮食 1 亿—1.5 亿斤。可占当年粮食总产的 41%—68%。而农民所得的"出荷"粮现金甚少，"出荷"每斤玉米、高粱仅值 5 分钱，是当时私价的二分之一。"出荷"粮价最低的是大豆。1943—1944 年，伪政府收购大豆的官定价格还不到市场价的 10%。

（录自科尔沁左翼中旗档案局编：《科尔沁左翼中旗志》，内蒙古文化出版社 2004 年版，第 667—668 页）

（6）金名世检举张景惠实行鸦片毒害政策的材料（节录）

（1955 年 6 月 3 日）

一、鸦片毒害政策的开始

日寇占领东北成立伪满洲国后，关东军就认为鸦片是巨大的财源，并是弱种亡身的唯一工具，遂决定采用鸦片毒害政策，以祸害东北人民。当由关东军征得伪临时执政溥仪的同意承认实行这种鸦片毒害政策。即于 1932 年的秋季，由伪国务院总务厅长官驹井德三在报纸上发表谈话，言说鸦片是满洲人民所嗜好的东西，政府为应人民的需要，准许人民领取执照栽培罂粟；领取鸦片吸食证，公开吸烟；鸦片由政府专卖，预定在 1933 年度实行。即由该驹井德三同伪总务厅次长阪谷希一、伪财政部总务司长星野直树等积极筹备，更由伪总务厅法制局制定鸦片专卖条例，由伪国务会议通过，更经伪参议府会议，由伪议长张景惠和各伪参议的同意通过，在同年冬季即由伪临时执政溥仪裁可，公布实行。当于 1933 年设置伪专卖公署于长春，由伪临时执政溥仪任命姜恩之为专卖公署长，隶属于财政部。并设置各专卖支署于各重要城市，专管鸦片专卖各项事务。更由伪财政部大臣熙洽指定各省鸦片批发人。批发人的营业地点定名为鸦片批发处。复由奉、吉、黑、热各伪省长指定各该省的鸦片零卖人。在第一次各省所指定的鸦片零卖人是一千三四百名，吉林省是三百六十几人。当第一次鸦片零卖人指定后，各省要求增加名额，复经伪财政部增加各省鸦片零卖人名额共 300 名左右。在鸦片零卖人须具有 3000 元保证金才有申请的资格，他的营业场所定名为鸦片零卖所。当时并由伪专卖公署组织大满号和大东号两个大烟土庄，专事搜集各地方所生产的鸦片。在大东号则专管搜集伪满东部地区所生产的鸦片，大满号则专管搜集伪满西部地区所生产的鸦片。把种烟人民所生产的鸦片掠夺到手，提供于专卖公署发交各省鸦片批发处，供给各鸦片零卖所来做毒杀东北人民的买卖。自从各省鸦片零卖人指定后，零卖所即开始营业，张灯供客。旧日之烟禁从此大开，使东北人民日益沉沦于鸦片毒素之中而走向于死亡道路的人是不知有若干万人。

二、欺骗的"鸦片十年断禁政策大纲"

……伪禁烟总局成立后，即开始实行鸦片瘾者的登录。当经先后两次登录的结果，共登录鸦片瘾者是 99 万余人，也就是差一个人不满 100 万人。已登录的吗啡海洛因瘾者是 45000 人，两者统共是 104 万余人。自从实行鸦片瘾者登录后，对于已登录的鸦片瘾者，由伪禁烟总局发给登录证每人一份，到所住附近的管烟所登记，每日持证到管所领取当日所配给的鸦片烟份，在该管烟所里吸烟。对于未登录的鸦片瘾者根本不配给鸦片烟，倘被查出吸烟时，则按私吸鸦片治罪。在实行鸦片瘾者登录的时候，伪满政府因为把榨取种烟人民所得来的鸦片提出一部分，作为对外贩毒做暴利的买卖，所以当时对于未成年的鸦片瘾者和鸦片瘾轻微的人有 50 万人左右，一概不予登录。而伪满政府反大肆夸耀宣传，言说这是根据人道主义，不让青年人长此中毒，所以不予登录。这种谎言，真是卑鄙龌龊无耻至极。所有这些都是伪满政府公布欺骗的"鸦片十年断禁政策大纲"后所作所为的简要事实。

在欺骗的"鸦片十年断禁大纲"开始实行的时候，对于种烟地域，伪满政府指定热河省和兴安西省一部分地区为栽培鸦片地域，其余各省一概不准栽种，这是把种烟地域化散为整，纠正以往散漫栽种而变为集中的栽培，以便于容易经营管理，并可避免世人耳目。在 1938 年的"鸦片十年断禁政策"第一个年度，伪满政府规定热河省鸦片栽培面积是 36 万亩土地。当由伪热河省公署接到这项命令后，经伪省政会议指定西部国境线兴隆、滦平、丰宁三县暂时不许栽种，以免鸦片流出华北。其余各县、旗必须一律栽种。当把伪中央所规定的 36 万亩土地数字分配于各县、旗，命由各县、旗直接强迫人民领取栽培鸦片执照实行种烟，当人民领取栽培鸦片执照的时候，征收栽培鸦片特税每亩土地 5 元，也就是未种烟先纳税的苛敛办法。并按土地的等级缴纳鸦片的多寡。当时的规定是，上则地每亩应缴纳鸦片 15 两，中则地每亩应缴纳鸦片 12 两，下则地每亩应缴纳鸦片 8 两。至于鸦片收买价格，是在每年割烟的时候，则由经济部临时指定，当时称之为"指定价格"。也就是以最低价钱把种烟人民所生产的鸦片掠夺到手，而对种烟人民的疾苦则不闻不问也。这是伪国务总理大臣张景惠、伪皇帝溥仪制定公布欺骗的"鸦片十年断禁政策大纲"和危害人民的"禁烟法"，是冒着禁烟的美名而加强加深危害东北人民的大概情形。

三、扩大鸦片栽培地域加重奴役东北人民

欺骗的"鸦片十年断禁政策大纲"实行到第四年的时候，适值日本帝国主义发动侵略战争进攻南洋各地，因为制造麻药的需要，而鸦片成为军用的重要物资。日本帝国主义政府以此为词，向伪满政府索要大量鸦片。当于 1942 年由伪国务总理大臣张景惠，同伪总务厅长官武部六藏、伪总务厅次长古海忠之合意之下，准伪皇帝溥仪，为应日寇的紧急需要，乃派古海忠之送去鸦片50万两。以后每年为例，有增无减。于是，伪满政府最高当局张景惠、武部六藏、古海忠之等，为便于日本帝国主义予取予求起见，遂决扩大鸦片栽培面积，加重奴役东北人民，为日寇栽种鸦片。不但把欺骗的"鸦片十年断禁政策大纲"所规定的每年递减栽培面积办法完全推翻撕碎，而恢复了热河省和兴安西省所递减的面积，并且重新指定奉天、吉林、四平三省为新的鸦片栽培地域，实行集团栽培办法。在1942年，奉、吉两省的鸦片栽培面积是各500陌。每陌等于15亩。四平省的鸦片栽培面积是300陌。1943年奉、吉两省的鸦片栽培面积是各700陌，而四平省的栽培面积是500陌。在1944年奉、吉两省的栽培面积是各1000陌，而四平省是700陌。在伪满崩溃的1945年，奉、吉两省的鸦片栽培面积是各1500陌，而四平省是1000陌。自从扩大鸦片栽培地域后，每年递加诛求无已。吉林省的鸦片栽培地点是乾安县。至于所谓集团栽培者，就是限制各该省指定一个县内的最少数村来栽培鸦片，不许分散多县多村栽培，这是便于伪政府易于监督管理和集货，防止鸦片流出的毒辣办法。此是1942年伪皇帝溥仪、伪国务总理大臣张景惠，扩大鸦片栽培地域，加重奴役东北人民，替日寇生产大量鸦片，协力日寇进行侵略战争的大概事实。

四、大批贩毒危害中国内地人民

仅就我个人所知道的最后三件，特为检举说明如下：

（一）伪满政府在1944年春季，卖给德意志希特勒法西斯政府鸦片60万两。

（二）伪满政府在1944年10月初旬，卖给南京伪国民党政府鸦片30万两。双方的经手人：在伪满政府方面，是伪总务厅次长古海忠之；在南京伪国民党政府方面，是驻伪满大使陈济诚。双方交易讲妥后，由陈济诚在10月间把这项鸦片点收，亲自运往南京。关于此项鸦片，伪满政府的卖价每两是50元，而伪满政府在该年向种烟人民收买鸦片的价格是：特等每两18元，一等每两16元，二等每两14元，三等每两12元。当时伪满的鸦片私行市每两是六七百元……

（三）1945年2月上旬，伪满政府卖给伪华北政务委员会吗啡1吨。

五、榨取鸦片瘾者劳动力

伪满末年劳役繁兴，在1944年征用劳工已达160万人，而伪满政府犹以为不足。于是伪满政府的日寇当局伪总务厅长官武部六藏、伪总务厅次长兼企划局长古海忠之、伪民生部次长关屋悌藏等，认为已登录的现存鸦片瘾者50万人，以及鸦片潜伏瘾者（无鸦片登录证而私吸鸦片的人）约 120 万人，两者人数庞大，是具有劳动力的潜在力量，因而想出榨取鸦片瘾者劳动力的办法……在伪满政府成立伪鸦片断禁协会执行戒烟任务的真正使命，就是专为榨取鸦片瘾者的劳动力，并不是对鸦片瘾者的普遍戒烟。所以戒烟的对象，是对具有劳动能力的壮年瘾者实行。以待把鸦片烟瘾戒除，即由伪勤劳部编成劳工队，派到治水、筑路以及各种厂矿，担负各种劳作，而与被征用的一般劳工同样为日寇做奴隶劳动。这是伪满政府对鸦片瘾者实行戒烟的真正目的。当时更由伪厚生部次长关屋悌藏，同伪总务厅监察参事官王纯古，鼓动鸦片潜伏瘾者 120 万人应当登录的空气，以作将来正式登录的账本，待实行登录后，即按其年富力强者实行戒烟，以便榨取劳动力。所幸者这种危害人民的办法正在进行之际，而苏联红军进入东北，打垮日寇，伪满崩溃。

六、鸦片的集货

关于鸦片集货问题，据我个人所知道的是为两个时期。就是从鸦片毒害政策开始实行的 1933 年到 1937 年，这 5 个年度的鸦片集货，是由大满号和大东号直接向种烟人民收买鸦片。迫到 1938 年伪满政府实行欺骗的"鸦片十年断禁政策"后，则对鸦片的集货是由伪禁烟总局直接办理。到割烟的时候，派工作人员到热河省和兴安西省种烟现地。指导种烟县、旗的鸦片生产合作社办理集货业务，实行集体缴烟办法。对于稽查鸦片的走私流出，则由该管地方警察担当取缔的责任，而取消了以往的缉私队。在 1938 年因在割烟的时候霪雨成灾，致使鸦片歉收。在该年热河省的鸦片集货数量是 340 万两。据说兴安西省因与热河省受同样的灾害，该年的鸦片集货数量是 25 万两。该年度伪满政府的鸦片集货总数量是 365 万两。在 1939 年热河省的鸦片集货数量是 450 万两。据说兴安西省该年的鸦片集货量是 60 万两，该年度伪满政府的鸦片集货总数量是 510 万两。在伪满崩溃的前一年，就是 1944 年伪满政府的鸦片集货数量是 700 万两。据伪禁烟总局所报告，这是实行欺骗的"鸦片十年断禁政策"后，最高的集货量。在每年鸦片集货后，即在现地包装，由伪禁烟总局直接运往中央，以一部分发交奉天、铁岭、绥化 3 个鸦片烟膏制造厂，以便制造鸦片烟膏做成烟份，发于各市、县、旗管烟所，来做毒杀东北人民的买卖。尤其奉天鸦片烟膏制造厂比较完备，并能制造吗啡、海洛因等毒物。其余的一部分鸦片则解往中央，由伪政府直接保管。

七、鸦片特别会计

在伪满的初年，听说伪专卖公署长姜恩之向伪财政部大臣熙洽报告，在鸦片专卖第一个年度，就是 1933 年鸦片的收支相抵外，就有 600 多万元的盈余。在第二年度，就是 1934 年更是蓬勃直上，有将近千万元的利益。大概以后每年都是递涨，有升无降。在 1944 年度对于鸦片的开支统共是 1.1 亿多元，而鸦片的收益是 3 亿元，除了鸦片支出外，则 1944 年度净剩纯益 1.9 亿元左右。似此庞大巨款，想象绝对不归伪满政府所独得，当必与关东军两方平分赃物。

八、鸦片毒害政策对于人民的损害

伪满政府执行日寇的侵略政策，实行鸦片毒害东北人民的结果，致使东北人民直接间接所受的损害，是不可估量的，是无法算清的。当鸦片毒害政策开始实行的时候，就由伪专卖公署印发大批鸦片吸食证，交由各地方伪警察机关代为公告，准许人民请领。在人民请领之际，只须交纳鸦片吸食证工本费 5 角，该证的有效期间半年，并不过问鸦片烟瘾的有无，更不限制年龄的老少，随意领取。领鸦片吸食证之后，就可到鸦片零卖所公开吸食鸦片。其领鸦片吸食证领烟在家中吸食者也可，广开吸烟方便之门，驱使东北人民大量中毒而走向衰弱死亡的道路，以消除其对民族压迫的反抗斗争意志。这种既榨取其金钱，又摧毁其身心的办法，手段的毒辣是无以复加的。这种恶毒办法行之数年，竟使东北人民原来本无鸦片瘾而新染鸦片嗜好中毒者，就有二百六十七万人之多。更因政治黑暗，社会不良，女子没有生活出路，因为有了鸦片零卖所，而青年女子到鸦片零卖所里充当女招待，过着堕落寄生生活的，更不知有若干万人。

东北地域在旧政权的时代，虽由军阀统治，政治未上轨道，但对烟禁是严厉的，对于栽种罂粟，贩卖鸦片，吸食鸦片，都是律有专条。在当时的社会里能够抽大烟者，只是占统治地位的人和有势力的资产阶级人物，至于一般的人民则是绝无仅有为极少数的。据当时的统计，全东北的鸦片瘾者至多不过 20 万人，迨日寇占领东北建立伪满洲国后，实行鸦片毒害政策，从 1933 年起到 1939 年 6 个年间，在伪禁烟总局实行鸦片瘾者登录时为止，正式登录的鸦片瘾者欠一个人是 100 万人，吗啡瘾者是 45000 人。并在登录的时候，伪满为把榨取种烟人民所得来的鸦片作为对外贩毒获得最大暴利的资本，因之对于烟瘾较轻即抽"耍烟"的人和未成年人的鸦片瘾者约 50 万人，一概不予登录。这是仅就伪禁烟总局在 1939 年实行登录时所知道的，在这 6 个年中东北人民染有鸦片嗜好中毒的，就有 155

万人之多。至在实行登录时而未要求登录的，当必也有相当的人数。更据伪禁烟总局在 1944 年的调查，伪满全国的鸦片潜伏瘾者（没有登录证而私吸鸦片的人）约共 120 万人。由此看来，伪满政府实行鸦片毒害政策，仅据伪满官方的统计，染有鸦片中毒的就有 2745000 人。至于因染有鸦片嗜好中毒而死亡的人，根据伪禁烟总局的统计，自 1939 年鸦片瘾者登录后，到 1944 年 6 个年间，所正式登录的鸦片瘾者 100 万人中共死了 7 万人；吗啡瘾者 45000 人中共死亡了 4000 人。其在伪禁烟总局成立以前，就是自 1933 年实行鸦片毒害政策开始，到 1938 年这 6 个年间，是在伪专卖公署管理的时期，当时只是发给鸦片吸食证，驱使人民吸食鸦片的时代。在那个时候，并未实行鸦片瘾者的登录，想在那个时候对瘾者的死亡，是不能够有统计的。但是在那个时期，吸食鸦片的人和吗啡瘾者最少已经有 155 万人，以登录后 6 年间 100 万鸦片瘾者死亡 7 万人作为标准，可以推定 150 万瘾者在 6 年间的死亡数是 105000 人，也就是从伪满政府实行鸦片毒害政策开始，到伪满崩溃 12 年半的期间，被鸦片所毒杀的人民，最小限度是 179000 人。这就是伪满政府实行鸦片毒害政策，使东北人民大量中毒，以及因中毒而死亡的大概事实。

（录自中央档案馆编：《伪满洲国的统治与内幕——伪满官员供述》，中华书局 2000 年版，第 53—66 页）

（7）呼伦贝尔市抗战期间
人口伤亡和财产损失调研报告（节录）

2. 农业

1932 年 11 月，兴安东省以保护旗地为名，鼓励旗民自行耕种土地。1934 年 8 月，兴安东省发布未垦荒地的促垦章程，明令占有荒地者到 1935 年末必须开垦，否则要收回荒地。同时向兴安东省和牙克石、三河地区移民垦殖（包括日本开拓团），耕地面积增长很快。兴安东省 1935 年耕地面积为 36221 垧，1937 年达 50106 垧，1942 年又达 137767 垧。

日本侵略者在保持封建土地制度的同时，又强占中国农民的耕地由日本移民（开拓团）耕种。并于 1940 年以伪满洲国名义发布命令，宣布土地收归"国有"，取消清朝末年和民国时期发放的"地照"，以便重新分配土地，剥夺中国农民占有土地的权利。

与此同时，伪满当局还强制"粮谷出荷"。在伪满洲国中央设有兴农合作社，专管粮谷出荷。1938—1940 年，伪满洲国颁布 3 个"粮谷统制"办法，即 1938 年公布的米谷管理法、1939 年公布的物产品专管法、1940 年公布的粮谷管理法。在这些办法中规定，中国农民只能生产而不能食用大米、小麦，还将高粱、玉米、谷子、大麦、燕麦、黍、稗、荞麦、小豆、绿豆、豌豆 11 个粮食品种列入"统制"范围。1939 年公布实施的特产品专管法，又将大豆、苏子、麻籽、向日葵等 9 个品种的经济作物产品及其加工制成品列为特产品专管。被统制和专管的农产品，农民只能向指定的交售场所出售，否则将会受到严厉惩罚，遭受惨无人道的虐待。侵略者设立了一套严密的管理机构，对"出荷粮"价格、场所、运输、加工、销售都作了具体规定。伪政权机构还建立省、旗、村、屯的责任体制，严令屯长对农产品集荷"负完全责任"。每年一到秋收季节，伪政府就派官员催收"出荷粮"。交不起"出荷粮"的农民，被严刑吊打，或处以其他酷刑。日伪的粮谷集荷办法规定，只有交够"出荷粮"，才能按数量多少配给布匹、棉花或豆油等物品。据有关资料统计，以 1941 年"出荷"量为 100，1942 年增为 179.9，1943 年又增至 190.4。部分旗市的"出荷量"成倍增长，阿荣旗 1943 年的"出荷"量为 1941 年的 16 倍；其中岭东大豆占 38%、玉米占 26%、小麦占 10%。

另据日本帝国主义侵华档案资料选编《东北经济掠夺》记载：1940—1943 年日伪当局以粮谷"出荷"名义，先后由兴安东省"出荷"133887 吨、兴安北省 16097 吨（无 1940 年数字），"出荷"率兴安东省年均 28.5%，最高年 1942 年达

40.4%，兴安北省 32.5%，最高年 1943 年达 37.7%。据此推算，兴安东省以 10 年计（1935—1944 年），年均"出荷"粮谷 3.3 万吨，10 年共"出荷"33 万吨；兴安北省以 8 年计（1937—1944 年），年均"出荷"5300 吨，8 年共计 4.24 万吨。总计"出荷"粮谷 37.24 万吨。

3. 渔业

从 1938 年开始，日伪当局和兴安水产株式会社垄断了呼伦湖的渔业生产，并从 1940 年开始进行冬季大拉网冰下捕鱼生产。据《呼伦贝尔盟志》记载，1938 年呼伦湖区渔业生产水产品产量为 4072 吨，1941 年达到 5151 吨，至 1945 年 8 月日本战败投降，共掠夺 31949 吨。

......

（四）日本移民"开拓团"——对土地资源的掠夺

日本侵略者出于永久侵占东北地区的需要，1936 年开始执行由日本国内向中国东北地区大规模移民计划（号称百万户移民计划）。扎兰屯（兴安东省所在地）设有"满拓公社"，布特哈旗公署设有开拓科。兴安北省和兴安东省是日本移民的重点地区。日本开拓团全部由日本人组成，而且全部来自日本国土。开拓团分集团开拓民、集合开拓民、分散开拓民、义勇队开拓民 4 种。迁入呼伦贝尔时间为 1936—1943 年，大批的为 1941—1943 年。日本开拓团大多分布在布特哈旗和阿荣旗境内，莫力达瓦旗、牙克石地区、三河地区也有少量分布。日伪原计划迁入 6800 户，实迁 2066 户、5352 人。[①]日本开拓团在呼伦贝尔强占中国农民的耕地，不给任何报酬，还逼迫农民迁离故土，别奔他乡。伪满洲国把这一部分被迫迁移的农民称为"国内开拓民"。兴安东省农民被迫迁居数是：1941 年 950 户，1942 年 1000 户，1943 年 567 户，共 2517 户。日本开拓团在呼伦贝尔共有 34 个点[②]，都经营种植业，大部分为日本人自己经营，也有的雇用中国农民或苏联侨民经营。由于缺少档案资料和相关的统计资料，以额尔古纳开拓团占有耕地 2000 多亩、牙克石的 5 个开拓团耕种 1 万亩为依据，34 个开拓团共占有耕地约 7 万亩，年生产粮食应不低于 1100 万公斤（以亩产 150 公斤计算）。考虑到大部分开拓团是 1940—1943 年迁入，以 5 年计，共生产粮食 5000 万公斤以上。

（五）日本战败对公用设施、厂矿企业的破坏

1945 年 8 月苏联政府对日本宣战后，日本侵略军在逃跑之前，对所盘踞地区

---

① 呼伦贝尔盟史志编委会编：《呼伦贝尔盟志》内蒙古文化出版社 1999 年版，第 877 页。

② 徐占江、李茂杰编：《日本关东军要塞》（下），黑龙江人民出版社 2006 年版，第 852—853 页。

的军营、仓库和公用设施，以及厂矿企业进行了大规模的破坏和烧毁。据《日本关东军要塞》记载：日军部署了关于如何在苏军逼进海拉尔要塞之前紧急处置市区内兵营、仓库、医院、桥梁等重要目标，防止其落入苏军之手的事项。各部队以中队为单位，成立 5 人组成的"烧却处理班"，大肆破坏军民用物资设备和公共设施。

（录自呼伦贝尔市抗战损失课题组：《呼伦贝尔市抗战时期中国人口伤亡和财产损失课题调研成果》，2010 年 6 月，第 31—34 页，存中共内蒙古自治区委党史研究室）

（8）科左后旗抗战时期人口伤亡和财产损失调研报告（节录）

其二是疯狂掠夺整个东北的丰富资源，对科左后旗金融、农牧业经济进行全面掠夺和统治，实行"出荷粮"和"出荷牛"，达到其最大限度的掠夺与控制。从 1933 年起，在东科后旗公署所在地吉尔嘎朗成立了金融合作社，开始控制金融流通。1937 年又建立了农事合作社，控制农业经济。1940 年将金融农事合并称兴农合作社。其实质是日本侵略者全面控制和掠夺农民财富的机构。首先，通过兴农合作社的各项事业垄断全旗经济，为了实现其最大限度的掠夺，在农产品购销方面实行两种残酷政策。即"粮谷出荷"和"粮谷分配"。1938 年成立"满洲粮谷股份公司"。从此，以稻谷为主的粮谷购销均由满洲政府控制，私人买卖粮谷一律按经济犯论处。1939 年伪满政府又成立特产专卖公司，从而垄断了大豆、麻子等油料作物，进行廉价搜刮。

日军在"大东亚战争"开始之际，为了挽救其政局，实行了粮谷配给制，按成人每月 18 斤粮，小孩每月 14 斤，农村更苦，大人每人 13 斤，小孩 12 斤，定量的粗粮。大米只有日本人能吃到，发现百姓吃大米以经济犯纠察，以出荷粮论处。日军除掠夺百姓劳动成果公开压榨以外，还采取联保形式土地多寡为据供给贷款。经过轮查检质等低价收购，扣除贷款放回余额，所剩无几。1943 年日军又推行物资统制政策，对人民实行生活用品"配给"制，使广大人民群众生活困境达到极低限度。

1941 年 12 月 8 日，日本帝国主义偷袭珍珠港，发动太平洋战争后，日伪政府为了满足日本侵略军的肉食供应，对伪兴安四省所属各旗实行"出荷牛"政策。在 3 年多的时间里，掠夺本旗广大农牧区的 22.2 万头牛，使蒙古族百姓受到严重灾害。

（录自通辽市科尔沁左翼后旗抗战损失课题组：《科左后旗抗战时期人口伤亡和财产损失调研报告》，2010 年 6 月，存内蒙古自治区通辽市科尔沁左翼后旗档案馆）

（9）《扎鲁特旗概况》（节录）

地方税捐名目表

税捐目	大同二年度	康德元年度	康德二年度
本年科银提成	360.39	492.47	866.15
开鲁科银提成	191.18	2045.23	615.81
亩捐	878.68	851.34	1932.78
车牌捐	1003.00	1088.00	2209.55
□租捐		817.00	163.00
牲畜捐		1084.97	340.08
许可证		24.85	22.10
吸烟证	20.00	15.00	3.00
甘草捐		25.00	
瓜子捐			48.00
科银经征费	33.40	88.44	
逆产提成			78.00
科银滞纳		24.36	
亩捐罚金		71.92	444.15
特税提成	68.00	219.01	25.39
行政罚金			275.00
鱼捐		100.00	
计	2563.59	7112.39[①]	7017.01[②]
康德□□□□□□□□单额□□□			

---

① 原档案为 7112.39，经核算应为 6947.59。

② 原档案为 7017.01，经核算应为 7023.01。

税捐户数负担比例表

年别	类别	全旗数目	第一努图克	第二努图克	第三努图克	第四努图克	第五努图克	第六努图克
大同二年度	户数	3001	607	480	754	449	711	
	人口数	14965	3379	2512	4246	2241	2587	
	税捐额	[235167]	47970	37934	57588	35484	56190	
	各户负担	7903[78.3]						
	各人负担	1585[15.77]						
康德元年度	户数	3573	758	553	1016	555	691	
	人口数	14688	4058	2939	2021	2173	2957	
	税捐额	506716 [506722]	107501	78426	144089	78709	97997	
	各户负担	14182[141.8]	107501	78426	144089	78709	97997	
	各人负担	345[34.5]	107501	78426	144089	78709	97997	
	前年比较	+369552	+59530	+40492	+84501	+47225	+41807	
康德二年度	户数	3691	514	351	716	725	530	855
	人口数	18290	2192	1974	2467	4521	2616	4250
	税捐额	640120 [639126]	89143	60873	124175	124736	91917	148282
	各户负担	17343 [173.43]	89143	60873	124175	124736	91917	
	各人负担	349.98 [35]	89143	60873	124175	124736	91917	
	前年比较	−1334.04	−183.59	−175.53	−199.14	+470.26	+60.80	+1488.82

（最后一行字迹不清楚）

编者注：大同二年度中"税捐额"有误，应为2351617；"各户负担"应为78.3，"各人负担"应为15.7。

康德元年度中"税捐额"506716有误，应为506722，"各户负担"应为141.8，"各人负担"应为34.5。

康德二年度中"税捐额"640120有误，应为639126，"各户负担"应为173.43。"各人负担"应为35。

此表系《通辽市扎鲁特旗抗战时期人口伤亡和财产损失调研报告》之附件内容，系手工刻印，多项数字模糊，特别是其中的小数点不清楚，虽然辨析仍有许多数字不准确。

（录自伪扎鲁特旗公署编：《扎鲁特旗概况》，1935年版辽宁省档案馆藏）

（10）《新巴尔虎右翼旗情况调查》（节录）

十三、驻满洲里办事处

在该办事处办理的税捐项目是：药铺捐、娱乐捐、妓院捐、商捐、屠宰捐、汽车营业捐、栽种罂粟地租、鱼租，赴蒙地执照费、扎赉诺尔矿津贴、菜园捐、牧羊捐、临时狩猎执照费、票照费盈余款、代专卖署收买鸦片手续费、渔捐、山货皮张捐、牲畜捐、渡口捐、秧草捐、车牌捐、回收纸垫款等。大同二年度收入是 14214 元，支出是 10470 元，包括办事处人员工资和办公费。

（录自内蒙古地方志编纂委员会总编室编：《内蒙古史志资料选编》第 9 辑，1985 年印行，第 344—345 页）

（11）《内蒙古公安史长编》（节录）

第三十四节 禁毒戒烟，改造烟民

根据伪满洲国时代出版的《开鲁经济情况》记载：康德元年（1934年）开鲁有大烟馆97个，是开鲁县各行业中户数最多的一个行业。当时开鲁县城人口不足1万，平均100人就有一个大烟馆[①]。

乌兰浩特地区的鸦片主要来自伪满新京，"八·一五"光复时有3万两鸦片流散社会。据1948年10月统计，乌兰浩特还有吸食鸦片者178人，其中男性107人，女性71人[②]。

昭盟是鸦片烟毒泛滥最严重的地区。据1948年统计，仅林西县就有烟民9940人，占全县总人口的10%。宁城县有烟民18645人，情况更为严重。

1948年8月，阿鲁科尔沁旗公安局协同查布干庙区、天山街等4个区街政府开办烟民训练队，对烟民集中管理，教育戒烟。使4个区街152名烟民，全部戒除了鸦片烟瘾。1949年2月，该旗又成立5个戒烟所，共收容烟民1583人，至4月已有748人戒掉烟毒[③]。

1948年10月，新惠地区成立戒烟所，785名烟民到戒烟所戒烟。在戒烟过程中，定期用牛奶、洋金花等合成的汁液测验烟民的戒绝程度，使大部分烟民戒绝了烟瘾[④]。

林西县是烟民比较集中的地区。据1948年统计，共有烟民9940人，占总人口的10%。1949年2月，该县城成立57个戒烟所，仅半个多月，就有1588名烟民戒掉烟瘾。据1949年4月19日，该县政府工作报告记载："全县有烟民9240人，现已戒绝4229人，占烟民总数的47.5%。"[⑤]

1949时3月，通辽县公安局经过调查、甄别，收容了屡教不改、屡戒未除的120名烟民和一些有贩毒行为的人，集中到改造所强行戒烟。对其中一部分强行改造仍不改悔的"烟鬼"则送劳改农场"长期改造"。

[①] 陈殿武：《旧通辽的妓院、烟馆、当铺》（载《通辽市文史》第一辑，1986.1）。

[②] 兴安盟公安处调研室：1987.11.20，《解放战争时期兴安盟公安保卫工作资料长编》。

[③] 阿鲁科尔沁旗公安局：1988.4.18，《解放战争时期公安工作大事记》。

[④] 敖汉旗公安局：1988.4.20，《解放战争时期公安工作大事记》。

[⑤] 林西县公安局：1988.5.1，《解放战争时期公安工作大事记》。

多伦县的禁烟戒毒工作是从 1948 年 8 月开始的。县公安局对县城内的 722 名屡戒未除的烟民采取"集中教育、从严管理、强制劳动"的办法强行戒烟。至年底，有 566 人戒除毒瘾。由于戒烟政策、方针正确，措施方法得当，教育挽救了大批烟民，深得社会同情。一些戒除了毒瘾的烟民更由衷地感激民主政府。

（录自内蒙古公安厅公安史研究室编：《内蒙古公安史长编》1990 年印行，
第 231—234 页）

（12）阿鲁科尔沁旗抗战时期人口伤亡和财产损失调研报告（节录）

民国二十三年（伪满康德元年，1934 年）5 月，日本人在坤都日本花建农场，抓劳工，开荒种地。

民国二十四年（伪满康德 2 年，1935 年）日本参事官岛村三朗动用警察、特务抓劳工，在罕苏木区呼布建二农场。抓去 100 多名农牧民为其种田。又在坤都西建羊场、马场，抢夺牲畜 2 万多只，杀吃而尽。日本入侵时，阿鲁科尔沁旗牲畜头数为 34 万多头只，日军败退时只剩下 12 万头只。商户由 1933 年的 220 多户，到 1945 年减少到 86 户。

民国二十五年（伪满康德 3 年，1936 年）8 月，日本侵略者在坤都建立"兴农合作社"，并在查布杆庙街建立支社，是日本人统制物资，掠夺当地物产的机构。日本人川本甲龙为主任，在阿鲁科尔沁旗实行了"出荷粮"，指定每年必须完成"出荷粮"150 万公斤。

（录自赤峰市阿鲁科尔沁旗抗战损失课题调研组：《阿鲁科尔沁旗抗战时期人口伤亡和财产损失调研报告》，2010 年 6 月，存中共内蒙古自治区委党史研究室）

（13）《**赤峰事情**》①（节录）

第七章 政治

第三节 财政

第一项 概 况

事变后，满洲国于昭和八年四、五月之交，分别接管了上述的征收局、禁烟分局、蒙盐分局及旧县政府等、成立了赤峰县税捐局、热河专卖署赤峰分署、盐务署赤峰支署、县公署等机构。在县公署内设立禁烟指导分局，在税捐局内设立热河税务监督署赤峰办事处，这些机关协同一致，一面使本机关机构近代化，一面又在整理税制人事。努力的结果，使财政渐入轨道，人民生活开始复苏，税收也在渐渐增加。

昭和十一年七月一日由于废除了一部分的治外法权，日本在留人员也同等担负着向满洲国纳税的义务。从此以后，日本人也要缴约作为国税的营业税，作为地方税的营业税附加捐，户口捐、树木捐等，到了昭和十二年，还要缴纳街村费，义仓费等的地方经费。

因此，赤峰税捐局的国税征收额，成了热河各个税捐局之冠，这显示了赤峰是热河省第一经济都市的真相。

第二项 赤峰税捐局

赤峰税捐局管辖赤峰、建平、围场、林西各县及林东、经棚等地。它的所属机关、在市内有三卡、乌丹城分局及大庙分所，本局有日籍职员二名，汉族职员四十五名，负责征收国税工作，近来由于简化税务统制事务，也征收其它的附加税。改组以来，一直努力于整理、改善旧税制，昭和九年十一月一日被评为模范税捐局之一，直接征收额居热河税局的首位。

昭和十年七月一日随着营业税的实施，废除了历来作为热河省内的特税的落地税等的货物制度，致使税收部分减收，赤峰城内原来六个分卡，减成三个分卡。另外，车驮捐也作为地方税委让给县方。

征收的税目有：酒税、营业税、牲畜税、出产税、树木税、矿业税、烟税、

---

① 《赤峰事情》，作者为日本驻赤峰"领事馆"，成稿时间为1937年。

统税，其他的杂税和收入印花税等。

营业税附加捐，从方便着想也和营业本税同时征收，然后把它交付给县里。从昭和十二年度开始，为了使征收事业的统一和简易，除上述的营业税附加捐外，其他像出产粮税附加税、树木税附加税、矿区税附加税、矿产税附加税，禁烟特税附加税等省地方费，也合并由税捐局征收，增加了不少事务。

据此，昭和十一年度征收税额是：

酒　税	102600 元
营业税	80600 元
牲畜税	26800 元
收入印花税	37800 元
出产税	19100 元
杂税	21328 元
合计	288228 元

近年征收额统计是：

征收局时代	311993 元
昭和九年	276297 元
昭和十年	253127 元
昭和十一年	288228 元

从这个列表中可以看到税收比事变前减少了，这是税制整理的结果。

第三项　热河税务监督署赤峰办事处

昭和八年六月一日，在赤峰县税捐局内设置负责指导和监督税捐局的国税征收和县长委任征收的禁烟特税及契约税的征收工作，至昭和十一年末废止。在昭和十年度征收了禁烟特税 254000 元，昭和九年度征收了 350000 元。

第四项　赤峰县公署

到昭和八年三月接收旧县政权之时，已无任何财源，只靠抵押亩捐收入，赤峰办事处的垫支或国库的补助来勉强维持。在这阶段，等待着税制整理的进展，农民的回归和经济力的恢复，直到昭和八年十一月一日才开始征收亩捐。现将财政的现状概述如下：

一、组织

县的征收机关是改编旧财政局而成立的财务局，该局分理财、征收两股，其下设三眼井、水地、初头朗、猴头沟、土蛇沟门、大庙、乌丹城、广德公等十八个分局，在街村公所及警察署的协助下，从事征收工作。

二、征收税目

作为县收入的地方税有：地捐（亩捐）、房捐、户口捐、车捐、杂捐（购买不动产捐、屠宰捐、观览捐、粮捐、车马牌照捐、娱乐捐）、国税附加捐（营业税、矿区税、矿产税、树木税的附加税）等，其它还有乌丹、赤峰商捐、使用费、手续费、杂收入、交付金、国库临时补助金等的收入，受委托征收的国税有禁烟特税、契约税两种，营业税附加捐委托税捐局征收，另外，粮捐、矿区税附加捐及矿产税附加捐在昭和十二年度编入省地方费，由税捐局连同本税在一起同时征收。

接收以后废止的不良税捐有：管东费、清乡费，加征亩捐、包肠锡捐、烟草捐、奢侈品铺捐等。昭和十一年在实施营业税法的同时，废止了赤峰、乌丹的商捐。现将过去的特种税记述如下：

1. 管东费、清乡费

作为亩捐的附加税，从民国十六年开始实施，到昭和九年一月各县共同废止。

2. 乌丹商捐

从民国十六年实施，由乌丹商会负担，昭和十一年废止。

3. 赤峰商捐

光绪以来，在赤峰有义胜营马队，防卫县城，其后改成了警察所，他们的经费由商会负担，事变以后，也负担着警察费。这些经费，由商会以商捐的名义向有关商户征收。昭和十年商捐的征收工作由商会移交给县政府，昭和十一年依据征收营业税的规定，废止了商捐的征收。

4. 杂捐

本税历来向市内商人征收。

① 粮食出街捐

民国八年开始实施。好粮食每十斗收一角，次等粮食减半，在卖出县外时由商人申请、财务局派人检验，向买主征收。到昭和十一年废止．

② 油出街捐

民国八年开始实施，每一百斤收五分钱，征收方法与粮食出街捐相同，到昭和十一年废止。

③ 奢侈品铺捐

民国十六年开始实施，向市内的饭店、手工艺品店征收，每三个月一次，派税务局员去征收。

饭店分上、中、下三等，上等有两家、中等四家、下等十六家，分别按月征收。上等二元、中等一元、下等三角钱至五角钱。到昭和十一年废止。

④ 小肠捐

民国十二年开始实施，采用承包办法，一年约六百元，是杂收入之一。

⑤ 屠宰捐

民国元年开始实施，采用承包办法，一年一千多元。

虽是国税，但其中一部分作为提成金，拨归县收入。

作为参考，兹把赤峰县现行地方税目、税率及交纳日期等列表如下（见附表3）：

赤峰县地方税表

（附表3）　　　　昭和十一年十一月调查

税目	课税物件	纳税义务者	税率	期别	交纳期限
营业税附加捐	所经营的东西	营业者	本税的50%	期税	第一期六月末日，第二期八月末日，第三期十月末日，第四期十二月末日
矿区税附加捐	矿区	矿业业主	本税的25%	期税	前期二月，后期八月，四年度以后编入省地方费
矿产税附加捐	矿产	矿业业主	本税的65%	期税	前期六月，后期十二月，四年度以后编入省地方费
木税附加捐	木材	木材搬运者	本税的25%	随时税	当木材搬出时
地捐	土地	所有者	一等 0.24 二等 0.17 三等 0.09 四等 0.03	年税	从十一月至二月止
房捐	房屋	所有者	3%	期税	前期自二月一日至三月末日，后期自八月一日至九月末日
户别捐	总收入	谋生者	2‰至4‰	期税	前期自二月一日至三月末，后期自八月一日至九月末
车捐	乘人汽车	车主	自家用月3元，营业用月3元	月税	每月一日
	运货汽车	车主	月3元	月税	每月一日
	灵柩车	车主	月3元	月税	每月一日

税目	课税物件	纳税义务者	税率	期别	交纳期限
车捐	乘人马车	车主	自家用月 1.5 元，营业用月 1.3 元	月税	每月一日
	运货马车	车主	月 1.00 元	月税	每月一日
	手推车	车主	月 0.20 元	月税	每月一日
	人力车	车主	自家用月 0.50 元，营业用月 0.45 元	月税	每月一日
	自行车	车主	年 2.40	年税	自十月一日至二月末
	自行车的拖车	车主	年 3.00	年税	每月一日
	机器脚踏车	车主	月 1.50	月税	每月一日
	跨斗式摩托车	车主	月 2.00	月税	每月一日
	农用大车一套马拉	车主	年 1.00	年税	自十月一日至二月末
	农用大车二套马拉	车主	年 2.00	年税	自十月一日至二月末
	农用大车三、四套马拉	车主	年 4.00	年税	自十月一日至二月末
	农用大车五套马拉	车主	年 6.00	年税	自十月一日至二月末
不动产购置税	不动产	不动产购置者	2%	随时税	购买的时候契税（国税 6%）的附加税
屠宰捐	牛	屠宰者	一头 2.20 元	随时税	屠宰时
	马、骡马	屠宰者	一头 1.80 元	随时税	屠宰时
	猪	屠宰者	一头 1.20 元	随时税	屠宰时
	羊、山羊	屠宰者	二头 0.40 元	随时税	屠宰时
	犊驹	屠宰者	0.50 元	随时税	屠宰时
	幼猪羊	屠宰者	0.30 元	随时税	屠宰时
观览捐	观览	观览者	5%	随时税	
粮捐	粮食	运出者	3%	随时税	四季度以后省地方税
驮捐	骡马驮	所有者	1.00 元	年税	自一月一日至十一月末
	骆驼驮	所有者	2.00 元	年税	自一月一日至十一月末
	驴驮	所有者	0.50 元	年税	自一月一日至十一月末
	骡驼驮	所有者	3.00 元	年税	自一月一日至十一月末
娱乐捐	娱乐	娱乐者	5%	随时税	自下个月七日止

三、县税收入

昭和十年度十二万五千八百元余、十一年度三十六万七千余元，正在不断激增。

昭和十一年度实际收入如下表：

赤峰县公署财物局县税收入统计表

康德三年二月三日制

税 目 及 项 目		金 额
使用费及手续费	学校所收学费	1132.50 元
	宰牛检查手续费	458.10 元
	宰羊检查手续费	1252.00 元
	宰猪检查手续费	1782.00 元
	宰牛使用费	458.10 元
	宰羊使用费	1251.60 元
	宰猪使用费	183.00 元
	宰牛手续费	305.40 元
	宰羊手续费	1251.60 元
	宰猪手续费	1128.00 元
	大同二年度亩捐督促手续费	1126.24 元
	康德元年度亩捐督促手续费	3857.75 元
	康德二年度亩捐督促手续费	4790.19 元
	督促手续费	44.20 元
交纳金	桑烟特税征收交纳金	—
	契税征收交纳金	49.97 元
	鸦片贩卖交纳金	1000.00 元
过年度（陈欠）收入	大同二年度滞纳亩捐	11265.83 元
	康德元年度滞纳亩捐	40062.42 元
	康德二年年度滞纳亩捐	113117.84 元
杂收入	一年存款利息	118.34 元
	罚款收入	1164.35 元
	过失罚款收入	156.00 元
	废品变卖款	156.00 元
	肥料包款收入	2800.00 元
	杂收入	19113.64 元
	鸦片集货交纳金	—
国税附加捐	营业税附加捐	39972.51 元
	矿区税附加捐	165.82 元
	矿产税附加捐	1423.46 元
	木税附加捐	382.42 元

税 目 及 项 目		金 额
县捐	康德三年度地捐	37741.94 元
	县城房捐	12451.95 元
	乡镇房捐	2105.64 元
	户别捐	5078.96 元
车捐	农用大车捐	10981.00 元
	汽车捐	370.80 元
	马车捐	1516.00 元
	人力车捐	930.80 元
	手推车捐	614.60 元
	自行车捐	758.75 元
	不动产所得捐	3957.59 元
	屠宰捐	8299.15 元
	观览捐	640.34 元
	粮捐	3645.48 元
	驮牌捐	4993.50 元
	娱乐捐	1431.85 元
合计		346302.09 元
临时收入	移管警察官补助	
	农事公共设施费	
	结余金	
	警备费补助	
	模范村指导费	
合计		21293.85 元①
总计		36759594 元②

昭和十一年度国税征收额如下：（二月三日制）

税目及项目	金 额	备 考
禁烟特税	360000.00 元	
契约税	23000.00 元	
合 计	383000.00 元	

　　另外，岁出随着各种设施的配备业务的扩大，也在增加。即：昭和十年度十三万五千七百元，昭和十一年度就达到三十五万元，可是由于民力恢复，纳税成绩比较理想，岁入也在逐年增加，未来财政上的前景是乐观的。

---

① 此数原档案数为 2129385 元，经核算应为 21293.85 元。

② 此数为原档案数，根据核算应为 367595.94 元。

第六项　赤峰专卖局

随着财政部新京专卖总署的创立，按照职务制度的改革，昭和十二年一月热河专卖署赤峰分署及盐务署赤峰支署合并成立为赤峰专卖局，从事蒙盐、鸦片的收买和石油、火柴、海盐的专卖工作，同时在经棚、林西、大板上、林东等地新设立了专卖局，所以它的管辖范围还未确定，而且在处于创业时期……

昭和九年五月大满公司成立后，赤峰也成立了大满分公司，负责鉴定和收购鸦片，收购价格每两特等的一元五角钱，四等的四角钱。

近年来的收购量如下，自从昭和十一年度以来，实施了鸦片集中在热河种植的结果，反而使这里的产量大大增加了。

年度别	收购量	金　额	指定面积	作付实亩数
昭和九年度	1578908 两	2605199.02 元	800 顷	978036 顷[※]
昭和十年度	1959032 两	2895454.80 元	600 顷	105000 顷
昭和十一年度	3000000 两	约 6000000.00 元	1300 顷	200000 顷

※"顷"应当是"亩"。

在管理范围内指定若干鸦片批发商及零卖商，按照一人一馆的原则，批准开设烟馆，禁止自由贩卖。石油类、火柴等的贩卖价格按照法定价格，这里从省。

二、盐务署赤峰支署

事变后，昭和八年五月十一日在承德设立了盐务署支署筹备处，该处接收了原来的特费征收总处和它管下的各个分局，设置了承德、平泉、凌源、朝阳四个支署分局，其后六月十一日，该筹备处转移到赤峰，接收了旧蒙盐分局，设立了盐务署赤峰分署，另外，又接收了旧蒙盐局管下的开鲁、林西、经棚、围场、乌丹城等五个分局，作为支署分局，和上面所说的四个分局一起都归其领导。这个盐务署赤峰支署管辖着热河省及兴安西省的盐政。

可是到了昭和十年二月，按照蒙古盐务方案，随着搬入兴安南和西省及多伦的"达普斯诺尔"产的蒙盐，由满洲国政府一手收买的政策的实施，废止了前记的各分局，重新在大王庙、经棚、大板上、林西、林东、多伦设置了所属的收买所，只能在这些收买所收买蒙盐。运送"达普斯诺尔"盐的也只限于上述地区的蒙古人，他们把盐运到收买所，按照买卖当时的税率征收盐税。

收买价格是：

林东	满洲国司马秤	每百斤	1.30 元
大板上	满洲国司马秤	每百斤	1.30 元
林西	满洲国司马秤	每百斤	1.30 元
经棚	满洲国司马秤	每百斤	1.40 元
大王庙	满洲国司马秤	每百斤	1.40 元
多饮	满洲国司马秤	每百斤	2.00 元

凭现物支付现金，所收买的蒙盐，按实际费用转卖给盐栈或盐店，在卖出之时，征收盐税。

昭和十年度赤峰支署管下的六个地区的收买额达到十三万担有余，昭和十一年度，由于上一年夏季旱灾，冬季又降雪过多，造成了运输用牛不足，更由于盐湖所属的王府提高了盐税和西乌珠穆沁王的死亡等原因，造成了上市量减少，还没达到十万担。

（录自内蒙古地方志编纂委员会总编室编：《内蒙古史志资料选编》第 5 辑，1984 年印行，第 366—384 页）

（14）《内蒙古自治区志·农业志》（节录）

第五节　强迫种植鸦片

东北沦陷时期，日本侵略者强迫农民种植鸦片，藉以收缴重税，维持其侵略统治地位；而大面积种植鸦片，侵占了大量良田，造成农业生产严重萎缩，农民种地无粮吃，吸食鸦片，摧残生命，陷于极端贫困的境地。

昭乌达盟是推广种植鸦片的重点地区之一。1934 年，昭乌达盟地区派种鸦片1250 顷，而农民怕完不成任务受官方的刁难，都尽可能多种一些，实际播种面积为 1527 顷。1935 年派种面积为 1000 顷，实际播种 1567 顷。1936 年全盟实际种植鸦片为 2150 顷。1937 年达到 2500 顷。这里还不包括很多私种面积。据日本驻赤峰领事馆调查，1935 年私种面积超过派种面积的 2 倍。从 1935 年到 1937 年，昭乌达盟鸦片种植面积最小年份在 5000 顷左右，最高年份达 7000 顷，按 4 年轮作周期计算，至少需占良田 13.33 万—20 万公顷。昭乌达盟的良田几乎全被鸦片所占。内蒙古西部地区也是日本侵略者种植鸦片的重点地区之一。1940 年鸦片面积为 5.93 万公顷，计划生产鸦片 1400 万两，这 5.93 万公顷面积，绝大多数在原察哈尔、绥远地区，按 4 年轮作期计算，至少需地 23.33 万—24.0 万公顷。大青山前土默川的良田成了鸦片的生产带。

呼和浩特、包头两地鸦片零售商就有 800 多家。日伪蒙疆政府靠这种严密的统制收购和销售，控制鸦片生产、销售，以获取高额烟税。而广大种烟农民则得利甚微，甚至亏损。赤峰地区佃农种一亩地鸦片，仅能获利 1.5 元，而日伪政府收的鸦片烟税金，每亩却高达 5.05 元，相当于每亩产值的 20%。而日本侵略者随着鸦片种植面积的扩大，获利猛增。1939 年 6 月成立伪蒙疆土药股份有限公司，是年生产收购鸦片 887019 两，收入金额为 331.9 万元；1940 年收购鸦片猛增到6717912 两，收入金额 6263.5 万元，纯收入达 1562 万元；1941 年鸦片种植扩大到 911000 亩，收购鸦片 11242953 两，收入金额 8916.6 万元。

（录自内蒙古自治区农业厅修志编史委员会编：《内蒙古自治区志·农业志》，内蒙古人民出版社 2000 年版，第 111—112 页）

（15）日伪对扎矿的掠夺与工人的反抗斗争（节录）

李长春

扎赉诺尔煤矿始建于 1902 年，经过日俄战争后，转给沙俄资本家包工经营数年，也由于掠夺式经营，使扎矿遭到严重的破坏。1924 年，苏联正式与中国合办。1929 年又经过了"中东铁路事件"，使扎矿在炮火中遭到了严重的破坏，处于瘫痪状态。1930 年仅出煤 5800 吨，1931 年 5000 吨，1932 年没有产量，1933 年 7.3 万吨，1934 年 8 万吨。但南煤沟小露天坑下明煤已所剩无几了。

……

1936 年秋，电厂建成，投入使用。竹中剑三为了加快建井步伐，尽快多生产煤炭，由抚顺调入两台 150 马力绞车，安装在二号、三号井口，将 75 马力绞车安装在一号井口，以后又调入打眼电钻、水泵等分别在井下使用，部分工作面开始采用炮采。年末工人达 1000 多人，产煤炭 13.75 万吨。

1937 年日本侵略者挑起"七七"事变。由于运兵和军需所需煤炭日趋增多，便在东南煤沟二号井后开三层坑，在三号井南面开四号井。年末工人达到 1300 多人，产煤 15.1 万吨。

1938 年初，开掘东煤沟露天坑（日本人称作露天掘），成立南煤沟第一采炭所和露天第二采炭所。又从抚顺调入两台 150 马力和一台 75 马力绞车，分别安装在东煤沟西帮，为一、二、三号井绞车道挖土。当年夏季，又由抚顺调来大型多斗电铲（当时称为大机器镐）和重型铁道及 20 多辆 25 吨自翻车。同时从抚顺、阜新调来了几十名日本工程技术人员和中国技术工人，分配到各个井口和露天坑，工人一下增到 2100 多人。全年产煤 15.564 万吨。

加纳金三郎上任后，由满洲重工业株式会社投资 5000 万元给满炭株式会社，专款拨给扎赉诺尔煤矿。不久，成立了灵泉第三采炭所。加纳金三郎到任不久，即在灵泉小北山发现了煤，开了一个小露天（日本人称灵泉露天掘）。为了使灵泉多出煤，调进了 200 来名朝鲜人开小北山口，铺上轨道，通了火车。由于劳力仍然不足，加纳金三郎下令给扎赉诺尔街公所和警察队，强迫市民每户出 1 人轮流到小露天挖煤，每次 150 人，名曰"勤劳奉仕队"，分三班作业。1942 年生产煤炭 29.4 万多吨，创"历史最高水平"，全员效率 0.36 吨。1943 年，生产煤炭 35.69 万吨，工人达 3274 人。加纳金三郎也受到了其主子的高度赞扬。

加纳金三郎不但掠夺中国煤炭资源有方，而且强化法西斯统治也心狠手毒。在他来矿不到 4 年的时间，大约每年有 300 人丧生……

（录自呼伦贝尔市档案史志局、政协鄂温克族自治旗委员会：《呼伦贝尔市纪念抗日战争胜利 60 周年史料专辑》，内蒙古文化出版社 2005 年版，第 151—164 页）

（16）赤峰附近的金矿及其他矿藏（节录）

中央银行赤峰山金收买所[①]

系根据昭和十年（1935 年）八月十四日财政部命令认可设立，昭和十一年（1936 年）七月一日竣工，由广昌公司采掘，精炼红花沟金矿矿石。事前调查金的含量是十万分之三点八，实际含量只有百万分之四，矿石埋藏量也较贫乏，原设计一日精炼 30 吨矿石，由于含金量少，采取逐日递减的办法，炼九百吨即行停止，经过再清查，鉴于系一所贫矿，招致了莫大损失。11 月中旬，停止了机器的运转。其详情如下：

一、位置赤峰东北三公里赤峰山麓倾斜地

二、敷地面积 55333 坪

三、建筑物面积及其工费，红烧瓦房顶约 300 坪，总工费 260000 元

四、设立目的

精炼赤峰附近所产金矿矿石，收买成金，对未开采的金矿进行调查了解，冶炼奉天广昌公司采掘的金矿矿石。

五、制炼方法并设备概要

对金银矿石用湿式法每日处理 3 吨，采金的电力由赤峰发电厂供应 300 千瓦。白昼送电。

其工程系统图如下述：（见附表 5）

炼制方法是用捣矿机将矿石捣碎，在银板上搅拌水银，使之成为混汞金。混汞法再次将捣矿矿尾中含有青化钾和青化曹达，使金银溶解。采金时的青化法，就是使矿石中含有的金银提取纯净。（下略）

*（录自内蒙古地方志编纂委员会总编室编：《内蒙古史志资料选编》第 5
辑，《赤峰事情》，第八章第三节，1984 年印行，第 436—438 页）*

---

① 中央银行赤峰山金收买所，是伪满洲国为精炼赤峰附近所产的金银矿石、收买成品金银，在 1935 年设立的机构。

（17）开鲁县抗战时期人口伤亡和财产损失调研报告（节录）

（八）搞垮了兴业银行。民国时期，兴业银行以存储、兑换天津票、奉天大洋、银子、铜子、制钱、大洋等货币，沟通金融流通为主要业务。日寇侵占开鲁后，日本驻军大量使用所谓日本纸币"金票"购买实物，并以大量金票换去开鲁当时流通的银子、大洋、铜子、制钱的硬通币。而当时流通的天津票、奉天大一洋票先被贬值，而后变为不流通，烂在开鲁人民手中。不仅开鲁人民深受其害，兴业银行也在经济上受到极大的损失，失去了它在开鲁金融流通中的枢纽作用。

（九）日本人搞所谓商业投资，实行高利盘剥。主要经营当铺，收购开鲁县的土特产。日本人越发荣松办的兴隆当，康德二年八月所得计 10756 元，纯利是资本金的 2 倍多。日本人富田开劲办的日升当，月所得利金为 15016 元，纯利是资本金的 126.8%。日本当铺美其名曰压物贷款，以当物时价低，卖时价高而获取高额利润；开鲁甘草，在民国时期中外驰名，伪康德元年，在经营甘草的 5 家商户中，就有两户日商。日商随意压等压价，来欺骗农牧民，他们以低廉的价格收购后，运回本国大阪加工成酱油添加剂或其他副食品着色剂，销往西方各国，攫取高额利润。

……

（十一）在日本侵略统治的 13 年中，开鲁地区鼠疫连年不断。仅在 1938 年的一次鼠疫中就有 159 人丧生，每逢鼠疫发生的时候，日本侵略者不但不予防治，反而假借防治为名把活人做了实验，进行残害。日伪者往往以防治疫病蔓延为名，进行整村整屯的封锁，被封锁的人们只好困守待毙。

（录自通辽市开鲁县抗战损失课题组:《通辽市开鲁县抗战时期人口伤亡和财产损失调研报告》，2010 年 6 月，存通辽市史志办）

（18）《内蒙古自治区经济发展史》（节录）

全区大小牲畜由 1936 年的 937 万头（只）下降到 1947 年的 828 万头（只），11 年下降了 11.6%。主要牧区呼伦贝尔大草原，民国 8 年（1919 年）有牛 40 万头、羊 120 万只，到民国 34 年（1945 年）抗日战争胜利时，只剩下牛 10 万头、羊 40 万只。26 年间，牛羊减少了四分之三和三分之二。锡林郭勒大草原，1946 年和 1936 年相比，牲畜下降 48%，其中大畜牛马分别下降 58% 和 60%。

[录自林蔚然、郑广智主编:《内蒙古自治区经济发展史》(1947—1988)，内蒙古人民出版社 1990 年版，第 7—8 页]

（19）《内蒙古自治区经济发展史》（节录）

近百年来，由于封建王朝、反动军阀、官僚资本主义的掠夺和日本帝国主义的入侵，以及灾荒、瘟疫、屯垦等破坏，牧业劳动力日益减少，生产工具落后，草牧场逐渐缩小，牲畜头数连年下降，质量退化，牧民生活贫困，农牧矛盾尖锐，民族隔阂加深。1936年内蒙古地区牲畜总头数为937万头（只），到内蒙古自治区成立前夕的1946年减少到751万头（只），10年下降了19.9%。

［录自林蔚然、郑广智主编：《内蒙古自治区经济发展史》（1947—1988），内蒙古人民出版社1990年版，第187页］

（20）日伪在赤峰的罪行（节录）

三、鸦片专卖

1936 年（伪满康德三年）1 月，日伪当局制定了伪《满洲国鸦片法》，赤峰定为种植罂粟重点地区。同时实行鸦片专卖。1937 年（伪满康德四年）强令赤峰、建平（含敖汉）、宁城、林西、克旗种罂粟 3300 顷（每顷 100 亩），收缴烟干 6621336 两。日伪把鸦片由种、收、卖、运等全部控制起来。每当交售烟干后期，伪政府便组织"催缴班"到农村缴烟干，逐户查验卡片，限期交清尾欠，稍有迟延者，则像"经济犯"一样受尽逼迫辱骂，甚至被毒打和灌辣椒水。赤峰县杨树林村农民张德被捆在板凳上灌凉水加小米，不久身亡。日伪当局怀疑谁家私存大烟，轻者搜家，重则吊打关押，灌凉水。赤峰县鸭子河村农民关老汉得知他已被怀疑私存大烟的消息后逃跑，儿子被抓，肚子灌得鼓胀，当场被一脚踢死。

1936 年（伪满康德三年），从赤峰收缴加工出口给日本、朝鲜、土耳其、伊朗等国家烟砖（油布包装每块 10 斤）127720 斤，合伪满币 1924831 元。各县城都设烟馆多处，专供烟民到此吸扎鸦片，并设专卖所凭证供应烟泡。日伪大规模的纵毒、贩毒，使赤峰约 6 万人成瘾。1948 年 6 月，昭盟北部 336 村统计有 51629 户种烟户，占 45.7%。有烟民男 5118 人，女 3498 人，占总人口的 4.6%。宁城县有烟民 18645 人，占总人口的 6.5%。许多人因吸扎大烟不仅丧失民族意识与反抗精神，而且成了失去劳动能力的"废人"。

（录自中共赤峰市委党史办编:《不可忘却的历史》, 1996 年印行, 第 113 页）

（21）《赤峰事情》^①（节录）

第三项　甘草

到赤峰的铁路开通以后，由于运输方面的便利，其他地方的同行，也逐渐注意上了赤峰市场，从昭和十一年以来，不但汉人的同行，像四平街下村商店，日蒙实业公司等日商也多来赤峰办货，因此，赤峰市况突然显现得活跃了；集散额激增的同时竞争也十分激烈，行情正在上升。

店名	所在地	昭和十一年度收购量	昭和十年度收购量	备　考
满蒙兴业股份公司赤峰支店	赤峰头道街	55万斤	50万斤	另外在昭和十年制造甘草浸高6万磅，本店在大连市千代田町三十六番地
同兴公	赤峰头道街	25万斤	不详	
成兴栈	赤峰头道街	27万斤	不详	
公益栈	赤峰头道街	6万斤	不详	
下村商店	四平街	10万斤	不详	
成兴栈	朝阳	5万斤	不详	
成兴栈	北票	6万斤	不详	
同兴公	北票	7万斤	不详	
德顺永	北票	10万斤	不详	

其中以满蒙兴业股份公司赤峰支店及四平街下村商店为最著名。

第四项　鸦片栽培

鸦片占农产品的第一位，历来统治者都把它作为筹措财源的办法而加以奖励，对于农民来说，它也比其他农作物收益多，而且热河省内的土地也最适宜于种植鸦片，所以农民历来都有着种植鸦片来维持生计的传统，种植鸦片会使地方大大衰减，热河农业产量将会逐年地下降。

现将近年指定面积、产量及卖署收购量等表列于下。

---

① 《赤峰事情》，作者为日本驻赤峰"领事馆"，成稿时间为1937年。

近年指定面积、产量及专卖署收购量表

年度别	县旗别	指定播种面积	收购量	金额	实际播种面积	实际生产量
昭 和 九 年	赤峰	600 顷	1278223.501 （两）	2109068.77 （元）	701.00	1750000 （顷）※
	克什克腾	100	154234.00	254486.10	176.49	234000
	建平	350	683500.00	820200.00	450.00	875000
	林西	100	146451.00	241644.15	99.546	210000
	围场	600	1200000.00	1440000.00	700.00	1500000
	宁城	450	815000.00	978000.00	550.00	1125000
	计	2200	4277408.00①	5843398.87②	2677.036	5694000

年度别	县旗别	指定播种面积	收购量	金额	实际播种面积	实际生产量
昭 和 十 年	赤峰	500 （顷）	1409132.00 （两）	2082698.60 （元）	650.00 （顷）	1625000 （顷）※
	克什克腾	50	402000.00	594160.00	270.00	486000
	建平	260	290261.00	435391.50	328.00	656000
	林西	50	147900.00	218596.20	130.00	260000
	围场	500	1282463.30	1896500.00	593.00	1482500
	宁城	400	801463.60	962600.00	517.00	1240800
	计	1750③	5134682.90④	6189946.30	2488.00	5750300

到了昭和十一年度指定的播种鸦片的面积是：赤峰 800 顷、围场 850 顷、宁城 850 顷、建平 500 顷、林西 200 顷，克什克腾 300 顷，计 3500 顷。昭和十二年：赤峰是 950 顷、围场 1200 顷、宁城 1050 顷、建平 800 顷、林西 200 顷，克什克腾 300 顷，计 4500 顷。

这些年来，在指定的种植面积上正在进行着从 5 成到成倍的密植。

昭和十年度赤峰县内的产量是：

赤峰　　　　　　805253.40 两

---

① 原档案为 4277408.00，实际核算应为 4277408.501。

② 原档案为 5843398.87，实际核算应为 5843399.02。

③ 原档案为 1750，实际核算应为 1760。

④ 原档案为 5134682.90，实际核算应为 4333219.9。

大庙	264653.00 两
老府	124910.00 两
乌丹城	106354.00 两
初头朗	80208.00 两
水地	27753.60 两
计	1409132.00 两

（※按照改正度量衡 1 两等于 50 瓦，1 顷等于 100 亩）

赤峰生产的鸦片，质量是全热河省最优秀的，都是特等品或一等品。

昭和十年度生产的鸦片收纳赔偿费如下面所表示

等级	一两的赔偿费	合有水分量	品质查定　　标准点数
特　　等	1.50	13%以内	95 点以上
一等上	1.40	13%以内	90 点以上
一等下	1.30	13%以内	85 点以上
二等上	1.20	13%以内	80 点以上
二等下	1.05	13%以内	75 点以上
三等上	0.90	13%以内	70 点以上
三等下	0.70	13%以内	65 点以上
四　　等	0.40	13%以内	60 点以上
等　　外	0	13%以内	不满 60 点

种植鸦片农家收支情况如下

种植者	种别	种植面积	鸦片产量	收入金额	支出金额	获利
佃农	白花大头	3 亩	83.17 两	124.76 元	120.24 元	4.52 元
自耕农	白花大头	3 亩	83.17 两	124.76 元	75.42 元	49.34 元
佃农	后作白菜	3 亩	8400 斤	100.80 元	64.59 元	36.21 元
自耕农	后作白菜	3 亩	8400 斤	100.80 元	19.74 元	81.06 元

支出金额是普通农户种 1 亩白花大头应付公家税捐 5.05 元，地租 15.05 元，用具捐耗费 1 元，材料费 1.23 元，雇工费 10.4 元，杂费 0.5 元，肥料费（堆肥）6.95 元，合计 40.18 元。

满洲事变后，虽然鸦片的亩捐减少了，但政府的收购价格也降低了，所以农民种植鸦片的收益并不比事变前多，所以推行专卖制度困难很多，虽然规定 1 亩处以 10 元的罚金，但种者并不以之为意。还在进行着私种私卖。1 两鸦片政府收购价格平均是 1.3 元左右，另卖公卖价格是 1.7 元，和这相反，私卖价格竟达到 2.5 元左右的高价。

（录自内蒙古地方志编纂委员会总编室编：《内蒙古史志资料选编》第 5 辑，1984 年印行，第 415—421 页）

（22）《内蒙古革命史》（节录）

蒙疆是日本帝国主义实行"以战养战"和经济掠夺的重要基地。日本侵略者将察南、晋北、蒙古联盟三个伪政权合为统一的"蒙古联合自治政府"，不仅出于军事、政治的需要，更为了便于掠夺我国资源。因为平绥铁路横贯其间，日本侵略者早已垂涎的察南龙烟铁矿、晋北大同煤矿、绥远的皮毛以及其它矿藏，都可以通过控制这条交通线来获得。因此，日本侵略者把以平绥铁路线为中心的蒙疆经济全面控制起来，并使之殖民地化。1937 年 11 月，设立蒙疆银行，接着在各主要城镇设立分行，大量发行"蒙疆银行券"，从而控制了蒙疆地区的金融。1940 年伪蒙疆银行副总裁日人寺崎宣称："兑换券之流通量达 5500 万元"，而其资本总额仅为 1200 万元。从 1938 年到 1941 年，在蒙疆设立的日本资本经营的公司企业就有 73 个。日本侵略者通过"大蒙公司"、"蒙疆公司"、"蒙疆电业株式会社"、"大同炭矿株式会社"、"蒙疆畜产股份有限公司"、"北支那开发株式会社"等，垄断了内蒙古西部的工商业和交通运输，疯狂掠夺各种物产资源。仅 1938 年，从蒙疆输出的各种物资总额即达 10839 万元。1940 年又修筑了包头至石拐沟运煤的铁路。日伪还通过名目繁多的税收来搜刮老百姓，主要有鸦片税、盐税、统税、关税、田赋、契税、烟酒税、印花税、牙税、营业税、屠宰税、斗税等等。太平洋战争爆发后，日本侵略者更指使德王提出"粮食就是子弹"、"羊毛就是火药"、"人力就是武力"的所谓"生产协力三大原则"。

特别需要提出的是，日本侵略者为了进行经济掠夺，更为了在中国推行罪恶的"毒化"政策，在内蒙古西部地区有计划、有组织地扩大鸦片生产，强迫老百姓种植鸦片，使伪蒙疆统治区成为战时最大的鸦片生产基地。1939 年 6 月成立"蒙疆土药股份有限公司"，是年生产收纳鸦片 887019 两，金额 331.9 万元；1940 年、1941 年连续两年大增产，1940 年收纳鸦片猛增到 6717912 两，金额 6263.5 万元，纯收入 1562 万元；1941 年将鸦片种植面积扩大到 91.1 万亩，收纳鸦片 11242953 两，金额达 8916.6 万元。[①] 在 1940 年伪蒙疆贸易输出总额中，鸦片输出额竟占52%。由此可见生产、贩卖鸦片获利之巨。鸦片被日本侵略者称作他们手中的"黑色金子"，鸦片政策成为"以战养战"的手段之一。日本侵略者一方面用鸦片来牟取暴利；另一方面则用以毒害中国人民，企图以此削弱中国人民的抵抗力。内蒙古西部各族人民首当其害。另外，日本侵略者还将伪蒙疆生产的 90%以上的鸦片输出到北京、上海等中国各地。

---

① 参见（日）江口圭一：《资料·日中战争时期的鸦片政策》，岩波书店 1985 年版。

......

　　1938 年，伪满各省实行地方税制改革，增加了名目繁多的新税和附加税，在兴安各省的地方税目多达 5 大类 38 种。[1]日本侵略者为了扩大对内蒙古东部地区的经济掠夺，设立荒务局，以"借地养民"为幌子，招来汉族农民和日本移民垦荒种田，由地局征收荒租，县旗四六分成。1939 年在制定所谓《满洲开拓政策基本要纲》以后，更多的日本移民进入"满洲"，兴安南省、兴安东省、兴安北省等区域，都成为"开拓"的第一线至第三线地带。1938 年 9 月，伪满国务总理张景惠召集蒙古王公代表 18 人到他的官邸"座谈"，强制实行"开放蒙地奉上"，把蒙旗土地变为满洲国所有。这样，日本侵略者巧妙地通过伪满洲国出面夺得了蒙旗土地所有权。对于面粉、米谷、羊毛、皮革等都颁布了各种统制法，并强迫农牧民"出荷"农牧产品。如每 5 头牛出 1 头，10 匹马出 3 匹，20 头牛出 1 张皮，10 只羊出 3 只羊、2 张皮，每 1 只羊出 1 斤毛等。许多农牧民因交不齐"出荷"而被抓捕，农牧业生产也被严重破坏。呼伦贝尔新巴尔虎左旗在日军占领期间，牲畜头数下降了 73%。从 1931 年到 1945 年，日本侵略者在内蒙古东部设立 9 个材务分署，大量掠夺森林资源，把大兴安岭划为三个经营区，乱砍滥伐，共砍伐木材 1000 多万立方米。在内蒙古东部，日本侵略者也同样种植贩卖鸦片，不择手段地利用鸦片政策为其战争经济服务。

　　诺门罕战争期间，日军驱使伪兴安军 7000 余人前去参战，结果遭到苏蒙军的大量杀伤。大批蒙古族士兵不愿做炮灰，逃脱日军控制，离开战场，返回家乡。诺门罕战争结束后，日本通辽特务机关在查干不干庙，屠杀了 17 名不愿做炮灰的兴安军士兵。

　　对内蒙古东部蒙、汉、达斡尔、鄂温克等各族人民群众，日本侵略者同样采取屠杀和镇压政策。1940 年，一支日军部队开到呼伦贝尔的乌启罗夫鄂温克族猎民聚居地，把猎民的枪支全部收缴，然后开始对 14 岁至 70 岁的猎民分批进行军训。一个叫大拉非的猎民因反抗集训而遭迫害致死。1943 年 2 月，驻满洲里的日本宪兵队怀疑新巴尔虎左旗边境地区的蒙古族牧民同蒙古人民共和国有某种联系，遂以"反满抗日分子"罪名，突然逮捕蒙古族牧民、活佛及藏族喇嘛 16 人，进行严刑拷打。被捕者中有 1 人死于监狱，4 人下落不明，其他人直至日本投降时才获释。

　　（录自郝维民主编：《内蒙古革命史》，内蒙古大学出版社 1997 年版，第 317—323 页）

---

[1] 《内蒙古近代史译丛》第一辑，内蒙古人民出版社 1986 年版，第 199 页。

（23）绥远省沦陷前后行政建制沿革

绥远省系蒙汉杂居地区，旗管蒙民，县管汉民，蒙汉民居住插花，旗县政权也插花。省政府直接领导县和专区，对旗属于协助管理，旗由蒙藏委员会领导。

抗战前的民国二十五年（1936年）绥远省领导的县有：归绥县、包头县、丰镇县、兴和县、凉城县、陶林县、集宁县、清水河县、和林格尔县、托克托县、武川县、萨拉齐县、五原县、临河县、东胜县、固阳县。安北设治局、沃野设治局。管理的盟旗有：乌兰察布的东公旗、中公旗、西公旗、达尔罕旗、茂明安旗、四子王旗，伊克昭盟的准格尔旗、达拉特旗、郡王旗、札萨克旗、杭锦旗、鄂托克旗、乌审旗，归化城土默特旗，察哈尔右翼正黄旗、镶黄旗、正红旗、镶蓝旗。

民国二十六年（1937年）10月，日本侵略军占领包头及以东地区和乌兰察布盟6个旗后，将归绥县城区改设为厚和豪特市，归绥县农村部分改设巴彦县。包头也改为市，包头以东地区设置了巴彦塔拉盟，驻厚和豪特市。1938年将巴彦县撤销厚和升格为特别市。1939年伪蒙古联盟政府组建伪蒙疆联合自治政府迁到张家口后，将厚和特别市降回原厚和豪特市，归巴彦塔拉盟领导。包头市由驻包头市的伪伊克昭盟盟公署领导（日本未占领伊克昭盟，在包头搞了个伊克昭盟伪政权）。

为了适应抗战需要，八路军在大青山建立游击县7、8个。国民党在伊克昭盟除东胜县外，又建立了相似乙级县的桃力民办事处和达拉特旗组训处。在绥西河套地区于1942年将安北设治局改为安北县，增设了米仓县、晏江县、狼山县和陕坝市政筹备处。

沃野设治局，抗战期间由宁夏军方管理。

1945年8月日本侵略军投降后，1946年进行抗损调查时，绥远省增另了归绥县和包头县，为25个县、市处，旗的数目仍为18个。各旗是否进行过抗损调查未找到资料。

绥远省于1954年3月6日已撤销，其辖区成建制划归内蒙古自治区领导。其抗战胜利后的1946年，抗损调查时所领导的25个县、市处和协助管理的18个旗的变化情况为：

乌兰察布盟的东公、中公二旗合并改称乌拉特中后联合旗，现归巴彦淖尔盟领导。达尔罕、茂明安两旗合并改称达茂联合旗，现归包头市领导。西公旗改称乌拉特前旗，现归巴彦淖尔盟领导。乌兰察布盟名称迁移到绥东集宁，四子王旗仍属乌兰察布盟，盟已改为乌兰察布市。

伊克昭盟的札萨克旗、郡王旗合并现称伊金霍洛旗，鄂托克旗分设出鄂托克前旗。沃野改为陶乐县，仍由宁夏回族自治区所辖。达拉特旗组训处已于达拉旗合并，桃力民办事处分别与鄂托克旗、杭锦旗合并。东胜已改称东胜区，盟已改为鄂尔多斯市。

绥西河套地区已改称巴彦淖尔市，临河改为区。米仓县改设杭锦后旗。狼山县合并到临河区，晏江县合并到五原县，安北县合并到了乌拉特前旗。由阿拉善划入了磴口县。

包头县改为包头市九原区，固阳县归包头领导，萨拉齐县改建为土默特右旗，归包头市领导。

归绥市改称呼和浩特市，归绥县改称呼和浩特市赛罕区。武川县、托克托县、和林格尔县、清水河县、土默特左旗均归呼和浩特市领导。

绥东现为乌兰察布市，集宁县改为集宁区，原正黄、正红、镶红、镶蓝旗改建为察哈尔右翼前、中、后3个旗。陶林县并入中旗，原丰镇县改为市，丰镇市、兴和县、凉城县均由乌兰察布市领导。抗战后建置的龙胜县改为卓资县，归乌兰察布市领导，后又划入商都县，化德县也归乌兰察布市领导。

［根据《绥远通志稿》（绥远通志馆编纂，内蒙古人民出版社2007年版）疆域沿革所记，内蒙古自治区抗战损失调研课题组综合编写；1923年包头成立设治局时，其南界、东南界、西南界均渡河南］

（24）日伪统治时期对大兴安岭森林资源的掠夺概况（节录）

林　立

　　1937年"九一八"事变后，国民党反动派同历代反动统治者一样，欺内媚外，当时的南京国民党政府对日本帝国主义的入侵，持不抵抗主义，卖国求荣，把东北、内蒙古大好山河拱手送给了日本帝国主义者，使大兴安岭郁郁葱葱的大森林遭受了掠夺性的严重破坏。他们为了便于掠夺森林，除了利用滨洲线铁路外，还修筑了几条大铁路。如牙林线由牙克石修筑到库都尔（144公里）；博林线由绰尔延长到狼峰（50公里）；洮索线由索伦延长到伊尔施。此外还修筑了干多罗等运材支线。同时还利用江河进行流送木材，如嫩江的南瓮河、奎勒河、多布库尔河、甘河及毕拉河各支流以及额尔古纳河各支流以放木排为主；大雁河、免渡河及哈尔哈河等较小的河流进行"赶羊"流送枕木及原木。由额尔古纳河放的大型木排（马神排）经黑龙江远流到黑河出水上岸。此外，还修筑了许多运材的常年公路、季节性简易公路以及战略公路等。

　　伪满时期共掠夺本林区木材达1000余万立方米。采伐方式：有的是"拔大毛"（即采好留坏），有的是大面积皆伐和烧木炭，形成"剃光头"，致使大铁两侧50公里左右以及村屯附近出现了大面积的荒山秃岭。有的被次生低价值林木所更替，造成水土流失、气候异常、生态不平衡，连年春旱，有时大雨成灾洪水泛滥，极大的影响了农业、牧业的丰产和丰收。

　　据《满洲帝国年鉴》有关呼盟的林业摘要如下：

兴安东省之林业

　　省内拥有森林4639000公顷，原野4423700公顷，为国内次于黑河之第二森林省，其总面积可占伪满全国之12.4%，总蓄积量可占14.1%，达494965500立方米，每年采伐标准量为16543645立方米。伪满康德五年国内森林原野均归国有，而为营林署之直辖事业。伪满康德九年基于地方林野之划分，乃将前记面积1/3划为地方林。当局为促进造林也曾积极树立基准方案，内容包括：一、公营林之积极造成，二、私营林之奖励，三、为练成青少年团使之造成学校林，四、火警防之防治。

　　（录自牙克石市政协文史委编：《牙克石文史资料》第1辑，1988年印行，
　　第102—103、107—108页）

（25）《锡林郭勒盟盐务史》（节录）

二、伪蒙疆政府时期

伪蒙疆政府成立后，深知锡察盟的盐产是财政的一笔不小收入，因此对盐务管理十分重视。于1939年6月20日颁布了《盐法及施行规则》以及《蒙疆盐业组合法》（蒙盐组合法见附录之三）等一系列政策法规，并规定从当年7月1日起施行。

……

随后组织了蒙疆盐业组合，并开展了购销活动。伪蒙疆政府纠合当地盐商于1939年6月25日成立了社团法人"蒙疆盐业组合"，组合成员有132人。对盐的收购、运输、贩卖、输出、输入以及加工实行一元化经营，旧的蒙盐组织就此结束。在张家口也建立了伪政权认可的同业公会。

1937年前后，伪蒙疆地区需盐量为50万石。1939年"蒙疆盐业组合"成立后，即有组织、有系统地开展了盐的购销活动。1939年收购各类盐135118.18石，卖出133664.56石（其中包括购销长芦盐）；1940年收购508124.66石，卖出398034.49石；1941年收购554662.73石，卖出435396.14石。

……

1939年伪蒙疆政府派出由日本人小岛育男率领的盐源调查队，发现蒙盐年产量达8000万斤，于是投资100万元，在张家口设立大蒙公司，用原盐加工精盐，以供应日本国内工业需要。

为了防止蒙盐流入抗日政权和国民政府控制区域，伪蒙疆政府经济部和内政部分别训令，从1941年11月起，在全蒙疆地区开始实施食盐配给制（纯蒙族地区除外），规定每人一年15斤。购买实行"切符制"，"切符"相当于票证，切符按月份由各政厅、盟、县、市公署按户口簿发给，民众持切符到盐店换购。

1941年6月，伪蒙疆政权对政府机构做了大的改组，撤销了榷运总署，由经济部直辖的烟政盐务科（相当于局级）管理，原任总署副署长的日本人高须进一任科长，成了盐务最高领导人。从此蒙疆盐务完全控制在日本人手中。1938年盐税收入479000元。1939年盐税收入853920元。以上是伪蒙疆政府盐务的大概情况。

三、伪满洲国时期热河盐务

1935 年（伪满洲国康德二年），按照蒙古盐务方案。将赤峰分署改设为赤峰蒙盐局，撤销了所属各分局，重新在大王庙、经棚、大板、林西、林东、多伦设置了所属的收盐所。将额吉淖尔所产大青盐全部由伪满洲国政府统一收购，额吉淖尔大青盐只能在这些收盐所进行交易，运送额吉淖尔大青盐也只限于本地区蒙古人。他们把盐送到收盐所后，收购价格每百斤林东 1.30 元、大板 1.30 元、林西 1.30 元、经棚 1.40 元、大王庙 1.40 元、多伦 2.00 元，现场支付现金。所收大青盐加上实际费用转卖给盐店或盐栈，按实际买卖数量征收盐税。盐税仍按原来规定每百斤 2 元，中央附加 0.30 元，地方附加 3 元，共计 5.30 元，批发价及各地零售价未见到详细资料。

（录自牧人编著：《锡林郭勒盟盐务史》，内蒙古人民出版社 2006 年版，第 40—45 页）

（26）关于蒙地工作的几个问题（节录）

（一）蒙民生活主要依靠牛、羊、马、骆驼。日伪统治时期规定春秋二季征牛、羊、马等作为敌军之用，8 年来的损失：

察盟：马 306641 匹、牛 28514 头、羊 46257 只、骆驼 420 峰。

锡盟：马 56622 匹、牛 52368 头、绵羊 266700 只、山羊 47929 只、骆驼 7558 峰。

（二）敌伪用统治经济的办法，禁止私人买卖，规定官价来剥削蒙民，主要是利用大蒙及三菱两公司及豪利希亚来垄断一切。

日伪统治八年的结果：

察盟九旗：

缺衣者：2 万蒙人，1.2 万汉人，占人口的十分之四。缺食者：2.5 万蒙人，1.5 万汉人，占人口的十分之五。缺衣又缺食者：1.5 万蒙人，900 汉人，占人口的十分之三。缺衣缺食缺住者：12721 蒙人。

锡盟十旗：

缺衣者：2.5 万人，缺食者 2.8 万人，缺衣缺食者 1.911 万人，缺衣缺食缺住者 9550 人。

（三）由于广大的蒙古族青年被迫当兵，影响蒙地生产力，使蒙古人民普遍贫困。

嘉鲁得村共有 400 多户，赤贫的、一无所有的 100 多户，其余 200 多户，每户平均不及 5 头牲畜。

有一家名叫色林他，在事变前有羊 500 多只、牛 20 多头，现在只有羊 100 只、牛 9 头。根据过去的经验，经过 8 年的繁殖应有羊 2000 只，牛 50 头，现在调查的结果，不是增加了，相反地羊减少了五分之四，牛减少二分之一以上。

（四）日伪统治 8 年中，内蒙古人口不是增加而是大量地减少。根据锡盟苏尼特右旗去年调查的结果，7000 人当中死亡的有 148 人，养活的婴儿 14 人；去年春，壮年妇女 184 人，孕妇 28 人。土默特旗民国十八年有 4.8 万人，现在只有 2 万多人。这就是 8 年来日伪统治压迫的悲惨结果。

（五）人民的负担。以察哈尔盟兵坝村庄为例，有一户去年向敌伪捐税组合负担情形：门户费 85 元，附加地税 48 元，地捐 30 元，钱粮 13 元。组合粮：莜麦 5 斗计 600 元，杂粮 2.5 石、羊 1 只计 80 元；莜麦按配价扣留①3 成，杂粮扣 2 成，仓谷、莜麦 20 斤，共计 120 元；缴乡公所粮 5 斤计 20 元；警察署马料 5 升计 40 元；官草 1 车，修路费 3 次，共 140 元；为乡公所打草雇工费 70 元，捆草费 70 元，送草费 140 元；新派粮 70 斤计 100 元；车牌费 35 元，以上共计 1591 元。这时羊 80 元 1 只，未算扣价及官草，差不多等于 20 只羊。从这一简单的统计，可以看出敌伪对人民的压榨情况。这一户是半耕半牧户。

（录自《乌兰夫文选》，中央文献出版社 1999 年版，第 30—31 页）

---

① 配价扣留是指伪蒙疆政府规定的缴售公粮的价格，并在此价格上面扣留一定比例，这样更加重农民的负担。

（27）兴安东省出材量

康德五、六年度实际数和康德七年度的预计数（见附表八）

附表八

年度	材种	根数	体积（立方米）	摘要
康德五年	落叶松元木	60973	6048590	加工处理材
康德六年	同上	46029	10028691	同上
同上	落叶松电柱	3509	1560889	同上
同上	桦杨元木	13229	1918238	同上
计		62767	13507818	
康德六年	薪材		63491000	官采木材
康德七年	元木		157488800	加工处理材的预计
同上	元木		70000000	官采用材出材量预计
同上	同上		84000000	官采薪材出材量预计
计			311488000[①]	

（录自内蒙古地方志编纂委员会总编室编：《内蒙古史志资料选编》第 5
辑，1984 年印行，第 108 页）

---

① 原档案数有误，应为 311488800。

（28）卢元善（曾任伪专卖总局长）笔供（节录）

1938 年 8 月任专卖总局长任内的罪行：

一、专卖聚敛侵略资金。我任专卖总局长，副总局长山梨武夫，庶务科长村田某，烟政科长天野作藏，食盐科长高谷太二郎，火柴科长谢生霖，燃料科长平林并木。专卖品目是鸦片、食盐、火柴、石油、酒精 5 种。当时伪满总收入为 3 亿元，内国税 1 亿元，关税 1 亿元，专卖益金 1 亿元。我负伪满总收入的三分之一，其中鸦片收入为一半，约 5000 万元；食盐为 3400 万元；火柴 600 万元；石油 500 万元；酒精 500 万元。这年由主计处要求增加 500 万元，从鸦片加价。除鸦片在鸦片政策详述外，食盐收买价格，每 100 斤仅 1 分钱，专卖价格每 100 斤 6 元，每年每人配给 20 斤，全伪满得吃盐的人口照 3000 万人，共为 6 亿斤，就是 30 万吨。产盐地区为锦州、营口、复县、庄河 4 处，每处有约 2000 盐业工人。火柴、酒精、石油内容不详。如此聚敛侵略用的资金，剥削人民，我负重大责任。

二、执行鸦片政策。伪满从 1932 年冬就大开多年的烟禁，公然贩卖鸦片以为财源。1937 年夏，公布禁烟法，立禁烟委员会，规定十年断禁，实在是虚伪政策，变新花招，大卖特卖。我到专卖总局执行这个政策，今把 1938 年的鸦片专卖状况述于下：

1. 鸦片的收买数量：伪满热河种鸦片 54 万亩，一亩规定收买 15 两，共为 810 万两，实在每年收买数量，不能达到标准量。1938 年实在收买为 650 万两，由朝鲜买 200 万两，经三井洋行由伊朗买 200 万两，由山西买来 130 万两，共为 1180 万两。

2. 鸦片的配给量：全伪满登录瘾者 60 万，每人每年配给 20 两，掺料子的鸦片需 1200 万两，内纯鸦片 960 万两；二成料子 240 万两，净余纯鸦片 220 万两，为制吗啡用 200 万两，其余 20 万两为预备用，流于秘密贩卖（如警察、特务、日寇宪兵队、特务机关都有私烟馆）。

3. 阿（鸦）片的收买价格：热河农民的 650 万两，每两 2 元钱，为 1300 万元；其他的 530 万两，买价 1 两 4 元钱（大连三井运来的伊朗鸦片 1 两 3 元 8 角），为 2120 万元；料子每两价格 5 分钱，240 万两，为 12 万元。以上共为 3432 万元。

4. 鸦片的专卖价格：配给瘾者价格每两 8 元钱，1200 万两共为 9600 万元，去收买价格与料子价格 3432 万元，净纯益金 6168 万元。以上是表面上的利益，至于 200 万两纯鸦片制造吗啡约 67 万两，每两 40 元（伪满配给价）计算为 2680

万元，剩余的 20 万两纯鸦片，加上料子二成，私卖为配给价格 1 倍，为 384 万元以上，共为 9232 万元，完全是剥削农民及瘾者的利益。

5. 奉天专卖工厂：1938 年秋，烟政科长天野作藏，引导我到奉天专卖工厂视察。厂内一个工厂密制吗啡，本年原料纯鸦片 200 万两，生产率三分之一的吗啡，制成约 67 万两。当时全伪满吗啡瘾者 2 万人，每人每年配给约 9 两（每日 1 瓦）共为 18 万两，剩余的吗啡移动均属秘密，推想为日寇军用或流入华北。又一个工厂密制料子，用多数大型蒸汽双底锅，日夜不停，以豆麦面粉掺上吗啡的渣滓做成像烟土一样包装起来，拿到制烟份工厂。制烟份工厂用机械把纯烟土切去二成，掺上料子二成，用机器混合后，作烟份小包，一个烟份约 2 分烟。这个工厂用工人约 2000 人，都是中国人，妇女极多。吗啡料子工厂技师、工人都是日本人。这个工厂还不足用，已竟预备增筑 1 倍，地基已经打成，预定筑成后作料子，把鸦片内掺加料子 3 成以上，吗啡也多制造，又计划烟份改作烟膏，增加收入。以上都是在我任内通过的计划。

6. 热河收买鸦片的情形：1934—1935 年，热河专卖署不直接收买农民的鸦片，组织了一个包收鸦片的公司，叫"大满号"。以外专卖署设缉私队，防止鸦片密输出，从 1936 年取消"大满号"，热河专卖署直接收买，有缉私队约 500 人，并联合省县协助监督逼迫收买。对烟农规定的 1 亩地收 15 两，达不到量时，受缉私队或县警察逼迫殴打，村屯长负连带责任，挨打的亦不少。这都是我给人民制造的苦痛。

7. 我执行鸦片政策人民所受的灾难：伪满起初开卖鸦片时，设零卖所，无吸烟证可以随便出入吸饮，且设女招待引诱良民，卖粮的农民多被坑陷。把瘾者造成以后，每年每人配给量 20 两，不够过瘾就私买鸦片，价格（高出）1 倍以上。据民生厅调查，鸦片瘾者十分之八倾家败产，最后堕落于扎吗啡，至于死亡而后已。人民陷入瘾者，他本身已成废人，连累其家，倾家败产，国家的单位家庭败亡。国家必至灭亡。前清鸦片战争，正是英帝国主义以鸦片灭亡我祖国的前例。日本武部、古海等，复蹈前辙，是灭我国家、灭我种族的滔天罪行。我是中国人，忠实为日寇执行这个鸦片政策，毒害祖国人民，我比武部、古海罪加一等。人民既陷入瘾者，终至扎吗啡，卖妻卖子，是人道所不容。报载鄂伦春民族"九一八"前人口 4000 人，因伪满时日寇大量流毒鸦片，到"八一五"仅剩 900 人。我执行这个政策，是违反人道的罪行。

8. 伪满在热河种鸦片的理由：伪满自 1934 年在热河种鸦片，别省不许种，其用意所在：（1）热河土地瘠薄，不生产粮谷与工业用农产品，使专种鸦片，留他省为日寇的食粮与工业用农产品的基地。（2）汤玉麟时代农民有种鸦片的经验。（3）热河为伪满西南国境，使种鸦片，不生产粮食，断绝抗日军的粮道，如此使热河人民不能得到足够的吃粮。

（录自中央档案馆编：《伪满洲国的统治与内幕——伪满官员供述》，中华书局 2000 年版，第 302—305 页）

（29）通辽市科左中旗抗战时期人口伤亡和财产损失调研报告（节录）

（2）1943年为了支援战争被迫出荷粮谷和生畜。粮谷：1700万公斤，牛马1万头。掠夺寺庙里的铜2500公斤，老百姓家有铜盆、铜具500公斤。掠夺铜总数达3吨。当我们采访80多岁的老人时听说："当时作为药引子都找不到一点铜锈了。"（资料摘自科左中旗政协文史资料委员会编《苦难的岁月》所载《日本侵略者利用宗教迷信奴化人民的罪行》一文）

（3）日伪统治时期，粮食产量在正常年景，平均亩产70—80斤，好年景亩产才达到上百斤，遇到灾年粮食产量就更少，可无论如何也要保证"出荷粮"每垧500—1000斤的任务。1938—1944年的7年间，每年出荷粮食1亿斤到1.5亿斤，可占当年粮食产量的41%—68%，7年共达7亿斤到10.5亿斤（资料摘自科尔沁左翼中旗档案局编：《科尔沁左翼中旗志》第二十篇"粮食"，第一章"粮油收购"，第二节"粮谷出荷"）。

（录自通辽市科尔沁左翼中旗抗战损失课题组：《通辽市科左中旗抗战时期人口伤亡和财产损失调研报告》，2010年6月，存中共内蒙古自治区委党史研究室，档案号5—54）

（30）元宝山煤矿史话（节录）

"九一八"后，日寇占领东北，扶植伪满帝国，蹂躏蒙汉人民。1933年3月，日寇进占热河省全境，相继昭乌达盟沦陷。1939年，日伪强行没收"锦元窑"，归由满洲炭业会社经管。并在此建立"满洲国新京矿业开发株式会社西元宝山炭矿"。日伪占窑后，一面借"锦元窑"坑口继续开采，一面扩大新井，另由东北及关内解押劳工2000多人来此服役，还逼使童工下井。他们在各井口安装了蒸气绞车，并建起了发电厂，疯狂地对当地煤炭资源进行掠夺开采。至1945年日寇投降，仅四年多内，元宝山地区民生凋蔽，民族工业一蹶不振，民心、民力、民财受到旷古未见的摧残。

（录自赤峰市元宝山区政协文史资料委员会编:《元宝山区文史资料》第
5辑，2003年印行，第85页）

（31）罗振邦（曾任伪专卖总局长）笔供（节录）

　　1939 年（伪康德六年）8 月，我调任为伪专卖总局长。当时伪满的专卖品为鸦片、食盐、石油、酒精、火柴五种。鸦片专卖是日寇侵略东北最阴险、最狠毒的毒化政策，它不但吸去了东北人民的无数的鲜血，并且毒杀了无数东北的人民。自从 1933 年（伪大同二年）实行这个毒化政策以后，每年毒品鸦片的专卖数量急骤地增加，吸毒的人数也逐年增加，据 1937 年（伪康德四年）实行了鸦片瘾者的登记，结果知道全伪满的鸦片瘾者为 61 万人。当我到任时，据天野管烟科长的报告说，根据专卖总局的调查，每百人中约有瘾者 4 人，全伪满的鸦片瘾者当有一百四五十万人。将来还计划作第二次瘾者调查。1939 年鸦片的专卖数量仍按瘾者 60 万预算，每人每年消费鸦片量按 20 两计算，每年鸦片专卖的总数量为1200 万两。至于鸦片的来源，由热河省生产 800 万两（兴安西省靠近热河地方也种植少数），由朝鲜输入 200 万两，通过日商三井洋行由伊朗输入 200 万两。专卖鸦片的纯度为 80%，掺入料子 2 成（20%），料子系用大豆制造，零卖的熟膏还掺入糖膏 5%。因此每年鸦片实在的专卖数量，为 1600 余万两。鸦片的收买价格为伪币 1 元，料子每两成本为伪币 5 分，而专卖价格每两平均 6 元，每年鸦片专卖纯利为 5000 数百万元。由于专卖鸦片数量预算过低，就给鸦片走私造成了有利的条件，据当时的估计，每年由走私运入东北的鸦片也不下 1000 万两左右，而私运鸦片来源主要是北部朝鲜。所以每年东北人民损失在鸦片上的金钱不下20000 万元。

　　热河省每年种植鸦片（包括兴安北省的一部）为 53 万余亩，每亩缴纳生鸦片 15 两，倘有农民缴不足法定数量时候，就由专卖署的缉私科人员会同当地的警察实行到各农民家宅搜翻，倘若收翻不着，就用严刑拷问，不论男女一样吊打。有钱的农民为了避免酷刑，就用高价买来缴纳，而贫农小户就得等候受刑，甚至出卖牲畜、农具、土地、房产来缴纳鸦片。当我在 1939 年 12 月到热河省专卖署视察时候，中国人职员偷向我报告说，同年夏季因为缉私把乡下农民妇女吊打流产的就有 3 人之多。由于实行这一毒化政策的结果，不但把几百万东北人民变成了鸦片瘾者，使他们丧失了劳动能力成为寄生虫，还使多少青年男女堕落腐化，贻误了他们的前途，更残酷的是使多少人倾家败产妻离子散，甚至流为乞丐盗贼，每年冬季各都市都有多少鸦片吗啡瘾者倒毙街头。这该是多么阴险狠毒灭绝人道违背国际公法的吸血杀人政策呀!我任伪专卖总局长就是日寇实行毒化政策的帮凶，所以我应当负责向人民认罪。

专卖品除鸦片外还有食盐，每年收入纯利为 3400 万元，石油纯利为 500 万元，酒精 500 万元，火柴 600 万元，每年专卖总收入纯利 1 亿元。按国际通例专卖品都限于奢侈品，采取寓征于禁的政策，独伪满的专卖政策完全属于殖民地榨取性质的，它的剥削范围非常广阔，剥削手段非常残酷，使东北 3500 万的人民没有一人例外，都遭受到这种敲骨吸髓的压榨剥削。同时对各种专卖品收买价格又定的极低，例如食盐每担（百市斤）的收价只为 1 分钱，这又残酷地剥削了生产者工人。这就是使东北人民不得不过那种吃不饱穿不暖困苦生活的主要原因。这一切也都是我所犯的严重罪行，我愿负完全责任。

1939 年（伪康德六年）12 月，由伪专卖总局立案公布了小麦粉专卖法，实行了面粉专卖制。每年专卖予定额为 800 万袋，伪满自产 450 万袋，由上海输入 350 万袋，每年可收纯利 1000 余万元。这个专卖目的，完全是为了收入，这就又给东北人民带来了负担，使他们生活益趋贫穷。

（录自中央档案馆编：《伪满洲国的统治与内幕——伪满官员供述》，中华书局 2000 年版，第 339—341 页）

（32）中井勖的口供（节录）

我在满洲畜产株式会社监查课任职员时期的罪行是：积极执行监查课的任务，检查管辖下的出张所，加强了该社掠夺中国牲畜的工作。具体地说：1939年我和监查课课员中泽赴锦州出张所调查该出张所的制脂工厂的生产量，给该社提供了运营的资料。翌年9月我又同该社经理课小川出差到佳木斯出张所检查该出张所的通河、依兰、富锦、佳木斯、千振等代理收买店的账簿、皮革的品质，以及猪皮的收购情况，在回到该社后向监查课长田川俊夫和营业部长高木贞一提出关于变更佳木斯出张所的人员和严格禁止私人宰猪等意见。

问：你在蒙疆畜产股份有限公司任庶务课职员及牲畜课职员期间有罪恶吗？

答：有罪恶。我在这一段所犯的主要罪恶是掠夺蒙古地区的牲口、家畜。

首先，我在该公司多伦出张所当职员任经理系兼庶务系时期，于1941年8月至10月间，我和该出张所长三重野明治、业务系堀部敏雄共谋使用三重野明治所熟悉的中国人韩锡文，在多伦地区掠夺收购了800头牛，卖给热河省赤峰家畜组合。

同年8月至11月间，我依据该出张所长三重野明治的指示，亲自订出具体计划，在多伦地区强购了干草100万斤。

1942年7月，我在该公司张北出张所经理系时，曾到察哈尔盟张北县使用中国商人强制收购小猪2000口。又在同年9月至11月间，在张家口强制收购了干草80万斤。

1943年9月，在东阿巴嘎旗我命令合作社协助我收买牛200头。7月至9月间在出张所我收买30头牛。

1943年1月8日至22日，我受该社牲畜课长生田久太郎及董事长山田胜三郎之指示，在察哈尔盟上都旗强制收购了200头马，送交日军军马补充部张北支部。

同年3月4日至4月13日间，我又受董事长山田胜三郎、牲畜课长生田久太郎指示出差到锡林郭勒盟贝子庙，我命令该地出张所牲畜系职员关明由该盟西浩济特旗内强制购买200头牛。

同年7月，我为了帮助业务而到贝子庙出张所担任牲畜的购买、贩卖和管理工作时，依据该出张所业务计划，我亲自订出具体的收购计划，委托东阿巴嘎旗长强制收购了约500头牛。同时又强制使用中国商人收购了东阿巴嘎旗和西乌济穆沁旗内的牛约500头。

同年 7 月至 9 月间，强制使用中国商人收购了西乌济穆沁旗、东阿巴嘎旗、东阿巴哈那尔旗、西阿巴哈那尔旗、东苏呢特旗等地区的羊约 8300 只、约 500 头牛。

同年 10 月，我委托东苏呢特旗公署顾问后藤和在该公署内的外务省研究生崎山喜三郎，使旗公署协助我强制收购了该旗内的 180 匹马。同时在西阿巴嘎旗公署南方约 40 公里的村庄强制收购 500 头牛，供给日本海军食用。同月末，又委托东阿巴嘎旗公署顾问德重，使该旗协助我在冬季王府强制购买约 100 头牛。此外，1944 年 1 月我在西阿巴嘎旗强制收购 3 匹马、2 头骆驼。

（录自中央档案馆、中国第二历史档案馆、河北省社会科学院编：《日本侵略华北罪行档案·战犯供述》，河北人民出版社 2005 年，第 151—153 页）

（33）谷次享笔供（节录）

（十二、乙）以鸦片断禁政策欺骗中国人民的罪行

罪行的说明：伪满洲国成立已有六七年的过程，对鬼子们所作过的各种挂羊头卖狗肉的政策和手段，我是很知道的，但我为取得鬼子们的欢心，号召中国人民感激日本人造成的满洲国，因而造成了由于鸦片中毒的死亡者即东北每年不下15000人（蒙古地区在内），并削弱了同胞的体力、民族意识的斗志与灭种，更在中国华北方面是不知要有多少。相反地，为日寇增加了每年不下一亿四五千万元的镇压东北中国人民的经费，特别是以东北的产烟（以极不合理的价格收购），密输到华北，每年以不下3亿数千万元的卖钱，为日寇收购了大量的军需物资，日寇用这些物资作出军火屠杀中国人民。这都是由于我的走狗行为而给同胞增加的灾难，我是应负毒杀同胞的罪责。

（录自中央档案馆编：《伪满洲国的统治与内幕——伪满官员供述》，中华书局2000年版，第166—167页）

（34）省别出荷量统计表

（1940—1943）

单位：吨

年度别 省别	1940 年度			1941 年度		
	生产量	出荷量	出荷率	生产量	出荷量	出荷率
吉林	3165983	1031660	32.5	2997184	1072005	35.7
龙江	1460833	431719	29.9	1437200	547901	38.1
北安	1860637	638620	34.3	1760498	716105	40.6
滨江	2734135	740742	27.0	2556179	874613	34.2
四平	1663788	589688	35.4	1787309	673158	37.6
通化	279799	61650	22.0	380000	116297	30.6
兴安南	544780	289944	53.0	647990	185175	28.5
兴安西	353852	18086	5.1	341160	22356	6.5
兴安东	117533	23305	19.8	111922	25486	22.7
锦州	1326572	203096	15.3	1387777	226235	19.1
三江	612826	202494	33.0	514200	140376	27.3
东安	248548	75637	30.4	171280	42936	25.0
牡丹江	142537	15674	10.9	164210	41447	25.2
间岛	126351	37178	19.7	164045	34585	21.0
安东	609663	68219	10.1	638802	165376	25.8
奉天	2048533	470280	22.9	2308832	506330	21.9
热河	1211803	24631	2.0	1241679	35348	7.8
黑河	26836	3974	14.8	25310	2045	8.0
兴安北	14024	—	0	15649	4062	29.5
新京	19508	—	0	15827	13808	87.2
合计	18568541	4926597	26.4	18667053	5445644	29.3
吉林	3082788	1341100	43.5	3453200	1559363	45.2
龙江	1421949	679000	47.7	1555070	732448	47.1
北安	1621370	893800	55.1	1951112	1043162	53.5
滨江	2380561	1076900	45.2	2754888	1239903	45.0
四平	1670666	796500	47.6	1800362	857741	47.6
通化	322346	131145	40.6	387164	157248	40.6
兴安南	691837	299080	43.2	1315700	323409	31.6
兴安西	347397	35150	10.1	1315700	48046	31.6
兴安东	98806	40350	40.4	1315700	44746	31.6

年度别\省别	1942 年度			1948[3]年度		
	生产量	出荷量	出荷率	生产量	出荷量	出荷率
锦州	1279474	195775	15.3	1173967	265718	22.6
三江	570622	191600	33.5	541083	227742	42.1
东安	188375	96450	51.2	167227	82800	49.5
牡丹江	192924	78050	40.4	132451	53477	40.4
间岛	266365	103390	38.8	249803	105923	42.4
安东	532468	129900	24.3	616931	183030	29.7
奉天	1670116	293900	17.5	2094656	611015	29.2
热河	1268756	44769	3.5	1116249	87644	7.8
黑河	28146	3900	13.8	58874	15208	25.8
兴安北	13707	3500	25.5	22663	8535	37.7
新京	8473	4100	48.3	32564	17870 6792	54.9
合计	17657146	6408359	36.5	22055364	7671820	39.5

注：1943 年度因有追加品种，故多少有些出入，追加品种是大麻籽、芝麻、落花生、葵
花籽。

1943 年度生产量根据第三次收获量调查数据，出荷量根据 6 月 30 日《收买旬报》。

（录自中央档案馆、中国第二历史档案馆、吉林省社会科学院合编：《日
本帝国主义侵华档案资料选编·东北经济掠夺》，中华书局 1991 年版，
第 590—591 页）

（35）《喜札嘎尔旗事情》附表

企业单位名称、企业种类及工人数（康德七年十月末实际）

单位	单位所在地	企业种类	长期工人	其他工人	合计
营林署	扎兰屯	营造林	300		300
岛田组	扎兰屯	土建	182		182
弦贺工务所	扎兰屯	土建	49		49
坂本组	扎兰屯	土建	950		950
国际运输	扎兰屯	运输	70		70
□组	扎兰屯	土建	165		165
兴安牧场	扎兰屯	育马	395		395
多田公务所	扎兰屯	土建	410		410
大工公司	扎兰屯	土建	800		800
大公组	扎兰屯	土建	220		220
□□组	扎兰屯	土建	400		400
三田组	扎兰屯	土建	40		40
伊藤木材部	扎兰屯	采伐及造林	450		450
义和商店	扎兰屯	建筑和烧砖	150		150
德昌厚	扎兰屯	烧锅油坊	77		77
泰和源	扎兰屯	烧锅油坊	70		70
龟本组	扎兰屯	流送及土建	162		162
北林公司	博克图	林业	50		50
满鲜坑木	博克图	采伐、造林	800		800
松本组	博克图	土建	250		250
国际运输	博克图	运输	341		341
交通部	博克图	道路工程	100		100
东亚土木	博克图	铁路工程	1200		1200
于治瑞	巴林	采伐	450		450
任兆祥	巴林	采伐	400		400
复兴土木	博克图	土建	1347		1347
共和木材	博克图	土建	208		208
宝掘公司	博克图	采木	264		264
益昌公司	博克图	采木	51		51
新义公司	博克图	采木	700		700
友浦木材部	博克图	采木	300		300
大东洋行	博克图	采木	210		210
兴安木材	博克图	土建	56		56
崔汝贵	博克图	木炭生产	230		230
长尾组	博克图	木材、干草	140		140
大兴公司	博克图	林业	100		100
崔玉轩	博克图	采伐	95		95
野崎组	博克图	造林	560		560
满州矿业	博克图	采矿	40		40

单位	单位所在地	企业种类	长期工人	其他工人	合计
坂部清组	博克图	林业	1595		1595
满州开发	博克图	采伐	95		95
佐竹组	博克图	木材运输	300		300
李志振	博克图	水运业	14		14
小森组	博克图	运材	290		290
马政局	索伦	培育良马	350		350
□野组	索伦	干草采集	100		100
丸重洋行	索伦	建筑、托运	100		100
田中商店	索伦	建筑、搬运	94		94
傅子云	索伦	搬运	200		200
大仓组	索伦	土建	60		60
同兴公司	索伦	土建	30		30
京城土木	索伦	铁路工程	450		450
梅林组	索伦	土建	500		500
平兴林业	索伦	采伐	236		236
薪炭组合	索伦	薪炭生产	50		50
坂部组	索伦	土建	395		395
大兴林业	牛汾台	采伐	300		300
三兴林业	白狼	采伐	250		250
□□木材	索伦、白狼	采伐	250		250
国际运输	白狼	运输	73		73
大阳林业	牛汾台	采伐	390		390
高山组	索伦	土建	600		600
□村组	索伦	土建	50		50
满鲜坑木	巴彦	采伐	1000		1000
畜田组	巴彦	采金	40		40
满州采金	巴彦	采金	250		250
□铁	博克图	林业关系	6640		6640

伐采地区	材种	数量	价格	伐采业者数	伐采劳动者数
北部地区	用材	8280m^3			
	枕木	510000 本			
	电柱	120000 本	1049000	1	约2500人
	枕木	31250□			
	薪	55000□			
西部地区	用材	36260m^3			
	枕木	310000 本			
	电柱	105000 本	1863400	4	约4500人
	抗木	39249□			
	根枷	80000 本			
	足场丸太	85000 本			
计			2912400	5	约7000人

[录自伪喜札嘎尔旗（公）署编：《喜札嘎尔旗事情》，辽宁省档案馆有原版藏书，1938 年]

（36）1942—1944 年度省别农产物出荷分派量比较表

单位：吨

省别 品种别 年度别	计			其中：大豆		
	1942	1943	1944	1942	1943	1944
吉林	1341100	1438063	164800	660000	667988	715000
龙江	679000	708250	736300	200000	207500	190000
北安	893800	928000	1039400	300000	311000	357000
滨江	1076900	1140000	1306400	480000	506000	506000
四平	796500	870000	904800	268000	313000	239000
通化	131145	138000	152000	49000	60000	66000
兴安南	299080	329750	340000	48000	43500	45000
兴安东	40350	41700	50000	25000	25000	20000
兴安西	35150	41000	55000	2000	3400	4000
兴安北	3500	4300	10000	—	—	—
奉天	293900	600000	643200	150000	220000	188000
锦州	195775	285000	285000	26000	27500	32000
安东	129900	176000	180000	45000	54000	56000
三江	191600	232000	260000	125000	132000	150000
牡丹江	78050	78000	80000	28000	28000	28000
间岛	103390	109000	115000	52000	50000	50000
东安	96450	82000	85000	26000	34000	31000
热河	44760	83000	100000	1000	11000	8000
黑河	3900	19000	23000	2000	5300	7000
新京	4100	16937	17000	3000	10012	800
合计	6438350	7320000	8030100	2490000	2709200	2700000

省别 \ 年度别 品种别	油料籽实			粮谷三品		
	1942	1943	1944	1942	1943	1944
吉林	7000	9338	13910	548000	590910	733730
龙江	18200	23630	20710	333900	346400	427490
北安	46000	53900	44100	228200	217000	384600
滨江	26000	30250	33100	382800	392200	556390
四平	4400	5320	3520	433600	447300	609680
通化	145	—	250	42400	39300	44550
兴安南	20480	23970	38370	195600	227000	223930
兴安东	150	210	1210	10800	11000	242290
兴安西	150	550	1900	26100	28400	30400
兴安北	—	—	—	—	—	—
奉天	3000	10770	10570	120000	261800	316830
锦州	4175	6850	6120	150000	216000	200780
安东	—	2100	2120	41000	56600	52780
三江	—	—	210	24200	38000	46090
牡丹江	150	—	70	4300	4000	13330
间岛	90	—	130	20800	18500	16770
东安	50	—	70	30300	17800	15530
热河	360	500	2250	41400	68400	83050
黑河	—	100	60	600	6500	7440
新京	—	72	—	1000	6283	8000
合计	130350	167560	178680	2635000	2993400	3795660

（录自中央档案馆、中国第二历史档案馆、吉林省社会科学院合编：《日本帝国主义侵华档案资料选编·东北经济掠夺》，中华书局 1991 年版，第 592—593 页）

（37）黄富俊笔供（节录）

每年收买军用出产物资数目：1942 年皮革牛羊皮狗皮 7000 吨，猪皮 50 万张，兔皮 100 万张，各种毛类 25000 吨，油类 3 万吨，动物油 500 吨。1943 年皮革牛羊皮狗皮 7500 吨，猪皮 52 万张，兔皮 120 万张，各种毛类 27000 吨，油类 32000 吨，动物油 520 吨。1944 年皮革牛羊皮狗皮 8000 吨，猪皮 52 万张，兔皮 150 万张，各种毛类 3 万吨，油类 35000 吨，动物油 520 吨。1945 年皮革牛羊皮狗皮 9000 吨，猪皮 55 万张，兔皮 180 万张，各种毛类 32000 吨，油类 38000 吨，动物油 550 吨。"八一五"日寇降服，实收不到半数。上项畜产物资的收买配给是由畜产会社承办，每年除猪皮兔皮留出一部配给伪满军，油类留出 1 万吨归伪满自用，其余尽数拨给关东军。

……

1942 年 10 月到 1945 年"八一五"，我在兴农部伪大臣任内，对砍伐森林每年征发劳工和马匹数目：1942 年劳工 22 万人，马 6 万匹。1943 年劳工 26 万人，马 7 万匹。1944 年劳工 30 万人，马 8 万匹。1945 年夏季采伐征发劳工 6 万人。这些劳工受砍伐业者虐待，死亡率在 5%以上。我有一个亲戚吕正琨住沈阳市效（郊）外杨官屯，1944 年冬被警察抓去在阿尔山林场作劳工，不到 3 个月吐血死亡。他的同屯有被征发在阿尔山林场作劳工的人（名忘记）回来说，阿尔山林场作工的有 3000 人，他在阿尔山林场工作不到一年，看见山坡上新坟堆就有一百五六十个。这是我执行敌人奴役政策给人民带来的恶果，我应负责任。

（录自中央档案馆编：《伪满洲国的统治与内幕——伪满官员供述》，中华书局 2000 年版，第 228—230 页）

（38）《内蒙古革命根据地货币史》（节录）

4. 货币购买力水平。从以下的史料中可以了解银元的直接购买力：1942 年 8 月，日军大规模扫荡后，"绥西目前正日益困难，群众大部分无饭吃，每斗莜麦要 8 元现洋，还买不到"[①]；1943 年，每石粮食折合 30 块银元，每两成烟（大烟）折合 5 块银元[②]；1944 年，因塞北区药品（大烟）的产量较大，每两折合银元 8 元，边区其他地区产量相对偏低，每两折合银元 10 元[③]；1945 年抗战胜利前夕，1 块银元可买到两斗多麦子[④]。

历史文献中还有这样的记载：1943 年初，敌人对绥西地区进行大规模扫荡，绥西"平川人民每元钱买不到 2 斤高粱面，山内老百姓都是吃灰菜籽度日子……南川日用品物价大涨，每匹布已增到 150 元，还不能自由买卖，由敌组合，每户配给布 3 丈，大小户皆然"[⑤]。这段文字虽然看不出是说的哪种货币，但从中可以清楚地了解日本侵略者的扫荡给老百姓带来的灾难。

（录自内蒙古自治区钱币学会编：《内蒙古革命根据地货币史》，中国金融出版社 2007 年版，第 41—42 页）

[①]《姚喆、张达志致军委、周士第、甘泗淇并致张宗逊电——关于绥西群众生活日益困难的报告》（1942 年 8 月 9 日），载《大青山抗日游击根据地资料选编》（历史档案部分），中共内蒙古自治区委员会党史资料征集委员会、中国人民解放军档案馆、内蒙古自治区档案馆编，呼和浩特，内蒙古人民出版社 1986 年版。

[②] 数字来源于《杨植霖、苏谦益关于绥察地区四三年的概况及任务给武新宇的报告》（1943 年 8 月 9 日），载《大青山抗日游击根据地资料选编》（下编）（内部发行），内蒙古自治区档案馆。

[③]《晋绥边区财政经济会议——财政部分的报告》（1944 年 8 月 15 日），载《晋绥边区财政经济史资料选编·财政编》，晋绥边区财政经济史编写组、山西省档案馆编，山西人民出版社 1986 年版。

[④]《塞北军分区关于绥蒙区敌伪顽情况的报告》（1945 年 7 月 22 日），载《大青山抗日游击根据地资料选编》（中册），中共内蒙古自治区委员会党史资料征集委员会、中国人民解放军档案馆、内蒙古自治区档案馆编，呼和浩特，内蒙古人民出版社 1986 年版。

[⑤]《塞北军分区关于缉私办法的通令》（1943 年 8 月 7 日），载《大青山抗日游击根据地档案史料选编》（下编）。

（39）于静远（曾任伪满民生部大臣）笔供（节录）

伪满兴农部林野总局每年直接砍伐及许可砍伐"国有"林的木材共为700万立方米，制成材料，把珍贵的木头供给日寇关东军用，如落叶松、楸子木、水曲柳等木，余者大部运往日本。可是，民有林是不准随意砍伐的，农民修盖房屋、制造车辆，沿江沿海渔民制造船只，是买不到木料的，困难已极，生活和生产都受到了危害。

……

1942年9月我当伪满民生部大臣。我提案"国民勤劳奉公法"和"国民勤劳奉公队编成令"，根据此法把伪满国兵检查不合格的青年编成"国民勤劳奉公队"，我当伪满国民勤劳奉公队总司令。1942年征集国民勤劳奉公队员2万人，1943年征集8万人，1944年征集12万人，预定每年征集20万人。

（录自中央档案馆编：《伪满洲国的统治与内幕——伪满官员供述》，中华书局2000年版，第123页）

（40）开鲁的"大烟组合"（节录）

"九一八"事变后，日本侵略者为了毒害中国人民，搜刮钱财，支援侵略战争。在开鲁种大烟，先是在东门外劝农模范场（现糖厂附近）试种。当时种植的大烟品种有四平头（高产），紫花大头和白花大头（稳产）。最大的烟桃比鹅蛋大，能割 13 至 14 刀。每次 1 刀，一人在前面割烟桃，一人在后面抿浆。烟浆刚出来为白色，晒稠时呈深酱色，此时叫生烟或烟土，待炮制成熟烟后才称为大烟。

日本人试种成功后强行征购民间好地，成立大烟组合。1942 年后成立的大烟组合有：西关大烟组合，东关大烟组合，西扎兰营子（现大榆树工农村）大烟组合，南关大烟组合，道德营子大烟组合。其中东关和西扎兰营子两处规模较大。

每个组合设有理事长、监事长、会计、保管、勤务，另有工人百余名。组合是企业，理事长由日本人担任，主管一切。

每个组合在割烟时，还雇用很多临时工，把割下来的烟浆晒稠，再送开鲁行政科烟政股。烟政股让专人（称"鉴定"）制成烟砖，每块 60 两。

南关和道德营子每处年产烟砖千余两，西关年产 2500 两，东关和西扎兰营子两处都在 3500 两以上，全县年总产大烟 11000 多两。

开鲁是伪兴安西省省会，所辖扎鲁特旗、阿鲁科尔沁旗、巴林左旗、巴林右旗、克什克腾旗、奈曼旗、林西县和开鲁县共八旗县，所产大烟都在开鲁统制成烟砖，定出等级，包装成箱，贴上《福寿膏》商标，运往伪满首都新京（现在长春），由禁烟总局验收核算后拨给各旗县大烟组合。

后来，随着战争的升级，日军需要鸦片的地方随之增多，开鲁各大烟组合土地都有所增加，计有 2000 余亩。年产烟砖可达 20000 多两。这些企业，直至 1945 年日本投降才垮台。

......

每个烟泡凭证领价为一角七八分钱，私卖高达 1 元多，当时的 1 角钱可买 10 多个大麻花。瘾大的一天能抽 2—3 个烟泡。久而久之，一等抽烟的也持续不了多久，如西扎兰营子有位满清宣统元年由热河都统派到开鲁任镇守的车大人（营长称大人，连长称少官，副连长称副爷）家有房屋、土地、车马，可谓富甲一方。其子车贵抽大烟，倾家荡产，最后抽得家连炕席都没有了。二、三等抽大烟的也很快沦落下来，起初是家财一空，继而卖女卖妻，本人披麻袋片当小偷最后冻饿而死。

伪满时，开鲁设有康生院，也叫康复院，地址在东街路北（现粮食仓库），一个叫王复的辽宁人当院长，共有工作人员 10 余名。康生院内是大屋大炕，收费戒烟，给打针、吃药，但往往戒而不绝，今天出院明天还抽，抽烟者不见少却逐日增多。据说盛行时城内有鸦片瘾者约 2000 人。农村不论村屯大小，都有抽大烟的。

（录自中国人民政治协商会议内蒙古自治区委员会文史资料委员会编：《内蒙古文史资料》第 34 辑——《伪满兴安史料》，1984 年印行，第 143－145 页）

（41）全国省别出荷状况

（1944 年 1 月 3 日）

单位：吨

省 \ 率	出荷割当量 （摊派量）	收买累计	对割当比率
吉林	1438063	1544512	107.4
龙江	708250	676130	93.5
北安	928000	987049	106.4
滨江	1140000	1195351	105.9
四平	870000	841014	96.7
锦州	288000	251590	88.3
通化	138000	150678	109.2
兴安南	329750	263160	80.4
兴安西	41000	37006	90.3
兴安东	417000[①]	22752	66.6
新京	16937	16198	95.6
三江	232000	219761	94.7
东安	82000	75933	92.6
牡丹江	78000	42216	54.1
间岛	109000	99721	91.5
安东	176000	165417	94.0
奉天	600000	586616	97.8
热河	83000	67758	81.6
黑河	19000	13611	71.6
兴安北	43000	1856[②]	43.2
合计	7320000	7258329	88.07

（录自中央档案馆、中国第二历史档案馆、吉林省社会科学院合编：《日本帝国主义侵华档案资料选编·东北经济掠夺》，中华书局 1991 年版，第 589 页）

---

① 此数有误，应为 41700。

② 此数有误，应为 18576。

（42）《森林工业生产全面发展》（节录）

自治区成立以前，内蒙古虽有丰富的森林资源，但森林工业却十分落后。帝国主义和旧中国官僚买办资产阶级、封建把头，狼狈为奸，相互勾结，任意乱砍滥伐，使宝贵的森林资源遭到了严重的破坏。特别是沙俄帝国主义和日本帝国主义侵略者对我区森林进行的掠夺性开采令人发指。他们所到之处，一片荒芜，先后近百年间共掠夺木材近 2 亿立方米。昔日的锦绣河山，有一部分已变成秃岭荒山。

[录自内蒙古自治区统计局编：《奋进的内蒙古》（1947—1989），中国统计出版社 1989 年版，第 63 页]

（43）赤峰附近著名煤矿表（附表4）

矿名	位置及与赤峰距离	埋藏量及矿脉	煤质	资本与开采年月	经理人数	从业人员	年采掘量	一吨单位	税金	销售地区
增元矿	东元宝山东70里	126万立方米，厚2米	有烟褐煤	300元	刘先阁	18	720吨	块8.70 原煤7.00	昭和三年矿业法每矿3角	赤峰附近
复兴矿	东元宝山东70里	108万立方米，厚2米	同	400元	田凤春	17	500吨	同上	同上	同上
富和顺矿	西五子坟西90里	117万立方米，厚1米3寸	同	300元	唐子英	18	510吨	同上	同上	同上
东盛煤矿	东元宝山东70里	1059立方米，厚3米	同	800元	尹翰章	30	810吨	同上	同上	同上
梅原煤矿	柳条子沟西80里	993600立方米，厚1米2	同	500元	毛贵脚	31	1200吨	块5100 原煤4.00	同上	同上
大成煤矿	老鸡子山西90里	28万立方米，厚2米	同	民国八年 500元	张黄	16	540吨	块6.70 原煤5.70	同上	同上
大兴煤矿	老煤窑沟西80里	216万立方米，厚1米2	同	民国十八年十一月 500元	张黄	15	600吨	块6.70 原煤5.70	同上	同上
锦元煤矿	西元宝山东70里	1848立方米，厚2尺2寸	上等褐煤	民国十三年一月 1200元	李翰臣	200	1400吨	块8.00 原煤5.00	同上	同上

矿名	位置及与赤峰距离	埋藏量及矿脉	煤质	资本与开采年月	经理人数	从业人员	年采掘量	一吨单位	税金	销售地区
锦生煤矿	西元宝山老窝东70里	1080万立方米，厚2米5寸	上等褐煤	民国二十一年 7000元	李翰臣	停产	—	—	—	同上
锦生煤矿	西元宝山东窝东70里	1228立方米，厚2米5	上等褐煤	民国二十年 8000元	李翰臣	停产	—	—	—	同上
富生润煤矿	五奉图川西北70里	327万立方米，厚2米5寸	上等褐煤	民国十七年三月 400元	杜生藻	19	450吨	块5.50 原煤4.00	同	同上
广兴煤矿	东元宝山东70里	324万立方米，厚2米	上等褐煤	民国十八年四月	杨桂	20	580吨	块8.70 原煤7.50	同	同上
十大分煤矿	宁城县古山站西东南90里	满炭会社调查中（有前途）	无烟 良质		—	停产	—	—	同	同上
五家煤矿	十大分南25里东南100里	未调	有烟 上等		—	同	—	—	同	同上
四隆煤矿	宁城小城子东南120里		有烟		—	同	—	—	同	同上

（录自内蒙古地方志总纂委员会总编室编：《内蒙古史志资料选编》第5辑，《赤峰事情》，第八章第三节，1984年印行，附表4，第434页）

（44）达布苏淖尔概况①（节录）

（一）沿革

达布苏淖尔是蒙疆地区最大的一座盐湖，产盐量占蒙疆全区产量的 50%，加之盐质优良，自古以来就很出名。但，这里是边远地区，蒙古人历来就有把盐视为神圣的奇俗，狂热般地迷信和尊崇达布苏淖尔盐湖，不许其他民族的人接近，因而人们把这里称之为"千古秘境"。

达布苏淖尔历来归东乌珠穆沁、东浩济特两旗所有，两旗居民可以自由采盐，其他旗民采盐，要纳税。成纪七百三十四年（昭和十四年）二月②，蒙疆联合委员会开始对蒙疆实行统制，发表了关于盐的生产和配给计划，据此决定达布苏淖尔盐湖年产盐〇〇万担，其中〇〇万担输往满洲国，〇〇万担蒙疆自销，并把计划的采盐量和输送、配给事项向锡林郭勒盟发出命令。与此同时，让各地组织蒙疆盐业组合并进行联营，由专卖总署负责统管此项工作。

（录自内蒙古地方志编纂委员会总编室编：《内蒙古史志资料选编》第 9 辑，1985 年印行，第 141—142 页）

---

① 录自《蒙疆经济》，作者为日本陆军主计中尉中村信，成稿时间为 1941 年。
② 伪蒙疆政府采用成吉思汗纪年，这一年为公元 1939 年。

（45）《内蒙古革命史》（节录）

　　日本帝国主义对内蒙古的经济侵略是步步扩大，逐渐深入。除了上述修筑铁路外，还特别热衷于投资经营土地。"东蒙古拓殖盛德公司"拟把"开垦荒地"作为第一种经营项目；"佐佐江农场"在通辽县占有土地4.8万多亩；"早间农场"也在通辽占地41000多亩；"华峰公司"在东扎鲁特旗占地14.4万亩；"隆育公司"在西扎鲁特旗占地54万亩；"哈番农场"在通辽占地1万亩；"蒙古产业公司"在林西占地324000多亩；资本达20万银元的"华兴公司"主要在奈曼旗经营水田。日本首相田中义一曾毫不隐讳地说：用收买、强占等多种手段取得大片内蒙古土地的所有权，使内蒙古逐渐在事实上成为"日本人之蒙古"。

　　（录自郝维民主编：《内蒙古革命史》，内蒙古大学出版社1997年版，第175页）

（46）晋察冀边区战时工业损失调查（节录）

二、食品工业

地区	工业性质	主要损失	损失估价（美元）	备注
张家口	第一面粉公司	面袋 27000 条 白布袋 2500 条 麻袋 2500 条	20000	
全边区	民间面粉业		400000	
张家口	光大油厂	榨油机 5 部 家具等 电动机 80HP	50000	
全边区	民间榨油业		200000	
张家口	北方酿造公司	锅炉 1 座 水泵 3 个 其他工作零件	20000	尚未设备完工
热河，赤峰	赤峰酒精厂	酒精塔 1 座	10000	
张家口	兴业冷冻公司	压缩机 1 部 阿莫尼亚 1500 磅 房屋 4 间	20000	
承德	冷冻场 屠场	电动机 200HP 锅炉 1 座 水泵 2 座 工作机 8 部	50000	受损失停工
合计			770000	

三、公用事业

地区	工业性质	主要损失	损失估价（美元）	备注
冀中区，高阳	发电厂	原有 200KW 2 部 全部机器被敌人破坏	40000	
张家口	民生电业公司	变压器 234 部 电表 4114 个 灯炮 55567 个 电线 4650km 各种机用油 18692 桶 全部被日寇破坏	2516000	
承德	发电厂	透平油、变压器油完全损失， 各种送电材料完全损失，运输 器材损失 1 部	25000	
热河，赤峰	发电厂	柴油 5000 加仑 各种送电器材	15000	
张家口	自来水厂	电动机、气泵、水管、水表大 批损失	20000	
承德	自来水厂	电动机、气泵、水管、水表被 日寇破坏	20000	
河北，灵寿县	水利灌溉	锅炉 3 座 大水泵 3 个 建筑一部分被敌人破坏	50000	
合计			2686000	

七、化学工业

地区	工业性质	主要损失	损失估价（美元）	备注
察哈尔，宣化	造纸厂	毛巾（宽93寸，78寸，35寸，76寸）6000mm变流器及其他用仪器30种 胶皮带（宽1.5—140寸）1500mm V字胶皮带（宽1/4寸）250mm	500000	大部分机器尚未设备完善
河北，阜平	造纸厂	蒸汽机1座 工作机5部	10000	
全边区	民间麻纸厂	50家	100000	
察哈尔，宣化	制革厂	宣化原有此厂，被日寇大部搬走，原日产30张皮工人约150，现均离散事业	250000	
张家口	皮革工厂	兰攀精500磅 红攀175kg 中皮320张	10000	
全边区	民间制革厂	250家	250000	
张家口	陶瓷厂	石膏模子全套 平油料全部 各项工作机5部 电动机（50HP）3部	50000	
河北，曲阳	灵山瓷厂	各项工作机33部 锅炉及蒸汽机5座 全被敌人破坏	500000	
张家口	烟草公司	各种用纸 皮带889米（1—5寸） 帆布带	199077	
张家口	胜利火柴公司	工作机34部 赤磷5吨 氯酸钾5吨	196400	前半部机器，尚未设备完全
张家口	制药厂	锅炉蒸汽机2套 制药机器13部	120000	
热河，赤峰	制药厂	锅炉1套 蒸汽机1部	10000	
全边区	民间制药厂	20家	20000	

地区	工业性质	主要损失	损失估价（美元）	备注
张家口	沙漠肥皂公司	工作机 5 部 房屋 20 间	29500	
河北，阜平	肥皂工厂	锅炉（30HP）1 座 工作机 5 部	20000	
全边区	民间肥皂厂		100000	
张家口	橡皮工厂	15HP 电动机 3 部 汽车外带 500 条 汽车滚珠 6 箱 房屋	90700	
察哈尔，下花园	电石厂	电动机 8 部 98HP 电嵌机 1 部 电石 13000 桶 煤炭 7300 桶 炭精棒及其他黑材	94940	
察哈尔，宣化	和平氧气公司	电动机 3 个 （31HP） 氧气瓶 2000 个 其他工具材料家具等	81240	
察哈尔	内蒙古正兰旗碱厂	制碱设备完全破坏	500000	
张家口	玻璃厂	电动机、粉碎机、研磨机、混合机及其他器材	100000	
合计			3231857	

（录自中央档案馆、中国第二历史档案馆、河北省社会科学院编：《日本侵略华北罪行档案·损失调查》，河北人民出版社 2005 年版，第 110—119 页）

（47）鸦片① （节录）

……

蒙疆政权成立后，也暂时沿袭了旧日的政策，但是从成纪七百三十七年（昭和十四年）七月开始，决定从社会、卫生乃至财政上考虑，实行了专卖，将生产贩卖置于政府的统制之下。

……

生产概况

蒙疆管辖地区内鸦片总产量，虽然没有任何可靠的记载，但从运往京津及太原等地的数量以及区内本身消费量等考虑，估计有1200万至1300万两左右。

根据专营者的意见，以前运往太原的约有200万两，运往京津地区的约有700万两，合计900万两。这个数字如大体可信，再加上蒙疆管辖地区内自身用于吸食的约为350万两（蒙疆地区总人口500万人中有烟瘾的人为10万人，占总人口的2%，每人每年食用35两），这就能大致估计出蒙疆管辖地区的总产量是1200百万两。

虽然没有有关生产1200万两鸦片的罂粟种植面积的确实记录，但可以从1亩（240方弓）约产20两推断出其种植面积约为60万亩。其主要产地是萨拉齐、察素齐、毕克齐、丰镇、托克托、固阳、包头、武川、和林、清水河、凉城、兴和、集宁、晋北、察南地区。

事变后，随新政权的成立，只有蒙古政府才允许种植罂粟，晋北、察南两个地区虽然实行了坚决禁止的政策，但是由于治安和政治工作未能普遍深入展开，除铁路沿线以外的地方，和事变前一样还能种植。

外运情况

绥远地区产的鸦片，过去都是和甘肃、宁夏产的鸦片一道在绥远市场上集中，经绥远本地的商人倒手外销到京津及太原地区的。有关这方面的数字虽没有确实的资料，但根据过去经营者的意见，销往京津地区是700万两，销往太原地区是200万两。由此可以看出，全年外销数量是900万两。经调查，成纪七百三十三年度（昭和十三年）外运到京津地区的数量是：厚和地区约560万两，晋北地区约60万两，察南地区250万两，合计约870万两。

（录自内蒙古地方志编纂委员会总编室编：《内蒙古史志资料选编》第9辑，1985年印行，第60、63、64页）

---

① 录自《蒙疆经济》，作者为日本陆军主计中尉中村信，成稿时间为1941年。

（48）日军在喀喇沁旗的暴行（节录）

缴纳烟干

日军侵占热河后不久，强迫农民种植鸦片，按热河土地面积的 20%，各旗县定出种植鸦片的亩数，春耕前限定各户缴纳鸦片的数量，不管其土地瘠肥、旱涝灾害、丰欠与否，每亩烟地必须交烟干 30 两。每逢烟季，旗民百姓就灾难临头，许多人家因地力瘠薄、自然灾害等原因收获鸦片烟干不足定额而遭受迫害，日伪警察对交不足烟干者施以种种酷刑：打手铐、用筷子夹手指、往鼻孔灌凉水、坐老虎凳等，致使有的被害致残、致死，有的投河，有的服毒。如公爷府小府李才的妻子因没交足烟干被警察一棒打死，公爷府扁担沟的吴升因交不足烟干被迫上吊自杀，西三家高福明交不上烟干受不起折磨投河自尽。

（录自中共赤峰市委党史办编：《不可忘却的历史》，1996 年印行，第 130 页）

（49）日伪在开鲁的经济掠夺（节录）

1933 年 3 月，日本侵略者入侵开鲁，实现了军事占领，政治统治以后，接着实行了经济掠夺。一是搞垮了兴业银行。二是日本人搞所谓商业投资，实行高利盘剥。三是抢购土特产品，牟取暴利。

四是种植罂粟，贩卖鸦片，毒害开鲁人民。

日伪在开鲁镇的城东南和西南郊区设立了大烟组合各一处，种植罂粟，收割的产品加工成鸦片，日本人就据为专利品，由专卖局供给开鲁镇 97 处烟馆和有鸦片台账的吸毒者销售和吸用。仅镇内烟馆（投资 11509 元）年交易额为 123595元，可买高粱米 617.75 万斤。一年吸毒消耗可供 5 口之家食用 200 多年。日军种植、贩卖鸦片，不仅大量消耗了开鲁人民的财力，更为严重的是腐蚀了一部分开鲁人民的肌体。那时的鸦片嗜好者的惨状，真是目不忍睹。他们个个骨瘦如柴，失去劳动能力，最终是倾家荡（产）一贫如洗，妻离子散，最终贫病交加，饿毙街头。

五是利用捐税途径，大量搜刮民脂民膏。

（录自中国人民政治协商会议内蒙古自治区委员会文史资料委员会编：《内蒙古文史资料》第 34 辑——《伪满兴安史料》，1989 年印行，第199—201 页）

三、大事记

1931 年

10 月 侵华日军 5 架飞机轰炸通辽火车站,行李房被炸毁,职工死亡 14 人。

同月 甘珠尔扎布率领伪蒙古自治军 500 余人进攻通辽县城,被东北军守城部队骑兵第 3 旅击败。甘珠尔扎布伪军死伤 200 余人,丢枪 100 余支,东北军守城部队伤亡几十人。

同月 日军飞机再次轰炸通辽,又投弹又扫射,炸射死 19 人,伤 15 人。

11 月 蒙古族抗日将领李海山,率领辽北蒙边抗日义勇军第一路军,在哲里木盟广大地区与日军进行斗争,坚持抗日斗争长达一年多时间,给日本侵略军以重创,一路军也有伤亡。1933 年,该部撤至多伦,加入察哈尔民众抗日同盟军。

1932 年

1 月 6 日 辽北蒙边抗日义勇军骑兵第一路军在科尔沁左翼中旗舍伯吐阻击日本侵略军,一路军伤亡 60 余人。

1 月 辽北蒙边抗日义勇军骑兵第一路军在科尔沁左翼中旗肖河敖包与舍伯吐两地阻击日本侵略军,一路军伤亡 100 余人。

6 月 19 日 20 余人的抗日队伍潜入布西设治局(后改布特哈右旗)衙署,激战 1 小时,打开监狱,释放犯人,毁掉档案,获大小枪 49 支、子弹 9000 余发。

7 月 日军从科尔沁左翼后旗边境地区捕捉中国人 50 多名,送康平和科尔沁左翼后旗的监狱关押,有的被处死。

10 月 1 日 呼伦贝尔警备司令苏炳文在海拉尔召开军民抗日誓师大会,宣布东北民众救国军正式成立,并通电全国:为国家收复失地、为中华民族争生存,驱逐日本侵略者。此事史称"海满抗战"。在"海满抗战"中,东北民众救国军伤亡 6100 余人，其中牺牲 3600 余人。

10 月上旬　东北民众救国军万余人在呼伦贝尔通电抗日后，任作田、宁匡烈等于海拉尔组织东北民众救国军抗敌后援会，支持苏炳文部抗日。同时，鄂伦春族人民也组织了山林抗日游击队，进行抗日活动。

11 月　敌调集重兵，包围辽北蒙边抗日义勇军于辽宁省康平一带。义勇军与敌血战 5 昼夜后，分路向开鲁方向突围。高文彬率部队在杜家窝栅再陷敌围，将士们战至弹尽粮绝，大部牺牲，高文彬被俘。李海山、刘震玉等部突出重围，西进察哈尔，后参加了察哈尔民众抗日同盟军。康平突围战中辽北蒙边抗日义勇军牺牲惨重，但具体伤亡人数尚未查到相关文字记载。只知康平突围战前，义勇军已作战 40 余次，伤亡 766 人。

同月　日军在开鲁上空用飞机侦查，并轰炸和扫射，炸、射死百姓 30 余人。

同年冬　日军在通辽敖力营子杀害百姓 100 余人。

同年　日军在科尔沁左翼后旗刘木匠窝堡等 3 个村抓走百姓 15 人，均于杀害。

1933 年

1 月 19 日　日军 7 架飞机向开鲁县城投弹 30 余枚，不仅炸毁了汽车、炸死了牲畜，还炸死市民 30 余人。

1 月 20 日　日本特务机关在海拉尔、满洲里搜捕抗日志士，中共地下党员吴殿臣于扎赉诺尔被捕，后被杀害。

1 月　南洋回国考察抗日实情的华侨代表《星州日报》记者陈子实，坚持去东北抗日前线考查，途经宁城县老局子村（今属存金沟乡）河畔时与侵华日军遭遇，两次中弹，被敌寇抓获。面对顽敌，他高呼"打倒日本帝国主义"，宁死不屈。他最终被敌人挖去双眼、割下鼻子，惨遭杀害。时年 31 岁。同行的抗日部队伤亡人数未查找到。

2 月 2 日　日本为加紧向满洲、内蒙古地区倾销日货，在东京成立"满蒙输出总会"。

2 月 4 日　日军飞机连续轰炸开鲁，投弹 200 余枚，民众伤亡惨重。

3 月 2 日　日军茂木骑兵旅团纠合伪军共 500 余人从下洼奔赤峰，日军飞机 10 余架配合轰炸，孙殿英率所部丁旅 3 个团抵抗，在日军加强攻势下，于下午弃守赤峰，至此，赤峰失陷。孙殿英在赤峰周围与日军周旋后转往围场。6 日，孙殿英电北平军分会称：该部毙敌四五百名，本身阵亡团长 2 名，伤营长以下军官 19 名，士兵阵亡 170 名。国民党军暂编第 41 军几次作战中共伤亡官兵 400 余人。

3 月 3 日　林东大二八地区农民抗击日军进犯林东，战死 18 人。日军侵占林东后又杀害几名百姓，此次共杀害百姓 20 余人。

5 月 23 日　傅作义部与日军在怀柔、牛栏山一带展开激战，从早 4 时到下午 6 时许，最后形成对峙状态。夜间，傅部又组成敢死队向日军发起夜袭，次日停战。傅部阵亡官兵 367 人，受伤官兵 484 人。据当时敌伪报称，日军阵亡 246 人，受伤 500 余人。此战役为长城抗战的最后一场恶战。

6 月至 9 月　阿鲁科尔沁旗与敖汉旗 3 个村庄发生腺鼠疫，死亡 198 人。翁牛特旗桥头一带发生腺鼠疫，死亡 70 余人。赤峰建昌营一带发生鼠疫，死亡 200 余人。三地因鼠疫共死亡 470 余人。

7 月 12 日　察哈尔抗日同盟军分左、中、右三路围攻多伦于当日收复多伦县城，作战中抗日同盟军伤亡 1600 余人。

7 月 29 日　宁城县五化等地区民众在凌源等地抗击日军，民众死伤 30 余人，被俘 10 余人。

10 月 12 日　傅作义在归绥（绥远省省会）北公主府修建"华北军第五十九军抗日阵亡将士公墓"。占地面积南北长 300 米，东西宽 250 米，约 110 亩。以纪念在怀柔县抗击日军而阵亡的 367 名将士。

10 月 16 日　方振武、吉鸿昌两部抗日同盟军连日遭到日军及国民党军队夹击和飞机轰炸，伤亡惨重。当日，所部 6000 余人被缴械，吉鸿昌避入天津租界，方振武辗转流亡国外。至此，察哈尔民众抗日同盟军彻底失败。

1934 年

1 月　伪绥东设治局日本代理参事官山守荣治抢占奈曼旗的土地，打死反抗的百姓 8 人，失踪 20 余人。

3 月中旬　宁城县大宝赉法师杨志组织 180 余名民众反抗日军，遭日军报复，有 10 余名民众被日军杀害。

6 月至 9 月　科尔沁左翼中旗巴彦塔拉怒图克巴彦塔拉屯发生鼠疫，死亡 46 人。

11 月 伪满洲国首先实行鸦片专卖，继而又实行石油、火柴、盐、麻药、酒精、小麦粉等专卖。伪满洲国属内蒙古东部地区，各旗、县均设立专卖机关。专卖收益年达亿元以上，是伪满洲国财政收入的重要来源。

同月 日本人在贝子庙（今锡林浩特）成立了"善邻协会"。1936 年成立了伪大蒙公司贝子庙分公司，1937 年伪蒙古联盟自治政府成立后，日本的"三井"、"三菱"财团的蒙疆银行在贝子庙建立办事处，从经济上大肆掠夺。据史料记载，日军侵占时期，从贝子庙地区掠走马 5600 余匹、牛 52000 头、羊 30 万只、骆驼 7500 多峰。每年掠走的羊毛价值上万银元。

同月 兴安各分省实行皮张垄断，均由日伪畜产株式会社统购。海拉尔皮行毛作坊需牛、马皮 1694 张，只配给 260 张；需羊皮 3552 张，一张未配给，使海拉尔皮革业大部分歇业，皮毛业已全部倒闭。

同年 林西县马家沟村贫民张才，不堪忍受地主、警察的剥削欺压，用一把镰刀夺取了林西县北部警察署长的枪支。后又联络民众将乌牛台川 7 户大地主的 14 支枪支全部缴获后，举行武装起义。因寡不敌众，于 1939 年春失败，死伤人数未记。

1935 年

3 月 1 日 日本占领当局为垄断蒙盐，在多伦设盐务署，承德、赤峰设分署，收买蒙盐，征收盐税（察省年产蒙盐 10 万余担，东蒙旗民均赖此为食）。

4 月中旬 日本关东军殖民部组织满蒙调查团，调查东北及内蒙古东部地区煤、森林、金矿、水利、渔业等资源产量，并准备组织株式会社进行开发掠夺。

4 月 21 日 日本占领当局在多伦设内蒙古牧羊合作社一所，并在锡林郭盟各重要城镇设支社 20 余处，委蒙古人包尔达为总社长。大批日货由锦州经多伦输入内蒙古东部各地区。

5 月 21 日 日本占领当局为统制蒙盐，由伪满洲国财政部在多伦布告蒙盐收买办法。伪满洲国蒙政部也声明，察哈尔省各盟旗所产蒙盐，每年 12 万匹库尔，均由伪满洲国收买，不得外运。

同月 日本占领当局从奈曼旗抓劳工去修铁路，被抓的数百人中有 52 人死亡，60 余人失踪。

6 月 日本占领当局在多伦一带强征土地 24.4 万亩，进行大规模垦牧。

7月上旬　日本占领当局为掠夺内蒙古地区的资源,倾销日本商品,由伊兰克商事公司以资金60万元设别动公司。总店设在新京(今长春市),支店设沈阳、赤峰、多伦及内蒙古其他各地区,一面收购羊毛、畜兽皮等原料,一面倾销日货。

7月　奈曼旗周荣久等领导的抗日救国军围攻八仙筒,击毙该旗代理参事官山守荣治等日本人。八仙筒事变后的3个月里,共有抗日救国军官兵和平民百姓150余人惨遭杀害。

9月中旬　日本占领当局在多伦设"蒙盐会社",资本100万元,设厂精制蒙盐,运销东北三省,抵制外盐。

12月　呼伦贝尔博林线绰尔18公里处日本"大东洋行"20余名中国工人不堪日本人的虐待而逃跑,后被追捕回,全被杀害。

同月　日军在扎鲁特旗以"剿匪"的名义,杀害不明身份的中国百姓83人,其中有妇女59人,另有负伤的42人。

同月　阿鲁科尔沁旗日本参事官岛村三郎在本旗达拉罕阿日呼布嘎查建农场,强征劳工100余人为农场劳动。

同月　科尔沁左翼中旗、巴彦塔拉奴图克、黑好心等地区发生鼠疫,死亡63人。

同年　日本大东公司从突泉县征用劳工6013人。

1936 年

2月21日　百灵庙蒙政会保安队全体官兵1000余人,在云继先、朱实夫、云蔚的带领下,举行武装暴动,脱离德穆楚克栋鲁普的控制,实行抗日。百灵庙蒙政会彻底解体。暴动部队伤亡未记述。

4月19日　伪满洲国宣布《凌升等通苏事件公报》,并在新京(今长春市)南岭市场将原兴安北省省长凌升枪杀。同时被杀的还有凌升的弟弟、兴安北省警备军上校参谋长福林,凌升的妹夫、兴安北省警务厅长春德,兴安北省公署秘书官兼凌升日语翻译华林泰。

6月13日　日军于满洲里、海拉尔、博克图等地以"反满抗日"的罪名逮捕49名青年知识分子和群众。其中1人被杀害,1人被判无期徒刑,10人被判7—15年徒刑。

8月1日　伪西北防共自治军进犯兴和县。傅作义令35军一部进行反击,击毙 100 余人，俘获伪西北防共自治军副司令马子玉等 60 余人。此为绥远抗战之序幕。傅部伤亡未记。

8 月 2 日　傅作义赴集宁，命彭毓斌部反击进犯红格尔图、土木尔台的伪西北防共自治军王道一部 2000 余人，歼王道一部敌人过半。王道一逃回商都，被日军枪毙。此战傅部也伤亡官兵 100 余人。

8 月 7 日　伪蒙边防军李守信部 2 万余人进犯绥东陶林地区。

9 月　奈曼旗保安队周荣久部被日伪军包围，官兵多数牺牲，周荣久等 3 人，拼完最后一颗子弹自刎而死，周荣久部伤亡人员至少为 355 人。

11 月 18 日　傅作义部败伪军王英部于红格尔图，王英部退却。此役毙俘日伪军官兵数百名，内有电台台长日本人八牟礼吉和雇员松村利雄（另处提到：歼敌近千，我方伤亡官兵约 70 人），史称"红格尔图战役"。

11 月 20 日　李守信率伪军 3 个师的兵力大举进犯兴和县。17 架日军飞机在大库伦、土城子、三义泉、民丰乡一带低飞侦察，并在大十号村投弹 12 枚，炸死炸伤居民 9 人，炸毁房屋数间。

11 月 24 日　傅作义部克复百灵庙，毙日、伪军千余名，内有日本人尸体 20 余具，缴获日伪文件、枪支弹药、面粉、汽车甚多，傅作义部伤亡官兵 300 余人。是役即为中外闻名之"百灵庙战役"。

12 月 10 日　王英部伪军石玉山、金宪章、安华亭、王子修 4 个旅先后反正。金宪章、石玉山反正时，将日军顾问小滨大佐等 29 人全部杀掉。反正部队在乌兰花改编时被敌机轰炸，反正部队伤亡 50 余人。

同月　伪满政权在赤峰一带以"出荷粮"制为手段，控制粮谷，进一步搜刮农民劳动成果。

1937 年

3 月　日伪在兴安盟王爷庙街郊区初辟乌兰哈达灌区。日本侵略者以"开拓团"的名义进入该地区后建立"满拓会社"，雇用朝鲜族农民 30 户开挖一条长达 10 公里的干渠（今乌兰哈达灌区的前身），种水田 1200 亩。

9 月 17 日　日本飞机一天三次轰炸包头大树湾渡口和麻池村，共投炸弹 19 枚，炸死百姓 6 人，炸伤 8 人。

9 月 21 日　4 架日军飞机在三岔口对集宁西行的客车进行轰炸，炸毁部分客车，炸死、炸伤乘客 300 余人。

9 月 23 日 日军占领丰镇，入城后对进行抵抗的国民兵训练团 78 名士兵全部杀害。

同日 拂晓，满载荷枪实弹的日军数十辆大卡车开进凉城县所在地田家镇，日本侵略军兵分三路从东街向南街推进，见人就杀，从上午 8 时半到 11 时半 3 个小时内，共惨杀田家镇百姓 299 人。

9 月 26 日 （有记为 27 日）集宁守备司令曾延毅临阵脱逃，日军占领了集宁。日军在集宁城进行大搜捕，50 余名军民惨遭杀害。

同月 额尔古纳右旗西口子金矿工人举行暴动，打死日军 10 余人，缴获伪警察队全部枪支。随后，暴动队伍 185 人越过额尔古纳河进入苏联境内。暴动工人伤亡未记。

10 月 3 日 日军在武川井尔沟抓了几十名百姓，送大同煤矿去挖煤。

10 月 4 日 伪满专卖总局第 4 号布告中规定：伪热河省全省和伪兴安西省的林西县、克什克腾旗划为栽种罂粟区域，种植面积为 71 万亩。赤峰县当年属热河省管辖，赤峰分配种植罂粟面积无记载，但赤峰县同年实种罂粟种植面积达 14250 亩。

同月 日军从阳高县向丰镇县进发，路经官屯堡，奸淫抢掠，并打死百姓 40 余人。

10 月 14 日 日军侵占归绥，坂垣师团、黑石旅团驻归绥，辖 3 个联队。归绥商会主席贺秉温，伙同李春秀等 10 余人制作日军旗，召集商民欢迎日伪军入城，并将其保管的 600 万元绥远平市官钱局的库存资金献给日军部分。归绥（今呼和浩特市）被日军占领，沦为伪蒙古联合自治政府统治。沦陷期间，牲畜、皮毛、棉布、棉花、粮食、煤炭均列为统制物资，统由日伪机构垄断。羊马店、驼商、皮毛行、毡毯业、粮食业全部被迫倒闭。

10 月 15 日 日军向萨拉齐进犯时，在行进中打死百姓 17 人，进城后又杀害百姓 49 人。

10 月 16 日 日军从萨拉齐向包头进犯，路经公积板村时受到抗日的骑七师阻击，日军进公积板村后，把百姓抓到场面，杀死 32 人。

同月 日军到包头县麻池村，无故杀害百姓 9 人。

11 月 满洲里地下直通交通站被日本特务机关破坏，李子文、宋恩来被捕。

12 月 伪满洲国相继公布了《贸易统治法》、《盐、火柴专卖法》、《劳工协会法》、《商业登记法》、《家畜交易市场法》等法令。

同年 日本占领当局在满洲里设立伪兴安水产株式会社，不准中国人到呼伦湖（达赉湖）捕鱼，强行没收中国渔民的网具，激起了中国渔民的反抗斗争，迫使日本侵略者作出让步。

1938 年

2 月 7 日至 8 日、11 日至 12 日 日军的 10 架次飞机轰炸东胜县城区，炸死百姓 20 人，炸伤百姓 30 余人。

2 月 15 日至 16 日 包头的日、伪军侵犯东胜县城，15 日到城下，16 日战而无胜，日伪军又撤回包头。这次防御战中国军队约死伤 300 余人。

3 月 21 日 日军在固阳县红油杆子村，打死百姓 9 人。

3 月 22 日 国民党刘桂五军 300 余人，被日伪军 30 多辆装甲车在固阳县红油杆子村包围，刘军死亡 30 余人。

3 月下旬 日军在和林格尔县东乡茶坊、佛爷沟、一间房 3 个村，杀害村民 15 人。

4 月 25 日 日军的飞机轮番对安北县大佘太进行轰炸，炸死镇内市民 10 余人，炸死逃出大佘太的市民和农村百姓 200 余人。

同日 日军进入安北县大佘太镇，让汉奸和维持会的人辨认是否镇内的人，凡不认识的都杀死，包括抬担架的人。仅这次就杀死 500 余人。

4 月 29 日 日军在和林格尔县章胡窑西村清查抗日军人，将章胡窑西村 30 多名村民杀死。

5 月 日军派飞机对河套地区进行狂轰滥炸。日军 3 架飞机空袭五原城，投弹数十枚，炸死炸伤 50 余人，北城墙一段被炸塌，躲避在城墙下防空的 27 人全部被压死。

5 月 3 日 日军在清水河县韭菜庄大小双墩村"清乡"时，杀害村民 63 人。

7 月 开鲁县发生鼠疫，日军不但不予防治，反而假借防治为名，用活人做实验，死亡百姓 159 人。

同月 奈曼旗日本参事官小川宽继在城区抓劳工数百人去修老哈河，劳工死19 人，失踪 55 人。

同月 日伪当局对棉花、布匹等物资实行垄断，赤峰地区民间布匹产销陷于停顿，布店、绸缎庄等纷纷倒闭。

9月2日　驻包头日军的飞机到国民党军占据的五原县上空投弹23枚，炸死百姓14人，炸伤10人。

10月　绥察游击四、五支队在丰镇境内，遭当地日、伪武装和途经驻阳高县日军的合击，游击队被俘的30余人全部被日军杀害。

11月17日　驻包头的日军飞机到国民党军队占据的五原县所在地进行轰炸，投弹36枚，炸死百姓28人，炸伤4人。

11月　日伪威逼内蒙古东部二十八个旗的蒙古王公交出世袭领地，名曰"蒙地奉上"，归伪满洲国所有。

同月　伪满洲国公布《米谷（稻谷、大米）管理法》。规定新开水田须经行政官署许可；粮谷会社收购大米，只能卖给取得地方行政官署许可的粮米贩卖者；大米价格须伪兴农部大臣批准；米谷销售业者取得地方行政官署许可后，成立米谷配给组织等。

12月　日军在固阳县梁前村东小坝壕村烧毁百姓房3间、牛车2辆，杀了全村所有的鸡和2头耕牛，杀害14名百姓。

同年　日军在固阳县德兴圣村杀害百姓8人。

同年　伪蒙疆联合委员会年收盐税479000元。1939年年收盐税853920元。

同年　日本占领当局为掠夺内蒙古地区的毛皮资源，由日本国财阀集资在包头营建"蒙疆皮革株式会社包头工厂"（今包头市国营皮革厂前身），年投产量3万张，生产军需革支持日军侵华战争。

同年　日本占领当局在东北成立伪满洲采金株式会社，并在呼伦贝尔、赤峰等地区设矿点70余处，进行掠夺性开采。

1938年9月到1939年12月　大青山游击队在抗击日军游击战中阵亡战士88名，排以上干部18人，共106人；负伤战士122名，排以上干部13人，共135人，死伤共241人。

1938年至1941年　日本占领当局直接经营"三井"、"三菱"、"钟纺"、"日毛"、"兼松"、"满蒙毛织"、"满蒙畜产"、"大蒙"等八大公司，旨在垄断内蒙古地区的畜产品。

1939 年

1 月　日军用飞机轰炸、装甲车掩护，夺去了磴口车站对岸的新城。掌灯之后，中国军队组织反击，又收复了新城。新城激战，中国军队虽然伤亡很大（约伤亡 200 余人），但给侵略军有力的打击。

2 月 15 日　日军对达拉特旗薛油坊湾进行报复，杀害该村百姓 17 人。

2 月 26 日　八路军警备六团 29 名战士在凉城厂汗营战斗中牺牲。

3 月 28 日　日军 6 架飞机对托克托县的河口镇（村）进行野蛮的轰炸，三道街等处被炸死 67 人，炸伤 80 余人。

4 月　日军从山西阳高、天镇、应县、浑源、灵丘等地抓劳工近万人运到包头修飞机场，在壕赖沟挖地道修工事，有的在修城防。

4 月 5 日　日军到固阳县"扫荡"，在甘树沟将游击队伤员和百姓 30 余人杀害，路经马化龙坝时又将小煤窑的工人和伤员十几人杀害。

同日　日军在安北县大余太及周边抓劳工数百人为其修兵营、修城防、开矿、采煤等。

5 月　日、伪军 5000 余人兵分三路向绥中、绥东、绥西大青山抗日游击根据地发动了近 40 天的大"扫荡"。八路军大青山支队及绥蒙游击大队坚壁清野，进行外线作战，粉碎了日、伪军企图一举歼灭大青山地区八路军、游击队的阴谋，取得了反"扫荡"胜利。此次反"扫荡"斗争中，八路军游击队仅伤亡 20 余人。

6 月　伪蒙疆联合委员会成立了"蒙疆土药股份有限公司"，专门从事鸦片的种植与收购业务。

6 月　成立蒙疆土药股份有限公司，当年蒙疆地区年生产收纳鸦片 887019 两，合金额 331.9 万元。

6 月 16 日　赤峰地区民众 300 余人在尹秀春带领下，用铡刀铡了一个日伪特务。次日，日、伪军进行报复，在赤峰猴头沟杀害百姓 10 余人。

6 月　日军从陶林城出发到七苏木去"清乡"，对七苏木进行烧杀掠夺，杀死百姓 9 人。

7 月 1 日　开始实行同年 6 月 20 日伪蒙疆联合委员会颁布的《盐法及施行规则》及《蒙疆盐业组合法》。《盐法及施行规则》共 43 条，其第九条规定：盐的贩卖者由榷运总署长指定；第十条规定：收买的盐要交纳盐税。《蒙疆盐业组

《合法》共 4 章 22 条，蒙疆规定：每人每年定量盐 15 斤。

7 月 3 日　日军以汽车 140 余辆、飞机 2 架、伪蒙古军 3000 余人，进攻大青山抗日游击根据地。

7 月 12 日　日军借口飞机在林东镇上空丢失机密文件，以找文件为名，在林东到处抓人审问。两天内残害数百人，打死数人。

7 月　日军从陶林城出发直扑陶林金盆乡，掠夺财物，烧毁房屋，杀害百姓 7 人。

8 月 10 日　驻包头日军的飞机到国民党军队占据的五原县上空投弹，炸死百姓 59 人，炸伤 6 人。

8 月 29 日　日军在武川县纳令沟西水头苏家沟村"扫荡"，杀害农民 43 人。

9 月 12 日　驻卓资山地区的日军在东河子阳坡子村开会，后坝沟村无人参加会议。日本侵略军在会后包围了后坝沟村，对在村的 31 人杀害 29 人，伤 1 人。

9 月 16 日　日军及伪满军代表、日本大使东乡与苏蒙军代表莫洛托夫在莫斯科签订诺门罕停战协定。规定双方立即停战，各派代表 2 人组织委员会，勘定"满"蒙发生冲突地带的界线。历时 100 余天的诺门罕战争以日军和伪满军死伤 5.6 万人的失败而被迫停战。12 月 20 日，交战双方于满洲里互换战俘，诺门罕战争终结。

同年秋　日军到卓资山地区红召波村"扫荡"，杀害百姓 60 余人。

10 月　日军利用开会方法在陶林县金盆乡抓劳工 100 余人，送去大同口泉煤矿采煤。

11 月 7 日　林东县蒙古族士兵近 40 人起义，被伪通辽军管区欺骗招抚，后在阿鲁科尔沁旗天山镇南门外全部被杀害。

11 月 12 日　驻包头日军的飞机到安北县所在地上空投弹 90 余枚，炸死 12 人，伤 8 人。

11 月　伪满洲国公布《主要粮谷统制法》和《小麦及制粉业统制法》。指定"满洲粮谷会社"为粮谷统制机构，设立伪满洲粮面管理会社，作为收购、分配小麦的统制机构。

12 月 19 日　第八战区傅作义第 35 军等部队夜袭包头，翌日拂晓攻入城内，与日军巷战两昼夜，摧毁日伪司令部及多处据点，击毙日军联队长小原一明大佐及骑兵联队长小林一男大佐等以下军官 20 余名。另一部在包头、安北阻击救援之敌，击毁日伪军汽车 8 辆，毙敌数百人。傅作义部连长薛明德率全连官兵在日伪军猛烈炮火下独守阵地，与敌肉搏，山头失而复得 4 次，不惜牺牲，支持战局完成任务。

12 月 19 日至 22 日 傅作义发动包头战役，给驻包头的日军以有力打击，但傅作义部队也有损失，战死军官 84 名、士兵 775 名，负伤军官 141 名、士兵 1150 名，失踪 644 人。

12 月 21 日 日军以追击抗日军队之名，在达拉特旗靴铺窑子、长泰、王二窑子 3 个村进行掠夺，3 个村被杀害百姓 43 人。

12 月 31 日 日军第二次从包头出发，用飞机、大炮攻击黄河南的新城。此次抗日军队失利，丢失了新城，抗日军队死伤约 200 余人。

12 月 东北抗日联军第三路军第 6 军参谋长冯治纲和政治部主任王钧率军直教导队和第 12 团骑兵从龙北出发，越过嫩江，抵达莫力达瓦旗北部的小库木尔屯。此后，冯、王率部队先后在莫力达瓦旗太平桥、阿荣旗三岔河、林区的巴林和乌奴耳（今牙克石市境内）等地向群众宣传抗日救国主张的同时，与日、伪军多次激战，共打死打伤和俘虏日、伪军数百名，救出 200 多名在林区做苦力的抗日联军战士。冯、王部队也付出了重大代价。冯治纲等 4 人在阿荣旗三岔河任家窝棚与日军激战时牺牲。

同年 日本财团（繁尾）负责在兴和县马连沟、云华背开采石墨矿，用劳工 100 多名，年产石墨 200 吨。

同年 日本人以"租赁"名义，夺取元宝山锦元窑（今元宝山煤矿）开采权，建立满洲新京（长春）矿业开发株式会社西元宝山炭矿，从承德、林西、林东、翁牛特、喀喇沁、赤峰等地抓来劳工 3000 余人充当矿工，矿长小野亮三。

1939 年至 1945 年 喀喇沁旗先后被日伪军要劳工 8000 余人，为其修碉堡、挖煤等劳动。

1939 年至 1945 年 日本特务机关从海拉尔、满洲里、三河等地"以苏蒙谍报"、"抗日工作者"先后抓捕 108 人，其中 52 人因做了细菌实验品而致死。

1939 年至 1945 年 东胜县因抗击日、伪军（不含飞机轰炸死伤）死 10 人，伤 27 人。

1940 年

1 月 8 日 驻包头日军的飞机在五原县上空投弹 100 余枚，炸死百姓 11 人，炸伤 10 人。

1 月 22 日 伪蒙疆联合自治政府颁布修正后的《家畜运出取缔法》。规定家畜拟运出"蒙疆地域"外者,须受政府牧业总局长之许可,同时制定家畜输出征收规程,规定每头家畜征收费用:牛 7 元、马 3.6 元、绵羊 1.8 元、山羊 1.5 元、猪 1.2 元。

1 月 31 日 驻包头的日军 2 万余人向绥西五原等地侵犯,抗日军民死亡 1000 余人。

2 月 5 日 日军到绥西后套地区乌加河北岸刘蛇村(属乌拉特中旗辖地)"扫荡",进村后找不到人,日军将农民住房捣毁,在村外前后遇到百姓,杀了 8 个人而离去。

2 月初 日军的飞机在绥西米仓县(今杭锦后旗)蛮会镇上空投弹,炸死百姓 10 余人。

2 月 15 日 驻包头日本宪兵队以"抗日嫌疑人员"在包头抓了 20 余人。1940年 2 月 17 日,又抓了 20 余人。1940 年 3 月 11 日,第三批又抓了 20 余人。三次共抓了 85 人。被抓去的人均被用过刑讯、拷打、灌辣椒水等,有的被打死,有的取保释放,送张家口日本军部等待判决 21 人。21 人中,就义的 9 人,病死的 9 人,释放的 2 人,继续在狱中的 1 人。

2 月 16 日 日军在凉城县崞县窑地区"扫荡",到饮牛沟村李巧梅的娘家,一进院,日本侵略军就举刀杀人,一次杀死百姓 7 人。

同日 国民党军傅作义部从三面猛攻五原城,日军飞机 9 架前往助战,并在绥西施放毒气。

3 月 20 日至 22 日 傅作义部队经过激战收复了绥西五原城,给日军有力地打击,但自身也有损失,牺牲军官 45 人,士兵 625 人。

3 月 24 日 日军在五原战役结束后,为了进行报复和收尸,突袭五原县城,烧毁清真寺及民房多间,捕抓老弱妇孺 100 余人,后退回包头。

春 驻后套第八战区的中国军队到伊克昭盟东胜等地的道路必经柴磴要地,日军为了夺取这个要地,组织了夺取柴磴之战。八战区的守军伤亡 50 余人。

4 月 1 日 伪蒙疆联合自治政府公布《禁烟特税法》,对鸦片实施明禁暗倡政策。

4 月 9 日 后套第八战区骑兵师从后套挺进固阳县,在固阳益民村与日军激战失利,士兵伤亡百余人,一连长阵亡。

5 月末 日军借防毒普及训练，在兴安北省海拉尔军用机场北 2 公里的草原上施放毒气，造成 6 名农民中毒身亡，50 余人受到伤害。

6 月 陶林县抗日救国会及相关人员 14 名，被日本宪特人员逮捕，有 10 名成员捕后被杀害。

8 月 从当月起到民国三十年（1941 年）5 月止，日伪特在绥远归绥地区共逮捕绥蒙各界抗日救国会会员 400 多人，杀害 100 余人。抗救会领导人刘洪雄、贾恭在这次惨案中被杀害而死。

同月 海拉尔郊区 30 公里巴彦汗地区的军事工程工地 20 余名劳工逃跑，被日本兵抓到后全部杀害。

9 月 伪满洲国公布《粮谷管理法》，同时实行粮谷出荷制度（日语之意：强制收购），其内容包括：出荷粮谷农户的姓名、地址、品种、数量，由农户自报、伪区长核准。秋收后按预计数要粮，同时按出荷粮谷数量发给少量的布票和钱。

10 月 日军 200 余人到萨拉齐县山区进行"扫荡"，侵略军遇到游击队后，除使用枪械外，还使用了毒气弹，使游击队伤亡 40 余人。

10 月 30 日 东北抗联三支队在呼伦贝尔盟阿荣旗与日军相遇，作战中打击了日本侵略军，但三支队牺牲了 7 人，负伤后被俘 5 人。

11 月 伪蒙疆联合自治政府决定各蒙旗一律组织豪利希亚（即合作社）经营收购牲畜、皮毛和运销日用百货业务。

冬 日伪开鲁县公署在开鲁征调劳工数百人到指定的地点去劳动，其中死亡劳工有 30 余人。

同年 驻伪满洲国的日军用卡车拉来 100 余名劳工去林西县天朝山打洞（今兴隆庄乡九连庄村），100 余人后来全被杀害。

同年 日伪"东亚云母会社"、"蒙疆云母会社"对集宁、卓资山等地云母矿进行掠夺性开采。

同年 日本内阁依据"日满支经济集团"，准备通过《国土计划设定纲要》提出"适地主义"要求：内蒙古需要扩充游牧地带，以求羊毛之增产，把羊毛作为军需、特需物资，以补充日本国的不足。据统计，民国二十八年（1939 年）至民国三十年（1941）年，日本帝国主义仅从内蒙古中西部沦陷地区就掠去绒毛 8000 余吨，占同期产品总量的 37%。

1941 年

1月8日　伪满禁烟总局指定热河青龙、丰宁、兴隆、滦平四县栽种罂粟面积44万亩，兴安西省林西、克什克腾种罂粟6万亩。

1月21日　达拉特旗新民堡由中国军队驻守，驻包头的日军组织第一次新民堡争夺战未得逞，但中国守军也死伤200余人。

1月23日　日军在武川县哈彦忽洞村清乡时，烧房子、抢粮食、杀害百姓61人。

1月31日至2月11日　侵华日军北支部防疫给水部（又称北支甲第一八五五部队）在锡林郭勒盟苏特右旗境内用8名中国男性作冻伤活体解剖试验。

2月9日　驻包头的日伪军侵犯达拉特旗王爱召，中国守军坚持一天，夜间撤出王爱召，第二天日军发现中国守军已撤离，侵略军先抢召内财物后放火烧了王爱召。

3月　驻包头的日军和伪军于某日下午侵犯达拉特旗新民堡。中国守军未料到日军下午会来侵犯，导致未战而新民堡失守，守军伤亡200余人。

春　傅作义部队2000余人攻打达拉特旗交通要道据点柴磴，经激战将日军赶走而取得战斗的胜利，但部队伤亡100余人。

4月　陶林县日、伪军"清乡"，在陶林县乌兰哈页窑子村（原丰登村）不论本村人、外村人，共20人被捕，其中两人逃脱，18人被杀害。

同月　热河日本宪兵司令部提出"国境地带无人区化"，以消灭游击队。喀喇沁中旗的旺业甸、美林、上瓦房、王爷府、四十家子、公爷府等乡镇部分山区是"无人区"的东北边缘，日、伪在这里以武力大搞"集家并村"。在无人区里，老弱妇孺啼饥号寒，遭受非人的折磨。

6月　陶林县的日军"清乡"，到陶林县三区后坝沟村一次杀害后坝沟百姓30余人。

同月　伪满洲国对兴安东省、兴安南省、兴安西省、兴安北省逐级摊派"粮谷出荷"数量。四个省负担"粮谷出荷"3.87亿公斤。伪满洲国对"粮谷出荷"的对策是：省、县、旗、村、屯采用责任体制，严格要求屯长必须负完全责任，逐户签订"出荷"契约。

7月31日　日、伪军1500多人当日至8月8日对大青山抗日游击根据地武川东北的五塔背、银矿山地区反复"扫荡"，烧毁村庄 30 多个。

8 月 22 日　日本宪兵队把张克敏等几十名绥蒙各界抗日救国会会员从厚和豪特（今呼和浩特）送到张家口日军连沼兵团柑柏部队军法处监禁，并进行判处。其中判处死刑的，月底前被日军抽尽鲜血，英勇牺牲。

9 月　东北抗联九支队在呼伦贝尔盟莫力达瓦旗与日军激战，抗联九支队虽有力地打击了侵略军，可也有 20 余人伤亡。

同月　东北抗日联军第 9 支队进入呼伦贝尔地区，与抗联 3 支队一起活动。在莫力达瓦旗郭尼屯，9 支队被日军、伪兴安军骑兵包围，经一天激战，大部分抗联战士牺牲，只有十几人突围。突围的战士坚持抗战到民国三十一年（1942年）秋撤往苏联境内。

秋　石拐矿区和固阳县的日本宪兵队去大南沟（今属土默特右旗）"扫荡"，途经前脑包村时，日本侵略军烧了该村 30 余间房、4 扇大门、200 余根椽和割倒的庄稼，打死 9 人，打伤 3 人。

10 月　日军以"反蒙通红"为由，在大同和丰镇两县的接壤村庄抓百姓 100余人，送到张家口军部去审判，后被日军全部迫害致死。

10 月 27 日　中共绥察边区委员会社会部长兼绥西地委书记王聚德、蒙古抗日游击队队长高凤英等 10 多人在大青山万家沟大火烧驻地遭日军偷袭，不幸壮烈牺牲。

11 月　中国军队马团长部驻达拉特旗黄河南岸丁洪湾被日本侦察飞机发现，日军组织日伪军攻打丁洪湾，由于力量悬殊，马团只跑出包围圈的几人，其他人均不知结果。

12 月　陶林县各界抗日救国会组织遭破坏，被日本宪特机关抓捕了 40 余人，送集宁宪兵队，不久全部被杀害。

同年　日军为筹集军需，在伪满洲国强派出荷粮，仅醴泉县（突泉县）任务就达 3000 万公斤。农户口粮被洗劫一空，无粮可交者惨遭酷刑。各种生活物资奇缺，商户十门九闭，食盐火柴皆行专卖，生活所需实行配给。

同年　日本占领当局对伪满洲国牧区（今内蒙古东部牧区）实行畜产出荷，强迫生产者以官定依据和指定数量出售牲畜和畜产品，出荷所付官价与市场价相差很多。出荷比例规定为：每 5 头牛出荷 1 头牛，10 匹马出荷 3 匹马，10 只羊出荷 3 只羊 2 张皮，20 头牛加出荷 1 张牛皮。因而导致了生产的衰退，仅新巴尔虎旗的牲畜，民国三十四年（1945 年）比民国二十年（1931 年）下降 73%。

1942 年

1 月 13 日　日军在绥西后套地区扩散细菌，绥西磴口、临河、五原地区出现 15 个疫区，发病死亡人数 287 人。

2 月　日军在达拉特旗沿黄河地区扩散鼠疫菌，使其菌向伊克昭盟内地和绥西后套地区传播。伊克昭盟地区疫死 174 人。

4 月　伪突泉县公署征服调劳工 500 名，送辽宁锦西县修工事。

4 月至 8 月　阿鲁科尔沁旗白音布统地区 12 个村和敖汉旗大白音蒿等 2 个村发生人间鼠疫，发病 477 人，死亡 466 人。

5 月至 9 月　日军在呼伦贝尔地区扎兰屯周边进行瓦斯放毒实验，造成 13 名中国农民中毒死亡，190 余人手脚受伤。

5 月 21 日　日、伪军再次进犯五原地区，放火焚烧乌兰脑包镇，残杀无辜群众 66 人。

5 月　日军黑石旅团和伪蒙军 4 个师以及伪警察自卫队共 5000 多人从霍寨、一前晌、白石头沟等地分三路"围剿"大青山抗日游击根据地绥西地区。

6 月 5 日至 10 月 26 日　通辽县有 14 个村屯发生鼠疫，死亡百姓 491 人。

7 月 1 日　日军在乌拉特中公旗四义堂村（今德岭山）发现村民躲藏村外，抓回 8 人为其搬运弹药和粮草。四义堂的 8 个农民最后被日军杀了 7 人。

同日　日军攻打乌拉特中公旗乌镇，守军撤退，日军进乌镇后，杀死百姓 10 余人。

7 月 3 日　八战区 101 师 303 团在乌镇攻击日军，使日军溃退，但 303 团也有损失，阵亡 150 余人。

9 月　日军从山西阳高等地强征劳工 1000 余人，送包头地区壕赖沟挖地道和火药库等工程。

同月　伪满洲国制定《国税征收法改正》及地方税制。划属伪满洲国的内蒙古东部地区兴安东、南、西、北四个省的省地方税有：独立税（牲畜税）、国税附加税（含勤劳所得、法人所得、出产粮食、矿区、矿产、禁烟特税 6 种税附加）及分与税（含家屋、事业所得、地税、矿区、矿产、出产粮食、禁烟特税 7 种税之分与 30%—60%）。

秋　日军先后在醴泉县（突泉县）强抓劳工 1300 多人，远去黑河、锦西、阿尔山、白狼沟等地为日军修筑战地工事。

10月　日军战犯桥本岬供述其曾于1942年10月指挥佐佐本工作队在多伦、宝源一带诱捕抗日武装人员60名，并将其中41名押往宝源县政府枪杀。

同年　绥察行政公署对民国二十九年至民国三十一年（1940—1942年）间，大青山抗日游击根据地行政干部损失情况作了统计。3年中损失干部总人数171人，其中牺牲25人，被捕91人，被捕叛变3人，逃跑12人，失踪4人，开除6人，病逝9人，其他损失21人。

同年　包头日伪"剿共"班在日军的率领下，去郊区后脑包村抓捕游击队的村干部，一次被抓走的20余人全部被杀害。

同年　索伦旗（今鄂温克自治旗）旗民被日、伪军抓捕入狱，日军给注射菌苗，被捕者释放回家后死亡，使病菌蔓延，造成80多名牧民死亡。

1943 年

3月　日本关东军从扎赉特旗强征劳工100余人，送阿尔山去为日军修防御工事。

同月　第八战区部队第32师攻打达拉特旗柴磴镇，途经黑赖沟休息时，被日军包围，第32师伤亡300—400人。

4月8日　归绥县抗日政府在宿泥板与日伪防共1师发生遭遇战，因敌众我寡，中共绥南地委书记崔岩、归绥县县长原民等10多人牺牲。

5月　伪突泉县公署在突泉城乡强征劳工500余人，送阿山和白狼等地修筑工事。

6月21日　卓资山镇八路军地下情报站的余清江等4名情报员和36名百姓被日、伪军抓捕，送厚和豪特（今呼和浩特）日本宪兵队后均被打死。

6月　伪突泉县公署在突泉城乡强征劳工500余人，送黑河一带修军事防御工事。

6月1日至11月11日　通辽县52个村屯发生鼠疫，死亡百姓2100余人。

7月12日　日军在归绥城内再次进行大搜捕，逮捕同情抗日的爱国知识分子和群众170多人。后90多人惨遭杀害，其中以满族教员为多，此即震惊内蒙古西部地区的"四三惨案"。

9月　归（绥）凉（城）县北四区游击队罗月孩、弓红小、陈三娃、石富锁等 6 名队员在保安乡六道沟战斗中牺牲。

同年至 1945 年　日伪对游击队进行报复，在宁城县共修"集团部落"75 个，建立集家点 78 个，集家户 7200 户，并自然村 630 个。宁城县"无人区"有万余间房屋被拆毁烧掉，有 4 万亩耕地荒芜，有上万头牲畜被抢走。"无人区"内有 4000 余人被打、冻、饿、病而死亡，有 200 余户死绝。

1944 年

2 月 2 日　日军在绥西、绥中各地区抢粮，仅归绥一县被抢粮食 10 余万石。

3 月 29 日　承平宁联合县第 3 区队长高桥和 22 名战士，在宁城老西沟宿营时，被日、伪军讨伐队包围，高桥及 17 名战士在突围中牺牲。

3 月　日伪当局将赤峰县 3000 余名无地农民分三批移民黑龙江，俗称"拨贫户"，路上一部分人冻饿而死。

4 月 25 日　承（德）平（泉）宁（城）联合县游击队 70 余人，在宁城县大双庙老沟被日军包围，游击队牺牲战士 10 名，受伤 18 名，被俘人员也牺牲。

4 月　伪满洲国公布《必胜储蓄规则》，规定凡购买烟酒茶糖及看电影、下饭馆者，按花钱多少购买一定数量的储蓄票。

7 月　日军 731 部队海拉尔支队在辉河一带进行细菌实验，南翟、北辉苏木疫病蔓延传染，百姓死亡 240 余人。

9 月　日伪科尔沁左翼后旗公署在全旗强征 90 余名劳工，送去日本劳动。

11 月　丰镇县民众以九宫道的名义，组织一、五区近 2000 民众反抗日伪征烟征粮，遭日伪警察烧杀掳掠，百姓被镇压，死 300 余人，受害人数 1000 余人。

同年　日军在醴泉县（突泉县）进行了一次移民。将鲁北、天山逃荒来该县的难民数百人，强行移往德都、甘南地区，并强抓劳工 500 人去海拉尔、600 人去白狼沟修筑战地工事。

同年　日军 731 部队在索伦旗、伊敏苏木一带进行细菌实验，造成萨格道布嘎查 20 余人死亡。

1945 年

1 月　日本驻满洲里特务机关射杀爱国的中国人，打死百姓 7 人。

6 月　日军在醴泉县（突泉县）拼凑 1000 余人的勤劳奉公队去哈尔滨南部

的吉拉林修筑战地工事。同时强抓劳工 500 余人去海拉尔修筑战地工事。

7月　科尔沁右翼前旗乌兰哈达附近，日本关东军兴安宪兵队将 60 余名中国人杀害。伪警察陆续将 80 余名中国人杀害。

8月9日　苏联向日本宣战。日本驻海拉尔特务机关兴安北省警务厅及警、宪、特人员，将 18 名苏联侨民和在押的 90 余名苏侨一起用战刀杀死。

8月14日至15日　日本"开拓团"在科尔沁右翼前旗巴拉格歹努图克哈拉黑嘎查，将另 29 名中国人在该嘎查庆远屯附近枪杀。

8月15日　日本"开拓团"在科尔沁右翼前旗巴拉格歹努图克哈拉黑嘎查，又将 41 名中国人在该嘎查庆远屯两间草房烧杀。

8月　驻扎赉诺尔日军在溃退前，将南煤沟 1 号、2 号、3 号矿井及灵泉 5 号矿井绞车房全部炸毁，并放火烧掉了配给所仓库和灵泉 6 号井机械厂。

同月　伪兴安总省警察厅长福地家久命令医学院长小康把试验用的鼠疫菌散放出去，致使西科前旗、西科后旗、喜扎嘎尔旗等地先后发生人间鼠疫。

9月　一股日军撤退时不服战败，在扎赉特旗三家子屯杀害中国平民百姓 80 余人。

后 记

《内蒙古抗日战争时期人口伤亡和财产损失》，历时九年，终于编纂完成出版了。这是全区各级党史部门和党史工作者团结合作、辛勤调研的结果。在这部凝聚众人心血的图书即将与读者见面之际，我们向所有参加和关心本书编纂、出版的单位和领导、同志、朋友，表示最衷心的感谢！

开展《内蒙古抗日战争时期人口伤亡和财产损失》调查研究，其难度不可想象。由于年代久远，档案、文献资料严重缺失，加之健在的当事人又少，致使调研工作举步维艰。就是在这样的情况下，参与调研的同志，以极大的耐心和毅力，不放弃，不退缩，以高度的责任感和使命感，竭尽全力，攻坚克难，终于取得了丰硕的研究成果。

内蒙古抗战损失课题调研工作，得到了内蒙古自治区档案局（馆），中国第二历史档案馆，中央档案馆，内蒙古自治区政协文史委，内蒙古自治区地方志办公室，内蒙古自治区计生委，内蒙古自治区图书馆，石家庄、沈阳、大连、长春、太原、重庆、广州等地档案馆、图书馆的大力支持与协助。

内蒙古自治区委党史研究室主任张宇是《内蒙古抗日战争时期人口伤亡和财产损失》调研课题的第一负责人，并任该书编委会主任；2014年5月起内蒙古自治区委党史研究室主任邰良为该课题的第一负责人，并任该书编委会主任；内蒙古自治区委党史研究室副主任贾志义、姜爱军为第二负责人；内蒙古自治区委党史研究室征研一处处长高树清是调研课题组的组长；内蒙古自治区委党史研究室征研一处副调研员王凤兰是调研课题的具体责任人，并撰写调研报告（一）、（二）、（三）部分；本书编辑杨治河，撰写调研报告（四）、（五）、（六）部分；编辑李中林，撰写本书大事记；齐建民参与了本书的资料收集、上下协调工作；贺雪峰校核了部分书稿。

内蒙古自治区委党史研究室副主任姜爱军对本书进行了复审；内蒙古自治区委党史研究室副巡视员马万里对前期的调研工作进行了组织、协调；内蒙古自治区委党史研究室办公室以及各处同志，对调研工作给予了大力支持。

内蒙古自治区各盟（市）、旗（县）党史办都参与了本课题的调研工作；为本书查阅档案、提供资料、参与复核校对的同志约 100 多位，这里不一一列举。

对所有参与本书编纂工作的同志，我们在此一并表达由衷的谢意！

《内蒙古抗日战争时期人口伤亡和财产损失》调研课题，虽然取得了丰硕成果，但这也是阶段性的成果。由于时间久远和战争年代的动乱、破坏，很多档案、文献以及一些日本方面曾经做过的统计资料很难搜集到了，这都需要我们在今后的研究工作中，进一步去挖掘和补充，以争取取得更多的成果。

《内蒙古抗日战争时期人口伤亡和财产损失》编委会

2014 年 4 月

总 后 记

历时多年的《抗日战争时期中国人口伤亡和财产损失调研丛书》终于问世了。参加这套丛书编纂工作的，主要是承担《抗日战争时期中国人口伤亡和财产损失》课题调研任务的各省、自治区、直辖市及其下属市、县的领导同志和课题组成员，以及部分著名专家。他们以高度的责任心和使命感，竭尽全力，攻坚克难，终于完成了各自承担的任务，并按统一要求，形成了调研成果的 A 系列书稿。同时，有关省、自治区、直辖市还从实际情况出发，编纂了主要反映市、县调研成果的 B 系列书稿。由于各地情况不尽相同及其他原因，呈现在读者面前的丛书，将分批陆续完成和出版。

为了保证质量，我们对本丛书中由各省、自治区、直辖市完成的 A 系列书稿（即省级调研成果）实行了四级验收制，即：所有的省级调研成果，先由有关省（自治区、直辖市）课题领导小组及其聘请的省级专家验收组分别审读通过、写出书面意见；然后提交到中共中央党史研究室课题组。中共中央党史研究室课题组审读后，再聘请国内知名专家审读书稿，提出书面意见。对每次审读提出的意见，各省、自治区、直辖市课题组都认真研究落实，对书稿进行反复修改，或是说明相关情况，直到符合要求。由一批专家完成的 A 系列书稿（即带全局性的专门课题调研成果），也通过类似的办法验收。主要反映市、县调研成果的 B 系列书稿，则由有关省、自治区、直辖市党史研究室组织验收。各种调研成果验收修改的过程，同时也是调研的深化过程、提高过程。经过反复修改补充的成果，在质量上都有明显提高。

中共中央党史研究室课题组在中共中央党史研究室室委会和分管室副主任的具体领导下开展工作。中共中央党史研究室几任主要领导同志即曲青山和孙英、李景田、欧阳淞主任，非常关心和重视本课题调研工作的开展。分管这项工作的室副主任李忠杰同志始终严格把握政治方向，精心部署和安排，明确提出创建"精品工程、基础工程、警世工程、传世工程"的要求，给工作指明方向，还及时领导解决调研过程中遇到的种种困难和问题。各地同志和有关专家同中共中央党史研究室课题组保持密切联系，对中共中央党史研究室课题组的工作给予了积极配合和支持。

中共中央党史研究室课题组由李忠杰、霍海丹、李蓉、姚金果、李颖、王志刚、王树林、杨凯等同志组成。先后担任中共中央党史研究室第一研究部领导职务的黄修荣、刘益涛、蒋建农同志参与了课题调研和审改的部分工作。中共中央党史研究室科研管理部、办公厅的部分同志也参与了有关工作。特别是在北京市和山东省召开的两次全国性会议，中共中央党史研究室科研管理部、办公厅的有关同志自始至终参与了繁忙的会务工作，付出了大量心血和辛勤劳动。

在李忠杰同志直接领导下，中共中央党史研究室课题组承担了组织指导与协调推进各地课题调研和联系有关专家完成全局性专题调研的繁重任务。在人手十分有限的条件下，课题组同志们近10年如一日，以对民族负责、对历史负责的自觉精神，克服困难，埋头苦干，为圆满完成任务做了大量工作。计先后编发213期达60多万字的《工作简报》，同各省、自治区、直辖市的同志和有关专家进行了数以千次、万次的电话联系及当面沟通，先后到10多个省、自治区、直辖市实地调查、参加会议，了解情况，当面指导，协助各地完成调研工作，或邀请有关地方的同志到北京进行座谈；还组织22个省、自治区、直辖市课题组编纂《抗日战争时期全国重大惨案》，同中央档案馆联合编辑《抗日战争时期解放区人口伤亡和财产损失档案选编》，同中国第二历史档案馆、中国人民解放军档案馆联合编辑其馆藏的相关档案资料，撰写有关专题报告，等等。将近10年来，课题组成员虽有变动，但工作始终如一，没有延误和懈怠。

需要说明的是，《抗日战争时期中国人口伤亡和财产损失》课题，有时也简称为抗战损失课题或抗损课题。虽然有学者认为"抗战损失"或"抗损"通常只能反映抗日战争中财产方面的损失，人口伤亡不能称作损失，但考虑到当年国民政府习惯采用"抗战损失汇报"或"抗战中人口与财产所受损失统计"等表述，所以本课题参照前例，以"抗战损失"或"抗损"作为课题简称。

2014年初，根据中央领导同志的指示精神和中共中央党史研究室室委会关于做好出版和对外宣传全国抗战损失课题调研成果准备工作的要求，我们组织部分省、自治区、直辖市的分管领导和课题组成员对已经印出样本的A系列书稿再次进行复审和互审，并邀请部分承担了抗战损失专题调研任务的专家参加审稿工作。这次集中复审和互审的主要任务是：审核已经印出样本的A系列书稿，对相关数据、史实严格把关，保证课题调研结论的真实性，保证书稿没有重大差错。中共中央党史研究室主要领导同志和分管领导同志也提出要求：把工作做得再深入、再扎实一些，统一规范，责任到人，把问题消灭在书稿正式出版之前。

在复审和互审过程中，地方同志和邀请的专家以多种形式及时沟通，围绕审稿发现的问题研究讨论，和中共中央党史研究室分管领导进行交流，对一些重要的共性问题达成一致。经过复审和互审，对有关的A系列书稿做出进一步修改。在此基础上，中共中央党史研究室课题组同志又对拟第一批出版的每一部A系列书稿进行多环节的审读、检查、修改、校对，严格审核把关，尽可能如实、客观地反映调研情况和成果。

中共中央党史研究室的其他同志及一些外聘同志、从地方党史部门借调的同志，如徐玉凤、谢忠厚、杨延力、郭明泉、戴思厚、王俊云、梁亿新、宋河星、毛立红、王莹莹、茅永怀、庾新顺、李蕙芬同志等，满腔热情地参加了本课题调研的部分工作。不论是调研选题的讨论、同有关各方的联络，还是资料的整理、归类、建档等，他们都付出了辛勤的劳动。

这里，还要特别感谢国家社会科学基金规划办公室、国家新闻出版广电总局有关领导和同志对本课题调研工作的支持和帮助，感谢有关部门对丛书出版经费的支持和保证。中共党史出版社的领导汪晓军以及陈海平、姚建萍等同志，也为这套丛书的出版花费了很多心血。

我们相信，本丛书 A 系列和 B 系列各卷的陆续公开出版，必将大大有助于抗战损失课题调研成果的推广利用，有利于固化历史，更好地发挥以史为鉴、资政育人的作用。但是，我们也深知，本课题调研迄今所取得的成果，还只是阶段性的、部分的、不完全的成果。在已经取得的来之不易的成果的基础上，今后，这一课题的调研工作还要深入不懈地继续进行下去。

中共中央党史研究室课题组

2014 年 4 月 30 日